6·25전쟁과 미국

-트루먼, 애치슨, 맥아더의 역할-

이 책은 한국언론진흥재단의 저술 지원을 받아 출판되었습니다.

6·25전쟁과 미국

미국

−트루먼, 애치슨, 맥아더의 역할

남시욱 저

정신이 살아 있는 출판

청미디어
CHEONG MEDIA

The Korean War and the United States:
-Roles of Truman, Acheson, and MacArthur

by Si-Uk Nam

Choeng Media

올해는 광복 70주년이자 6·25전쟁 발발 65주년이 되는 해이다. 역사적인 2015년을 맞아 이 책을 출간하는 것은 무엇보다도 독자들에게, 특히 장차 이 나라의 주인이 될 젊은 세대들이 6·25전쟁을 바르게 이해하고 이런 비극이 두 번 다시 되풀이되지 않도록 교훈을 얻는 데 조금이라도 기여하기 위해서이다.

미국의 저명한 국제정치학자인 존 미어샤이머 시카고대학 교수는 "전 세계에서 지정학적으로 가장 불리한 위치에 있는 나라가 한국과 폴란드다. 강대국들에 포위되어 있는 이 두 나라가 역사상 지도에서 완전히 사라진 적이 있는 것은 놀랄 일이 아니다"라고 말한 바 있다. 실제로 당시 강대국들에 포위된 힘없는 약소국이었던 대한제국은 1910년 일제에 강제 병합되어 지구상에서 사라졌다. 이 책의 주제인 6·25전쟁 때는 자칫했더라면 대한민국도 같은 운명을 겪을 뻔했다.

한민족은 과거 고구려와 발해가 멸망한 다음부터는 그 판도가 한반도로 한정되면서 이웃 강대민족인 중국의 영향권 아래 들어갔다. 19세기에는 신흥 강대국인 일본의 등장과 함께 중국, 일본, 러시아가 서로 차지하려고 다투는 극동의 전략요충지로 변했다. 그리고 36년 간 일본 제국주의의 먹잇감이 되었다가 2차 세계대전 후에는 세계가 동서 양 진영으로 나누어지자 국토가 분단된 채 전쟁을 겪으면서 오늘에 이르고 있다.

6·25전쟁은 민족적 차원에서는 미국과 중국이 각각 남북한을 구하기 위

해 개입했지만 남북한 간의 전쟁이었다. 그러나 세계적 차원에서는 냉전 중이던 미국과 소련이라는 두 초강대국의 대결이었다. 미·소 대결이라는 점에서 보자면 스탈린이 유럽에서 미국과의 냉전에서 밀리자 이를 만회하기 위해 김일성으로 하여금 남한을 정복하도록 허가한 것이다. 스탈린은 이를 통해 당시 세계 변방인 한반도에서 얄타체제를 깨고 소련에 유리한 새로운 극동질서를 수립하려고 했다.

6·25전쟁에 대한 독자들의 정확한 이해를 돕기 위해 저자가 한 가지 분명히 해둘 점이 있다. 그것은 지금까지 국·내외에서 수많은 6·25전쟁사가 출간되었지만 먼저 그 책들이 쓰인 시기에 유의해야 한다는 점이다. 그이유는 1990년대 초 소련 붕괴 이후 단행된 소련의 방대한 비밀문서들의 공개가 6·25전쟁 연구에 분수령이 되었기 때문이다. 다시 말하면 그 때까지는 6·25전쟁 연구가 주로 미국, 영국 등 서방국가들과 한국의 자료에만 의존해왔다. 반면 소련, 중국, 북한 등 공산국가들의 자료는 블랙박스에 꽁꽁 봉합되어있었다. 이 때문에 전쟁의 발발 배경과 원인, 그리고 휴전에 이르기까지의 정확한 진상이 비밀에 붙여져 왔다. 그 결과 학자들 간에 이른바 전통주의 해석과 수정주의 해석의 극심한 대립이 빚어졌다.

전통주의 해석은 주로 당시 한국과 미국 정부의 주장처럼 북한이 소련의 지원 내지 사주를 받아 남침을 했다는 이론이다. 반면 수정주의 해석은

6·25전쟁이 당시 북한과 소련 두 나라 정부의 발표처럼 남한에서 먼저 무력침공을 해서 일어난 남북한 간의 내전이라는 이론이다. 여기에 최근까지 국내에서 좌경학자들에게 성경처럼 된 브루스 커밍스의 주장, 즉 6·25전쟁은 38선에서 일어난 남·북한 간의 무력충돌이 자연스럽게 전면전으로 발전했다는 신판 수정주의 이론이 등장해 엄청난 영향력을 발휘했다.

그러나 1990년대 초의 구소련의 비밀문서 공개는 — 앞으로 이 책의 본문에서 자세히 설명하는 바와 같이 — 수정주의 이론이 완전한 오류였다는 사실을 증명했다. 이 때문에 저자는 구소련의 비밀문서 공개 이전의 6·25전쟁 연구는 극단적으로 말하면 고고학적 방법을 통한 선사시대(先史時代) 연구에 비교될 수 있다고 생각한다. 고고학적 연구는 기록이 아닌 동굴이나 토기 등 출토품에 주로 의존하는 연구 방법이기 때문이다. 여기서 저자가 말하는 기록이란 바로 소련과 중국의 6·25전쟁 관련 외교문서와 국방문서 같은 기밀문서들이다.

그런데 소련과 중국의 기밀문서에 접근할 수 없었던 1990년대 초 이전, 즉 1950년대부터 1980년대까지의 '6·25전쟁 연구의 선사시대'에 나온 연구서 중에서도 미국, 한국 등 관련국 정부에서 출간한 관변 측 저술이 아니면서도 이 전쟁을 소련의 지원 아래 북한이 일으켰다고 바르게 주장한 책들이 있었던 것은 다행한 일이다.[1]

저자의 이 졸서는 당연히 6·25전쟁 연구의 유사시대(有史時代)가 열린

이후 구 공산권 자료를 충분히 활용해 쓴 책이므로 나름대로 역사적 사실에 충실했다고 자부할 수 있다.

　저자는 이 책을 쓰면서 6·25전쟁 기간 나라가 아슬아슬하게도 절체절명의 위기의 순간을 맞은 대목에 이르러서는 형언할 수 없는 복잡한 감상에 사로잡히지 않을 수 없었다. 동시에 피아간 전투원만 무려 300여만 명의 인명손실을 빚은 이 참혹한 전쟁을 왜 미리 막지 못했는가에 분노와 좌절이 혼합된 미묘한 감정을 억제해야만 했다. 그런 점에서 1990년대 초 소련의 6·25전쟁 관련 비밀문서들이 공개되기 전까지 40년 간은 소련 정부로서는 사실을 숨기고 국가기밀을 잘 지킨 것이 되겠지만 서방세계, 특히 그 당사국인 한국에게는 '기만의 40년'이어서 분노하지 않을 수 없다. 이 같은 문제의식에서 출발한 이 책은 따라서 단순한 연대기적인 6·25전쟁사가 아니라 이 참혹한 전쟁과 그 배경적 상황들이 우리에게 제기하고 있는 국제권력정치에 있어서의 도덕성의 문제도 다루어보려고 했다.

　저자는 작년에 6·25전쟁 당시 미국 트루먼 행정부의 국무장관이었던 딘 애치슨에 관한 연구논문을 쓸 기회가 있었다. 이번에 저자는 이 논문을 확대 발전시켜 6·25전쟁에 있어서의 미국의 역할을 분석하는 단행본을 쓰기로 한 것이다. 따라서 이 책은 6·25전쟁 시기 미국의 한반도 정책과 전쟁수행 전략 및 이에 따른 미·소·중·영 4국간의 외교전을 살피는 데 초점을 둔 연구서이다. 저자는 이를 위해 참전과정에서부터 미국의 세 주역이었던 트루먼, 애치슨, 맥아더의 역할과 함께 그들의 성장과정과 사고방식, 그리고 가치관을 고찰하고 그들 간의 협력과 갈등 관계가 전쟁수행에 어떤 영향을 주었는지를 집중 분석하려 한다. 따라서 이 책이 저자의 애치슨 연구논문의 내용을 많이 활용한 점을 밝혀둔다.

이 책을 내는 데는 외교부 외교사료관의 외교문서와 연세대학교 이승만연구원의 이 대통령문서 및 사진 자료, 그리고 부산 동래중앙교회 소속 한국기독교선교박물관의 사진 자료가 아주 유용하게 활용되었다. 이들 자료를 제공해 준 이승만연구원의 류석춘 원장과 동래중앙교회 정성훈 목사와 한국기독교선교박물관 안대영 관장께 감사를 드린다.

저자는 2014년 봄, 자료 수집을 위해 미국을 1개월 간 방문해 여러 유관기관으로부터 많은 도움을 받았다. 워싱턴DC 근교의 칼리지파크 소재 국립문서기록관리청(NARA)의 폴 브라운 사서관에게 먼저 감사를 드리고자 한다. 브라운 씨는 저자가 구하는 문헌 이외에 귀중한 자료를 자진해 제공해주었다. 또한 미주리주 인디펜던스시 소재 트루먼도서관의 마이클 디바인 관장, 레이 게셀브라흐트 박사, 샘 러시헤이 박사, 랜디 소월 씨, 데이빗 클라크 씨, 그리고 버지니아주 노퍽크 소재 맥아더기념관의 크리스 콜라콥스키 관장과 제임스 조벌 자료실장에게도 고마움을 느끼고 있다. 트루먼도서관의 디바인 관장과 게셀브라흐트 박사는 6·25전쟁 관련 자료 수집과 연구에 도움이 되는 메모까지 만들어 저자에게 주는 등 많은 조언을 아끼지 않았다. NARA와 트루먼도서관은 나중에 이 책의 편집과정에서 좋은 6·25전쟁 관련사진들을 제공해 주어 본서의 내용 향상에 큰 도움을 주었다. 특히 NARA의 스틸사진자료팀의 할리 리드 씨는 저자에게 친절한 안내와 아주 유익한 조언을 해주어 이 기회를 빌려 감사의 뜻을 표하고자 한다.

아울러 이 책을 출간하도록 저술지원을 해준 한국언론진흥재단 김병호 이사장과 김동철 사업본부장을 비롯한 관계자들에게 감사한다. 그리고 이 책의 출간을 흔쾌히 맡아주신 청미디어의 신동설 사장과 편집 및 교열을 담당한 편집진에도 고마움을 표하는 바이다.

2015년 5월
저자 남시욱

차례

제1부

시련의 3년

The Korean War and the United States

I. 운명의 날

⏃ 1950년 4월 모스크바

1. 스탈린과 김일성 비밀회담

북한 수상 김일성(金日成)은 1950년 1월 17일 슈티코프(Terentii F. Shtykov) 평양주재 소련대사에게 자신의 모스크바 방문과 스탈린(Iosif V. Stalin)과의 면담을 요청했다.

그는 슈티코프에게 남조선인민의 해방을 위한 북한인민군의 공격작전에 관해 스탈린으로부터 '지시와 허가'를 받기 위해 모스크바를 다시 방문할 필요가 있다고 말했다. 김일성은 그러면서 자신은 공산주의자이자 훈련받은 사람이며 스탈린이 내리는 명령은 그에게 '법'이기 때문에 자신의 판단(만)으로 공격을 개시할 수는 없다고 강조했다.[1]

김일성의 이런 말투는 결코 과장된 수사가 아니다. 2차대전이 끝나기 전까지 스탈린 대원수 아래서 소련군 소령 계급까지 진급한 그가 왕년의 최고사령관이자 국제공산주의운동의 최고 정점에 있는 스탈린에게 깍듯한 예의를 차리는 화법이다.

보고를 받은 스탈린은 즉시 김일성에게 그를 도울 준비가 되어 있으니 모스크바로 오라고 슈티코프를 통해 다음과 같은 메시지를 보냈다.

나는 김일성 동지의 불만을 이해한다. 그러나 그가 착수하려는 남조선에 대한 큰 과업은 철저한 준비를 필요로 한다는 사실을 이해해야 한다. 그 과업은 큰 위험이 따르지 않는 방식으로 추진되어야 한다. 만약 그가 나와 이 문제에 관해 이야기하기를 원한다면 언제라도 그를 접견하여 대화를 나눌 예정이다. 이러한 사실을 김일성에게 전하고 이 문제에 관련하여 내가 그를 도울 준비가 되어 있다는 점을 강조할 것.[2]

김일성은 크게 만족했다. 그는 스탈린이 그를 도와줄 준비가 되어 있다는 말에 가장 강력한 인상을 받은 듯이 슈티코프 대사에게 그 메시지가 스탈린과의 면담이 가능하다는 뜻인지 다잡아 물었다. 슈티코프는 "분명히 그렇다"고 다짐했다.

스탈린은 2월 4일 다시 슈티코프에게 전문을 보내고 김일성이 자신과 협의하려는 문제를 중국 측은 물론 북한 지도부 인사들에게도 발설해서는 안 된다고 강조하고 당시 모스크바에 체재 중인 마오쩌둥(毛澤東)과의 대화에서 북한에 대해 군사적 잠재력과 방어능력을 배양하도록 도와줄 필요성과 가능성에 대해 논의했다고 전했다.

이 소식을 들은 김일성은 당장 슈티코프에게 북한의 군사력 규모를 10개 사단으로 증강하기 위해 3개 지상군 사단을 추가로 편성할 차관을 앞당겨 제공해달라고 요청했다. 스탈린은 3개 사단 추가 편성을 추진해도 좋으며 "최단 시일 안에 완료하되 경험 있는 장교와 잘 훈련된 병사, 그리고 현대식 무기를 갖추라"고 슈티코프를 통해 김일성에게 전했다.[3]

김일성은 스탈린과 회담하기도 전에 이미 3개 사단 증강 계획을 승인받은 셈이다.

김일성은 1950년 3월 30일부터 4월 25일까지 모스크바를 비밀리에 방문했다. 그는 스탈린과 3회 면담을 가졌다. 두 사람의 면담에 관해서는 당시 소련공산당 중앙위원회 국제부가 기록한 '김일성의 소련 방문(1950. 3. 30~4. 25)에 관한 보고서'에 자세히 서술되어 있다.

스탈린은 김일성과의 회담에서 그의 무력통일 계획을 승인했다. 다만 스탈린은 이 문제의 최종 결정은 북한과 중국이 함께 내려야 한다는 조건 - 즉 김일성의 남침 이후 상황이 불리하게 되는 경우 중국이 지원하겠다는 마오쩌둥의 보장을 받는 조건 - 을 달았다.[4)]

2. 구체적인 남침 작전계획까지 합의

스탈린은 이 자리에서 철저한 전쟁 준비가 필수적이라고 김일성에게 강조했다. 우선 군의 준비태세를 더 높은 수준으로 향상시킬 것, 3개 사단을 추가 창설할 때 정예 공격사단으로 편성할 것, 각 사단은 더 많은 무기와 더 기계화된 이동 및 전투 수단을 구비하게 될 것이라고 말했다. 그러면서 스탈린은 김일성의 요구를 완전히 충족시켜 주겠다고 약속했다.

스탈린은 이어 구체적인 공격계획이 수립되어야 할 것이라고 당부하면서 3단계 기본 작전계획을 짤 것을 김일성에게 주문했다.

그것은 ① 38선에 인접한 특정지역에 병력을 집중 배치할 것, ② 북한의 최고 권력기관이 새로운 평화통일 제안들을 제시할 것. 분명히 이러한 제안들은 상대방이 거부할 것이므로 거부당한 뒤 이를 반박한 다음 군사행동을 개시할 것, ③ 어느 쪽이 먼저 전투를 시작했는지 위장하는 데 도움이 될 것이므로 옹진반도에서 먼저 적과 교전하겠다는 김일성 동지의 생각에 동의함. 귀측이 공격하고 남측이 반격한 후에 전선을 확대할 기회가 마련될 것임. 전쟁은 속전속결을 지향해 남조선과 미국이 정신을 차릴

시간을 주어서는 안 되며 그들이 강력한 저항을 도모하고 국제적 지지를 동원할 시간을 갖도록 해서는 안 됨 등이다.

스탈린은 소련이 세계 다른 지역, 특히 서방세계에서 대처해야 할 심각한 도전에 직면해 있으므로 북한은 소련이 전쟁에 직접 참가해줄 것으로 기대해서는 안 된다고 덧붙이고 재차 마오쩌둥과 협의하라고 김일성에게 당부했다. 그는 마오가 동양문제에 대해 잘 이해하고 있다면서 미국이 한국에 군대를 파견해오는 경우 소련은 조선 문제에 직접 개입할 준비가 안 되어 있다고 재차 강조했다.[5]

김일성은 이 자리에서 미국은 개입하지 않을 것이며 전쟁은 3일 안에 승리를 거둘 것이라고 다짐하면서 남조선 내 유격대 활동이 더 강화되어 대규모 봉기가 일어나 미국은 개입 준비를 할 시간을 갖지 못할 것이라고 말했다. 그는 스탈린에게 미국이 정신을 차릴 때쯤이면 전 조선 인민들이 새로운 정부를 열광적으로 지지하고 있을 것이라고 장담했다. 김일성을 수행한 박헌영(朴憲永) 부수상 겸 외상은 남한에서 활동 중인 유격대에 관해 자세하게 설명하면서 20만 명의 [공산당] 당원들이 인민봉기의 지도자로 나설 것이라고 예측했다. 실제로 김일성은 남침 개시 3일 만에 서울을 점령하는 데는 성공했지만 남한 내 어디에서도 인민봉기는 일어나지 않았다. 서울을 인민군에게 점령당한 국군은 한강방어선을 중심으로 완강하게 저항해 인민군은 7월 3일에야 이를 돌파해 남진했다.[6]

김일성은 또 이날 스탈린에게 마오쩌둥이 전체 조국을 해방하려는 자신의 계획을 지지하고 있다고 말했다. 결론적으로 스탈린과 김일성은 북한군의 동원을 1950년 여름까지 완료하고 이때까지 소련 고문관들의 도움을 받아 북한군 참모들이 구체적인 작전계획을 수립하기로 합의했다.[7]

3. 스탈린이 남침을 승인한 배경

스탈린은 1949년 말까지도 김일성의 남침계획을 준비 부족과 여건 미성숙 등을 이유로 극력 저지했다. 마오쩌둥 역시 중국혁명이 채 완성되지 않은 시점에서 한반도에서 전쟁이 일어나면 타이완(臺灣) 수복에 악영향을 미칠 것을 우려해 이를 반대했다.

그러나 스탈린은 1950년 1월 들어 돌연 김일성의 남침계획을 승인하기로 했다. 그는 자신이 동북아정책을 바꾼 이유를 '국제환경의 변화' 때문이라고 설명했다. 여기서 우리는 당시의 소련 비밀문서에서 이 대목을 자세히 살펴볼 필요가 있다. 앞에서 설명한 소련공산당 중앙위원회 국제부의 보고서에 의하면 스탈린은 김일성과의 대화에서 '국제환경의 변화'의 이유를 다음과 같이 설명했다. 즉, ① 중국공산당의 승리로 조선을 원조할 수 있고 필요하다면 조선에 파병할 수 있는 병력을 보유하게 되었으며 중국의 승리는 심리적으로도 아시아 혁명세력의 힘을 증명하고 아시아 반동세력과 그 배후세력의 취약성을 드러냈고, 미국은 중국을 떠났으며 새로 수립된 중국 당국에 군사적으로 도전하지 못했고 ② 중소동맹조약 체결로 미국이 아시아 공산주의에 도전하는 데 더욱 주저하게 될 것이며 ③ 미국에서 입수한 정보에 의하면 이러한 판단은 사실이고 ④ 소련이 현재 원자탄을 보유하고 있다는 사실과 ⑤ 평양에서 소련의 입장이 공고하게 된 점이다.

이어 스탈린은 "그러나 우리는 조선 해방에 관한 모든 찬반 의견을 다시 한 번 신중히 고려해야 하며 우선 미국이 결국 개입할 것인지 아닌지를 고려해야 하고 조선 해방은 중국 지도부가 이를 찬성할 때만 개시할 수 있다"고 강조했다.[8]

이제 우리는 스탈린이 김일성의 남침 계획을 승인한 진정한 이유를 살펴볼 필요가 있다. 이와 관련해 스탈린이 베를린 봉쇄사태 등 유럽에서 미국과의 냉전에서 밀리자 한반도를 택해 미국과 대결하고 극동에서 새로운 전략적 목표를 추구하기로 했기 때문이라는 중국학자 선즈화(沈志華)의 분석이 설득력이 있다.

그렇다면 그가 말하는 소련의 새 전략 목표는 무엇이었을까? 한반도의 38선은 국경선이나 미·소간 세력권의 경계선으로 합의된 것은 아니지만 1945년 8월 2차 세계대전 종결과 더불어 형성된 전후질서인 것만은 분명하다. 스탈린이 본인은 철저히 배후에 숨고 김일성을 앞세워 슬그머니 전후질서에 현상변경을 가하려고 한 것이다.

선즈화는 또한 1950년 2월 14일 조인된 중소우호동맹 상호원조조약에도 원인이 있다고 분석한다. 즉, 스탈린은 이 조약으로 과거 장제스의 중화민국과 체결했던 중소우호조약이 무효가 되고 그 때까지 소련에 인정되던 만주의 창춘(長春) 철도와 뤼순(旅順), 따롄(大連) 두 항구의 조차권이 소멸함으로써 이 지역에서 철수하지 않을 수 없게 되었다.

이를 보완하기 위해 스탈린은 1950년 극동정책을 근본적으로 수정해 한반도를 노렸다는 것이다. 스탈린의 마음속에는 소련이 한반도 전역에서 영향력을 행사하게 되는 경우 인천과 부산, 제주 같은 부동항을 차지하게 되리라고 믿었다는 것이다. 또한 소련의 한반도에서의 영향력 강화는 장차 일본이 과거 그들의 아시아대륙 침략의 교두보였던 한반도에 재진출하는 것을 막는 데 가장 효과적인 방법이라는 것이다.[9]

이런 배경 때문에 6·25전쟁은 개전부터 휴전에 이르기까지 모든 단계에서 스탈린의 철저한 감독을 받으면서 진행되었다. 스탈린은 김일성의 남침에 필요한 무기를 공급해주고 중공군 소속인 한인(韓人)부대를 북한군에 편입시키는 데 도움을 주었다.

스탈린은 북한의 남침 개시 전부터 바실리에프(Alexandre Vasiliev, 소련군 사고문단장) 소장, 포스트니코프(Alexei V. Postnikov, 북한군 총참모부 고문) 소장, 마르첸코(Marchenko, 북한군총정치국 고문) 소장 등 장군급으로 구성된 고문단을 북한에 파견했다. 이들이 김일성의 남침작전을 직접 지휘했다고 보는 것이 타당할 것이다.

남침을 위한 작전계획은 포스트니코프가 북한군 수뇌부가 마련한 작전계획을 퇴짜놓고 직접 러시아어로 다시 작성해 강건(姜建, 북한군총참모장)을 통해 김일성에게 내려가 한글로 번역되었을 정도였다. 그만큼 스탈린은 남침작전을 직접 지도, 감독한 것이다.[10]

② 1950년 5월 베이징

1. 마오쩌둥, 스탈린에 조회

1950년 3월 30일부터 4월 25일까지 모스크바를 비밀리에 방문하고 귀국한 김일성은 5월 13일 부수상 겸 외상인 박헌영을 대동하고 비행기 편으로 베이징으로 날아갔다. 그는 이날 밤 중국 지도자들과 만났다.

당시의 북중대화에 대해서는 여러 가지 해석이 있으나 처음에는 대화가 순조롭지 않았다. 김일성으로부터 스탈린이 그의 무력통일 계획을 승인했다는 말을 중국 측은 믿지 않아 그날 밤 회담은 중단되었다.

중국 총리 겸 외상 저우언라이(周恩來)는 밤 11시 30분 소련대사관을 찾아가 로쉰(N. V. Roshchin) 대사에게 마오쩌둥의 의뢰라면서 김일성의 말을 스탈린이 직접 확인해줄 것을 요청했다. 저우언라이는 대사에게 "마오쩌둥 동지가 이 문제에 대해 스탈린 동지 본인의 설명을 듣기를 원한다"면서 신속한 답변을 요청했다.

이에 대해 소련측은 비신스키(Andrei Yanarievich Vyshinskii) 외상이 전달한 마오쩌둥에게 보낸 스탈린의 암호 전보에서 다음과 같이 말했다.

필리포프(Filippov, 스탈린의 암호 명칭)는 조선 동지들과의 대화에서 다음과 같은 의견을 피력했다. 국제정세의 변화로 그는 조선반도 통일에 관한 김일성 동지의 제의에 동의했다. 그러나 이 문제의 최종 결정은 반드시 조선과 중국 동지가 내려야 한다. 만일 중국 동지들이 거절한다면 새로운 결정이 내려질 때까지 이 문제는 연기되어야 한다.[1]

마오쩌둥으로서는 김일성의 베이징 방문에 관해 스탈린과 사전협의가 없어 내심 당황했지만 김일성의 지원 요구에 반대할 수가 없었다. 스탈린이 1949년 12월부터 1950년 1월 사이에 모스크바에 머물고 있던 마오쩌둥에게 김일성의 남침 시 한국을 돕는 세력이 개입할 경우 중국이 지원하도록 설득했다는 소련 외교문서는 발견되지 않았다. 그러나 최근 들어 학자들은 당시 중국 측 통역의 증언 등을 근거로 마오쩌둥이 모스크바 체재 중 김일성의 남침계획에 관해 스탈린과 토의했으며 마오는 이를 지지한다고 스탈린에게 밝혔다고 주장한다. 그 이유는 마오가 보기에 남한을 도울 외국세력은 일본뿐일 것이고 당시 정치적으로 소련에 예속되어있던 그가 자신에 대한 스탈린의 불신을 불식시키기 위해서는 만약의 경우 북한을 지원하라는 스탈린의 '사실상의 명령'을 거부할 수 없었다는 것이다.[2]

2. 북한 지원 다짐

주중 소련대사 로쉰이 스탈린의 전문을 마오쩌둥에게 전하자 마오는 남북한의 현 상황과 남북 양측의 군사력에 대한 김일성의 평가에 동의한다고 말한 다음 한반도가 중소 양국의 협력 아래 통일된 후 북한이 요청한 조중상호방위조약을 체결할 것이라고 말했다.

로쉰이 모스크바에 보낸 전보에 의하면 북한 측은 중국 측에 3단계 남침작전 계획을 설명했다. 즉, ① 38선 부근의 병력 증강과 집중, ② 남한에 평화통일 제의, ③ 남한이 이를 거부할 경우 남침작전 개시였다. 이 계획에 찬성을 표한 마오쩌둥은 세 가지 조언을 했다. ① 계획 실행을 위한 철저한 준비, ② 모든 장교와 병사들에 대한 구체적 행동지침 교육, ③ 신속한 작전 수행 – 북한군은 반드시 주요 도시들을 포위하되 꼭 함락시키려고 시간을 낭비하지 않는 것이었다.

마오는 이어서 김일성에게 일본군의 개입 가능성을 질문했다. 김일성은 그럴 가능성은 없지만 미국이 일본군 2~3만 명을 파병할지도 모른다고 답했다. 저우언라이에 의하면, 마오쩌둥은 일본군이 참전하는 경우 전쟁은 장기화될 수 있다고 경고하면서 일본군이 아니라 미군이 직접 개입하게 될지도 모른다고 말했다는 것이다. 반면 박헌영이 로쉰에게 설명한 바에 의하면 마오쩌둥은 만약 미국이 개입한다면 중국은 북한을 도울 것이라고 말했다는 것이다.[5]

5월 15일 마오쩌둥은 김일성을 위해 만찬을 베풀었다. 만찬 직전 김일성은 마오쩌둥이 지켜보고 있는 자리에서 다음과 같이 말했다.

마오쩌둥 동지와의 협의는 매우 순조롭게 진행되었습니다. 마오쩌둥 동지는 우리의 해방 계획에 전적으로 찬성해 주었습니다. 마오 동지는 모스크바에서 〔본인이〕 스탈린 동지와 합의한 사항을 지지했습니다.[1]

1966년 작성된 소련 비밀자료인 '6·25전쟁(1950~1953)과 휴전협상에 관하여'이라는 문서는 당시의 김일성과 마오쩌둥의 비밀회담 결과를 다음과 같이 요약하고 있다.

1950년 5월 김일성의 베이징 방문 동안 마오쩌둥은 그와의 대화에서 미국이 "한국과 같은 작은 땅덩어리 때문에" 전쟁에 개입하지 않을 것이라고 전망했다. 그는 이어 중국 정부는 일본이 조선반도에서 군사적 행동을 강행할 경우 조선에 군사적 지원을 해주기 위해 선양(瀋陽) 지역에 1개 군을 이동 배치할 것이라고 약속했다. 중국 지도자들은 미군이 전쟁에 개입하지 않을 것이므로 대규모 군대를 파견해 북조선을 돕게 되는 상황은 없을 것이라는 계산이 깔려 있었다.[5]

3. '항미원조전쟁' 주장은 대외 선전용

중국의 이상과 같은 북한지원 사전 약속이 이루어진 경과를 보면 마오쩌둥이 1956년 소련공산당 대표들을 접견한 자리에서 한 말은 거짓말이라는 사실을 금방 알 수 있다. 그는 이때 '미국 제국주의자들'이 6·25전쟁에 개입하더라도 38선만 넘지 않으면 중국은 관계하지 않을 생각이었지만 그렇지 않을 경우에는 반드시 국경선을 넘어 싸울 생각이었다고 말했다.

이때문에 중국인들은 1950년 6월 25일 일어난 6·25전쟁을 '조선전쟁'이라고 부르고 중공군이 개입한 그해 10월 19일 이후를 미국에 대항해 북한을 도운 '항미원조(抗美援朝)전쟁'이라고 합리화해왔다. 앞으로 자세히 설명하겠지만 마오쩌둥은 1950년 초에 접어들면서 스탈린이 종래의 생각을 바꾸어 김일성의 남침을 허가하면서 중국의 지원 약속을 미리 받아두라고 지시했을 때 이를 거부할 수가 없었다. 스스로 '스탈린의 제자'[6] 임을 자처한 마오는 중국혁명 때부터 스탈린의 권고에 따라 신생 공산중국을 중국공산당 이외의 정당의 존재를 허용하는 형식상의 인민민주주의 국가로 만든 충실한 스탈린주의적 국제 공산혁명 운동가였다.

로쉰 대사가 스탈린에게 보낸 전문에 의하면, 마오는 앞에서 살펴본 1950년 5월 김일성과의 회담에서 소련은 미국과 38선이라는 군사분계선에 관한 협정에 묶여 있으므로 한국에서 미국과 직접 전쟁하기가 쉽지 않지만 신생 공산중국은 그와 같은 의무에 묶여 있지 않으므로 쉽게 북한에 군사적 지원을 제공할 수 있다고 강조한 점[7]에 우리는 유의할 필요가 있다.

그런데 앞장에서 본 바와 같이 김일성은 1950년 4월 모스크바에서 스탈린과 회담하는 자리에서 마오쩌둥이 전체 조국을 해방하려는 자신의 계획을 지지하고 있다고 말했다. 스탈린 앞에서 김일성이 거짓말을 한다는 것은 상상할 수 없는 일이다. 그렇다면 도대체 중국은 언제부터 김일성의 남침계획을 알고 있었으며 또한 언제 김일성을 지원하겠다고 약속했는지 그 시점이 관심거리다. 여러 가지 학설이 있으나 마오쩌둥이 빠르면 1949년 5월 김일성의 특사 김일(金一, 인민군 총정치국장)이 베이징을 방문해 중공군에 속한 한인사단을 북한에 인도해달라고 요청했을 때였다는 주장이 유력하다. 당시 마오쩌둥은 김일에게 북한의 무력통일 계획에 관해 자세히 묻고 필요한 경우 중국이 도울 수 있다고 밝혔다고 평양 주재 소련대사 슈티코프가 본국에 보고했다.[8] 그런 의미에서 중국 학자 데이빗 쑤이(David Tsui, 중국명 臧澤榮, 쉬쩌롱)의 다음의 분석은 매우 적절하다.

> 스탈린은 6·25전쟁의 출발 신호원(starter)이자 연출자이면서 감독이었다. 그는 육상선수를 훈련시켰을 뿐만 아니라 제1주자, 즉 김일성의 바통을 이어 을 제2주자인 마오쩌둥까지 미리 마련해둔 것이다.[9]

따라서 데이빗 쑤이가 6·25전쟁을 스탈린, 마오쩌둥, 김일성의 '3자 합작품'이라고 규정하고 션즈화는 더 나아가 이 전쟁을 '김일성의 전쟁'이 아니라 '스탈린의 전쟁'이라고 부른 것은 결코 과장만은 아니다.[10]

③ 1950년 6월 평양

1. 마지막 단계의 전쟁 준비

남침을 위한 북한군의 세부 작전계획은 1950년 6월 15일 결정되었다. 김일성이 모스크바에 다녀온 지 2개월이 채 안 된 시점이었고 베이징에 다녀온 지는 근 1개월 만이었다.

이튿날 슈티코프 대사는 공격 개시가 6월 25일 이른 새벽으로 결정되었다면서 상세한 작전계획을 모스크바에 보고했다.

그의 보고서 전문에 의하면 북한군은 공격 첫 단계에서 황해도 옹진반도에서 국지전처럼 행동을 개시한 다음, 주공격선을 서해안을 따라 남쪽으로 이동하며 두 번째 단계에서는 서울을 점령하고 한강을 장악한다. 이와 동시에 동부전선에서는 춘천과 강릉을 해방한다. 그 결과 한국군의 주력이 서울 주변에서 포위되고 제거되어야 한다. 세 번째 단계는 최종단계로 적의 잔여병력을 격파하고 주요 인구중심지들과 항구 들을 점령함으로써 남한의 나머지 지역을 해방하는 데 역점을 둘 것이라고 했다.[1]

구체적인 작전계획은 다음 절에서 자세히 설명한다.

그런데 이 세부 적전계획이 마련되기까지 곡절도 있었다. 김일성은 5월 12일 남침 공격계획을 마련하도록 북한군 총참모장에게 지시했다고 슈티코프에게 통고했으나 슈티코프는 김일성이 희망하는 대로 6월에 전쟁을 개시하는 데 필요한 준비가 끝날지 확신이 서지 않았다는 것이다.

이 때문에 남침 작전계획 수립에 관여했던 바실리에프와 포스트니코프 두 소련군 장군은 북한군의 전투장비가 완비되고 작전준비가 끝나는 7월에 공격을 개시하자면서 김일성이 이미 승인한 북한군 총참모부의 작전계획을 거부했다. 그러나 북한 측은 공격을 7월로 늦추게 되면 첫째, 작전 계획이 남측에 누설될 우려가 있고, 둘째, 7월에는 장마가 시작된다고 버티는 바람에 소련 측이 양보했다.

이에 따라 북한 측은 6월 7일 조국통일민주주의전선 중앙위원회 명의로 남북 총선을 실시하기 위해 남북한의 사회단체들을 모아 전국사회단체협의회를 개최하자고 남한 측에 제안했다. 남한 측이 이를 거부하자 북한 정권은 10일에는 북한에 억류되어 있던 민족주의자 조만식(曺晩植)과 남한에서 수감 중이던 거물급 공산주의자 김삼룡(金三龍)과 이주하(李舟河)를 맞교환하자는 제안을 평양방송을 통해 발표했다.[2]

이 제안이 거부당한 후 김일성은 12일 인민군을 훈련 명목 아래 38선에서 10~15km 떨어진 지역으로 전진 배치했다. 김일성은 19일 세 번째로 북한 정권의 최고기관인 최고인민회의 상임위원회 이름으로 대남 평화공세를 폈다. 그 내용은 북한의 최고인민회의와 남한의 국회가 합동회의를 열고 평화통일 방안을 협의하자는 것이었다. 남측이 거부할 줄 뻔히 알면서 남침 명분 쌓기를 위한 선전공세였다. 김일성은 이로써 모스크바에서 스탈린이 지시한 남침 3단계 작전 중 제 2단계를 완료한 셈이다.

김일성은 스탈린의 지원을 받아 창설한 3개 사단을 사열하고 병사들의 사기를 북돋았다. 이 사단들에 지급될 무기와 장비들은 김일성이 3~4월 모스크바 방문 때 양자가 합의한 대로 대부분 북한에 도착했다. 그런데 소련은 스탈린이 김일성의 남침을 승인하기 이전부터 북한에 다량의 현대식 무기를 제공했다. 김일성은 1949년 5월 스탈린에게 2개 전차연대로 구성되는 1개 기계화 여단, 1개 독립 전차연대, 매 사단의 포병부대 추가배치, 1개 공군사단, 1개 공병대대, 1개 포병연대를 창설하는 데 필요한 장비와 무기 및 탄약을 스탈린에 요청해 그 중 90%를 제공받았다.

이에 따라 양국 간 특별의정서가 체결되어 많은 무기와 군사—기술 장비가 인도되었다. 이들 장비 중 대표적인 것은 공군 장비로 Il-10 30기, Wil-10 4기, Yak-9 30기, PO-2 4기, Yak-18 24기, Yak 11 6기, 그리고 기갑차량으로 T-34/85 전차 87대, BA-64 장갑자 57대, SU-76 자 주 기관포 102문, M-72 모터사이클 122대가 포함되어 있다. 이밖에 다양한 종류의 대포, 대구경포, 기관총, 저격용 소총, 상륙용 주정, 폭약, 도강장비, 어뢰정, 대잠선박 등이 있었다.

북한 측은 소련의 이들 군수품 제공에 대해 쌀 및 기타 식품, 그리고 광물로 변제하기로 했다. 김일성은 1949년 말에도 소련 측에 대량의 무기 공급을 요청해 북측의 귀금속과 비철금속과의 교환 조건으로 3개 사단 증설을 포함한 무력 증강에 필요한 장비와 무기 및 112만 정의 소총용 탄약을 소련으로부터 도입했다.

양국은 이를 위해 의정서도 개정했으며 이들 품목 외에 1개 모터사이클 연대 편성과 기존 보병여단의 사단으로의 확대 개편, 그리고 해군 함대를 증강하는 데 필요한 2척의 선박 제공도 들어 있었다.[3]

2. 남침 명령 내용

김일성이 소련군 고문들과 협의해 마련한 남침작전 명령서는 3단계 계획으로 되었다. 즉, 인민군은 총 10개 사단을 2개 군단의 공격집단으로 편성해 ① 제 1단계는 국군의 방어선 돌파 및 주력부대의 섬멸단계로 3

일 이내에 서울을 점령해 서울(수원)−원주−삼척 선까지 진출하고 ② 제 2단계는 전과를 확대해 국군 예비대를 섬멸하고 군산−대구−포항까지 진출하며 ③ 제 3단계는 잔존 국군 소탕작전 및 남해안으로의 진출 단계로서 부산−여수−목포를 점령한다는 것이었다. † 원본이 러시아어 필사체로 작성된 이 선제타격 작전계획(정식 명칭 '조선인민군총사령부, 조선인민군 공격작전의 정보계획,' 1950. 6. 20자로 조선인민군 총참모장 서명)은 1950년 10월 4일, 즉 유엔군이 서울을 수복한 다음 시내에서 노획되었다.[4] 북한 인민군총사령부는 남침을 위해 먼저 6월 18일, 남침 공격의 예비단계로 38선을 향해 전개 중이던 각 공격부대에 정찰명령 제1호를 극비리에 하달했다. 정찰명령은 국군의 주저항선, 지뢰와 장애물 지역 및 통로, 진지 및 관측소 위치, 화력체계 및 주력부대의 위치를 파악하라는 것이었다. 정찰명령 제1호를 보면 각 부대의 남침 경로를 알 수 있다. 예컨대 인민군 제 4사단은 주목표를 서울에 두었으며 제 2사단은 춘천−서울 국도를 따라 한강을 건너 이천−수원 방향으로 진출하는 데 두었다.[5]

정찰명령에 이어 각 사단에 시달된 전투명령 1호에 의하면 제 4사단의 경우 6월 23일까지 공격 준비를 완료하고 별명이 내리면 국군의 방어선을 돌파한 다음 의정부−서울 방향으로 진격하라는 것이었다. 제 2사단에 내려진 전투명령 1호는 6월 22일까지 공격준비를 완료하고 명령이 내리면 당일로 춘천을 점령하고 가평에 진출하도록 했다.[6]

---

† 이 계획은 앞 절에서 설명한 바와 같이 슈티코프 소련대사에 의해 스탈린에게도 보고되었다. 6월 16일자로 된 이 전문은 서울 점령을 제 2단계에서 이룩하고 한강을 인민군 지배아래 두는 동시에 동부전선에서는 춘천과 강릉을 해방하고 남한 군을 서울에서 포위해 섬멸한다는 것이다. Telegram from Shtykov to Stalin, 1950. 6. 16, CWIHP Working Paper No. 39(July, 2002), WWICS, p. 14; 서울 점령 시기가 노획된 실제 작전명령서 보다 늦은 것은 이 보고가 타전된 후 서울 점령시기가 앞당겨 진 것이 아닌 가 추측된다.

3. 김일성의 치명적인 작전 변경

북한군은 예정대로 1950년 6월 25일 새벽 4시, 기습적인 남침작전을 감행했다. 민족의 엄청난 시련이 시작되는 순간이었다.

원래 김일성은 모스크바에서 스탈린으로부터 남침 승인을 받는 자리에서 지시받은 3단계 작전계획대로 움직였다. 그 중 세 번째 단계가 옹진반도 작전이었다. 이 지역에서 남측을 공격해 남북 간에 국지적인 충돌이 일어나 다른 지역으로 확대되어 전면전으로 발전된 것처럼 위장하려는 것이었다.

그러나 작전 개시 4일 전인 6월 21일 김일성은 부랴부랴 작전계획 변경 승인을 슈티코프 평양 주재 소련대사를 통해 스탈린에게 요청했다. 그 이유는 옹진반도 공격 계획이 누설되어 한국군 측이 이 지역에 병력을 증강시킨다는 정보가 들어왔다고 했다. 스탈린은 즉시 김일성의 요구대로 전 전선에서 일제히 총공격을 개시하는 것을 승인했다. 당초 남침 작전을 3일 안에 전격적으로 끝내기로 했기 때문에 시간을 지체할 수 없었다.[7]

이 같은 작전계획 변경은 김일성과 스탈린의 치명적인 실수였다. 김일성이 당초 마련한 교묘한 위장계획을 백지화하고 38선의 중요 전략지점으로부터 일제히 남침작전을 감행한 것은 그들 스스로 전면적인 선제공격을 감행한 사실을 전 세계에 광고한 것이나 다름없었기 때문이다.

뒤에서 자세히 살펴보는 바와 같이 소련제 최신형 전차인 T-34/85를 몰고 위세당당하게 38선을 돌파해 남쪽으로 밀고 내려오는 모습에서 배후에 소련이 있다는 것을 전 세계가 알게 된 것이다.

④ 1950년 6월 서울

1. 망국의 위기 맞은 대한민국

북한군이 기습남침을 감행한 그날 새벽, 38선을 포함한 경기 북부 지방에는 가랑비가 소리 없이 내리고 짙은 안개가 산골을 메우고 있었다. 국방부 산하 국방군사연구소가 펴낸 『한국전쟁 상권』(1995년 발행)은 북한 인민군이 갑자기 공격해 온 이날의 모습을 다음과 같이 묘사했다.

> 1950년 6월 25일 04 : 00, 가랑비가 소리 없이 내리고 짙은 안개가 산골을 메운 이른 새벽, 한반도의 허리가 부러지는 폭음과 섬광이 새벽의 고요를 심하게 흔들어놓았다. 북한 인민군의 기습남침이 그들의 계획대로 38선 전 지역에 걸쳐 야포와 박격포의 준비사격과 더불어 시작된 것이다. 인민군은 서쪽의 옹진반도부터 개성, 동두천, 포천, 춘천, 주문진에 이르는 38선 전역에서 지상공격을 개시하는 한편 강릉 남쪽 정동진〔正東津〕과 임원진〔臨院津〕에 육전대와 유격대를 상륙시켰다.[1]

북한군 1군단은 서울 점령을 목표로 경기도 연천과 운천에서 의정부에 이르는 축선과 개성에서 문산으로 이어지는 접근로에 전투력을 집중시켰다. 춘천과 강릉을 목표로 삼은 인민군 2군단은 화천–춘천 접근로에 중점을 두고 미리 계획한 축선을 따라 소련제 최신형 T–34/85 전차를 앞세우고 일거에 국군의 38선 방어진지를 돌파해 남진을 계속했다.

이날 새벽 2시경 귀가해 잠에 든 육군총참모장 채병덕(蔡秉德) 소장은 당직 사령으로부터 상황 보고를 받고 깜짝 놀라 곧 육본 작전국 상황장교 김종필(金鐘泌) 중위를 자택으로 불러 자세한 상황을 들은 다음 아침 6시를 기해 전군에 비상을 발령했다. 이와 동시에 채 총참모장은 신성모(申性模) 국방장관에게 전화로 보고하려고 했으나 연결이 되지 않아 지프차를 타고 국방장관 관사로 가 구두로 보고했다.

국방부는 KBS에 요청해 아침 7시 북한군 남침 제1보를 보도했다. 당시 국방부 정훈국장 이선근(李瑄根) 대령의 회고에 의하면 방송 당시 이미 전방진지들이 무너졌지만 국민들의 사기를 감안해 "10만 국군이 건재하니 전 국민은 염려하지 말라"고 말했다는 것이다. 이와 함께 정훈국이 중심이 되어 자동차에 스피커를 단 가두방송반이 서울 시내를 누비면서 휴가 군인들의 즉각적인 귀대를 촉구했다.[2]

국군통수권자인 이승만(李承晚) 대통령은 오전 9시 반 쯤 경복궁 경회루로 낚시를 하러 갔다가 신성모 장관이 긴급보고를 위해 경무대에 왔다는 연락을 받고 급히 되돌아와 10시 반부터 집무실에서 그를 만났다. 그는 이승만에게 이날 오전 9시 개성이 함락되고 춘천 근교에 북한군이 탱크를 앞세우고 밀고 들어오고 있으나 크게 염려할 것은 없다고 안심시켰다.[3]

이날 오전 10시에는 북한군의 YAK 전투기 4대가 김포와 여의도 기지를 정찰한 다음 서울 상공에 출현해 용산역, 서울공작창, 통신소, 육운국 청사에 기총소사를 가하고 폭탄도 투하했다.

오전 11시에는 북한 정부가 평양방송을 통해 "남한 당국이 북측의 평화 통일 제의를 거부하고 공화국 북반부에 무력 침입을 해왔으므로 조선 인민군이 미제와 그 앞잡이들을 물리치고 조국의 자유와 독립을 고수하기

위한 투쟁에 떨쳐나섬으로써 조국해방전쟁이 시작되었다"고 허위선전을 했다.[4]

이런 상황에서 국방부는 옹진의 제 17연대가 북한 지역인 해주에 돌입했다는 거짓 발표를 해 한때 국민들이 안심했으나 그것이 곧 정부 불신의 원인이 되었다.

2. 궁지에 몰린 거짓 발표

우리는 바로 앞장에서 북한이 남침을 위해 얼마나 용의주도하게 군사력을 증강했는지 자세히 검토해보았지만 제 2부의 Ⅶ(왜 6·25전쟁을 막지 못했는가)에서 한국의 방위태세가 너무도 허술했던 사실을 상세하게 살펴볼 것이다.

미국 측 통계에 의하면 당시 한국군은 9만 5,000명인 데 비해 북한군은 13만 5,000명으로 병력수가 압도적으로 많았다. 거기다 한국군 중 3만 5,000명에게는 제대로 된 무기조차 없었다.[5]

북한군의 남침 개시 당일 철원-의정부-서울 축선은 국군 대 북한군의 비율이 1 : 4.4, 개성-문산-서울 축선이 1 : 2.2, 화천-춘천 축선과 인제-홍천 축선이 1 : 4.1, 양양-강릉 축선은 1 : 2.5 비율로 국군이 절대적으로 열세였다. 화력 역시 북한 측이 2배 이상이었다. 거기다 북한군 일부는 중국의 국공내전에서 전투력을 연마한 노병의 중공군 출신이었다.

더 기막힌 사실은 그해 3월 25일, 북한군의 남침 가능성에 대비해 육본 작전명령 38호로 공식 발령된 '육군방어계획'(일명 '한국방어계획')을 만들어놓고 예산조달에 애를 태우던 육군총참모장 신태영(申泰英)을 실전 경험이 없는 채병덕으로 바꾼 점이다.

채병덕은 공교롭게도 4월 22일 및 6월 10일 두 차례에 걸쳐 전방의 유능한 지휘관들을 후방으로 돌리는 사단장급 인사이동을 단행해 38선의 방어력을 약화시켰다. 그는 하필이면 4월 27일부터 순차적으로 경계태세 내지 대기태세를 유지하다가 6월 11일부터 전군에 비상경계령을 하달했던 것을 6월 23일 자정을 기해 해제해버렸다.

그리고 마침 토요일인 24일을 기해 각 부대는 외출과 외박을 실시하고 농번기라는 이유로 휴가까지 허락했다(이때 부대 밖으로 나간 병력이 전체의 30%에 이르렀다).

거기다 북한의 남침 전야인 24일 저녁에는 새로 건립된 서울 용산의 육군장교 구락부 개관기념 파티가 열렸다. 군 수뇌들은 밤늦도록 술을 마시고 춤 추고, 또 일부 젊은 장교들은 2차 술자리에까지 갔기 때문에 술에 취해 골아 떨어져 북한군의 남침 사실도 모른 채 일요일 아침까지 늦잠을 자는 한심한 사태가 벌어졌다.[6]

25일 오후 2시에 열린 임시 국무회의[7]에서 신성모 국방장관은 적이 남침을 개시했으나 아군은 후방 3개 사단을 투입해 반격을 감행해 의정부를 탈환하고 적을 그 북쪽으로 격퇴했으므로 조금도 걱정할 필요가 없다고 보고했다.

그는 이어 "군의 고충은 명령이 없어서 38선을 넘어 공격작전을 취할 수 없는 것이다. 만약 공세를 취한다면 1주일 내에 평양을 탈취할 자신이 있다"고 설명했다.

신성모에 이어 채병덕 총장 역시 38선 전역에 걸쳐 4~5만 명의 북한군이 94대의 전차를 앞세우고 남침을 개시했다고 설명하고 북한군의 침공 목적은 경찰에 체포되어 있는 남로당 출신의 이주하와 김삼룡을 탈취하기 위한 것으로 보인다고 말했다. 채 총장은 또한 곧 국군의 후방 3개

사단을 동원해 북한군을 격퇴시킬 것이라고 보고했다.[8]

두 명의 군 수뇌는 북한군의 남침 목적, 병력 수, 그리고 국군의 격퇴 능력에 이르기까지 완전히 엉터리 보고를 한 것이다. 무엇보다도 심각한 것은 그들이 북한의 전면적인 남침 사실을 파악하지 못한 점이다.

다음 장에서 보는 바와 같이 미국 정부는 이미 북한군의 남침 목적과 그 배후까지 완전히 파악하고 있었다. 신 장관과 채 총장은 이튿날인 26일 10시경 국방부에서 신 장관 주재로 열린 군 간부 및 원로회의에서 "곧 북진할 테니 안심하시라"고 말했다.

또 이날 11시 중앙청에서 열린 비상국회에서도 비슷한 말을 했다. 신성모는 "5일 이내에 평양을 점령할 수 있다"고 보고했다. 채병덕은 "적을 의정부 밖으로 격퇴했으며 3개 사단이 후방에서 올라가면 3일 내에 평양을 점령해보겠다"고 말해 의원들로부터 우레와 같은 박수를 받았다.[9]

정부 책임자들이 이처럼 우왕좌왕하고 있는 사이 북한군은 의정부와 동두천을 돌파해 27일에는 서울 미아리를 위협했다. 정부 당국의 낙관적인 말과는 달리 대한민국은 북한군 탱크 앞에서 이미 무너져내리고 있었다.

3. 이승만 대통령의 비상조치

이승만 대통령은 6·25전쟁이 발발한 당일 오전 11시 35분 경무대 관저에서 무초(John J. Muccio) 미국 대사의 방문을 받았다. 무초는 아침에 용산 육군본부에 들러 한국군과 미군 고문관들이 잘 협조하고 있음을 확인하고 왔다고 이승만에게 전했다. 그는 이승만에게 필요 시 자신은 언제든지 오겠다고 말했다.

이승만은 우선 미국에 소총과 탄약, 특히 소총을 지원해달라고 요청했다. 이승만은 오후 2시에 국무회의를 열어 계엄선포 등 비상사태에 대처하기 위한 대책을 마련할 것이라고 그에게 알려주었다.

이승만은 이번 사태가 한국을 제2의 사라예보로 만들지 않기를 바라며 미국의 여론을 악화시켜 한국 문제를 영구적으로 해결할 수 있는 기회가 되기를 바란다고 무초에게 말했다.[10] 그의 이 같은 언급은 북한의 남침이 북진통일의 계기가 되기를 바란다는 뜻으로 해석될 소지도 있다. 만약 그렇다면 이승만은 그때까지 남침사태를 그다지 심각하게 보지 않았던 것 같다.

이승만은 다음 장에서 보는 바와 같이 이날 오후 장면(張勉) 주미대사에게 전화를 걸어 장 대사가 직접 백악관과 의회를 방문해 미국 정부에 지원을 요청하라고 지시했다. 그는 26일 새벽에는 도쿄의 미국 극동군사령관 맥아더(Douglas MacArthur)에게 급히 전화를 걸었다. 잠에서 깨어나 전화를 받은 맥아더는 미 극동군사령부 참모장대리 힉키(Doyle O. Hickey) 소장에게 무스탕 전투기 10대, 곡사포 72문, 바주카포 등을 긴급 지원하도록 명령하겠다고 약속했다.[11] 임병직(林炳稷) 외무장관은 장면 주미대사에게 훈령을 내려 즉시 유엔과 미국에 대한 외교활동을 전개하라고 지시했다. 그는 또 미 국무부와 국방부 그리고 유엔한국위원회에도 협조를 요청했다.

정부는 이날 국무회의 의결을 거쳐 국내에 비상조치를 취하기 위해 대통령령 377호(비상사태 하의 법령 공포의 특례에 관한 건)을 공포하고 우리 헌정사상 최초로 2건의 대통령긴급명령을 공포했다. 이때 공포된 것이 대통령긴급명령 제1호인 비상사태하의 범죄처벌에 관한 특별조치령(1950. 6. 25)과 제2호인 금융기관예금 등 지불에 관한 특별조치령(1950. 6. 28)이었다.[12]

The Korean War and the United States

Ⅱ. 미국의 참전

Ⅰ 심야의 워싱턴

1. 유엔 안전보장이사회 긴급 소집

6·25전쟁이 발발한 1950년 6월 25일(일요일) 새벽 4시는 지구 거의 반대편인 미국의 동부 표준시간으로는 아직 24일(토요일) 오후 3시였다. 미국무장관 애치슨은 이날 주말을 맞아 워싱턴 근교 매릴랜드주 소재 자신 소유의 헤어우드농장(Harewood Farm)에서 쉬고 있었다.

그는 밤 10시 요란한 전화벨 소리에 놀라 수화기를 들었다. 주한 무초 대사로부터 북한군의 전면 남침을 보고하는 급보가 들어왔다는 국무부의 긴급연락이었다. 6·25전쟁 발발을 알리는 제1보였다. 전쟁 발발 약 7시간 만이었다.

토요일 밤임에도 불구하고 국무부에는 긴급 소집된 애치슨의 측근 참모들, 즉 극동담당 차관보 러스크(Dean Rusk)와 유엔담당 차관보 히커슨(John Hickerson), 그리고 순회대사 제섭(Philip C. Jessup), 동북아과장 존슨(Alexis Johnson), 한국데스크 본드(Niles W. Bond)가 모였다. 애치슨은 전화로 히커슨의 의견을 물은 바, 히커슨은 다음날(일요일) 아침 유엔 안전보장이사회를 소집해 북한의 무력공격 중지를 요구할 것과 한국에 있는 미국 대사관과 군사고문단에 계속적인 정보 보고를 하도록 지시할 것을 건의했다.

이때 국무부는 장면 한국대사를 국무부로 호출했다. 장면과 공사 한표욱(韓豹頊)이 국무부에 도착하자 러스크 차관보는 무초의 전보 내용을 전하면서 "본국 정부로부터 무슨 연락이 있었느냐?"고 물었다. 장면은 "없었다"고 대답했다. 두 사람이 국무부측에 지원을 요청하고 대사관으로 돌아오자 이승만으로부터 전화가 걸려왔다. 전화를 받은 한표욱에게 그는 "저 놈들이 쳐들어왔어…"라고 말문을 열더니 국군이 용감하게 싸우고 있으나 그들을 격퇴할 수 있을지 걱정되므로 미국의 지원이 신속히 도착하도록 외교 교섭을 벌일 것을 지시했다. 통화를 마치고 장면과 한표욱이 25일 새벽 1시쯤 다시 국무부로 돌아왔는데 국무부 간부들은 여전히 전원 자리를 지키고 있었다.[1]

애치슨은 히커슨의 건의를 받아들여 유엔 주재 부대사 그로스(Ernest Gross)가 유엔 사무총장 트리그브 리(Trygve Lie)에게 안보리 소집을 요구하도록 지시했다. 애치슨은 이와 함께 미국 동부시간으로 24일 밤 10시 조금 지나 중서부 지방인 미주리주 인디펜던스 고향집에서 주말을 보내고 있던 트루먼 대통령에게 상황을 긴급 보고했다. 트루먼은 이날 오전 워싱턴 부근 볼티모어 교외에 새로 완공된 프렌드십국제공항 헌당식(준공식)에 참석한 뒤 고향집에 가 있었던 것이다. 트루먼은 애치슨의 보고를 받고 바로 워싱턴으로 돌아오겠다고 말했다. 그러나 애치슨은 아직 자세한 보고가 없고 야간비행은 위험하므로 다음날 자신이 추가 보고를 할 때까지 인디펜던스에 머무는 것이 좋겠다고 말해 트루먼의 동의를 얻었다. 애치슨은 트루먼에게 유엔안전보장이사회를 긴급 소집해 북한군의 행동이 침략행위라고 선언하도록 해야 할 것이라고 건의했다. 트루먼은 이에 즉각 안보리를 소집하라고 애치슨에게 지시했다.[2]

애치슨의 지시에 따라 밤 11시 30분 국무부 유엔담당 차관보 히커슨은 리 유엔사무총장에게 전화로 안보리 소집을 요구하겠다는 의사를 통고했다. 리 총장은 그에게 "하느님 맙소사, 이건 유엔에 대한 전쟁이야!"라고 외쳤다. 이때가 서울 시간으로 25일 낮 12시 30분, 이승만이 무초와 만나고 있을 무렵이자 오후 2시 국무회의에서 신성모 국방장관과 채병덕 육군총참모장이 엉터리 보고를 하기 훨씬 전이었다. 미국 정부는 당사국인 한국 정부보다 이처럼 더 신속히 움직였고 상황 판단도 정확했다. 그 동안 국무부 실무진은 미국 유엔대표부의 안보리 소집 요구서, 안보리에 제출할 결의안, 그로스 미국 유엔대표부 부대사가 발표할 성명서를 기안해 놓고 대기 상태에 있었다. 이튿날인 25일 새벽 2시가 되어도 무초 주한 미국대사로부터 상세한 추가 보고가 없자 애치슨은 결단을 내려 조간신문 마감시간 직전에 정식으로 안보리 소집요구서를 제출하도록 했다. 안보리 소집요구서와 결의안은 2시 반 국무부로부터 미국 유엔대표부에 전화로 보내져 3시경 그로스 유엔 미국대표부 대표대행이 리 사무총장에게 먼저 전화로 낭독하고 그날 아침 문서로 제출했다. 이같은 애치슨의 신속한 조치는 북한의 남침 뉴스와 안보리 소집요구 뉴스가 이튿날 조간신문의 같은 지면에 나란히 보도되도록 하기 위한 것이었다.[3]

이어 이날 오전 11시 30분 국무부에서 애치슨의 지시로 히커슨 유엔담당 차관보, 러스크 극동담당차관보와 제섭 순회대사, 그리고 페이스(Frank Pace) 육군장관 등 국무−국방 양부 고위간부들이 긴급대책회의를 가졌다. 이보다 조금 앞선 이날 아침 8시 40분경부터는 육군부와 도쿄의 맥아더 사령부 수뇌 사이에 장시간의 텔레타이프회의가 열려 한국사태의 진전 상황을 보고받았다. 유엔 안보리는 이날 오후 2시(한국 시간 26일 새벽 3시) 개최되어 도중에 약 1시간 10분 간 정회한 다음 한국사태를 북한 당국의 무력사용에 의한 '평화파괴 행위'로 규정한 다음 이를 즉각 중지하고 병력을 철수시킬 것을 권고하는 결의안을 오후 6시(한국시간 26일 아침 7시) 직

1 6·25 직전 남침을 위한 마지막 훈련을 하고 있는 북한군 탱크부대원들의 모습.

2 38선 지역에서 남침 작전을 협의하는 북한군 장교들.(사진 China.com. 老照片圖庫)

3 1950년 6월 25일 북한군의 남침 직후 의정부로 달려가 군 지휘관들에게 반격 명령을 내리고
  있는 채병덕 육군 총참모장(왼쪽에서 3번 째).(중앙일보 2014. 6. 23)

1 1950년 6월 28일 구 중앙청 건물
  위에 인공기가 걸렸다.

2 1950년 6월 28일 서울 거리에
  등장한 북한군 105전차여단 소속
  T-34탱크의 모습.

1 1950년 6월 28일 서울 시청 앞길에서 북한 인민군이 105전차여단의 뒤를 따라 시가행진을 하고 있다.

2 숲에서 튀어 나오는 북한군 전차의 섬뜩한 모습―이 전차는 2차 대전 때 영국으로부터 소련에 공여된 크롬웰 탱크로 소련군이 북한에 제공했다는 설과 1951년 초 1·4후퇴 당시 중공군이 영국군으로부터 노획해 북한군에게 넘겼다는 설 등이 있으나 어느 쪽이 맞는지 아직 밝혀지지 않았다. 이 사진은 북한의 종군기자가 찍은 것을 부산 동래중앙교회 한국기독교선교박물관이 입수해 2013년 공개한 것인데 이에 앞서 2004년 동아일보가 모스크바에서 소련 프라우다지의 종군기자로부터 같은 사진을 제공받아 소개한바 있다.

1 트루먼 대통령이 1950년 6월 27일(미국 동부시간) 백악관에서 한국에 해군과 공군을 파견한다고 발표하고 있다.

2 블레어하우스 회의에서 미국의 참전을 결정하는데 주도적인 역할을 한 애치슨 국무장관.

3 1950년 6월 25일 저녁 7시 반(현지시간) 트루먼대통령이 북한군의 남침사태를 논의하기 위해 긴급회의를 개최한 블레어하우스 모습.

4 1950년 6월 29일 맥아더 장군이 전용기 바타안호를 타고 6·25전쟁 발발 후 처음으로 수원 비행장에 도착한 모습. (사진 NARA 제공)

1 1950년 6월 27일 오후 열린 유엔 안보리에서 유엔군 파견 결의안을 통과시키는 광경.(사진 NARA 제공)

2 주미대사 장면(왼쪽)이 1950년 6월 25일(미국시간) 유엔 안보리 회의장 로비에서 트리그브 리 유엔 사무총장과 만나고 있는 모습.(사진 트루먼도서관 제공)

3 맥아더 장군이 현지 조사단장으로 한국에 파견한 처치 준장(왼쪽에서 첫째)—1950년 6월 27일 수원 비행장에서 그는 드럼라이트 주한 미 대사관 참사관(왼쪽에서 2번째)과 이승만 대통령(왼쪽에서 3번 째), 그리고 무초 대사(맨 오른쪽)로부터 상황을 듣고 있다.(사진 NARA 제공)

1 미군의 첫 참전부대인 스미스부대(24사단 21연대 1대대) 대원들이 1950년 6월 30일 일본에서 수송기로 부산에 도착해 7월 2일 대전역에서 내린 모습—스미스부대는 7월 4일 경기도 오산 전투에 처음 배치되었다.(사진 NARA 소장)

2 오산 죽미령에서 처음으로 북한군과 교전한 스미스 부대원들의 모습. 이들은 언덕 위에 진지를 만들고 남진하는 인민군 탱크를 바주카포로 공격해 3대를 파괴함으로써 북한군의 남진을 7시간 동안 저지하는 혁혁한 전과를 올렸으나 대원 540명 중 1/3을 잃는 큰 인명피해를 입었다.(사진 미 국방부 제공)

1 1950년 7월 14일 도쿄의 미국 극동군사령부에서 콜린스 육군참모총장(왼쪽)이 맥아더 장군에게 유엔기를 건네고 있다.(사진 맥아더기념관 소장)

2 1950년 7월 17일 대구 8군사령부에서 트리그브 리 유엔 사무총장의 개인특사인 카친(Alfred G. Katzin) 사무차장보(오른쪽)가 워커 8군사령관(왼쪽)에게 유엔기를 수여하는 모습.(사진 NARA 제공)

1950년 8월 2일 부산에 도착한 미 해병 제1임시여단 병사들이 전선으로 향하는 모습.(사진 NARA 제공)

전 9대 0으로 채택했다. 중공의 대표권 인정을 요구하면서 유엔을 보이코 트하던 소련은 계속 출석하지 않아 유고슬라비아만 기권했다. 안보리 개회 상황은 25일 오후 7시경 워싱턴에 돌아온 트루먼이 공항으로 마중나온 애치슨으로부터 보고받았다.

2. 소련을 배후세력으로 즉각 판단

트루먼은 이날 워싱턴으로 돌아오기 전 인디펜던스에서 애치슨으로부터 두 번째 전화를 받고 "딘, 우리는 무슨 일이 있든지 그 개자식들이 내려오지 못하게 막아야 합니다"라고 당부했다.[4]

그는 이날 오후 워싱턴으로 돌아오는 비행기 안에서 북한군의 남침행위를 1930년대에 만주, 에티오피아 및 오스트리아에서 일어난, 강자가 약자에게 저지른 행동과 같은 것으로 결론내렸다. 그는 과거 히틀러, 무솔리니, 그리고 일본인들이 하던 행동을 소련이 한국에서 벌이고 있다고 판단한 것이다. 만약 미국이 북한의 남침을 방관한다면 소련이 지시하는 공산국가의 또 다른 침략행위를 고무해 결국 3차 세계대전으로 이어질 것이라고 그는 판단했다.[5]

트루먼으로 하여금 이 같은 연상을 하도록 한 것은 과거 나치 독일군이 탱크부대를 이끌고 폴란드 수도 바르샤바를 침공해 2차 세계대전의 도화선이 된 것처럼 북한군도 소련제 T-34/85 중형 탱크 120대를 앞 세우고 당당히 남쪽으로 밀고 내려왔기 때문이다. † 트루먼이 1930년대의 사건에서 유추해 현재의 사건을 인식하고 판단한 것은 로버트 저비스가 분석한 바와 같이, 정책결정자가 역사에서 교훈을 얻는 전형적인 예이다.[6]

북한군의 남침 보고를 받은 트루먼은 즉각 북한 배후에 소련이 있다고 믿었다. 트루먼은 과거 파시스트 국가들의 행동이 2차 대전을 일으킨 것과 같이 공산주의자들이 세계 공산혁명을 위해 3차 대전을 일으킬 것이라고 믿었다. 따라서 그는 북한군의 공격이 저지되지 않는다면 자유세계와 유엔의 기반과 원칙도 위기에 빠질 뿐만 아니라 미국 자신의 안전도 위험에 처할 것이라고 판단했다.[7]

애치슨의 판단도 마찬가지였다. 그 역시 북한의 남침에 소련이 관여하고 있다고 즉각 결론을 내렸다. 애치슨은 한국 자체는 소련이 침략해 들어갈 만큼 큰 가치가 있는 나라가 아닌 만큼 소련은 한국에서 1평방마일의 땅이라도 빼앗기 위해서가 아니라 한국이 서방세계를 공격할 수 있는 교두보이기 때문에 전쟁을 일으킨 것이라고 판단했다. 따라서 그는 미소 양국은 다 같이 세계차원의 전략에서 대결하고 있으므로 6·25전쟁을 '한국전쟁'(Korean War)이라고 호칭하는 것에 반대했다. 그는 이 전쟁은 미소 두 나라 어느 편에게도 단순히 한국이라는 지역에서 싸운 '하나의 한국전쟁'(a Korean War)이 아니라고 했다. 그는 또 소련이 국제적으로 승인된 대한민국의 보호자라는 미국의 위상에 공공연히 도전한 점을 중시했다.[8] 그는 한국 다음의 소련의 목표가 서독이나 이란일 것이라고 추측했다.

---

† 북한군이 탱크를 앞세우고 38선의 중요 거점에서 일제히 공격한 사실은 무초 주한 미국대사가 25일 오전 10시 애치슨 국무장관에게 보낸 최초 보고서(워싱턴 현지시간 24일 밤 9시 26분 접수)에 나와 있다. 이 보고서는 이날 새벽 4시 북한군이 옹진에 포격을 가한 다음 오전 6시 옹진 지역, 개성 지역, 춘천 지역에서 38선을 돌파하고 강릉 지역에는 상륙작전을 감행했다고 밝혔다. 북한군은 아침 9시 탱크 10여 대로 개성을 점령하고 춘천에도 탱크를 앞세우고 접근 중이라는 보고가 들어왔다고 밝혔다. 25일 1차 블레어하우스 회의에서 애치슨이 낭독한 이 보고서는 북한군 공격의 성격과 작전 방식으로 보아 대한민국에 대한 전면적 공격으로 보인다고 언급했다. The Ambassador in Korea(Muccio) to the Secretary of State, 1950. 6. 25, *FRUS, 1950, VI, Korea*, p. 125.

이 같은 판단은 국무부 산하 정보조사국(OIR)에 의해서도 공유되었다. OIR은 6·25전쟁 발발 직후 제출한 정보보고서에서 북한은 완전히 크레믈린의 지배 아래에 있으므로 소련의 지시 없이 남침을 결정했을 가능성이 전무하기 때문에 북한의 남침을 소련의 세계전략으로 보아야 한다고 밝혔다. 이 보고서는 소련이 6·25전쟁을 통해 추구하고자 하는 목표가 군사적으로 자신들에게 유리한 지역에서 소련을 상대로 총력외교를 벌이고 있는 미국의 의도를 시험하고 미국의 위신에 일대 타격을 가하려는 것이라고 분석했다. 보고서는 이에 따라 미국은 소련이 한반도에서 추구하는 정치적 목적을 좌절시키고 한국을 구하기 위해 적극적으로 개입할 것을 건의했다.[9] 여기서 주목할 사실은 6·25전쟁이 발발하자 미국 정부가 취한 대응조치의 신속함에 못지 않게 트루먼 대통령을 비롯한 미국 정부 수뇌부가 북한의 남침 배후를 즉각 정확히 파악한 점이다.

트루먼은 워싱턴 공항에서 백악관의 영빈관인 블레어하우스로 가는 리무진 안에서 "신의 이름으로 나는 그들에게 대가를 치르도록 하겠다"고 다짐하면서 "여러분은 내가 어떤 기분인지 알겠지요"라고 동승자들에게 물었다. 차 안에는 공항으로 그를 마중나간 국무장관 애치슨과 국방장관 존슨(Louis A. Johnson), 국무차관 웹(James E. Webb)이 동승하고 있었다.[10] 트루먼의 입장은 단호했다. 그는 블레어하우스에서도 식사가 시작되기 전 히커슨 유엔담당차관보가 듣는 자리에서 "우리는 유엔을 망칠 수 없어. 우리는 유엔을 망칠 수 없어…"라고 되풀이했다.[11]

3. 애치슨의 역할

애치슨은 25일 저녁 7시 반(한국시간 26일 아침 8시 반) 트루먼이 긴급소집한 블레어하우스 회의가 열리기 전 국무부장관 집무실에서 다른 사람이 들어오지 못하게 하고 1~2시간 동안 한국사태에 대처하기 위해 혼자 생각에 잠겼다. 애치슨은 중대한 문제를 처리할 때는 자주 이처럼 명상하는 버릇이 있었다. 그는 이날 저녁 블레어하우스 회의에서는 하루 이틀 사이에 처리해야 할 당면 문제가 논의되겠지만 문제는 그 이후의 대비라고 생각했다. 그는 훗날 그의 회고록에서 이날 오후의 명상 내용을 다음과 같이 기록했다. 당시 소련의 베를린봉쇄로 미소 간에 긴장이 조성된 가운데 터키, 그리스, 이란에서도 세력균형이 소련에 유리하게 기울고 있었다. 소련은 이 지역들에서 미국의 결의를 시험하고 있었다. 그러나 한국도 〔소련이 시험할 국가의〕 명단에 올라있기는 하지만 소련이 우선시하는 지역은 아니다. 한국은 일본에 있는 미군기지에서 너무 가깝고 소련으로부터는 매우 먼 지역임에도 북한의 침략행위가 일어났으니 다음 사태는 무엇일까? 미국은 어떻게 대응해야 하나? 소련이 북한으로 하여금 공격을 개시하게 하고 무기를 대주고 침략을 선동한 이상, 힘이 아니고서는 이를 막아내지 못할 것이다. 그러나 한국은 이를 감당할 수 없으므로 오로지 미국의 군사적 개입만이 이를 해낼 수 있다. 다른 나라로부터 군대가 파견되는 것은 정치적으로, 심리적으로 도움이 되겠지만 군사적으로는 중요하지 않다. 그 동안 유럽 출장에서 얻은 바로는 이 사실에는 의문의 여지가 없었다. 북한의 한국 침략은 미국이 소련을 상대로 전쟁을 일으킬 사유(casus belli)가 못됨은 명백하지만 동시에 분명한 사실은 미국이 점령하고 있는 일본의 안보에 대단히 중요한 한국의 보호자라는, 국제적으로 승인된 미국의 입장에 소련이 공공연히 도전한 점이다. 미국의 대처능력에 비추어볼 때 한국에서 미국이 물러서는 것은 미국의 힘과 위신에 심대한 타격이 될 것이다. 따라서 미국은 소련의 괴뢰정권에 의한 이 중요한 지역의 정복을 받아들일 수 없다. 바로 이 점은 1948년에 채택되고 이듬해 보완된 NSC 8과 부합되는 것이다. NSC 8은 한국으로부터의 철군을 규정한 것이고 이듬해 보완된 NSC 8/1과 NSC 8/2는 소련의 대한정책 중 하나가 한반도 전역에로 지배를 연장하기 위한 도구로 자국의 점령지역에 소련에 의존적인 괴뢰정권을 만들어 이를 이용할 수 있다고 보았다. 애치슨은 마침내 마음이 정리되었다고 한다.[12]

이상에서 우리는 트루먼과 애치슨이 6·25전쟁에 즉각 파병하기로 결심한 데는 이들의 신념체계가 작용했다는 것을 알 수 있다. 그러나 그에 못지않게 이들이 참전 결정을 내린 배경에 한국사태가 스탈린의 팽창주의 정책에서 비롯되었다고 판단한 인지 과정이 결정적으로 중요하다. 만약 이들이 한국사태를 수정주의자들이 주장하는 것처럼 내전이라고 판단했다면 문제는 달라졌을 것이다. NSC 8은 한국에서 내전이 일어났을 경우에는 이것이 미국에게 개전 사유가 되지 않는다고 못 박았다.

4. 블레어하우스 회의

블레어하우스 회의는 그날 저녁식사가 끝나자 7시 45분(한국시간 26일 아침 8시 45분)부터 트루먼 주재로 시작되었다. 트루먼은 먼저 애치슨에게 토의를 시작하도록 했다. 애치슨은 대통령이 검토해야 할 사항이라고 자신이 판단한 여러 문제들을 요약했다. 그 골자는 ① 극동군 최고사령관 맥아더 장군에게 한미상호방위원조협정이 허용한 수량과 질적 수준 이상으로 한국군에 탄약과 군사장비 지원을 할 수 있도록 허가할 것 ② 한국에 살고 있는 미국인 가운데 여성과 어린이들의 소개작전을 방해하는 북한의 탱크나 공군기를 격퇴시킬 수 있는 권한을 승인할 것, ③ 방금 채택된 유엔 안보리 결의 및 앞으로 추가 결의에 따른 한국에 대한 지원방식 ④ 제 7함대를 타이완해협으로 파견해 대륙으로부터의 타이완에 대한 공격을 방지하는 동시에 타이완으로부터의 대륙에 대한 작전도 막아야 하며 ⑤ 다음 단계의 조치가 결정되기 이전에 맥아더 장군은 타이완을 방문하지 말 것과 미국 정부는 장제스 총통과 관계를 맺지 말 것이며 타이완의 장래는 유엔에서 결정하고 ⑥ 마지막으로 미국의 인도차이나에 대한 원조를 증액해야 한다고 제안했다. 애치슨이 타이완의 장래는 유엔에서 결정해야 한다고 발언하자 트루먼은 "또는 대일평화조약에 따라서…"라고 끼어들었다.[13) 블레어하우스 회의에서 애치슨이 제안한 내용들은 모두 애치슨의 개인적인 복안들이었다.[14)

트루먼은 애치슨의 제안에 대한 참석자들의 의견을 구했다. 맨 먼저 지명받은 사람은 방금 극동지역 시찰을 마치고 귀국한 존슨 국방장관이었다. 그는 국방부는 한국에서의 전쟁 계획을 갖고 있지 않으며 그날 국방부 관계자 회의에서 결정한 특별한 결론은 없다고 대답했다. 그러나 그는 애치슨의 건의사항 제 1번인 탄약 등을 한국에 긴급 지원하라는 지시를 맥아더에게 내리는 데는 찬성했다.[15)

존슨은 1년 후인 1951년 6월 의회의 맥아더 청문회에서 자신이 그렇게 대답한 것은 대통령 앞에서 문민장관들과 합참본부 소속의 각군 참모총장들이 자유롭게 의견을 개진하도록 하기 위해서였다고 말했다. 그는 또한 이 자리에서 미국의 참전 결정은 국방부가 아닌, 애치슨이 단독으로 추진한 것이며 그렇다고 당시 국방부가 이에 반대한 것은 아니며 그 결정은 현명한 것으로 당시나 현재도 생각하고 있다고 증언했다.[16)

존슨의 발언에 이어 합참 수뇌들의 의견 개진이 있었다. 브래들리(Omar N. Bradley) 합참의장은 소련은 아직 전쟁할 준비는 되어 있지 않지만 한국에서 미국을 시험하고 있다고 말하고 미국은 당장 "어디엔가 선을 그어야 한다"고 주장했다. 셔먼(Forrest P. Sherman) 해군참모총장은 소련은 전쟁을 원하지 않고 있다고 말하면서 해군력 지원으로 충분하다고 보고했다. 반덴버그(Hoyt S. Vandenberg) 공군참모총장은 미국은 반드시 북한군을 저지해야 한다고 강조하면서 자신은 소련군이 참전하지 않으리라는 가정 아래서 행동하자는 것은 아니라고 말했다.

콜린스(J. Lawton Collins) 육군참모총장은 한국군이 분쇄된다면 지상군 지원이 필요할 것이라고 말하면서 맥아더 장군에게 한국조사팀을 파견할 수 있는 권한이 주어져야 한다고 건의했다. 그러나 존슨 국방장관은 한국에 지상군을 보내는 것에는 반대했다. 페이스 육군장관도 지상군 투입의 타당성에 의문을 갖고 있다고 말했다. 브래들리 합참의장은 지상군 파견, 특히 대규모 병력파견에는 신중론을 폈다. 그러면서도 그는 미 공군기가 한국 상공에 뜨면 설사 북한군 탱크를 찾아내는 데 실패할지라도 한국인들의 사기진작에 큰 효과가 있을 것이라고 했다.[17]

트루먼 대통령은 그의 결론을 밝혔다. 즉, ① 맥아더 장군은 제안된 군사보급품을 한국에 보낼 것, ② 맥아더는 한국에 조사팀을 파견할 것, ③ 제시된 7함대 함정을 일본으로 보낼 것, ④ 공군은 극동지역 소련 공군기지를 일소할 계획을 세울 것, 이것은 행동하라는 명령이 아니고 계획하라는 명령이다 ⑤ 소련의 행동이 나타날 다음 지역이 어디인지 주의 깊게 연구할 것이며 국무부와 국방부는 완전한 조사를 실시해야 할 것이다. 트루먼은 이어서 "미국 행정부는 전적으로 유엔을 위해 일하고 있다"고 강조하면서 "유엔이 어떤 추가적인 행동을 취하더라도 북한은 이를 무시할 것이므로 안보리 결의가 북한으로부터 받아들여지도록 하기 위해서는 힘을 행사해야 한다"고 강조했다. 트루먼은 각군 참모총장들에게 유엔이 요구할 때 이 같은 힘을 제공하는 데 필요한 명령을 준비하라고 당부했다. 트루먼의 결정은 밤 11시경(한국시간 26일 낮 12시경) 회의가 끝난 즉시 맥아더 등 관계자들에게 시달되었다.[18]

미국의 참전 결정은 무엇보다도 세계전략적 차원에서 스탈린에게 밀리지 않겠다는 트루먼의 확고한 의지와 신속한 결단으로 이루어졌다. 하지만 트루먼이 이런 결단을 내리고 이를 실천하게 된 데는 애치슨 국무장관과 맥아더 극동군사령관의 기민한 행동이 있었다. 두 사람의 전략 전술은 서로 달랐으나 한 사람은 워싱턴에서 외교의 총사령탑으로서, 다른 한 사람은 지구 반대편에 위치한 일본 도쿄의 현지사령관으로서 수레의 양 바퀴처럼 협조적으로 움직였다. 그렇지 않았더라면 6·25전쟁의 양상은 달라졌을지도 모른다. 두 사람은 미국이 개입할 시간적 여유가 없도록 전쟁을 단시일 안에 속전속결로 끝내려던 북한 못지않게 신속히 대처함으로써 김일성은 물론 그를 배후에서 지휘하던 스탈린의 허를 찔렀다. 뒤에서 살펴보는 바와 같이 만약 애치슨이 한국사태를 그날로 유엔으로 들고 가지 않고 참전을 둘러싸고 왈가왈부하면서 시간을 끌었거나, 맥아더가 워싱턴의 상부로부터 명령도 채 떨어지기 전에 행동에 나서지 않고, 우유부단하고 통일되지 못했던 합동참모본부의 군 수뇌들이 며칠간이라도 미적댔더라면 북한군은 한반도 남쪽을 모두 휩쓸었을지도 모른다. 이 두 사람의 재빠른 조치로 트루먼 행정부는 유엔의 깃발 아래 6·25전쟁에 참전해 부산 교두보를 방어하는 데 성공함으로써 지구상에서 사라질 뻔했던 대한민국이 명맥을 부지할 수 있었다. 이 점에서 특히 애치슨의 역할은 성공적이어서 트루먼 행정부의 한반도정책에 큰 승리를 기록했다. 그러나 애치슨과 맥아더는 채 반 년도 못가 공동보조를 취하는 데 실패해 상호대립과 갈등이 심화되어 전쟁 수행 자체가 제대로 되지 못했다.

트루먼은 26일 오후 백악관에서 장면 대사를 접견했다. 장 대사는 미국의 신속하고 실질적인 지원을 요청하는 한국 국회의 결의문을 트루먼에게 전달했다. 이어 장면은 이승만 대통령으로부터 세 통의 전화를 받았다고 말하면서 그 내용은 한국군에 없는 것이 대포, 탱크, 항공기이므로 이들을 보내주도록 최대한 지원해줄 것을 바란다는 내용이라고 말했다. 장면은 이 장비들은 아직 한국에 도착하지 않았다고 말했다. 트루먼은 이미 맥아더 장군에게 이 모든 품목들을 한국에 보내도록 지시했다고 밝혔다. 트루먼은 전쟁이 발발한 지 아직 48시간 밖에 안 되었다고 지적하고 한국보다 더 실망스러운 상황에서도 자신들의 자유를 지키기 위해 과감히 싸워 궁극적인 승리를 쟁취한 나라들이 있다고 장면을 격려했다. 이에 대해 장면은 한국 군인들은 용감히 싸우고 있으나 장비가 없다고 강조했다. 트루먼은 다시 현재 지원이 진행되고 있으므로 한국인들은 이 위기를 극복할 수 있는 확고한 리더십을 발휘하라고 당부했다. 두 사람은 합의하기를 장 대사가 미국의 지원을 요청하는 청원을 했으며 트루먼 대통령은 유엔의 결의를 지지하고 자신을 방어하는 한국인들을 돕기 위해 필요한 모든 보급품을 최대한 빨리 한국에 보내도록 필요한 명령을 내린 사실을 확인했다고 장면이 언론에 발표한다는 것이었다.[19]

6월 26일의 2차 블레어하우스 회의에서는 애치슨이 5개항의 건의사항을 냈다. ① 한국에서의 해군과 공군의 작전에 과해진 모든 제한을 철폐해 북한군 부대와 그들의 탱크와 대포를 비롯한 무기의 파괴 등 가능한 한 최대한 한국군의 재편성을 지원하며 ② 중공의 타이완 침공을 방지할 것을 7함대에 지시하고 국민당 정부도 대륙을 공격하지 말도록 통고하며 7함대는 후자가 이행되도록 행동하고 ③ 필리핀 주둔 미군의 역량을 강화하고 필리핀 정부에 대한 군사지원을 증액하며 ④ 인도차이나에 대한

군사원조를 증액하고 군사사절단을 보내며 ⑤ 이 같은 미국 정부의 조치를 유엔 주재 오스틴 대사가 유엔에 보고하도록 한다는 것이다. 애치슨은 소련의 동향을 살필 필요가 있다는 보고와 함께 ①항과 관련해 안보리 내부에서 북한에 대한 군사제재를 강력히 지지하는 분위기라고 보고했다.

이날 회의에서 트루먼은 자신은 지난 5년 동안 이번과 같은 사태를 방지하기 위해 모든 노력을 기울여왔다고 강조하고 주방위군 동원령이 필요하겠느냐고 물었다. 그는 일단 일이 일어난 이상 우리는 한국사태에 대처하기 위해, 그리고 "유엔을 위해" 필요한 모든 것을 다해야 한다고 반복했다. 콜린스 육군참모총장은 한국에 지상군을 보낸다면 주방위군 동원령이 필요하다고 말했다. 트루먼은 참석자들의 의견을 들은 다음 애치슨의 건의를 승인했다.[20]

트루먼은 27일 백악관에서 의회지도자들과 만난 다음 성명을 통해 미국 정부는 유엔의 신속한 조치에 감사한다고 밝히고 침략행위에 책임 있는 사람들은 미국이 세계평화에 대한 이 같은 위협을 얼마나 심각하게 보고 있는지를 깨달아야 할 것이라고 경고했다. 트루먼은 이 성명에서 북한의 남침이 "중앙통제를 받는 공산제국주의가 독립국들을 정복하기 위해 내부적 전복 활동의 수준을 넘어서고 있음을 아주 명백히 하고 있다"고 강조했다. 이 성명은 애치슨이 그 전날 낮에 직접 작성해 트루먼에게 올린 것이다. 그는 이날도 전날처럼 국무부 간부들과 회의 도중 혼자 있고 싶다면서 그들을 자신의 방에서 내보낸 다음 성명서 초안을 기초해 그들을 불러들여 큰 소리로 읽고 그들의 의견을 들었다. 블레어하우스 회의 결정은 즉시 맥아더에게 시달되었다.[21] 트루먼이 블레어하우스 회의에서 유엔을 강조한 것은 앞에서 살펴본 바와 같이 1년 전 육군부가 마련한 북한 남침 시 대비책에서 강조한 내용과 맥을 함께 한다.

트루먼 행정부가 유엔의 이름으로 한국에 파병하기로 결정한 데는 무엇보다도 의회의 선전포고 없이 파병을 신속히 결정하고 유엔이라는 세계기구의 권위를 빌림으로써 파병의 정당성을 확보하는 데 효과적이기 때문이었다. 그러나 그에 따른 부담도 많았다. 우선 미국이 6·25전쟁을 수행하는 과정에서 유엔 안보리의 결정을 존중하지 않으면 안 되었다. 이 때문에 유엔 회원국, 특히 미국을 지원한 참전국들, 그 중에서도 당시 미국의 가장 친밀한 동맹국인 영국을 비롯한 영연방국들의 의사를 무시할 수 없었다.

영국은 미국의 요청을 받고 한국에 파병했으나 기본적으로 트루먼 행정부가 6·25전쟁에 너무 깊이 관여하는 것이 서유럽 안보를 위태롭게 한다는 이유로 이를 견제했다. 당시 노동당이 집권 중이던 영국은 중국과 국교를 수립했기 때문에 중국의 입장을 대변하는 경우까지 있었다.

이때문에 뒤에서 살펴보는 바와 같이 중요한 사안마다 영국은 미국의 6·25전쟁 수행 방식에 관해 발언권을 행사하려고 했다.

② 맥아더의 출진

1. 한국에 무기 긴급 공급

맥아더 장군은 6월 25일(일본시간) 아침 도쿄 주일대사관 그의 숙소 침실로 걸려온 미 극동군사령부 당직 장교의 긴급전화로 북한군의 남침 사실을 보고받았다. 그는 그날 저녁 합참과 텔레타이프 회의를 통해 한국의 전황을 보고했다. 맥아더는 26일 새벽 유엔 안보리와 블레어하우스 회의가 끝난 다음 워싱턴으로부터 미 군사고문단원의 가족과 유엔 직원들을 일본으로 소개시키고 무기와 장비를 즉각 한국군에 지원하라는 최초의 명령을 받고 놀라움과 동시에 불만을 느꼈다. 그는 트루먼 행정부의 소극적이고 주저하는 모습에 실망을 느꼈다는 것이다. 맥아더는 그러면서도 워싱턴의 명령대로 26일 미군가족과 유엔직원들의 소개작전을 개시했다.[1]

동시에 그는 한국군에 무기와 장비 수송을 개시하고 27일에는 처치(John H. Church) 준장을 단장으로 하는 현지조사반을 한국에 파견했다. 이 조사반의 도착은 한국 정부의 사기를 크게 진작시켰다. 처치는 맥아더에게 지상군 파견을 건의하고 전방사령부(Advance Command and Liaison Group in Korea, ADCOM)를 수원에 설치했다.[2]

맥아더는 27일 2차 블레어하우스 회의 결과를 통보받고도 불만이었다. 트루먼 행정부가 선전포고권을 가진 의회의 승인을 얻지 않았고 작전을 수행할 야전군사령관과도 협의하지 않았다는 것이다. 그는 공군력

과 해군력만으로 북한군의 남침을 저지하는 것이 비현실적이라고 판단했다.[3]

2. 지상군 파견 건의

맥아더는 29일 직접 나섰다. 그는 이날 오전 도쿄의 극동군사령부로부터 전용기로 수원에 도착해 호위 병력도 없이 지프차를 타고 한강변 노량진 언덕까지 북상해 북한군 수중에 들어간 한강 건너편 서울의 모습을 쌍안경을 통해 관찰했다. 맥아더는 불타고 있는 서울 시내에서 연기가 마치 높은 탑처럼 솟아오르는 것을 보았다. 언덕 아래 노량진 쪽에서 후퇴하는 부상병들을 실은 백색 십자 마크가 붙은 앰뷸런스가 지나가고 있었다. 약 1시간 동안 이 광경을 지켜본 그는 한국의 방어능력은 이제 끝장났다는 결론에 도달했다. 이제 미국 지상군 이외에는 아무 것도 탱크를 앞세우고 남진하는 북한군이 부산까지 밀고 내려가는 것을 멈출 수 없을 것으로 보였다. 워싱턴 당국이 결정한 공군력과 해군력으로는 한국을 구할 수 없다는 확신이 생겼다. 그는 이 자리에서 전투태세가 갖추어진 대대 규모 병력을 일본에서 차출해 한국에 급파하라고 그를 수행한 참모들에게 지시했다. 그는 이때 2차 대전 당시 일본군에 의한 마닐라 대학살사건을 이야기했다. 필리핀에서 미군에 밀려 후퇴한 일본군이 그곳의 민간인 10만 명을 무차별 학살한 사건이다. 한강을 나룻배로 건너 서울을 탈출하는 피란민들을 본 맥아더는 한국에서도 북한군의 남침이 저지되지 않으면 대량 학살이 자행될 가능성을 생각한 것이다.[4]

맥아더는 이어 부근 참호에서 근무 중이던 한국군 일등중사 앞에 섰다. 그는 그 병사에게 물었다. "하사관, 자네는 언제까지 그 호 속에 있을 셈인가?" 맥아더를 안내해온 시흥지구 전투사령부 참모장 김종갑(金鍾甲) 대령이 통역을 했다. 일등중사는 부동자세로 또박또박 대답했다. "예, 각하께서도 군인이시고 저 또한 대한민국 군인입니다. 군인이란 모름지기 명령에 따를 뿐입니다. 저의 상관으로부터 철수 명령이 내려지든지 아니면 제가 죽는 순간까지 이곳을 지킬 것입니다." 감격한 맥아더는 "장하다. 자네 같은 군인을 만날 줄은 몰랐다. 자네 말고 다른 병사들도 다 같은 생각인가?"라고 물었다. 그는 "그렇습니다. 각하." 맥아더는 다시 물었다. "지금 소원은 무엇인가?" 병사는 대답했다. "우리는 지금 맨주먹으로 싸우고 있습니다. 무기와 탄약을 주십시오. 그뿐입니다." 맥아더는 병사의 흙 묻은 손을 꼭 쥐고는 김종갑 대령에게 말했다. "이 씩씩한 용사에게 전해주시오. 내가 도쿄로 돌아가는 즉시 미국의 지원군을 보내주겠다고 말이오. 그리고 그 동안 용기를 갖고 싸워주기 바란다고." 이 소식을 전해들은 채병덕 육군총참모장은 그 병사가 소속된 부대를 찾아가 제8연대장 서종철(徐鍾喆) 중령에게 물었다. "어제의 그 하사관, 지금 어디 있는가?" 잠시 후 그 병사가 달려왔다. 채 총장은 그의 어깨를 툭툭 치면서 격려했다. "오 자네였지. 어제는 훌륭했어."[5] 맥아더에게는 현지시찰 못지않게 비록 후퇴를 거듭하지만 국군의 사기가 높다는 사실을 파악하는 성과를 거두었다.

맥아더는 노량진에서 돌아와 수원에서 이승만 대통령과도 회담했다. 그의 전선 시찰은 한국 정부를 크게 고무시켰다.[6] 맥아더는 즉시 워싱턴에 긴급 전문을 보내 지상군 파견을 건의했다. 그는 "만약 적의 전진이 계속된다면 대한민국의 존립을 위협할 것이다. 현 전선을 유지해 나중에 실지를 회복하는 유일한 보장은 한국의 전투지역에 미 지상군 전투부대를 투입하는 방법 외에는 없다"고 강조했다.

그는 이어 "만일 승인해준다면 1개 연대 전투단을 절대적으로 필요한 지역에 즉시 파견하고 조기 반격을 위해 일본에서 2개 사단 규모를 가능한 대로 증파할 예정"이라고 덧붙였다. 합참은 30일 새벽 3시 40분부터 맥아더사령부와 텔레타이프 원격회의를 가졌다. 이 자리에서 맥아더는 "지체 없는 명확한 결정이 시급하다"고 강조하면서 2개 사단의 즉각 파견을 요구했다. 텔레타이프 회의가 새벽 5시경 끝나자 회의 결과는 즉각 콜린스 육군참모총장에 의해 페이스 육군장관에게 보고되었다. 페이스는 이미 그 시간에 일어나 있던 트루먼 대통령에게 보고했다. 트루먼은 이 보고를 받고 즉각 지상군 선발대로 1개 연대 전투단†의 전선 투입을 허가한 다음 이날 아침 9시 반부터 10시 사이에 백악관에서 열린 국무, 국방 및 각 군 장관회의 토의를 거쳐 2개 사단 증파도 승인했다.[7]

트루먼은 맥아더에게 그의 휘하 육군에 대한 전권을 부여했다. 해군력에 의한 북한 해안 전역에 대한 봉쇄도 아울러 지시했다. 트루먼은 맥아더에게 육군 병력 사용에 관련된 기왕의 제한조치를 모두 해제했다.[8] 이렇게 해서 미국의 지상군 파견이 북한의 남침 5일 만에 결정되었다.

---

† '스미스부대'로 알려진 이 전투단은 일본 주둔 미 육군 제24사단 21연대 제1대대로 대대장이 스미스(Charles B. Smith) 중령이다. 연대 선발대로 7월 1일 수송기 편으로 부산에 도착해 5일 오산 북방 죽미령에서 북한군의 남진을 저지하기 위해 교전했다. 540명의 스미스부대원 중 150명이 전사하고 30여 명이 실종되는 큰 희생이 발생했으나 북한군의 남진은 7시간 여 동안 지체되었다. 북한군 4사단도 42명의 전사자와 85명의 부상자가 발생하고 전차 4대가 파괴되었다. 국방군사연구소, 『한국전쟁 상』(1995), pp. 208~211.

③ 유엔군 파견 결의

1. 자진철수 권고 거부에 2차 조치

북한군은 무력행사 중지와 즉각적인 병력 철수를 권고한 유엔 안보리의 25일자 결의를 무시하고 서울을 향해 남진을 계속했다. 유엔 안보리는 마침내 27일 군사력으로 한국을 지원하도록 회원국들에게 권고하는 새로운 결의안을 채택했다. 이 날의 안보리 결의안 요지는 다음과 같다.

① 안보리가 북한의 대한민국에 대한 무력공격을 평화 파괴로 규정하고 적대행위의 즉각적인 종식과 병력을 38선 이북으로 철수시킬 것을 권고했음에도 불구하고
② 북한 당국은 적대행위의 종식도, 병력 철수도 하지 않고 있으며 국제평화와 안전을 회복하기 위해 긴급한 군사적 조치가 요구된다는 유엔한국위원단의 보고에 유의하고
③ 평화와 안전을 확보하기 위해 긴급하고 효과적인 조치를 유엔에 바라는 호소에 유의해
④ 유엔 회원국들이 무력공격을 격퇴하고 국제평화와 이 지역의 안전을 회복하기 위해 필요한 지원을 대한민국에 제공할 것을 권고한다.[1]

트루먼은 29일에는 백악관 내각실에서 국가안보회의를 열었다. 그는 이

자리에서 존슨 국방장관이 합참에서 기초한 맥아더 극동사령관에게 보내는 지시 초안을 낭독하자 이를 거부하고 소련과 전쟁하는 것 같은 약간의 암시라도 있어서는 안 된다고 말했다. 트루먼은 "우리는 북한군을 38선 이북으로 물리치는 데 필요한 모든 조치를 취해야 한다. 그러나 우리는 다른 상황을 염려해야 할 정도로 한국에 깊이 개입해서는 안 된다는 것을 확실히 해두고 싶다"고 밝혔다. 트루먼은 이어 "한국에서의 우리의 작전은 그 지역의 평화를 회복하고 국경선을 회복하기 위해 계획된 것임을 명확히 이해하기를 바란다"고 강조했다.[2]

트루먼의 명령에 따라 그 내용 일부가 수정되어 맥아더에게 전달된 지시는 맥아더 휘하 극동군사령부가 유엔 안보리의 25일 및 27일자 결의를 실행하기 위해 남한군이 북한군을 격멸할 수 있도록 동원 가능한 최대한의 해군력과 공군력으로 군사목표를 공격하라는 것이었다. 지상군 병력의 활용은 중요한 통신과 기타 중요한 지원부대의 방어에 한정하되 부산–진해 사이 일반지역의 항구와 공군기지를 확보하기 위해 육군 전투병력과 지원병력을 동원하는 것은 예외로 한다는 것이다. 트루먼 행정부는 이때 해·공군 작전지역을 38도선 이북으로 확대할 것을 맥아더에게 통고했다. 다만 "북한에서의 작전이 만주와 시베리아 국경선에서는 행해지지 않도록 특별히 유의하라"는 단서가 붙어 있었다.[3]

트루먼은 같은 날(30일) 오전 11시 백악관에서 가진 의회 지도자들과의 모임에서 북한의 특별한 목표물에 대한 공군기의 작전수행이 필요한 경우에는 이를 단행하도록 승인했다고 밝혔다.[4] 이로써 육·해·공군에 의한 미국의 순차적인 한국전 참전 결정은 종전의 작전 제한 철폐를 통해 모두 완료되었다. 미국의 참전 과정은 스미스부대 부산 도착(7. 1), 대전 주한 미군사령부 설치(7. 4), 스미스부대 오산에서 미군 최초로 북한군과 교전

(7. 5), 미24사단의 평택부근 37도선 방어선 구축(7. 6), 유엔안보리의 유엔통합군 사령부 설치 및 미국의 사령관직 수행 결의(7. 7) 순으로 진행되었다. 모두 16개국이 참여한 유엔군은 아시아에서는 오스트레일리아, 필리핀, 태국, 터키 등 친서방국가들이, 유럽에서는 영국, 프랑스 등 북대서양조약기구 가맹국들 군대를 파견했다.

　그러나 이 단계에서의 트루먼 행정부의 전쟁 목표는 유엔 안보리의 결의대로 어디까지나 북한군을 38선까지 물리치는 데 있었다. 앞에서 살펴본 대로 트루먼은 1950년 6월 29일 국가안보회의에서 미국의 작전은 한국의 평화와 국경선 회복에 있다고 밝혔다.[5] 애치슨은 7월 10일 워싱턴에서 개최된 미국신문협회 모임에서 행한 연설에서 미국은 유엔 안보리의 25일 및 27일 결의에 따라 "오직 대한민국을 북한군의 남침 이전의 상태로 되돌리고 침략에 의해 파괴된 평화를 재건하기 위해" 미국의 공군력과 해군력으로 한국 정부를 지원하는 것이라고 밝혔다.[6]

2. 당황한 스탈린

　미국 정부가 즉시 6·25전쟁에 참전하기로 결정하자 김일성 못지않게 당황한 사람은 스탈린이었다. 그는 극도로 신경질이 되어 평양 주재 소련대사이자 김일성의 남침작전 수립에 적극 관여한 슈티코프 대사에게 화풀이를 했다.

　스탈린은 트루먼의 지상군 파병방침 발표 직후인 7월 1일 슈티코프에게 전보를 보내고 김일성의 작전 결과를 자신에게 보고하지 않았다고 질책한 다음 북한의 남침작전은 반드시 계속 수행되어야 하며 미국이 개입할 시간이 없도록 전쟁을 빨리 끝내라고 독촉했다.[7] 혹시라도 김일성이

풀이 죽어 다른 생각을 할까 걱정이 된 것 같다.

스탈린은 뒤에서 살펴보는 바와 같이 트루먼 행정부가 6·25전쟁의 확전을 피하기 위해 소련의 배후 조종 사실을 의도적으로 언급하지 않자 비로소 냉정을 찾을 수 있었다. 그러나 곧 맥아더의 인천상륙작전이 성공하면서 다시 몹시 당황해 김일성의 작전을 더욱 적극적으로 독려하기 시작했다.

만수로프(Alexandre Mansoulov)의 연구에 따르면, 스탈린은 인천상륙작전 성공 3일 후인 1950년 9월 18일 김일성에게 4개 사단을 부산 지역에서 서울로 이동시킬 것을 통고하라고 북한 인민군의 소련 수석 고문관 바실리에프 장군과 슈티코프 대사에게 암호 전문으로 지시했다. 스탈린은 같은 날 소련 국방장관 바실레프스키(M. V. Vasilevsky) 원수에게 소련 연해주에 기지를 둔 소련 공군 전투기 중대를 급파해 평양 상공을 방어하는 긴급 계획을 마련할 것을 지시했다. 이 지시에는 이 전투비행단의 정비사들과 레이더 기지 그리고 전략 도시인 블라디보스토크를 포함한 소련 극동지역의 연해주로부터 평양 부근 비행장에 이르는 지역 일대에 방공부대를 배치하는 계획도 포함되어 있었다.[8]

스탈린은 9월 27일 슈티코프와 바실리에프에게 보낸 암호전문에서 유엔군의 인천상륙작전의 중요성을 제대로 인식하지 못한 두 사람의 전략적 무지를 매섭게 질책했다. 두 사람은 북한군이 하루 빨리 유엔군을 낙동강 교두보에서 바다로 쓸어 넣는 작전에 더 많은 관심을 가지고 있었다. 특히 슈티코프는 유엔군의 인천상륙작전이 북한군 사령부의 주의력을 낙동강 전선으로부터 분산시킬 목적으로 행해진 속임수라면서 이 작전을 보도한 소련 공산당 기관지『프라브다』지 기자에게 허위정보와 혼란을 일으킨 죄를 물어 재판에 회부해야 한다고까지 건의하는 판

이었다.[9]

미 10군단의 신속한 서울 진격과 9월 18일의 김포 점령으로 북한군의 상황이 더욱 악화되자 스탈린은 소련 육군참모차장 자하로프(M. V. Zakharov) 대장을 북한에 급파했다. 그의 임무는 김일성에게 유엔군의 부산 교두보에 대한 공격작전을 중지하고 모든 병력을 낙동강 전선으로부터 철수시켜 서울 방어를 위해 재편성하도록 슈티코프와 바실리에프로 하여금 김일성에게 통고하라고 지시하는 것이었다.

김일성은 소련 측의 압력을 받고 9월 25일에야 부산 교두보 점령이라는 꿈을 버렸다. 그 대신 서울이 유엔군에 탈환되기 직전 김일성은 스스로 인민군 최고사령관과 국방장관 자리를 겸한 다음 북한 지역에서 6개 보병사단을 편성하고 남한의 병력을 전원 북한으로 철수하라고 인민군총사령부에 시달했다. 스탈린은 이에 격분해 27일 소련 공산당 중앙위 정치국 긴급회의를 열어 서울 지역과 낙동강 전선에서 북한군 전선사령부와 군단사령부가 저지른 지휘와 통제 그리고 전술 차원의 거듭된 중대 실수를 비난하고 소련 고문관들의 책임을 묻는 엄중한 결의를 채택했다. 정치국 결의에는 소련의 군사고문관들이 인민군 4개 사단을 서울로 후퇴하도록 철수 명령을 내리지 못해 1주일을 지체시킨 것과 예비적인 포 사격 없이 탱크를 전진시킨 점 그리고 인천상륙 작전의 전략적 중요성을 파악하는 데 실패한 전략적 무지와 정보수집의 무능을 크게 질책했다. 이로 인해 많은 소련의 정치고문과 군사고문의 교체가 단행되었다. 9월 28일 서울이 유엔군에 함락되자 정치국은 북한군의 남한으로부터의 철수와 향후 임무를 북한의 방어에 한정시키는 결정을 내렸다.[10]

유엔군이 38선을 넘어 북진하게 되자 스탈린은 10월 5일 다시 정치국 회의를 개최했다. 모든 정치국원들은 설사 소련이 북한을 잃는 한이 있더

라도 미소의 직접 대결은 어떤 대가를 치르든 회피해야 한다는 데 합의했
다.[11] 스탈린의 실망은 이 무렵 최고조에 달했다.

The Korean War and the United States

III. 유엔군의 북진작전

⨅ 미국의 롤백전략

1. 소련 참전 저지 노력

유엔을 통한 미군의 참전을 결정한 트루먼 행정부는 소련의 참전을 우려했다. 이를 반영한 것이 북한의 남침이 시작된 직후에 애치슨이 시도한 소련에 대한 탐색전이다. 그는 6월 25일(워싱턴 시간) 오후 1차 블레어하우스 회의가 열리기 전에 주소 미국대사 커크(Alan G. Kirk)에게 즉시 소련 외상 비신스키(Andrey Vishinsky)와 면담해 북한의 남침에 대한 소련 정부의 입장을 타진하라고 지시했다. 이것은 애치슨이 짜낸 고도의 외교책략이었다. 그의 판단으로는 소련이 6·25전쟁에 관련이 없다고 시치미를 뗄 것으로 예상되기 때문에 이 점을 역이용해 소련이 더 이상 6·25전쟁에 관여하는 것을 사전에 차단하자는 것이었다.

애치슨은 커크에게 소련의 입장에 대해 질문하는 외교문서를 소련 외무성에 전하라고 지시했다. 이 질문서는 ① 북한군의 남침으로 조성된 "평화에 대한 명백한 위협에도 불구하고 오늘 오후의 유엔 안보리 회의에 소련 대표가 출석하기를 거부했기 때문에 유엔헌장에 의한 안보리 회원국의 의무에 따라 미국 정부는 이 문제를 직접 소련 정부에 제기한다. ② 소련 정부가 북한 정부를 통제할 수 있는 영향력을 가진 점이 보편적으로 인정되고 있는 사실에 비추어 미국 정부는 소련 측에게 이 도전받지 않은, 부당한 공격에 대한 소련 정부의 책임을 부인하는 보장을 해줄 것과 북한 당국에 대해 그들의 침략군을 즉시 철수시키도록 영향력을 발휘해줄 것을 요구한다. ③ 미국 정부는 이 질문 문서가 소련 정부에 전달되는 대로 그 내용을 공표할 계획이다. 만약 비신스키가 귀관을 만나주지 않는다면 귀관이 접촉할 수 있는 누구에게든지 이 메시지를 전달하라는 것이 골자이다.[1]

커크 대사는 27일 다섯 차례나 면담 요청을 했음에도 불구하고 모스크바에 없다는 비신스키는 물론이고 그로미코를 비롯한 외무차관들조차 면담을 거절했다. 면담이 가능한 유일한 소련 관리는 하위직인 소련 외무성 의전과 직원뿐이었다. 결국 커크는 주소 미 대사관의 일등서기관 프리어스(Edward L. Freers)로 하여금 소련외무성으로 그를 방문하여 중요한 문제에 관해 외무차관이 미국 대사와의 면담을 거부한 데 대해 유감을 표시한 다음 메시지를 수교토록 했다.[2] 전달된 미국 측 메시지에는 소련을 자극할 필요가 없다는 커크 대사의 건의를 받아들여 일부 문장의 표현이 약간 부드럽게 수정되었다. 이렇게 된 데는 국무부의 소련 전문가인 조지 케넌의 역할도 한몫했다. 그 역시 커크 대사처럼 소련에 대해 6·25전쟁 발발 책임을 공개적으로 추궁하는 경우 실제로 소련이 전쟁에 개입해 3차 세계대전으로 발전할 우려가 있다고 애치슨에게 경고했다.[3]

소련 측은 29일에야 그로미코 차관으로 하여금 커크를 만나도록 해 그의 27일자 질문에 대한 답변을 전달했다. 그로미코가 러시아어로 된 원본을 낭독하고 의전과 직원이 영어로 통역한 소련의 답변 요지는 다음과 같다. ① 소련 정부가 검증한 사실에 따르면 한국에서 일어난 사건은 북한과의 경계지역에서 남한 당국 군대에 의한 공격으로 도발된 것이다. 따라서 이 사건의 책임은 남한 당국과 그들의 배후에 있는 사람들에게 있다. ② 주지하다시피 소련 정부는 미국 정부보다 더 먼저 한반도로부터 군대를 철수하고 전통적인 타국 내정 불간섭 원칙을 확인했다. 현재도 소련 정부는 외국세력에 의한 한국 내정간섭에 대한 불용 원칙을 고수하고 있다. ③ 소련 정부가 유엔 안보리 회의 참석을 거부했다는 주장은 사실이 아니다. 회의참석에 충분한 용의가 있음에도 불구하고 소련 정부는 미국의 입장으로 인해 안보리 상임이사국인 중국이 안보리에 들어가지 못했기 때문에 안보리 회의에 참석하는 것이 불가능했다. 중국의 안보리 불참으로 안보리는 법적 효력을 갖는 결정을 할 수 없다는 것이다. 커크는 이 답변이 소련이 영향력을 행사해 북한으로 하여금 침략군을 철수하게 해달라는 미국 측 요구에 대한 진정한 회답인지 그로미코에게 물었다. 그로미코는 소련 정부의 회답은 그 자체로 완결된 것이며 전부로 받아들여야 한다고 말했다.[4]

그로미코의 답변이 뻔뻔한 거짓이라는 사실은 소련 붕괴 후 밝혀진 비밀문서로 확인되었지만 당시 소련 정부가 6·25전쟁에 관여하지 않고 있다고 강조함으로써 자국의 추후 행동에 스스로 상당한 제약을 가하는 자충수가 된 것은 사실이다. 그런 점에서 애치슨의 외교적 책략은 어느 정도 효과를 거둔 셈이다

소련을 6·25전쟁에 개입하지 못하게 하려는 애치슨의 노력은 그 후 유엔군이 인천상륙작전에 성공해 그 여세로 북진작전을 개시한 직후에도 잘 나타나 있다. 미 공군기가 1950년 10월 8일, 한소국경선 및 한만국경선 8km 이내의 폭격금지 지시를 무시하고 실수로 시베리아를 폭격했기 때문이다. 이 사건은 미 8공군 소속 폭격기 1대가 비행 실수와 판단착오로 소련 연해주의 블라디보스토크 부근의 한소국경선 67마일 지점의 수카야 레츠카(Sukhaya Rechka) 소재 비행장을 폭격한 사건이다.[5] 미 국무부는 즉각 외교 경로를 통해 소련에 유감을 표하고 손해배상을 제의해 사건을

원만히 수습했다.[6]

애치슨은 이런 방식으로 6·25전쟁을 제한전쟁으로 치르기 위해 소련에 대해 탐색 겸 간접적인 압박외교를 전개하는 동시에 내부적으로 소련이 6·25전쟁에 참여하는 경우 미국이 소련과의 전쟁을 회피하기 위해 신중한 태도를 취하도록 노력했다. 그 대표적인 예가 6월 28일자로 애치슨이 존슨 국방장관에게 보낸, 소련군 참전 시 미국이 취할 행동에 관한 국무부의 정책성명안이다. 이 정책성명안은 소련군이 6·25전쟁에 참전하더라도 한국에서 싸우는 미군이 자동적으로 소련군과의 전면전에 나서는 것을 의미하지 않으며 소련과의 전쟁 위험을 충분히 인식해야 한다는 것이다. 즉 소련군이 참전해 미군의 활동을 반대하는 경우 미군은 자위조치는 취하되 사태를 악화시키는 행동을 하지 말고 즉시 워싱턴에 보고하라는 것이다.[7]

애치슨은 개전 초부터 소련의 참전 가능성을 낮게 보았지만 만약 소련이 참전하는 경우에는 대비책을 세워놓아야 한다는 신중함을 지닌 인물이었다. 그는 6월 26일 주소 미국대사 커크에게 보낸 전문에서 "소련은 서방세계와 전면전을 치를 위험성에 대비가 되어 있지 않았으며 이 때문에 그들 자신이 6·25전쟁에 직접 개입하는 것을 스스로 허용하지 않을 것"이라고 말했다.[8]

합참이 7월 10일자로 존슨 국방장관에게 올린 비망록은 만약 소련이 한국전에 참전하는 경우 미군은 한국에서의 작전을 최소화할 준비태세를 갖추어야 한다는 것이었다. 전략적 중요성이 미미한 지역에서 미국이 소련을 상대로 대규모 병력을 투입하는 것은 군사적으로 온당하지 못하다는 것이었다. 소련이 참전하는 경우란 소련의 주요 부대가 한국에서 작전에 참여하거나 미군 또는 미국의 우방국 군대를 대상으로 적대행위를 하는 것을 의미한다. 이럴 경우 미국은 소련을 상대로 하는 전쟁계획을 준비해야 하며 한국에서의 준비는 전면적인 동원의 첫 단계가 되어야 한다는 것이다.[9]

국가안보회의는 7월 21일 이 비망록의 내용을 담은 NSC 76을 마련했다가 나흘 후 소련군이 6·25전쟁에 참전할 경우 총동원령 발동을 비롯한 긴급대책을 추가한 NSC 76/1을 확정했다(7월 25일).[10] 트루먼 행정부가 소련의 참전을 극도로 경계한 점을 이 문서들이 잘 말해주고 있지만 동시에 그럴 경우 미군은 한국을 포기하고 일본으로 철수한다는 의미가 되므로 미국은 한국을 지키기 위해 당장 소련과 싸울 의사가 없다는 것이다. 이것은 3차 대전이 발발할 경우 당시로서는 한국이 소련군에게 유린될 수밖에 없는 국가적 운명을 지니고 있음을 말해주는 것이다.

2. 인천상륙작전과 참전 목표 변경 시기

6·25전쟁은 개전 초 북한군의 일방적인 승리로 진행되었으나 미국의 파병으로 전투 양상이 서서히 변하기 시작했다. 북한군은 유엔군의 부산 교두보와 대구 일원의 점령에 실패함으로써 최종 목표인 한반도 무력통일이 어려워지리라는 점이 분명해졌다.

트루먼 행정부의 전쟁 목표는 미군 참전 얼마 후부터 바뀌기 시작했다. 뒤에서 살펴보는 바와 같이 유엔이 총회에서 한국 통일을 의결한 것은 10월 7일이지만 이미 그보다 3개월 전부터 국무부와 국방부에서는 38선 이북으로의 북한군 격퇴라는 전쟁 목표에 의문을 표하는 유력한 견해들이 대두되기 시작했다. 국무부 동북아과장 앨리슨(John Allison)은 유엔군이 후퇴할 당시인 7월 초에 이미 한반도의 영구적인 평화와 안정을 확보하기 위해서는 유엔군이 북한군을 완전히 섬멸한 다음 유엔 감독 아래 총선거를 실시해 새 통일정부를 구성해야 한다고 주장했다. 국무부 극동담당차관보 러스크와 국무부 고문 덜레스도 찬성하는 편이었다.[11] 군부 출신 가운데서도 많은 한국통일 지지자들이 있었다. 그 대표적 인물이 맥아더였다. 당시 컬럼비아대학 총장이던 아이젠하워도 찬성했다.[12]

국방부 역시 소련이나 중국의 참전 가능성을 우려했지만 원칙적으로 유엔군이 38선을 넘는 데는 반대하지 않았다. 그렇게 함으로써 한반도 전체를 위성국화하려는 소련의 구상을 분쇄할 수 있을 것이라고 믿었다. 국방부는 만약 한국이 유엔의 주관으로 통일된다면 아시아에 미치는 영향은 헤아리기 힘들 정도가 될 것이라고 전망했다. 일본에서는 소련의 팽창이 차단될 것이며 공산중국 정부의 일부 세력, 특히 많은 중국 인민이 소련에 의존하는 것에 의문을 갖게 될 것이고, 아시아 전 지역에서 소련의 지배가 불가피하다던 비관하던 사람들도 새로운 희망을 갖게 될 것이라고 분석했다. 태프트(Robert A. Taft) 상원의원, 언론인 리프만, 올솝(Joseph Alsop) 등도 유엔군의 북진에 찬성했다.[13] 이들 모두 소련이 깨버린 기존의 냉전 구도를 원상회복이 아니라 미국이 역전시켜 새로운 냉전 전선을 형성하자는 것이었다.

이에 대해 소련 전문가인 조지 케넌과 찰스 볼런 등 일부 국무부 간부들은 소련이 결정적 시기에 6·25전쟁에 참전할 가능성이 있으므로 미국은 북진을 피해야 한다는 이유로 반대했다.[14] 국무부 정책기획국은 7월 22일과 25일 두 차례에 걸쳐 비망록을 만들어 배포하는 등 미군의 38선 돌파를 강력 반대했다. 첫 번째 비망록은 미군의 북진에는 유엔 안보리의 결의가 필요하다고 지적하고 소련은 그들이 지배와 통제를 할 수 없는 정권이 북한 지역에 들어서는 것을 결코 받아 들이지 않을 것이라고 주장했다.

반대의 강도가 약간 완화된 두 번째 비망록은 한국의 완전한 독립과 통일을 지원하는 것은 미국의 정책이기는 하지만 무력에 의존한다는 공약은 하지 않았다고 지적하면서 정치적 여건이 성숙될 때까지 미군의 38선 돌파를 연기할 것을 건의했다.[15] 국무부 중국과장 클럽(O. Edmund Clubb)은 유엔군의 북진작전에 대해서는 찬반 의사를 유보하고 중국의 개입은 있을 것 같지 않으나 소련은 아시아에서는 타이완과 베트남, 서양에서는 이란과 유고를 한국 다음의 목표로 삼을 가능성이 있다고 전망했다.[16]

애치슨은 이 같은 국무부 내 두 갈래 견해에 대해 약간의 제한만 가한다면 유엔군의 38선 돌파 주장이 옳다고 판단했다. 그는 군대가 "측량기사가 그어놓은 선까지 진격해 거기서 정지할 것을 기대할 수는 없다"고 말했다. 애치슨은 나중에 그의 회고록에서 "길게 볼 때 우리가 남한만 회복하는 경우 북한의 새로운 침략으로부터 이를 수비하고 지원해야 하는 문제가 일어난다. 이것은 우리에게 힘든 일이며 〔남한에 대한〕공격을 격퇴하고 남한을 버리는 것은 옳지 않다. 버지니아 속담처럼 말망아지를 사놓고 돌보지 않는 격이 된다"고 회고했다.[17] 여기서 그의 윌슨주의적 경향을 발견할 수 있다.

이 무렵 서울발 보도 중에는 이승만 대통령이 북한 침략군을 격퇴하기 위해 국군이 38선에서 북진을 중지하지 않을 것이라고 밝혔다는 기사와 함께 미군 대변인의 말을 인용해 미군은 38선에서 북진을 멈출 뿐만 아니라 국군이 38선을 넘는 것도 막을 것이라고 말했다는 보도를 실어 논란이 일었다. 애치슨은 7월 14일 주한 미국대사관에 전문을 보내 한국인들이 미국의 미래 행동에 대해 편견을 갖지 않도록 북한군의 격퇴문제에 관해 미국 대사관이 공식 논평을 해서는 안 된다고 지시했다. 트루먼 대통령은 7월 13일 기자회견에서 한국에서의 유엔군의 '경찰활동'(police action)이

38선을 넘어서도 진행되느냐는 질문에 "필요한 시기가 오면 그런 결정을 내리겠다"고 긍정적으로 답했다.[18]

스탈린이 김일성을 앞세워 한반도의 냉전 구도를 공산측에 유리하도록 변경하려고 시도하다가 실패하자 이번에는 트루먼 행정부가 이를 서방 측에 유리하도록 바꾸려고 직접 나선 것이다. 만약 트루먼 행정부가 이에 성공했더라면 미소 냉전 구도에 중요한 변화가 일어났을 것이다.

3. '평화를 위한 단결' 결의

미 국방부는 7월말 새로운 전쟁 목표를 결정한 비망록을 마련했다. 이 비망록이 준비된 시기는 미군이 아직 낙동강 교두보에서 북한군과 한창 밀고 밀리는 전투를 계속할 무렵이었다. 당시 전세는 상당히 다급했다. 워커 8군사령관은 7월 26일 그의 휘하에 있는 모든 부대에 낙동강 방어선으로의 철수 준비 명령을 하달했다. 북한군이 최후의 8월 공세를 준비하고 있던 시기였다. 부산과 함께 북한군이 점령에 실패한 양대 도시 중 하나인 대구 지방에서는 8월초부터 인민군 5개 사단이 북서부에 위치한 왜관에 집결해 총공세를 준비하고 있었다.

7월 31일자로 마련된 미 국방부의 장문의 비망록 중 결론 부분은 다음과 같다. 즉, ① 한국 통일은 한국인들의 열망과 미국의 정책 그리고 유엔의 목적과 일치한다. ② 자유롭고 통일된 한국의 수립과 잔혹한 군사적 공격에 뒤따르는 북한 공산정권의 제거는 과거 12개월 간 극동지역에서 보인 위험한 전략적 추세를 뒤집는 일보가 될 것이다. ③ 38선은 내부적으로나 그 자체로나 군사적 승리를 막지는 못할지라도 이를 제한하는 인위적 장벽 이상의 특별한 의미를 지니지 못한다. ④ 한국 통일이라는 목표를 가로막는 주요한 잠재적 제약은 지역 차원에서의 소련의 군사적 대응과 유엔에서의 외교적, 정치적 활동일 것이다. ⑤ 따라서 미국의 정치-군사적 행동의 시기와 속도는 결정적이며 특히 밀접한 업무협조 관계를 요구한다. ⑥ 장기적으로 한국의 평화를 확보하고 정치적 경제적 복구의 까다로운 문제들을 해결하는 데는 유엔에서 최대한 노력이 필요할 것이다. ⑦ 한반도의 유일한 합법 정부로서 대한민국의 계속적인 기능 수행은 한국에서 법치를 재건하는 데 불가결하며 미국의 목표를 달성하는 데 필요하다. ⑧ 한국의 독립을 지지하는 장기적인 정책들은 아시아에서의 미국의 일반적인 목표와 합치된다.[19]

이 비망록은 이상의 원칙들과 부합하도록 한국에 관한 기본적인 장기 목표의 추구를 위해 미국이 취해야 할 조치로 첫째, 미국형의 자유롭고 독립되고 안정된 국가 수립, 둘째, 외부 침략과 내부적 전복 활동을 막을 한국의 안보, 셋째, 안정되고 자립적이고 선진화된 국가로 발전시키기 위한 정치, 경제, 사회 분야에서의 한국의 재건을 들었다. 그리고 군사적 목표로는 통합사령부가 38선 남북 어디에 위치하고 있든지 북한군을 패배시키기 위해 노력해야 한다고 밝히고 이 목표를 성취하기 위해 통합사령부 사령관은 38선에 구애되지 말고 한국 전역에서 군사작전을 수행해야 한다고 규정했다.[20] 유엔 주재 미국대사 오스틴은 한국 통일을 위한 국제 여론 조성을 위해 8월 10일 안보리에서 연설하는 도중 "한반도는 오직 그 반쪽에서만 자유가 보장되어서는 안 된다. 그 반이 노예 상태이고 그 반이 자유롭거나 심지어 1/3이 노예 상태이고 2/3가 자유롭더라도 한국의 미래는 어둡다. 한국은 자유로워야 하고 통일되어야 하며 독립되어야 한다는 유엔의 목표가 결코 변해서는 안 된다"고 못 박아 한국 통일의 강한 의지를 공식적으로 표명했다. 그는 1주일 후에는 이 같은 목표가 트루먼행정부의 정책 결정 과정에서 우선 정책으로 확정되었다고 밝히면서 한반도의 공정하고 자유로운 총선거를 실시한다는 1947년의 유엔 총회 결의가 여전히 유효하다고 강조했다.[21]

이상과 같은 배경 아래서 국가안보회의는 1950년 9월 1일, 유엔 안보리의 결의가 있을 때 중공군이나 소련군의 개입이 없을 경우 북진할 수 있다는 '조건부 북진' 정책지침서인 NSC 81(한국에 관련된 미국의 행동요강)을 마련했다.[22] 8월 하순 이후 3차례 수정을 거듭하면서 마련한 이 정책지침서는 추후 합참 의견을 수용해 중·소 접경지역에서의 비한국군의 작전금지 조항을 다소 완화한 수정안으로 바뀌었다. 이것이 NSC 81/1(한국에 관련된 미국의 행동요강에 관한 대통령에게 올리는 국가안보회의 보고서)로 9월 9일 트루먼의 재가를 받았다.

NSC 81은 미군의 작전이 "한국과 만주 및 한소국경선에 가까운 지역으로의 확대가 허용되어서는 안 된다"고 했지만 NSC 81/1은 단순히 그 곳에서 "한국군이 아닌 유엔군을 활용하지 않는 것이 정책이 되어야 한다"로 바뀌었다. 즉, 유엔군은 38선 이북으로의 북한군 철수를 강제하거나 패배시키기 위해 38선 이북에서 작전을 전개할 법적 권한을 허가받을 것이라고 밝히면서 다음과 같이 규정했다.

그 골자는 ① 유엔군사령관은 북한군을 파괴할 목적으로 38선 이북 한반도에의 반격(roll-back)을 위한 상륙작전, 공수작전, 지상군 작전을 포함한 군사작전을 전개할 수 있는 권한을 허가받을 것이다. 다만 그러한 작전은 대규모 소련군 또는 중공군 부대의 북한 진입이나 그런 진입의 발표 또는 북한에서의 미군 작전에 군사적으로 대응하겠다는 위협을 하지 않는 경우에 한다. ② 합참은 장차 있을지 모를 북한 점령 계획에 관해 주한유엔군사령관에게 지시를 내린다. 그 지시는 유엔 회원국들의 사전 협의와 승인에 의거한다. ③ 38선 이남에서 소련군의 공공연하거나 은밀한 대규모 개입이 있을 경우 유엔군사령관은 방어작전으로 전환하며 사태를 악화시키는 행동을 하지 않는다. 38선 이북에서 소련군이 공공연히 개입할 경우에도 같은 행동을 해야 하며 어느 경우든 미국은 세계대전이 임박했을지 모른다는 가상 아래 신중히 나아가야 한다. ④ 대규모의 중공군 부대가 38선 이남에서 공공연하거나 은밀한 개입을 하는 경우 미국은 중공과 전면전을 벌여서는 안 된다. ⑤ 38선 이북에서 소규모의 소련군 또는 중공군 병력이 개입하려고 시도하는 경우 유엔군사령관은 작전을 계속한다.[23]

트루먼은 9월 1일 연설에서 "한국은 그들이 원하는 만큼 자유, 독립, 통일국가를 가질 권리를 보유하고 있음을 우리는 믿고 있다"고 언명했다. 그는 "유엔의 지도지침 아래 우리는 다른 회원국들과 함께 한국이 그러한 권리를 향유하도록 지원하기 위해 우리의 역할을 다 하겠다"고 밝혔다.[24]

그러나 유엔의 상황은 바뀌어 있었다. 8월 1일 소련대표 말리크(Jacob Malik)가 복귀해 안보리 이사회 의장직을 맡고 있었다. 소련의 거부권 행사로 서방측은 종래와 같이 결의안을 마음대로 통과시킬 수 없었다. 그래서 애치슨은 거부권 행사가 없는 유엔 총회 쪽에 눈을 돌렸다. 애치슨은 9월 20일 '세계가 원하는 평화'(The Peace the World Wants)라는 제목의 긴 연설을 했다. 그는 "특별하고 독특한 의미에서 대한민국은 유엔의 책임이다. 본 총회에서 채택된 1947년과 1948년의 결의안이 지난 6월의 (북한의) 침략이 있기 전에 이행되지 못한 것은 깊은 실망과 우려의 대상이다"라고 밝힌 다음 전후복구 지원을 위한 유엔복구단을 설치하자고 제안했다.[25]

애치슨이 언급한 1947년과 1948년의 유엔총회 결의란 바로 한국 총선거 실시를 말한다. 당시 유엔 결의에 따라 한반도에서 총선거를 실시하려고 했으나 소련의 반대로 북한지역에서는 선거를 치르지 못하고 남한에서만 반쪽 선거를 실시해 대한민국을 건국했으나 통일에는 실패했다. 애치슨이 이 점을 밝힌 것은 유엔군의 북진작전에 의한 한반도 무력통일 방침을 시사하기 위한 사전포석이었다. 따라서 서방진영의 다음 수순은 당연히 한국 통일 결의안 제출이었다.

마침내 9월 30일 한국 통일 결의안이 미국을 제외한 영국 등 7개국 공동으로 유엔에 발의되었다. 이 결의안은 유엔군의 북진작전을 국제적으로 뒷받침하는 것이었다. 이 결의안은 전문에서 한국 통일을 의결한 1947년, 1948년 그리고 1949년의 유엔 결의를 인용한 다음 한반도 전역을 대표할 통일정부의 수립과 그 이후 외국군의 철수 그리고 한반도 전역에 걸친 안정 상태를 달성하도록 촉구하는 것이었다.[26] 영국의 베빈(Earnest Bevin) 외상은 이 결의안에 찬성하면서 남북한의 인위적인 분단을 끝장낼 것을 요구했다.[27]

결의안은 1주일 간의 토론을 거쳐 10월 7일 소련과 유고슬라비아 그리고 인도 대표가 반대한 가운데 47대 5, 기권 7표로 총회에서 가결되었다.[28] 애치슨은 그해 11월 3일 유엔 총회에서 '평화를 위한 단결'(Uniting for Peace)이라는 이름의 결의안을 통과시켰다. 이 결의안의 중요한 내용은 만약 유엔 안보리가 상임이사국의 거부권 행사로 국제평화와 안전에 관련된 문제를 심의할 수 없을 경우 총회에서 이를 행하고 권고안도 채택할 수 있도록 한 것이다. 이것은 애치슨 외교의 큰 승리였다. 당시 미국에서는 이 대담한 결의안에 '애치슨 플랜'(Acheson Plan)이라는 별명을 붙였다.[29]

2 중국의 개입

1. 미국의 중국 개입 저지 노력 실패

김일성이 남침을 개시하자마자 미국이 신속히 참전하고 곧이어 미 공군기들의 폭격이 시작되면서 김일성은 전쟁 승리에 대한 자신감을 잃기 시작했다. 7월 들어 김일성은 소련 공군기의 지원과 중공군의 파견을 스탈린이 허락해 줄 것을 요구하기 시작했다. 미군 참전 초기 조기 개입이 유리할 것이라고 판단한 마오쩌둥은 7월 12일 김일성의 특사 이상조(李相朝) 인민군 부총참모장에게 북한이 원한다면 중공군을 곧 파견할 수 있으며 이를 위해 32만 명을 준비하고 있다고 밝혔다. 하지만 스탈린은 중공군의 파견을 시기상조라고 판단해 이를 묵살했다.[1]

그러나 1950년 9월로 접어들면서 유엔군이 38선을 넘어 북진해올 기세를 보이자 김일성은 더욱 초조해져 소련에 군사지원을 바라는 다급한 전보를 9월 29일자로 스탈린에게 보냈다. 김일성은 이 전보에서 만약 소련의 군사지원이 여의치 않을 경우 중국 또는 다른 사회주의 국가의 병력으로 구성된 '국제 지원부대'를 파견해달라고 간청했다.

김일성은 10월 1일에는 마오쩌둥에게 박헌영을 특사로 보내 즉각 군대를 파견해달라고 요청했다. 10월 1일 새벽 2시 50분에 김일성의 전보를 받은 스탈린은 10일 후 마오쩌둥에게 전보를 보내 최소 5~6개 사단을 38선으로 이동시켜 북한군이 중공군 엄호 아래 예비부대를 조직할 수 있도록 하라고 요청했다.

마오쩌둥은 이미 그해 5월 김일성의 남침 개시 이후 외부세력 개입 시 군대를 보내 지원하겠다고 보장했던 만큼, 그리고 그의 보장이 김일성의 남침을 스탈린이 사전 승인하는 데 전제 조건이 되었던 만큼 김일성의 파병 요구에 응하겠다면서 펑더화이가 지원군사령관 겸 정치위원에 임명되었다고 10월 8일 통고했다. 그해 6월말 미군이 참전하는 것을 보고 곧바로 파병 준비를 해온 마오쩌둥은 파병 이유를 "혹시라도 전 조선이 미국에 점거된다면 조선의 혁명역량은 근본적인 타격을 입는다. 그렇게 되면 미국 침략자들은 점점 창궐해 동방(東方)의 전 지역에서 우리가 불리해지기 때문"이라고 설명했다. 마오쩌둥이 동북아지역의 국제공산혁명운동 차원에서 6·25전쟁의 추이를 보고 있는 점에 주목할 필요가 있다.[2]

그것은 중국의 공산혁명과 한반도 남반부의 공산화 혁명운동이 밀접한 관계가 있는 것으로 이들에게 인식되었기 때문이다. 실제로 펑더화이는 회의 석상에서 "(한국) 전쟁이 장기화된다고 해도 (중국의) 해방전쟁 승리가 몇 년 늦어진다고 생각하면 된다"고 중국 공산당 간부들 앞에서 말했다. 와다 하루키는 이 대목에 주의해 "6·25전쟁은 중국혁명의 귀결이었다"고 규정했다.[3]

그런데 마오쩌둥은 김일성에게 파병 방침을 통고하면서도 스탈린에게는 군대를 보내겠다는 답변을 바로 보내지 않았다. 마오쩌둥은 10월 2일 주중 소련대사를 통해 파병을 보류하겠다고 통고한 다음 스탈린으로부터 재차 파병을 요구하는 전문을 받고서야 7일 태도를 바꾸어 9개 사단을 파병하겠지만 당장 보내지는 않을 것이라고 밝혔다. 그는 이때 자신의 특사인 저우언라이와 린뱌오(林彪)와 그 문제를 논의해달라고 스탈린에게 요구했다.

11일 흑해 연변 스탈린의 별장에 도착한 중국대표단은 마오쩌둥의 완화된 입장과는 달리 파병이 어렵겠다고 스탈린에게 밝혀 그를 놀라게 했다. 중국 측은 당초 스탈린이 약속한 공군 지원을 하지 못하겠다고 하자 파병에 대해 부정적으로 나간 것이다.

마오쩌둥이 파병에 주저하는 모습을 본 노회한 스탈린은 김일성을 동북지방(만주지역)으로 철수시키겠다고 은근히 암시했다. 그는 실제로 13일 김일성에게 북한을 포기하고 잔여부대를 동북지방으로 철수시키라고 지시했다. 이 소식을 들은 마오쩌둥은 크게 당황했다. 동북지방의 중심지인 선양(瀋陽)에 김일성의 임시 망명정부가 들어서는 경우 이 지역의 100만 명이 넘는 조선족에 대한 모종의 주권을 주장하고 끊임없이 한반도를 향해 군사적 모험을 감행해 이로 인한 동북지방의 분쟁지대화와 불안정성을 우려하지 않을 수 없었다. 이 같은 중국의 내부적 안보위협 요인은 마오쩌둥에게는 북한과의 관념적(이념적) 연대, 미국에 의한 외부적 안보위협, 자신에 대한 스탈린의 의심 해소 그리고 기타 다양한 전략적 고려 등 여러 다른 요인들보다 훨씬 결정적인 '최종 변수'로 작용했다.

개디스가 지적한 바와 같이 스탈린은 자신이 통제할 수 없는 모든 공산주의자들은 진짜 공산주의자가 아니며 진정한 혁명은 모스크바가 지시하고 조종하는 것이어야 한다는 생각 때문에 마오쩌둥의 정체성을 의심했다.[4]

당시 스탈린의 권위는 절대적이었다. 마오쩌둥은 중화인민공화국 수립 후 절대적으로 필요한 소련의 군사지원과 경제원조를 받기 위해 스탈린의 파병 요구를 도저히 거부할 수 없었던 국제정치적 요인을 우리는 가볍게 평가해서는 안 된다. 마오쩌둥은 이런 사정 때문에 소련 공군의 지원을 사전에 보장받지 못한 채 13일 파병을 최종 결정하게 된다.

2. 중국의 참전 준비

유엔군의 북진 움직임이 표면화되기 전부터 중국은 경계 상태에 들어 갔다. 맥아더의 인천상륙작전 훨씬 전인 8월 26일 중국공산당 중앙군사 위원회에서 수상 겸 외상 저우언라이는 "조선문제를 단순한 형제국이나 동북지방의 이해에 관련되는 문제로 취급하지 않을 것"이라고 밝히고 "조선〔전쟁〕은 중요한 국제문제로 간주해야 한다"고 역설했다. 그는 한 반도는 세계에서 투쟁의 초점이 되고 있으며 미국은 조선을 정복한 다 음 베트남과 다른 식민지국가들로 향할 것이라고 주장하면서 "우리는 전 쟁에 참여하여 그들에게 기습적인 타격을 가할 수 있을 것"이라고 강조 했다.[5]

저우언라이는 9월 30일 중국 인민정치협상회의에서 유엔군의 38선 이 북 진격 움직임에 강력 경고하는 성명을 발표했다. 그는 "중국 인민은 외 국의 침략을 절대 용인할 수 없으며 제국주의자들이 자신들의 이웃을 제 멋대로 침략하는 것도 결코 용납할 수 없다"고 천명했다.[6] 그는 10월 1 일 중화인민공화국 수립 1주년 기념식에서도 같은 취지의 발언을 했다.[7] 얼마 후 미국의 주 홍콩 총영사는 중국 소식통이 제공한 정보라면서 중국 이 북한에 25만 명을 파병할 것이며 그들은 북한 군복을 입을 것이라고 국 무부에 보고했다.[8]

워싱턴에서도 정보당국이 중공군의 한만국경선으로의 대규모 이동 정 보를 입수하고 중국이 전쟁에 개입하지 않도록 자제시키기 위한 노력을 벌였다. 트루먼 행정부는 6·25전쟁 발발 이전부터 중국을 유고화하려고 노력했지만 끝내 실패하고 말았다. 마오쩌둥은 앞에서 살펴본 바와 같이 스탈린과 동맹조약을 체결하고 이미 김일성의 남침 이전인 그해 5월 외세가 한국에 파병할 경우 그를 돕겠다고 약속했기 때문이다.

그럼에도 불구하고 중국의 6·25전쟁 개입을 막으려는 트루먼 행정부의 노력은 유엔군의 38선 돌파 북진작전을 앞두고 다시 시도되었다. 트루먼은 인천상륙작전 2주전인 1950년 9월 1일, 앞에서 설명한 방송연설을 통해 "중국 인민들이 오도되거나 강제되어 과거나 현재나 항상 중국의 친구인 유엔과 미국 국민들을 상대로 하는 전쟁에 나서지 말 것"을 촉구했다.[9]

9월 10일에는 애치슨이 기자회견에서 "왜 〔중국인들이〕타고나면서부터 북쪽〔소련〕에서 내려오는, 이 제국주의에 맞서는 그들의 친구들인 세계의 자유국가들과 대결해야 하느냐?"라고 중소 사이에 쐐기를 박는 발언을 했다.[10] 또한 그 해 10월 초에는 유엔군의 38선 이북 진격을 지지하는 유엔 총회 결의안 통과를 앞두고 타이완 문제를 토의하는 유엔 안보리에 중국 대표가 참석하도록 유엔이 초청장을 보내고 인도에서는 미국대사가 중국 대사와 접촉하려고 시도했다. 그러나 중국 측이 모두 응하지 않아 실패로 돌아갔다.[11] 결국 중국이 6·25전쟁에 개입하지 않도록 하기 위한 애치슨의 노력은 중국측의 묵살전략으로 완전히 수포로 돌아갔다.

1개월 뒤에는 맥아더가 중공군과 그들의 보급물자가 압록강을 넘어 북한으로 들어가는 것을 막기 위해 단둥-신의주 철교를 폭파하려고 하자 워싱턴 당국은 한만 국경선 8km 이내의 목표물에 대한 폭격 금지명령을 내렸다.[12] 이 역시 애치슨이 주도한 대중국 유화책과 보조를 맞춘 것이었다. 며칠 뒤에는 중국 국경선의 불가침성과 국경지역에서의 합법적인 중국인과 한국인의 이익을 보호하는 것이 유엔의 정책이라는 유엔 안보리 결의안을 미국이 공동 발의했다. 이와 동시에 트루먼은 미국이 중국 국경선 지역에 대한 어떤 영토적 야심도 없으며 전쟁을 확대하려는 의도도 없

다는 성명서를 발표했다.[13]

이와 같은 트루먼 행정부의 노력은 중국의 6·25전쟁 참전을 사전에 막아 1950년 9월 NSC 81과 NSC 81/1로 채택된 북한 수복과 한반도 통일을 달성하려는 목적에서 나왔다. 국무부는 인도 정부를 통해 중국이 6·25전쟁에 개입하지 않는 것이 그들에게 최대 이익이 될 것이라는 메시지를 중국 측에 전했다. 이 메시지를 중국 측에 전한 파니카(K. M. Pannikar) 주중 인도대사는 중국의 6·25전쟁 직접 참전이 '가능성 범위 밖'에 있는 것 같다고 통고했다.[14]

9월 15일 미국이 인천상륙작전에 성공하자 저우언라이는 9월 24일 미국이 한국에 대한 침략전쟁과 타이완에 대한 무력침략 나아가 중국에 대한 침략을 확대하고 있다고 비난했다.[15] 9월말로 접어들면서 중국의 태도가 더 강경해지자 영국과 인도는 미국과의 중재를 위해 나섰다. 파니카는 이때 비로소 중국의 참전 가능성이 높아졌다고 본국 정부에 보고했다. 네루(Jawaharlal Nehru) 인도 수상은 9월말 영국의 베빈 외상에게 전문을 보내 유엔군이 38선 이북으로 넘어가 작전을 하지 않도록 미국과 교섭하라고 요청했다. 즉시 영국과 인도 정부는 미국 정부에 유엔군이 38선 이북 진격을 하지 말도록 요구했다.[16]

맥아더는 38선을 넘기 전인 9월 27일 합참으로부터 다음과 같은 북한에서의 작전 지시를 받았다. 앞에서 살펴본 NSC 81/1에 의한 절차이다.

귀관의 군사적 임무는 북한군을 파괴하는 데 있다. 이 목표를 달성하기 위해 귀관에게 38선 이북에서의 군사작전 수행을 승인한다. 그러나 어떤상황에서도 귀관의 모든 병력, 즉 지상군, 공군, 해군은 만주나 소련 국경을 넘어서는 안 된다. 그리고 정책적 문제로서 한국군이

아닌 지상군이 소련과 국경선이 맞닿은 동북지방이나 만주 국경 지역
에서 작전을 하거나 나아가 귀관의 작전을 지원함에 있어서 38선 남
·북방 어디서든지 만주 또는 소련영토에 대한 작전에 공군 또는 해군
이 포함되어서는 안 된다. 북한군의 조직적인 무력 저항이 대부분 종
결되었을 때 귀관은 잔존한 북한군의 무장해제와 항복 조건의 강제이
행을 위해 대한민국 국군을 앞 세워야 한다. 이 시기에 전개되는 상황
이 북한 점령의 성격을 결정할 것이다. 귀관의 북한 점령계획은 합참
의 승인을 받기 위해 제출되어야 한다.[17]

맥아더는 9월 28일 합참에 다음과 같은 답변 보고를 타전했다.

간단히 설명하면 본관의 계획은 ① 제8군은 현재의 편성 체제로 평양
을 점령하려는 목표를 갖고 평양 축선에서 주 작전을 위해 38선을 넘
어 공격한다. ② 10군단은 현재의 편성 체제로 제8군과 연결을 유지
하면서 원산 상륙 작전을 전개한다. ③ 제3보병사단은 우선적으로
극동군사령부 예비부대로 도쿄에 남을 것이다, ④ 정주-영원-흥남 선
이북에서는 한국군만 작전을 수행할 것이다, ⑤ 제8군의 잠정적 공격
예정일은 10월 15일부터 10월 30일 사이가 될 것이다.[18]

합참은 9월 30일 공식적으로 이 계획을 승인했다. 그리고 1주일 후인 10
월 7일에는 유엔 총회가 한국통일결의를 통해 유엔군의 목표를 확인했다.
맥아더에 의하면 전 세계의 신문판매대를 넘치게 한 그 후의 보도들, 즉
유엔군의 목적이 단순히 북한군을 38선 너머로 쫓아 보내는 데 있다는 주
장들은 순전히 허구라는 것이다.[19]

10월 1일 한국군은 드디어 38선을 넘었다. 저우언라이가 10월 1일 중국 국경절 연설에서 중국은 이웃국가에 대한 비겁한 침략을 결코 허용하지 않을 것이라고 경고한 것은 이미 앞에서 설명한 대로다.[20] 저우언라이는 10월 3일 주중 인도대사 파니카를 소환해 만약 유엔군이 38선을 넘으면 중국은 한만 국경선 너머로 군대를 보내 북한을 방어할 것이라고 경고하고 다만 남한군이 단독으로 38선을 넘으면 그렇게 하지 않을 것이라고 밝혔다.[21] 남북한 간의 전쟁에는 중국이 개입하지 않겠다는 뜻이다.

그러나 트루먼 행정부의 북진 방침은 확고했다. 앞에서 설명한대로 미국의 요청에 의해 서방 8개국은 유엔 총회에서 한국 통일 결의안을 제출했다. 다급해진 영국의 애틀리 내각은 주미 영국대사 올리버 경(Sir Oliver Franks)을 국무부의 제섭 본부순회대사와 접촉시켜 맥아더의 북진작전이 한반도 이외 지역으로 확대되어서는 안 된다고 경고하는 베빈 외상의 서한(10월 11일자)을 전했다.

베빈은 이 서한에서 중국의 성명을 액면 그대로 받아들일 필요는 없지만 동시에 이를 완전히 무시하는 것도 불가능하다고 강조하면서 만약 중국이 6·25전쟁에 개입하는 경우 맥아더가 대통령의 승인 없이 한국 밖에서 그들에게 보복해서는 안 된다고 강조했다. 무력분쟁이 타이완해협이나 홍콩지역 등지로 번지는 것을 우려한 배빈은 이 문제는 반드시 사전에 미영 양국 간의 사전협의가 있어야 한다고 강조했다.[22]

영국의 슬레소(J. Slessor) 공군참모총장도 미군이 한반도에 깊이 개입하는 경우 서유럽에서의 서방 측의 방위태세가 약화된다는 이유로 미군의 38선 돌파를 반대했다.[23] 인도 정부는 뉴델리에서 미국대사 헨더슨(Roy W. Henderson)과 접촉하고 중국의 위협이 단순한 공갈이 아니라면서 맥아더의 진격 중지를 거듭 요구했다.[24]

그러나 트루먼 행정부는 이를 무시하고 맥아더의 북한지역 진격을 중지시키지 않았다. 앞에서도 설명했지만 애치슨은 저우언라이의 거듭된 성명이 중국의 진의가 아닌, 단순한 위협이라고 믿었다. 애치슨은 중국이 본토의 혁명도 채 끝내지 않은데다가 국공내전으로 지친 중국의 군사력을 가볍게 보았다. 그는 중국이라는 외부환경의 급격한 변화에 대응하지 못한 것이다. 트루먼 대통령 역시 저우언라이의 위협은 선전에 불과하다고 생각했다. 그러나 국무부 동아시아 담당 부차관보 머천트(Livingson T. Merchant)와 동아시아국 부국장 존슨(U. Alexis Johnson)은 중국의 요구를 단순한 협박으로 생각하지 않았다.[25]

영국학자 로즈마리 풋(Rosemary Foot)은 애치슨이 중국측의 유엔군의 북진을 반대하는 진짜 동기를 파악하려는 진정한 시도를 하지 않은 점과 중국측 입장에서 한국 상황을 분석해보려고 하지 않은 점에서 다른 사람들과 마찬가지로 실수를 범했다고 지적했다. 미국학자 알렉산더 조지(Alexander George)는 애치슨이 중국의 진정한 의도를 파악하지 못하고 중국 대륙에 대한 미국의 침략 의사가 없음과 미중 양국민의 전통적인 우호관계만 다짐했기 때문에 중국의 개입을 막지 못했다고 분석했다.[26] 애치슨의 실패 원인은 중국계 학자인 탕추(Tang Tsou)가 적절히 지적한 것처럼 트루먼 행정부가 중국 공산당의 정책 결정에서 이념의 힘이 얼마나 큰지를 과소평가했기 때문이다. 트루먼 행정부는 마오쩌둥의 김일성에 대한 사전약속을 몰랐을 뿐만 아니라 중국 공산당이 미국을 '아시아에 무한정 팽창하려는 제국주의 세력'으로 보고 미국에 대한 깊은 불신과 적대감을 가진 사실을 정확히 판단하지 못했다. 중국 측 판단으로는 미국이 언젠가는 한반도, 타이완, 월남 세 곳에서 중국을 공격하려고 할 것이며 자본주의 국가의 몰락 가능성으로 생긴 공포감을 갖고 있다는 것이었다.[27]

3. 미·중 대결 국면으로

한국군이 10월 1일 38선을 넘은 데 이어 유엔군도 8일 국군을 뒤따라 북한 지역으로 진격을 개시했다. 유엔군과 합동으로 평양 탈환작전을 편 국군 1사단은 19일 평양에 먼저 입성하는 데 성공하고 21일에는 청천강 이북에 위치한 평안북도 운산을 장악했다. 미국 합참은 이 무렵 트루먼의 허가를 받아 맥아더가 승인을 요청한 8군의 평양 점령작전과 제10군단의 원산 상륙작전을 승인했다.[28]

미국인들의 축제일인 추수감사절(11월 23일)까지 전쟁을 끝내기로 한 맥아더는 10월 24일 미 8군사령관과 10군단장에게 전 병력을 투입해 최대 속도로 북진하라는 명령을 내렸다. 맥아더의 명령에 따라 미8군 예하의 미 24사단은 청천강을 넘어 선천을 경유, 신의주를 향해 북진을 개시했다. 국군 1사단은 안주 – 운산 축선을 따라 수풍호로 진격해 초산을 점령했다. 동부전선에서는 서부전선보다 며칠 늦게 미 10군단과 국군 1군단이 북진작전을 개시해 미7사단이 압록강변의 혜산진을 점령했다.

맥아더는 10월 28일, 북진작전 이후의 북한에 대한 군정 실시 등 점령 계획에 관한 지시를 워싱턴으로부터 받았다. 이 지시는 맥아더의 임무를 '유엔의 명의로, 그리고 유엔을 대신해 북한을 점령' 하는 것이라고 했다. 주목할 점은 그가 계획한 북한에 대한 군정 실시 범위에서 북한의 어느 부분도 제외되지 않은 사실이다.[29] 이 말은 앞으로 제 V 장(기나긴 휴전협상)에서 살펴보는 바와 같이 영국 등이 제안한 완충지대를 압록강 이남지역에 설치할 가능성을 완전히 배제했다는 의미이다.

맥아더의 확고한 압록강 진격 방침에도 불구하고 트루먼 행정부는 영국군에 대해서는 특별 배려를 했다. 미 합참본부는 영국 군부가 영국군의 압록강 부근까지의 진격에 우려를 표명하자 영국군이 압록강 30마일 이내로는 들어가지 않도록 하겠다고 보장했다. 이에 따라 10월 30일 압록강에서 약 40마일 떨어진 정주에서 영국군과 오스트레일리아군으로 편성된 영연방 제27연대가 미군과 교대했다.[30]

중공군은 10월 16일부터 선발대를 시작으로 19일에 본대가 비밀리에 압록강을 넘어 북한에 잠입했다. 본대 병력 25만 5,000명[31]은 19일 오후 5시 30분 세 군데 지점에서 압록강을 건너기 시작했다. 모든 병력은 황혼에서 새벽 사이에만 강을 건너도록 한 명령을 엄격히 지켰다. 사령원(司令員) 펑더화이(彭德懷)도 본대와 함께 행동했다. 그는 21일 압록강 중류지역인 평북 창성(昌城)군 동창(東倉)면 대동(大同)리의 폐광된 금광에 마련된 북한군 임시 사령부에서 김일성과 만나 작전을 협의했다.[32]

중공군은 6·25전쟁 개입 초기에는 평양-원산 철로 북쪽의 넓은 산악지대에서 방어선을 칠 계획이었다. 그러나 유엔군의 북진 속도가 예상보다 빨라 중공군 본대가 압록강을 건넌 바로 그날 이미 평양을 수중에 넣고 압록강을 향해 진군하고 있었다. 그 중 국군은 10월 26일 압록강과 가까운 평북 초산과 신도장에 도착했다. 이에 따라 중공군은 청천강 북쪽의 적유령(狄踰嶺)산맥 일대에서 잠복하고 있었다.

마오쩌둥은 예상보다 빠른 유엔군의 북진으로 상황이 바뀌자 당초 계획했던 방어작전을 기습 타격작전으로 변경하도록 지시했다. 맥아더가 '추수감사절 공세'를 위해 유엔군에 일제히 북진 명령을 내리자 펑더화이는 바로 그 이튿날(10월 25일) 국군과 유엔군을 향해 일제공격(중공군 1차 공세)에 나섰다. 이때 6·25전쟁 발발 이후 최초로 국군 1사단이 중공군 포로 1명을 생포해 중국의 참전 사실을 확인했다.

그때까지 중공군이 대거 들어와 산 속에 잠복하고 있는 줄을 몰랐던 유엔군과 국군은 추수감사절 공세에서 중공군으로부터 큰 타격을 입었다. 중공군은 미군 제1기갑사단의 제8연대를 운산에서 사실상 섬멸시켰다. 예상 밖의 기습을 받은 8군은 청천강 선으로 후퇴했다.

4. 크리스마스 공세 참패와 '완전히 새로운 전쟁'

그러나 미 8군은 약 1개월 후인 11월 24일, 다시 맥아더의 집념에 따라 크리스마스 전까지 전쟁을 완결 짓겠다는 이른바 크리스마스 공세를 결행했다. 동부전선의 10군단은 사흘 늦은 27일 북진 작전에 들어갔다.

맥아더는 이 시점에도 여전히 북한에 들어온 중공군 병력이 기껏해야 6~7만 명 정도로 판단했다. 중공군은 11월 6일부터 26일 사이에 10여만 명의 추가 병력이 북한에 투입되었다. 중공군은 미군을 유인하기 위해 11월 7일 이후 원래의 은신처로 되돌아가 아무 움직임도 보이지 않았다. 그러다가 유엔군이 북으로 깊숙이 산악지대로 진격해 들어간 시점인 25일 8군과 10군단에 대해 대대적인 기습 포위작전(중공군 2차 공세)을 벌였다. 중공군은 동부와 서부전선에서 유엔군 6~7개 연대를 괴멸시켰다. 크리스마스 공세의 서부전선 작전 기점이었던 청천강 교두보도 중공군의 인해전술에 밀려 붕괴되고 평북 덕천에서 작전을 하던 국군 7사단은 사단 본부가 포위공격을 받는 등 큰 손실을 입었다. 동부전선에서는 북진을 개시한 미 10군단이 곧바로 중공군의 역공을 받았으며 강계와 만포진을 향하던 해병 1사단은 장진호에서 완전 포위되었다. †

중공군이 예상 밖의 전과를 올리자 스탈린은 마오쩌둥에게 축전을 보내고 중국 측의 승리를 축하했다. 펑더화이는 "제38군 만세"라면서 전과를 올린 부대를 치하했다.[33] 유엔군 측 통계에 의하면, 중공군의 2차 공세에서 유엔군이 입은 사상자 및 실종자 수는 서부지역을 담당한 8군이 7,337명, 동부지역을 담당한 10군단이 5,638명으로 모두 1만 2,975명에 달했다. † 유엔군 지휘관들은 비로소 중공군의 개입이 대규모이고 조직적이라는 사실을 알아차렸다. 중공군은 소규모의 '인민지원군'이 아니라 대규모 정규군을 동원했다. 2차 공세에 성공한 중공군은 당초 예정했던 평양－원산 선으로 남진하기 시작했다.[34]

유엔군은 서부전선에서는 초산과 신의주 부근까지 진출한 미 8군과 국군이 11월 28일을 기해 38선 이남으로 철수하고 동부전선에서는 혜산 진과 청진으로 각각 진출한 미 7사단과 국군 1군단과 장진호에서 포위된 해병 1사단이 11월 30일부터 함흥, 흥남 지구로 후퇴했다가 12월 12일부터 24일 사이에 성진과 흥남에서 군함으로 철수했다. 이때 민간인 피난민 약 11만 명도 미군 배편으로 남하했다. 맥아더는 합참에 보낸 긴급보고에서 6·25전쟁이 '완전히 새로운 전쟁'(an entirely new war)으로 변했다고 밝혔다. 그는 그 이유로 "우리의 공격작전에서 나타난 사태 발전은 〔6·25전쟁에 대한〕 새로운 정의를 요구하고 있다. 6·25전쟁을 북한군과 상징적인 소수의 외국인 대원들로 구성된 적 병력과의 국지전화하려는 모든 희망

---

† 당시 중공군은 서부전선에서는 평북 대관동－온정－묘향산－평남진 선까지, 동부전선에서는 구진리－장진 선까지 유엔군을 유인하는 작전을 짰다. 홍학지, 2008, p. 132; 중국군사과학 연구소는 2차 공세 때까지 북한에 들어온 중공군 수를 약 38만 명으로, 유엔군 수는 22만 명으로 추산했다. 홍학지, 2008, p. 131; 중국인민해방군 군사과학연구원 편, 한국전략문제연구소 역, 『중공군의 한국전쟁사: 항미원조전사』(서울: 세경사, 1991), p. 11.

‡ 그러나 맥아더는 과거의 격전에 비하면 피해 규모가 경미하다고 주장했다. 그에 의하면 2차대전 당시 이오지마 전투 때의 절반이고, 오키나와 전투 때의 1/5 미만이며 벨기에 아르덴 지방의 벌지 전투 때보다도 적었다고 주장했다. MacArthur, *Reminiscence*(1964), p. 374; 중국 측은 그들의 1차 공세 때 살상당한 유엔군 수가 1만 5,000명, 2차 공세 때는 3만 6,000명(미군 2만 4,000명)에 달했다고 주장했다. 홍학지, 2008, pp. 114, 175.

은 이제 완전히 포기할 수 있게 되었다. 중공군은 대규모로 계속 증강하는 병력으로 북한에 개입하고 있다. 의용군으로 가장하거나 다른 기만술을 쓰는 소규모 지원이라는 어떤 구실도 이제는 털끝만큼의 정당성도 없다"고 선언했다. 그는 이어 포로 심문과 다른 정보수집 결과, 중공군은 현재 38, 39, 40, 42, 66, 50, 20군과 추가로 6개 사단, 모두 20만 명에 달하는 병력을 투입했다고 보고했다. 맥아더는 중국의 궁극적인 목표는 한국에서 유엔군의 완전한 파괴에 있으며, 유엔군의 전투능력은 중국의 선전포고 없는 전쟁에 맞서기에는 불충분하다고 강조했다. 맥아더는 현 상황은 전쟁확대의 잠재성이 세계적〔세계대전〕차원으로 확대될 수 있는, 전구(戰區)사령관의 결심 범위를 넘는 고려가 필요한 새로운 양상이라고 보고했다. 맥아더는 유엔군사령부가 주어진 인력으로 능력 범위 안에서 가능한 모든 조치를 다하겠지만 현재 통제와 능력의 범위를 넘는 상황에 직면했다면서 당장의 전략적 계획은 계속 유동하는 정세에 상응하는 부분적 조정과 함께 공세에서 수세로의 전환이라고 밝혔다.[35]

워싱턴은 큰 충격을 받았다. 맥아더의 보고가 있던 바로 그날, 즉 11월 28일 트루먼이 참석한 긴급 국가안보회의가 열려 대책을 협의했으나 뾰족한 대책이 없어 결론을 못 내렸다. 트루먼은 회의 석상에서 이번 사태가 "단순한 정치적 위기가 아닌 국가생존의 문제"라고 강조했다. 일부 참석자들에 의해 한국으로부터의 미군 철수 주장이 제기된 가운데 애치슨의 반응은 매우 비관적이었다. 애치슨은 미국이 중국과 새로운 전면전으로 가까이 다가가고 있다고 말하면서 "우리는 더 이상 말려들지 말아야 한다. 우리는 한국에서 중공군에 이길 수 없다. 중공은 우리가 투입할 수 있는 병력보다 훨씬 더 많은 병력을 투입할 수 있다"고 비관적인 견해를 피력했다. 애치슨은 또 중국의 배후에는 소련이 있으므로 미국은 소련을 적으로 하는 세계차원의 대결에서 6·25전쟁을 생각해야 한다고 지적했다. 마셜 국방장관도 전면전을 해서는 안 된다고 강조했다.[36]

애치슨은 나중에 그의 회고록에서 맥아더의 참패를 남북전쟁 당시 북군이 남군을 가볍게 보았다가 의외의 대참패를 당한 버지니아주 불런(Bull Run) 전투 이후 최악의 패전이라고 불렀다. 그는 중공군의 행동에 '비할 데 없는 위험'이 도사리고 있다면서 현 상황은 원래 북한이 일으킨 6·25전쟁보다 더 도발받지 않은, 그리고 더 부도덕한 전쟁이라고 비난했다.[37] 미군이 중공군에 이길 수 없다는 애치슨의 이날 발언은 그 후의 6·25전쟁 전개에 사실상 결정적 영향을 미쳤다. 왜냐하면 애치슨의 주장에 이의를 제기할 정도로 자신감을 가진 사람이 당시 워싱턴에는 아무도 없었기 때문이다. 미군이 압록강 근처에서 중공군의 인해전술에 밀린 경험은 후대 미국 지도자들에게 일종의 뿌리 깊은 트라우마가 되어 아시아 대륙에서 다시는 지상전을 피하고 싶도록 만들었다.[38]

맥아더는 이튿날(11월 29일) 추가 보고를 통해 한국에서 싸우는 유엔군의 전력강화를 위해 장제스 정부군을 중국 대륙에 상륙시켜 북진시키거나 유엔군의 일원으로 6·25전쟁에 참전시키는 문제를 장제스 정부와 직접 교섭할 수 있는 권한을 자신에게 부여하라는 건의를 합참에 올렸다. 그러나 합참은 '범세계적인 파장'이 있을 것을 우려해 결정을 보류했다.[39] 맥아더는 중공군의 참전으로 완전히 새로운 전쟁으로 바뀌었는데도 병력과 무기 면에서 여전히 6·25전쟁 개전 초의 북한 인민군을 상대로 하던 기본 정책과 전략을 그대로 쓰려고 한다고 불만이었다.[40]

트루먼은 11월 30일 기자회견을 갖고 "중국공산당 지도자들이 북한에서 유엔군에 강력하고 조직적인 공격을 감행한 것은 유엔뿐만 아니라 평화와 정의를 바라는 인류의 희망에 대한 위협"이라고 중국을 비난했다. 그는 이어 "우리는 중국 인민들이 강제되거나 속아 아시아에서의 소련의 식민지 정책 목표에 계속 봉사하지 않기를 바란다"고 중국 당국을 회유함과 아울러 소련도 함께 비난했다. 트루먼은 이 자리에서 필요하다면 한국에서 원자탄을 쓸 수도 있다는 듯한 발언으로 세상을 놀라게 했다.[41] 백악관은 나중에 성명서를 따로 발표하고 "어떤 무기도 보유하게 되면 그 보유 자체가 그 무기를 사용할지 여부를 고려한다는 것을 은연 중 의미하는 것이지만 법에 따라 그 사용은 오직 대통령만 허가할 수 있다는 점에 오해가 없어야 한다"고 해명했다.[42] 이 같은 해명에도 불구하고 트루먼의 발언은 서유럽에 큰 충격을 주어 애틀리(Clement Attlee) 영국 수상이 급거 워싱턴으로 날아가 미영 정상회담을 갖게 된다.

1. 풍전등화의 대한민국

유엔군이 중국의 6·25전쟁 개입으로 맥아더의 야심적인 추수감사절 공세에서 패배를 당한 1950년 10월 25일부터 그가 다시 크리스마스 대공세 계획을 합참에 보고한 11월 17일까지 약 3주 간은 한반도의 운명이 걸린 숨 가쁜 순간이었다. 만약 이 기간에 맥아더나 합참이 상황을 좀 더 정확히 파악했더라면 추수감사절 공세 실패에 연이은 크리스마스 공세 참패라는 불행한 사태를 미연에 방지할 수 있었을 것이다.

중공군이 10월 중순부터 북한 땅에 대거 들어와 산속에 숨어 있었던 사실을 제대로 몰랐던 정보 부재 사태를 둘러싸고 맥아더는 뒤에서 보는 바와 같이 워싱턴의 '정보 실패'를 탓했다. 그러나 현지사령관인 그의 책임이 면제될 수는 없다. 그가 추수감사절 공세 때 중공군의 기습으로 후퇴를 강요당하고도 중공군 병력이 기껏해야 6만 내지 7만 명 정도일 것이라고 오판하고 조급하고 무모한 크리스마스 공세를 다시 감행한 것은 현지사령관인 그의 변명할 수 없는 전술적 과오였다.

이 점에서는 워싱턴에도 마찬가지로 책임이 있다. 이 무렵 워싱턴에서는 합참 수뇌부를 포함한 국무, 국방 두 부서 책임자들이 연일 6·25전쟁 대책회의를 가졌다. 애치슨의 회고에 의하면 맥아더가 크리스마스 공세 계획을 보고해오기 이전인 11월 11일부터 한국에서의 참패로 워싱턴이 깊은 충격†에 빠진 후인 12월 2일까지 24일 간 국무, 국방 두 장관은 그들의 고위보좌관을 거느리고 합참수뇌들과 함께 3회나 공식적인 연석회의를 했다. 또 두 장관이 트루먼 대통령과 만나 협의한 것은 5회나 되며 애치슨 자신이 단독으로 트루먼과 면담한 것도 5회나 된다.

그럼에도 불구하고 애치슨 자신을 포함해 그 누구도 대통령이 당연히 받아야 할 보필을 제대로 하지 못했다고 애치슨은 훗날 고백했다. 그는 "미군은 지휘 체계가 8군과 10군단으로 양분되고 중공군의 참전으로 발생한 위험은 명백했다. 우리는 모두 걱정했다. 우리는 상호간 솔직했다. 그러나 충분히 솔직하지 못했다. 나 역시 대통령의 군사보좌관들이 건의하지 않은 다른 군사전략 방침을 대통령에게 호소하기를 꺼렸다"고 후회했다. 애치슨에 의하면 대통령의 군사보좌관들은 1864년 링컨 대통령이 그랜트(Ulysses S. Grant) 장군의 작전에 대한 행정부의 개입을 금지시킨 이래 작전에 대한 결정권은 현지 사령관에게 있다는 미군의 전통을 어기지 않으려고 했다는 것이다. 애치슨은 "마셜 국방장관이나 합참이 유엔군을 평양–원산 선으로 철수시켜 방어선을 치도록 맥아더에게 대통령이 지시하도록 건의해야 했으나 그들 모두 주저하고 단념해 절호의 기회를 놓치고 말았다"라고 회고했다.[1] 모두 승리감에 도취해 불합리한 집단사고에 빠진 결과였다.

---

† 이 무렵 서울은 공황 상태에 빠졌다. 미국이 한국을 중국에 팔아넘기려고 한다는 소문이 나돌아 민심이 흉흉해지고 물가가 폭등한 가운데 12월 7일 이승만 대통령이 국민들을 안심시키려는 특별담화를 발표하고 12월 9일 임시국회가 소집된 사실이 워싱턴에 보고되었다. 12월 24일에는 서울 시민 50만 명이 서울을 떠나 지방으로 소개했으며 그 수가 늘어나 곧 70만 명에 이를 것으로 추산된다고 한국 내무부가 알려온 사실을 무초 대사가 국무부에 보고했다. From Muccio to the Secretary of State, 1951. 12. 2, Korean War File, Box 8, Papers of Harry S. Truman, HSTL; *op. cit.*, 1951. 12. 7; *op. cit.*, 1951. 12. 24.

맥아더의 크리스마스 공세가 무참히 실패하자 대한민국의 운명은 다시 풍전등화의 신세가 되기 시작했다. 부산 교두보에서 간신히 되살아난 한국은 중공군의 참전으로 제2의 위기를 맞은 것이다. 이 무렵 유엔군 철수론이 미국과 유럽에서 강력 대두되었다. 만약 트루먼이나 맥아더가 패배주의에 빠져 유엔군의 한국 철수를 결심했더라면 남한 내륙 전역이 공산군에게 넘어가고 제주도나 오키나와 등 외국 영토에 망명정부가 들어설 가능성이 있었다.

훗날 밝혀진 사실이지만 트루먼 행정부는 맥아더의 크리스마스 공세가 실패한 1950년 11월말부터 12월 사이에 대통령, 국무장관, 국방장관 등 수뇌급이 결론은 안 내렸으나 미군철수 문제를 심도 있게 논의했다. 예컨대 12월 1일 국무, 국방 두 장관이 참석한 가운데 합참 회의실에서 열린 양부 연석회의에서 긴급 상황을 논의하면서 미군 철수 가능성을 토의했다.

애치슨은 이 자리에서 확신에 찬 흥분된 어조로 미국이 철수한다면 역사상 최악의 유화주의 국가가 될 것이라면서 "우리가 한국을 버리면 그들〔한국인들〕은 살육당할 것이다. 유엔군이 제2의 '던커크'(Dunkirk) 사태를 맞는 것은 재앙이지만 치욕은 아니다"라고 말하면서 유엔군의 한국 철수를 반대했다. 이 자리에서 군 수뇌부가 한국은 전략적 가치가 없다면서 철군을 주장하자 애치슨은 철군 대신 전쟁 이전상태에서의 휴전 가능성을 제기했다. 군 수뇌부는 이 제안에 동의했으나 미국의 국가안보를 해치지 않는 경우에 한한다고 답변했다.

12월 3일 백악관에서는 트루먼과 애치슨 그리고 마셜 등 트루먼 행정부의 트리오가 같은 내용을 검토했다. 이튿날 국무부의 고위간부회의에서 애치슨은 국무부 간부들이 도쿄의 맥아더사령부에서 발산되는 패배

주의 정신에 감염되었다고 지적하고 중국 측에 단호히 대처하자고 역설
했다.[2]

2. "한국 철수는 절대 안돼"

한국의 운명은 그야말로 바람에 흔들리는 촛불 신세였다. 트루먼 행정
부는 12월 16일 국가비상사태를 선포했다. 이 조치로 물가와 임금 통제
및 500억 달러 규모의 새로운 국방예산 편성이 가능했다.[3] 이 무렵 한국
정세는 더욱 악화되었다. 스탈린이 마오쩌둥에게 38선 이남 공격을 정식
으로 지시한 것이다. 마오쩌둥은 12월 21일 스탈린의 지침대로 다음 공
세를 취할 것을 펑더화이에게 지시했다.[4]

중공군이 서울을 향해 남진을 계획하고 있는 긴박한 분위기 속에서 12
월 22일 합참에서 열린 국무, 국방 수뇌부 회의에서 군 수뇌들은 중국의
의도가 유엔군을 한국에서 몰아내는 것이 명백하다면 가능한 한 빠른 시
일 안에 미군을 철수시키는 결정을 행정부 차원에서 내리자는 의견을 제
시했다. 합참은 산하의 합동전략조사위원회가 이를 문서화해 국가안보회
의에 보내는 국방장관 각서를 마련하도록 결정했다.

트루먼은 12월 26일 애치슨과 마셜, 그리고 브래들리를 블레어하우스
에 불러 대책을 협의했다. 이 자리에서 애치슨은 "패배가 철수를 정당화
하지 않는다"고 다시 주장하고 유엔군은 맥아더의 주장처럼 절망적인
수적 열세에 놓여 있지 않으며 방어가 지닌 고유의 이점을 누리고 있다고
역설했다. 그는 이어 맥아더 장군이 중공군의 전투력을 충분히 시험하기
전까지는 유엔군 철수를 생각해서는 결코 안 된다면서 "미국은 한국에서
철수해 우리의 친구들이 그곳에서 학살당하도록 내버려둘 수는 없다"고

또다시 강조했다. 트루먼도 애치슨의 의견에 찬성했다.

이어 12월 27일 합참 참모들은 22일 합의한 내용의, 국가안보회의에 올리는 국방장관 각서에 서명했다. 28일에는 마셜 국방장관과 애치슨 국무장관 등 국방, 국무 양부 간부들이 모여, 병력 증파 없이 한국에서 가능한 한 최대로 저항하는 데 따른 정치적 이점을 강조하는, 맥아더에게 보내는 지시문 초안을 토의해 합의했다.[5]

합참은 이에 따라 12월 29일 맥아더의 미국 본토로부터의 병력 증강 건의에 대해 행정부 차원에서 한국에서의 미국의 행동 방침을 계속 검토한 결과 극동지역으로 추가적인 사단들의 증파는 없을 것이라고 맥아더에 통고했다. 합참은 한국이 전면전을 치를 만큼 가치 있는 지역이 아니라는 이유로 미군 병력의 추가 파병을 거부했다.

합참의 거부 이유는 다음과 같다. ① 입수 가능한 모든 평가에 의하면 중국은 만약 그런 힘을 행사하기로 선택한다면 유엔군을 한국에서 강제로 축출할 수 있는 능력을 보유하고 있는 것 같다. 이런 능력의 행사는 그 같은 중국의 노력을 포기할 수밖에 없도록 비싼 대가를 치르게 하든지 미국이 상당히 많은 추가병력을 그 전쟁터에 개입시킴으로써 방지할 수도 있을 것이다. ② 그러나 미국의 이런 조치는 일본의 안전이 위험에 빠지게 하는 것을 포함해 다른 지역에서의 공약을 심각히 위태롭게 할 수도 있다. 한국에 증파하기 위해 다른 유엔 회원국들로부터 추가병력을 제공받는 것도 현실적이지 못하다. ③ 우리는 한국이 대규모 전쟁을 치를 가치가 있는 지역이 아니라고 믿는다. 더욱이 우리는 전면전 위협이 증가하고 있는 상황에서 남아 있는 가용 지상병력을 한국에서 중공군과의 전쟁에 사용하지 않아야 한다고 믿는다. 다만 한국의 특정 지역에서 우리가 심각한 손상을 입지 않고 중공군과 북한군의 침략에 대한 성공적인 저항과 중국의 군사적, 정치적 위신을 추락시키는 것은 우리의 국가이익에 대단히 중요하다. ④ 만약 귀관이 금강 부근과 그 동쪽지대로 이어지는 방어선으로 후퇴해야 하거나 이러한 상황에서 추후 중공군의 대규모 병력이 한국으로부터 우리를 축출할 명백한 능력을 보유했을 경우 우리에게는 귀관에게 일본으로의 철수를 개시하도록 명령하는 것이 필요하게 될 것이다. ⑤ 특히 제8군을 배치하는 유일한 목적인 일본 방어가 계속적인 주임무라는 관점에서 철수를 개시하는 결정을 내려야 하는 개괄적인 조건에 관해 귀관의 견해를 제출해주기 바란다고 했다.[6]

3. 맥아더, 합참의 승리 의지 의심

맥아더는 이 지시를 받고 한국에서 합참이 승리하겠다는 의지 상실을 보여주는 것이라고 크게 실망했다. 그에 의하면 공산세력의 위협에 놓인 나라를 해방시키고 통일시키려던 트루먼의 단호한 결의는 패배주의로 인해 거의 완전히 왜곡되고 말았다는 것이다. 워싱턴의 계획은 반격 방안을 모색하는 것이 아니고 도망갈 최선의 방책을 찾는 데 있다고 그는 판단했다.[7]

맥아더는 이날 저녁 합참의 한국 철수에 관한 지시에 대한 회답을 즉각 만들어 보냈다. 그는 한반도에서의 중공군의 전투역량을 억제하기 위한 방안으로 ① 중국 해안 봉쇄, ② 전쟁수행에 쓰이는 중국의 산업시설에 대한 해군 및 공군을 동원한 포격과 폭격, ③ 타이완의 군사요새에 대한 증강된 보호, ④ 국민당 정부군의 활동에 대한 제약 해제를 통한 중국 본토의 취약지점에 대한 공격 기회의 부여를 다시 건의했다.[8]

합참과 맥아더 사이에 전쟁수행 방법을 둘러싸고 전보가 오가는 동안 공산 측은 일사불란했다. 중국의 펑더화이는 마오쩌둥의 지시대로 이듬해 1월 1일을 기해 신정 대공세(중공군 3차 공세)를 벌여 1월 4일 유엔군이 포기한 서울을 점령했다. 중공군은 뒤이어 수원을 지나 평택-안성-원주-영월 선(37도선 부근)까지 남하하는 데 성공했다.

평택선까지 밀린 유엔군은 이제 금강 방어선을 검토하는 상황에 봉착했다. 합참은 1951년 1월 9일 맥아더가 제안한 보복조치에 대해 주의 깊은 검토를 했으나 한국에서의 미국의 전투역량을 증대시키는 것을 정당화하는 어떤 정책 변경이나 우발적 사태의 가능성도 없다고 회답했다. 합참에 의하면 중국 대륙의 해안봉쇄는 중국과 무역을 하는 영국과 협의를 해야 하고 중국의 산업시설 파괴는 그들이 한반도 밖의 지역에서 미국을 공격했을 경우에만 정당화될 수 있다는 것이다. 중국 국민당 정부군의 파견을 통한 한국에서의 전력증강 방안도 전쟁수행에 있어서 그들의 결정적 성과가 있을 것 같지 않다는 점과 그들을 다른 용도로 더 요긴하게 활용할 수 있을지 모른다는 점에서 호의적인 반응을 얻을 수 없다고 했다.

합참은 결론적으로 "이러한 점들과 다른 관련되는 요소들을 감안할 때 귀관은 귀관 예하부대의 안전과 일본을 방어해야 하는 귀관의 기본적인 임무를 우선적으로 고려해 합참의 지시가 요구하는 축차방어선(successive positions) † 에서 적군에게 최대한의 손실을 가하면서 방어작전을 수행해

---

† 리지웨이 신임 미 8군사령관은 후퇴 시에 대비해 38도선에서 부산까지 여러 개의 축차적인 방어선(38선, 수원-양평 선, 평택-원주 선, 금강 선, 소백산 선, 낙동강 선)을 설정하고 각 방어선에서 적의 출혈을 최대한 강요하다가 공세작전으로 전환한다는 전략을 수립했다. 국방전사연구소, 『한국전쟁 하』(1997), pp. 289~290; Collins, *War in Peace Time: The History and Lessons of Korea*(1969), pp. 247~248.

야 한다. 그리고 귀관의 판단으로 〔한국으로부터의〕 철수가 인명과 물자의 심각한 손실을 피하기 위해 불가피한 것이 명확해진다면 그때 한국으로부터 일본으로 철수해야 할 것이다"라고 지시했다.[9)]

이에 화가 난 맥아더는 1951년 1월 10일 자신의 휘하 유엔군 병력이 당시의 구성으로는 한국에서 진지를 방어함과 동시에 일본을 외부 침략으로부터 보호하기에 불충분하다는 자명한 사실에 대해 명확히 인정해줄 것을 요구하는 질문서를 합참에 보냈다. 그는 현재의 유엔군 병력으로 제한된 시간 동안 교두보선(beachhead line)을 확보할 수 있는 것은 의심의 여지가 없지만 이것은 손실 없이는 수행될 수가 없다. 따라서 그의 질문은 한국에서 당분간 무기한으로 군사기지를 유지하는 것과 가능한 한 빨리 철수함으로써 손실을 최소화하는 것 중 어느 것이 미국 외교정책의 목표인가라는 점이 초점이므로 사실상 합참의 양자택일을 압박하는 것이었다.[10)]

4. 트루먼, 한국 철수 불가 결정

이에 대한 합참의 답장 대신 1951년 1월 14일 트루먼 대통령이 맥아더를 달래는 정중한 친서를 보냈다. 트루먼의 노회한 무마작전이었다. 그는 이 서한이 "절대로 어떤 지시로 받아들여서는 안 되며 〔유엔군의 작전에 관련된〕 정치적 요소와 관련해 우리 마음속에 있는 것의 일부를 알려주기 위해 보내는 것"이라고 전제하고 한국에서 침략자에 대한 성공적인 대항의 목적은 다음 몇 가지라고 밝혔다.

즉, ① 침략은 미국이나 유엔이 결코 받아들일 수 없다는 사실을 과시하고 소련이 주는 세계적 차원의 위협에 대처하기 위해 자유세계의 정신과 에너지가 동원될 수 있는 시위현장을 보여주고 ② 중국 국내외에서 비공산 아시아국가들의 저항을 줄이고 중국 공산당 자체의 권력장악을 공고화하기 위해 위협을 가하고 있는 위험스러울 정도로 과장된 중공의 정치적, 군사적 위신을 떨어뜨리고 ③ 중국 내외에 있는 비공산주의 저항조직을 위해 더 많은 시간을 할애하고 직접적으로 도와주며 ④ 한국인들에게 행한 명예의 약속을 수행하고 미국의 우정이 역경의 시기에는 셀수 없는 무한한 가치를 지니고 있음을 전 세계에 과시하고 ⑤ 일본과 매우 만족스러운 평화협정 체결을 가능하도록 해 대륙과 관련해 일본의 평화조약 체결 후의 안전보장 여건에 크게 기여하고 ⑥ 현재 공산주의 정권의 그늘 아래에서 살고 있는 아시아뿐만 아니라 유럽과 중동의 여러 나라들이 결단하도록 해 완전한 종속을 의미하는 어떤 조건에서든 공산주의와 타협을 서둘러서는 안 된다는 것을 알도록 하고 ⑦ 소련 또는 중국 당국에 의해 갑작스럽게 살해당할 처지에 놓일 때 이에 반기를 드는 사람들을 고무시키고 ⑧ 서방세계의 빠른 방어력 증강에 긴급지원을 하고 ⑨ 유엔이 집단방어를 위해 최초의 큰 노력을 잘 수행하도록 하고 미국의 국가이익에 헤아릴 수 없는 귀중한 가치를 지닌 자유세계의 단결을 이룩하며 ⑩ 철의 장막 뒤에 사는 사람들에게 그들의 지배자들이 침략전쟁에 열중하고 있다는 사실과 이러한 범죄가 자유세계의 저항에 부딪친다는 점에 경각심을 갖도록 하는 데 있다는 것이다.

그리고 트루먼은 맥아더에게 이상과 같은 목표는 만약 한반도의 중요한 거점을 방어하는 것이 비현실적으로 판명될 경우 한반도 연안의 섬, 그 중에서도 제주도에서 수행되어야 한다고 강조했다. 트루먼은 이어 "최악의 경우 우리가 한반도에서 철수하지 않으면 안 된다면 우리의 그런 행동과정은 군사적 필요성에 의해 불가피하게 강요된 것이라는 점을 세상에 알리고, 우리는 침략을 바로잡을 때까지 정치적으로나 군사적으로 그 결과를 받아들이지 않을 것이라는 점을 전 세계에 알려야 한다"고 밝혔다.[11] 맥아더는 트루먼의 전보에 감동해 즉시 그에게 "우리는 최선을 다하겠습니다"라고 회답한 다음, 자신의 참모들에게 "여러분, 우리가 한국으로부터 철수하느냐 여부가 최종적으로 결정되었습니다. 우리는 철수하지 않습니다"라고 선언했다.[12]

4 사라진 통일의 꿈

1. 리지웨이 장군, 남한 지역 회복

6·25전쟁은 1951년 1월 중순부터 서서히 그 양상이 변하기 시작했다. 중공군은 평택까지 남진하는 데는 성공했으나 그동안의 전투손실과 긴 보급로의 어려움, 그리고 교통사고로 순직한 워커(Walton H. Walker) 장군의 후임으로 8군사령관에 임명된 리지웨이 장군이 지휘하는 8군의 치밀하고 강력한 반격 작전 앞에 힘의 한계를 드러냈다.

전황은 다시 새로운 국면으로 접어들었다. 중공군의 인해전술은 초기에는 효력을 발휘했으나 전선이 남하함에 따라 길어진 보급로에 대한 우세한 미 공군력의 폭격과 공세로 돌아선 리지웨이 장군의 용맹성 앞에서 기세가 꺾였다. 중공군도 마오쩌둥의 지시와 펑더화이의 조심스러운 태도로 더 이상 무리한 공세를 펴지 않고 신중한 자세를 취했다.

반격의 기회를 노리고 있던 리지웨이 장군은 37도선으로 철수한 이후 최초의 공세작전을 명령하기 전에 적의 배치, 규모 그리고 장차의 기도 등을 탐색하기 위해 제한된 규모의 수색작전을 실시했다. 그는 우선 오산-수원 간에 집결된 적을 공격 목표로 선정하고, 그 지역의 적 병력 규모와 방어력을 탐색하기 위해 1개 이상 전차부대로 증강된 병력을 투입해 이틀 동안 정밀 탐색하도록 했다. 이를 '위력수색 작전'(reconnaissance in force operation)이라고 불렀다. 1월 15일 실시된 '늑대사냥개 작전'

(Operation Wolfhound)이라는 위력수색 작전은 큰 성공을 거두었다. 수색대가 공산군 측의 큰 저항을 받지 않고 오산에서 수원으로 다시 북진하는 데 성공한 것이다.[1] 이 작전은 미 육군의 공식 전사에 유엔군 측에게 사기를 올리고 새로운 희망을 안겨준 최초의 성공적인 전투였다고 기록되었다.[2]

자신감을 회복한 맥아더는 한국으로 날아와 미리 준비한 성명을 통해 "아무도 우리를 바다로 내몰지 못할 것이다. 유엔에 모인 정치인들이 우리에게 그렇게 하라고 방침을 결정하는 이상 유엔군사령부는 한국에서의 군사적 태세를 유지할 것"이라고 언명했다.[3] 늑대사냥개 작전이 있기 나흘 전인 1월 12일, 합참은 새로운 작전지침을 결정하고 사태가 미군 철수를 강요하는 경우 망명정부 수립 계획을 되살리되 실행 가능성이 있는 한 최대한 그리고 최장 기간 한국을 지원하기로 했다.[4] 이 무렵 한국을 시찰하고 워싱턴으로 돌아간 콜린스 육군참모총장도 상원 군사위원회에서 유엔군은 한국을 지킬 수 있다고 언명했다.[5]

리지웨이는 마침내 1월 25일, 그동안 후퇴하던 유엔군 최초의 본격적인 반격작전이자 나중에 '제2의 인천상륙작전'이라고도 불린 '천둥벼락 작전'(Operation Thunderbolt)을 감행했다. 이 작전은 얼마 후 더 큰 규모의 전면적 반격작전인 '총괄 작전'(Operation Roundup)으로 발전했다. 이제 중공군이 쫓길 차례가 온 것이다.

물론 중공군도 호락호락 물러나지는 않았다. 막대한 인명손실을 개의치 않고 최대한 승기를 놓치지 않으려고 했다. 그해 2월 감행된 중공군의 4차 공세는 마오쩌둥의 지시에 때라 대전-안동 이북 지역을 점령하는 것이 목표였다.[6] 그러나 중공군 측의 공세는 치밀한 전략가인 리지웨이 장군이 지휘하는 유엔군에 의해 분쇄되고 이로 인해 5만여 명의 병력손실을 입으면서 파죽지세로 내려오던 남진 기세도 꺾이기 시작했다.

중공군의 패배와 유엔군의 반격으로 3월 15일 서울이 수복되고 3월말에는 유엔군이 38선 이남 지역 대부분을 회복하는 데 성공했다. 중공군은 패배를 만회해 보려고 4월 22일 춘계(중공군 5차) 공세를 감행했다. 그러나 그들은 유엔군의 포격으로 무려 7만 명의 인명손실을 입고 후퇴하지 않을 수 없었다.[7]

하지만 그 후의 전선은 38선 근처에서 교착되어 유엔군이 다시 북진할 기미는 좀처럼 보이지 않았다. 유엔군은 한국 국민들과 이승만 대통령의 간절한 북진 희망을 외면한 채 임진강−문산−전곡−양양으로 이어지는 이른바 '캔자스(Kansas) 라인'을 넘으려고 하지 않았다. 뒤에서 설명하는 바와 같이 4월 11일 해임된 맥아더의 후임으로 유엔군사령관에 취임한 리지웨이 장군은 합참의 지시에 따라 1951년 5월 30일 문제의 캔자스 선이북으로의 진격을 금지하는 명령을 자신의 후임 8군사령관인 밴 플리트(James A. Van Fleet) 장군에게 내렸다. 그러나 그는 밴 플리트의 간청을 받고 철의 삼각지보다 약간 북방인 '와이오밍(Wyoming) 라인'까지만 진격을 허락했다.[8]

트루먼 행정부는 이미 휴전 쪽으로 기운 것이다. 공세를 중단시킨 상관들의 방침에 가장 불만을 가진 지휘관이 밴 플리트 장군이었다. "승리가 한국에서의 유일한 해결책"[9]이라고 믿고 있던 그는 압록강까지 진격해야 한다고는 생각하지 않았지만 자신이 중공군에 승리할 수 있다고 믿었기 때문에 휴전을 하더라도 가능한 한 북한 땅을 더 점령해야 한다고 판단했다.[10]

밴 플리트가 리지웨이에게 제안했던 평양−원산 선까지의 진격문제(작전명, 압도작전 Operation Overwhelming)도 휴전회담을 앞두고 워싱턴 당국의 지시를 받은 리지웨이의 결정으로 무산되었다. 밴 플리트는 나중에 상원 군사위원회에서 행한 비밀 증언에서 "1951년 6월 유엔군의 반격작전으로 승리가 거의 확보되었으나 성과 없는 휴전회담으로 승리의 기회는 사라져버렸다. 당시 미군이 상부의 중지 명령을 받지 않고 계획대로 적의 후방지역에 상륙작전을 단행했더라면 붕괴 상태에 빠진 중공군 중 수십만 명을 포로로 잡을 수 있었을 것"이라고 밝혔다.[11]

이에 대해 중국과의 휴전협상을 주도한 애치슨은 그리스 신화에 나오는 헤르쿨레스(Hercules)와 안타이오스(Antaeus)의 싸움을 예로 들면서 밴 플리트의 주장을 반박했다. 즉, 미군이 중공군을 힘으로 그들의 국경 안으로 밀어붙인다면 중공군은 병력 증강과 물자 보급처인 그들의 국내로 돌아가 전력을 증강시킬 뿐이라면서 "밴 플리트와 클라크를 비롯해 완전한 승리의 기회를 빼앗겼다고 주장하는 장군들은 평온 속에서 지난 일을 추억하는 데 지나지 않는다"고 반박했다.[12]

6월에 접어들면서 중국 측은 그동안 거의 모든 전력을 쏟아부은 공세가 대참패로 끝나버리자 휴전쪽으로 기울지 않을 수 없었다. 펑더화이는 당시까지 5차에 걸쳐 최대 80개 사단(북한 인민군 포함)을 투입해 공세를 감행했다. 그러나 막강한 화력과 기동력을 앞세운 미군을 한반도에서 축출한다는 당초 목표 달성이 불가능함을 깨닫게 되었다. 중국 측이 무리하게 감행한 2차 춘계공세에서만 중공군은 9만 명의 인명손실이 생겼다.[13] 결국 남은 길은 정치적 협상뿐이라는 사실을 중국 측도 인식하지 않을 수 없게 되었다.

2. 통일 목표 변경

유엔군 측은 미국이 주도해 휴전 방침을 확정했다. 트루먼 행정부는 전쟁을 계속하는 경우 20만 명의 정규군을 증원해야 하며 그럴 경우 연간 9억 달러라는 비용이 추가로 필요하다고 보았다. 국가안보회의는 5월 4일 드디어 휴전을 위한 새로운 극동정책인 NSC 48/4를 채택했다.

그 내용은 한국에 대한 정책 목표를 정치와 군사로 분리해 정치적으로는 통일 독립국가를 추구하되 군사적으로는 침략을 격퇴하고 평화를 회복한다는 것이다. 이를 위해 무력에 의한 통일을 시도해서는 안 되며 군사작전에서 38선에 도달하면 이 선에서의 휴전을 추구해야 한다는 내용이다.[14]

미 합참은 5월 17일 NSC 48/4를 보완한 NSC 48/5를 작성해 트루먼 대통령의 승인을 받았다. 그 내용은 미국이 한반도 문제를 당면 목표와 최종 목표로 나누어 단계적으로 해결하되 당면 목표인 전쟁 해결은 전쟁 이전 상황에서 휴전으로 해결하고 최종 목표인 통일국가 수립은 유엔기구를 통해 계속 추구해나간다는 것이다. 그 구체적인 내용은 다음과 같다.

(1) 통일·독립·민주 한국을 수립하기 위한 군사적 방법과 구별되는 정치적 방법에 의한 한국 문제의 해결을 궁극적 목표로 계속 추구한다. 적절한 유엔기구를 통한 분쟁 해결을 당면 목표로 추구하되 그것은 미국이 수락할 수 있어야 하며 최소한 다음과 같은 조건을 충족시켜야 한다.

• 적절한 휴전협정으로 적대행위를 종결한다.

• 행정 및 군사방위를 가능한 범위 내에서 최대한 증진할 수 있도록 어떠한 경우에도 38선 이남이 아닌 곳에 위치하는 북측 경계선 이남의

한반도 전역에 대한민국의 관할권을 확립한다.

• 한반도로부터 외국 군대의 적절한 단계적 철수를 가능하게 해야 한다.

• 북한의 새로운 침략을 저지하거나 격퇴하는 데 충분한 대한민국 군
사력의 건설을 허용한다.

이상의 당면 목표가 달성될 때까지 침략자를 계속 반대하고 응징한다.

(2) 위의 조건과 미국 및 유엔군의 안전을 확보하는 데 합당하도록 한
국에서의 적대관계가 소련과의 전면전으로 확대되는 것을 막아야 하며
특히 우리의 주요 동맹국의 지원 없이 중공과의 적대행위가 한반도의
범위를 넘어 확대되는 것을 방지하도록 노력해야 한다.[15]

NSC 48/5는 이상의 목표를 달성하기 위해 한국사태에 관련해 소련, 타
이완 또는 중국의 유엔 의석 부여 문제에 관해 미국의 입장을 위태롭게 하
지 않도록 한국에서 수락할 수 있는 정치적 해결을 추구해야 한다고 결정
했다.

따라서 이 지침은 그런 정치적 해결이 이루어지지 않은 상황에서 현재
다른 대안이 없다는 사실을 인식해 군사력으로 한국을 통일한다는 약속
을 하지 말고 현재와 같은 군사적 행동 방식을 한국에서 추구하되 다음과
같은 목적을 달성하도록 노력한다고 밝혔다. 즉 ① 적에게 최대한 손실을
주고 ② 군사적 침략에 의한 남한의 유린을 막아야 하며 ③ 아시아의 다
른 지역에서의 공산주의자들의 침략 능력을 제한해야 한다고 강조했다.[16]

한국 국민들이 그렇게도 간절히 염원하던 유엔군의 북진작전을 통한 통
일의 꿈은 중국의 6·25전쟁 개입과 맥아더의 크리스마스 대공세 실패로
일단 무산되고 말았다.

The Korean War and
the United States

Ⅳ. 세 주역들의 협력과 갈등

Ⅰ 제한전쟁의 한계

1. '신속 작전 완료' 전략과 '제한전쟁' 방침

6·25전쟁은 워싱턴의 트루먼과 애치슨 그리고 합참 대 맥아더의 전쟁을 방불케 하는 치열한 내부 갈등을 빚었다. 소련의 개입과 나아가 3차 세계대전 발발을 피하기 위해 6·25전쟁을 제한전쟁으로 치르려는 트루먼 행정부는 시종일관 맥아더에게 신중한 작전을 주문했다. 트루먼 행정부는 개전 초부터 맥아더에게 한만국경과 한소국경 부근의 북한지역에 대한 폭격을 금지했다. 이 조심스러운 지침은 앞에서 설명한 바와 같이 유엔군이 아직 38선을 돌파하지 않은 단계에서 이미 NSC 81로 결정되었다.[1] 그러나 맥아더는 신속한 승리를 위해 워싱턴 당국이 내린 제한조치에 반발했다.

맥아더와 워싱턴 사이에 견해가 대립된 최초의 사례는 유엔군이 아직 북진하기 전에 일어난 함경북도 나진항 폭격사건이다. 1950년 8월 12일 미 공군기가 한소국경선에서 약 17마일(약 27km) 떨어진 이곳을 폭격했는데, 이곳에는 항만시설이 있어 소련이 제공하는 전쟁물자가 실려 오는 군사적으로 매우 중요한 항구였다. 국무부가 미 공군기의 나진 폭격은 국경선에 접근하지 말라는 대통령의 지시를 위반한 것이라고 국방부에 항의했다. 이런 성격의 작전은 사전 협의를 해야 한다는 것이 국무부의 주장이었다.

그러나 존슨 국방장관은 국경선을 침범하지 않았다고 하면서 계속 사전협의를 거부했다. 맥아더 역시 국경도시도 아닌 이 도시를 공격하지 못하게 하는 워싱턴 당국을 도저히 이해할 수 없었다.[2]

유엔군이 38선을 넘어 북으로 진격하면서부터 맥아더와의 갈등은 점점 심화되었다. 워싱턴 당국은 북한 상공에서 작전을 하다가 국경선 너머로 도주하는 적 공군기에 대한 긴급추격(hot pursuit)을 금지했다.[3] 맥아더가 이를 해제할 것을 합참에 건의하자 합참은 미 공군기가 국경선 너머 8마일(약 12km)까지는 추격하도록 하는 방안에 호의적이었으나 국제적 영향을 우려한 애치슨의 반대로 좌절되었다. 합참은 11월 6일에는 압록강 다리의 북한쪽 부분에 대한 폭격은 무방하다고 했다가 나중에 한만국경 5마일(약 8km) 이내의 지점에 대한 폭격을 전면적으로 연기하라고 지시했다.[4]

중공군의 기지가 있는 만주뿐만 아니라 수풍댐을 포함한 한만국경 지대가 유엔군에게 일종의 성역이 됨으로써 맥아더는 작전에 많은 제약을 받았다. 유엔군은 그만큼 손발이 묶이고 반대로 중공군은 자유롭게 북한에 들어올 수 있었다. 맥아더에 의하면 행동의 자유를 제약당해 전투 중 부상한 한 폭격기 조종사가 피를 토하면서 그에게 "장군님, 워싱턴과 유엔은 도대체 어느 편입니까?"라고 헐떡거리다가 숨을 거둔 일도 있었다고 주장했다.[5]

그러나 트루먼과 애치슨의 입장에서는 이런 조치들은 소련 및 중국과의 전면전을 회피하기 위한 불가피한 조치였다. 애치슨에게는 맥아더가 3차 대전을 일으킬 수 있는 '극단주의자'로 인식되었다.[6] 애치슨의 이런 태도는 맥아더에게는 참을 수 없는 유화주의이자 패배주의로 보였다.

맥아더는 그의 추수감사절 공세 얼마 전인 10월 15일 웨이크 섬(Wake Island) 회담 때 트루먼이 아시아에서 공산주의에 과감히 맞서 6·25전쟁을 용기 있게 수행함으로써 공산세력을 패배시키겠다는 당초의 결단력을 잃은 것을 발견했다고 주장했다. 맥아더가 보기에는 트루먼 역시 유엔 주변의 정치인들에게 휘둘려 불과 몇 달 전과는 달리 어느새 위험을 공공연히 과장하는 발언을 거침없이 하는 비정상 상태에 빠졌다는 것이다.[7]

맥아더는 애치슨 국무장관이 1950년 1월 태평양 방어선 문제를 언급한 프레스클럽 연설을 듣고 실망했다. 애치슨이 유럽은 11회나 방문하면서 아시아에는 단 한 번도 오지 않았기 때문에 현장을 살펴보면 달라질 것 같아 맥아더가 그를 도쿄로 초청했으나 애치슨은 업무가 바빠 워싱턴을 떠날 수 없다는 이유로 응하지 않았다.[8]

애치슨은 트루먼이 맥아더와 만나기 위해 웨이크 섬으로 갈 때 그가 수행하기를 바랐으나 동행하지 않았다. 그는 트루먼에게 외국의 제왕과 같은 성격을 가진 맥아더와 자신이 만나는 것이 싫다고 말하고 국무부에서 자기 대신 러스크 차관보, 무초 주한대사 등이 대통령을 수행하기 때문에 자신이 빠지는 것을 양해해달라고 부탁해 트루먼의 동의를 받았다고 훗날 밝혔다.[9]

애치슨의 말대로 맥아더는 그의 비판자들로부터 '미국의 시저'라는 비아냥을 들었다. 맥아더와 애치슨의 이 같은 갈등 관계는 맥아더가 해임될 때까지 계속되었다. 당시 워싱턴 정가에서는 맥아더의 적수를 애치슨으로 규정했다. 그 좋은 예가 공화당 태프트(Robert A. Taft) 상원의원의 발언이다. 그는 맥아더가 해임된 직후인 1951년 4월 하순 미국은 6·25전쟁을 올바로 수행하기 위해 애치슨과 맥아더 중 하나를 선택해야 한다고 주장했다.[10]

2. 서울 수복 후 행정권 이양과 국무부의 견제

맥아더는 합참으로부터 자신의 판단으로 부당하다고 생각되는 지시가 내려오면 즉각 재고를 요청하는 건의를 올려 결국 합참이 맥아더를 뒤따르게 한 경우가 반복되었다.

그 중 첫 예가 9월 28일 서울 수복 후 수도 행정권을 한국 정부에 이양하는 문제였다. 합참은 이승만 대통령 정부를 회복시키려는 어떤 계획도 반드시 사전에 워싱턴 고위 당국의 승인을 받아야 한다는 지시를 맥아더에게 보냈다.[11]

맥아더가 보기에는 이 지시는 의심할 나위 없이 국무부가 배후에서 선동해 작성되었다. 그것은 이승만 대통령에게 적대감을 나타내는 '놀라운' 발상이었다. 맥아더는 즉각 이를 '이해할 수 없는 지시'라고 불복하는 회신을 합참에 보냈다. 그는 합참이 7월 7일 자신에게 보낸 전보에서 밝힌 바와 같이 한국 정부는 정통성을 가진 유일 합법정부로 미국의 승인을 받았으며 현 한국 정부의 기능이 정지된 적도 결코 없었다고 말했다. 그는 또 유엔 안보리 결의에도 대한민국을 지원하라는 내용이 있었다고 강조했다. 맥아더는 또한 수도 행정권을 한국 정부에 이양하는 것은 정부를 재수립하는 것도 정부를 바꾸는 것도 아닌, 단순히 한국 정부의 원활한 행정 수행을 돕기 위해 원래의 정부청사 소재지로 복귀시키는 것뿐이라고 반박했다.[12] 맥아더는 이미 인천상륙작전 전에 이승만과 만난 자리에서 조속한 시일 안에 한국 정부의 환도를 추진하겠다고 비공식적으로 약속하고 북한에서의 총선 실시 문제도 논의했다.[13]

맥아더가 국무부의 소관사항인 외교 문제에 개입한다고 불만이던 국무부는 국방부로부터 이 소식을 통고 받고 할 수 없이 맥아더에게 내리는 조건부 지침에 동의했다. 그것은 대한민국의 관할권이 남한에 국한해 회복되어야 하고 북한의 정치적 장래는 유엔의 조치를 기다려야 한다는 점을 지침에 추가해야 한다는 내용이었다. 이 지침은 트루먼 대통령의 승인을 받아 국방부를 거쳐 합참에 긴 명령서를 통해 시달되었다. 합참은 국무부의 견해에 따라 북한 점령은 완전히 유엔군에 의해 실시되어야 하며 맥아더가 북한의 정치적 장래 문제에 개입하지 않는 조건으로 그의 계획을 승인했다.[14)]

맥아더는 서울 수복 다음 날인 29일, 예정대로 중앙청에서 서울을 대한민국 정부의 수도로 공식 회복시키는 의식을 거행했다. 이 자리에는 이승만 이하 한국 정부 요인들과 중무장한 한국군 및 유엔군 고급장교들이 철모를 쓴 채 참석했다. 행사가 끝날 무렵 중앙청 탈환전투 때 부서진 회의장 천정에서 유리 파편이 아래로 떨어지기도 했다. †

3. 맥아더와 합참

맥아더가 유엔군의 북진작전 이후 합참의 지시를 무시한 예는 한소국경선 및 한만국경선 부근지역에는 한국군 이외의 유엔군 병력이 들어가

---

† 맥아더는 이날 서울 행정권 이양식장에서 이승만을 향해 "본관은 유엔을 대신해 귀 정부의 수도를 각하에게 되돌려 드리게 되어 기쁩니다. 이곳에서 각하는 헌법상 책임을 더 잘 수행할 것으로 믿습니다"라는 개회사를 했다. 독실한 기독교 신자인 그는 이어 참석자들에게 기립해 자신을 따라 주기도문을 낭송하도록 한 다음, 5년 전 필리핀에서 세르지오 오스메나(Sergio Osmena) 대통령에게 그랬던 것처럼 이승만에게 "대통령 각하, 본관의 장교들과 본관은 이제 군사적 임무 수행을 위해 돌아갈 것이며 민간 행정 업무를 각하와 각하의 정부에 넘겨 드립니다"라고 말했다. MacArthur, 1964, pp. 355~356; James F. Schnabel, *United States Army in the Korean War: Policy and Directions: The First Years*(1972), p. 185.

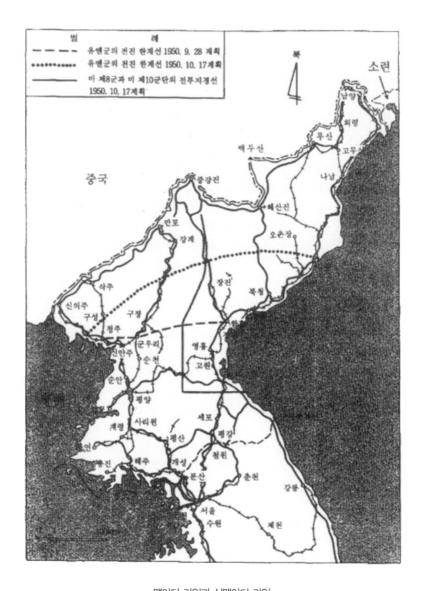

맥아더 라인과 신맥아더 라인

자료: James F. Schnabel and Robert J. Watson, *History of the Joint Chiefs of Staff - Volume III: The Joint Chiefs of Staff and National Policy 1950-1951, The Korean War, Part One* ((Wilmington DE, Glazier Inc., 1979/1980). p. 105; 국방부전사편찬위원회, 『미국합동참모본부사 제3권: 한국전쟁 상』(서울: 국방부전사편찬위원회, 1991), p. 182.

면 안 된다는 합참의 9월 27일자 지시[15]를 정면으로 어긴 사건이다.

맥아더는 앞에서 설명한 바와 같이 당초 합참 지시에 따라 9월 28일, 한국군 이외에 유엔군이 넘어서는 안 되는 북진한계선을 압록강변의 신의주까지 약 120km 정도 떨어진 정주(청천강 하구)–군우리–영원–함흥 선(맥아더라인)으로 삼았다. 그러나 그는 트루먼과의 웨이크 섬 회담을 가진 후 이를 백지화했다. 맥아더는 웨이크 섬에서 도쿄로 귀임한 지 이틀 후인 10월 17일 극동군사령부 작전명령 제4호를 내렸다. 그는 이 한계선보다 약 35마일 북쪽인 선천–고인동–풍산–성진 선(신맥아더 라인)으로 변경했다. 이 새로운 선은 압록강까지 불과 45마일 거리였다.[16]

북한군의 패주를 보고 6·25전쟁은 사실상 끝났다고 판단을 내린 맥아더는 대규모의 중공군이 잠입해 있는 사실을 제대로 파악하지 못한 채 오직 하루 속히 전쟁을 끝내겠다는 일념만으로 북진작전을 서둘렀다.

맥아더는 10월 24일 추수감사절 공세를 단행하면서 다시 신맥아더 라인마저 철폐하고 미군 병사들이 압록강을 향해 전속도로 진격하도록 명령했다. 이것은 한국군 이외의 외국 군대가 한만국경 근처까지 진격하지 못하도록 한 NSC 81/1과 이에 근거해 맥아더에게 내려진 9월 27일자 합참의 작전 지침에 위배되는 것이었다.

합참 측에서 맥아더의 작전이 합참의 지침과 일치되지 않는다고 지적하자 그는 이튿날 이를 반박하는 회답을 합참에 보냈다. 맥아더는 이 회답에서 한국군이 북한지역에서 상황을 단독으로 처리할 능력이 부족하기 때문에 군사적 필요성이 요구하는 데 따라 제한조치를 철폐했다고 답변했다. 그는 9월 29일자 마셜 국방장관의 전문에 근거해 합참의 지시를 변경하는 융통성을 행사했다고 부언했다.[17]

실제로 문제의 마셜 장관의 전문은 맥아더에게 전술적으로나 전략적으로 38선을 넘는 것에 제약을 느낄 필요가 없으며 군사적으로 필요한 조치는 자유롭게 취하라는 내용이었다. 합참은 이 무렵 트루먼의 허가를 받아 맥아더가 승인을 요청한 8군의 평양 점령 작전과 10군단의 원산 상륙작전을 허가한 바 있다.[18]

맥아더가 제한조치 철폐를 해명하는 전보를 합참에 보냈을 때는 이미 유엔군이 작전 제한구역에 들어가 있었으므로 그의 작전은 기정사실이 될 수밖에 없었다. 결국 압록강을 향해 경주하듯이 진격한 미군의 위험한 작전은 워싱턴 당국의 사후 허가 아래서 진행된 것이다.

② 크리스마스 공세 실패의 원인과 책임

1. 중공군에 관한 정보 부족과 맥아더의 과오

이미 앞에서 설명한 바와 같이 크리스마스 공세의 실패 원인은 맥아더의 안이한 정보 판단에 주 원인이 있었지만 트루먼 행정부와 합참도 그 책임을 면할 수가 없다. 합참은 맥아더와 마찬가지로 그의 북진작전을 낙관적으로 보고 이미 웨이크 섬 회담 때 이 작전의 성공을 전제로 크리스마스 전까지 2개 사단을 유럽으로 이동시키도록 추진했다. 중공군의 대규모 참전이 없으리라는 점에 맥아더와 합참 모두 긍정적이었다.

앞에서 설명한 바와 같이 중공군은 10월 중순부터 압록강을 넘어 평북 적유령 산맥에 잠입해 있다가 유엔군을 기습했지만 이 기간 미 국무부는 영연방 국가들이 제의한 완충지대 설치안과 휴전안 문제로 바빴다. 애치슨은 결국 영국의 완충지대안을 물리치고 말았지만 이 문제로 인해 유엔군의 북진작전만 혼선이 생기는 결과를 가져왔다.

맥아더는 인천상륙작전 성공 후 국무부가 제대로 외교를 하지 않았다고 외교 실패를 문제삼았다. 맥아더는 중국이 6·25전쟁에 개입할 기미를 보였을 때 트루먼 행정부가 중국의 파병이 '미국에 대한 국제전쟁행위' 라는 강력한 경고를 보내고 만약 중국이 이를 무시할 경우 보복 방침을 밝히는 등 좀더 적극적으로 외교력을 발휘해 중공군이 대규모로 압록강을 건너오는 사태를 사전에 막았어야 했다고 주장했다.[1] 그는 워커 장군에게 이렇게 말했다.

현재 이미 군사적으로 승리한 이 전쟁을 끝낼 황금의 순간에 와 있다. …전투와 전쟁의 전반적인 목적은 전쟁터에서 거둔 승리를 정치적으로 유리한 평화로 옮겨갈 수 있는 상황을 신속히 조성하는 데 있다. 전쟁에서의 성공은 군사적 승리 못지 않게 정치적 활용을 가능하게 한다. 군사적 승리를 얻기 위해 치른 희생은 만약 평화라는 정치적 이득으로 신속히 이행되지 않으면 무의미하다. 나는 전쟁을 종결하고 태평양지역에서 더 지속적인 평화를 향해 결정적으로 나아갈 빛나는 기회를 잡지 못한 엄청난 정치적 실패를 두려워하기 시작했다.[2]

그러나 트루먼 행정부가 중국의 참전을 막기 위한 외교적 노력을 하지 않은 것은 아니다. 이미 앞에서 살펴본 바와 같이 트루먼과 애치슨은 수차례 공개적인 발언을 통해 중국의 국경지대 안전을 보장하면서 타이완 해협 봉쇄까지 풀겠다는 약속까지 했다. 또한 국무부는 인도 정부를 통해 중국이 6·25전쟁에 개입하지 않는 것이 그들에게 최선의 이익이 될 것이라는 메시지를 베이징에 보냈다.

하지만 트루먼 행정부의 노력은 강력한 제재 의사가 수반되지 않은 것이어서 그 실효성은 없었다. 맥아더는 국무부가 외교력을 발휘 안한 정도가 아니라 워싱턴을 통해 유엔군의 작전 계획이 공산군 측에 미리 누설되어 압록강 다리가 절대로 파괴되지 않을 것을 중국 측이 미리 알고 있었다고 워커 8군사령관이 자신에게 불평한 바 있다고 주장했다.[3]

그런데 크리스마스 공세 이전에 중공군은 이미 북한에 대거 잠입해 들어와 있었다. 이 사실을 사전에 제대로 파악하지 못한 점은 워싱턴과 맥아더의 공동책임이자 양자 간의 대표적인 보조 불일치의 예이다. 맥아더는 웨이크섬 회담 때 트루먼에게 만약 중공군이 한국에 들어오면 미 공군기가 모조리 쓸어버릴 것이라고 말해 트루먼의 중국 개입 우려를 안심시켰다. 따라서 중공군이 대거 잠입해 있는 사실을 모른 채 무모하게 크리스마스 공세를 취해 참패를 당하자 그 책임이 맥아더의 정보 부족에 있었다는 비난이 쏟아진 것은 당연한 것이다.

맥아더 자신은 그런 정보에 대한 분석과 평가 책임은 중앙정보국 등 방대한 정보망을 가진 워싱턴에 있다고 주장했다. 하기야 합참은 추수감사절 공세가 실패로 돌아갔을 때만 해도 미리 중공군의 동향을 파악해 맥아더의 크리스마스 공세를 중지시켰어야 했다. 그러나 합참은 맥아더가 11월 18일 크리스마스 공세 계획을 보고하자[4] 사흘 후 승인 여부를 결정하기 위해 국무—국방 양부의 고위관리들이 국방부에 모여 회의했으나 결국 이 계획을 그대로 승인했다.[5]

합참은 그보다 열흘 전인 11월 9일에도 맥아더에게 중공군이 대규모로 북한에 들어와 있다는 정보가 있으므로 확인해 보고하라고 지시했었다. 합참은 만약 중공군이 대규모로 참전한다면 북한군의 완전한 파괴라는 목표도 재검토해야 한다고까지 맥아더에게 지시했다.[6]

애치슨은 나중에 "나는 믿건대 우리 정부는 한국에서 재앙으로 가는 행진을 막을 마지막 기회를 놓치고 말았다. 이 문제에 관련된 대통령의 모든 보좌관들은 문관, 무관 할 것 없이 그것이 무엇인지, 그것을 어떻게 알아내야 하는지 그리고 무엇을 해야 하는지 몰랐지만, 뭔가 일이 잘못되고 있다는 것은 알았다"고 술회했다.[7] 애치슨은 맥아더의 압록강 진격 명령을 '신기루'를 쫓는 것이었다고 혹평했다.[8] 그러나 애치슨 역시 이 신기루의 공동책임에서 완전히 자유로울 수 없다.

맥아더에 의하면 유엔군은 크리스마스 공세가 있기 20여일 전인 11월 3일 공산 측으로부터 입수한 전투명령서를 워싱턴에 보냈다. 이 명령 속에는 중국 정규군 56개 사단으로 구성된 16개 군단, 도합 49만 8,000명의 병력이 만주에 집결한 위치와 병력 수가 상세히 표시되어 있었다. 명령서에는 이 병력 외에 현지의 원래 병력 37만 명이 더 있다고 기록하고 있기 때문에 병력의 총계가 86만 8,000명에 달하는 것을 알 수 있다. 거기다가 중국 중부지방에서 다른 부대도 북상하고 있다는 정보도 있었다.

맥아더는 이 정보를 워싱턴과 유엔 두 곳에 보냈다는 것이다. 만약 워싱턴과 유엔 어느 쪽이든 계속 증원되는 중공군의 위협을 심각하게 받아들였더라면 유엔군의 전진을 북한의 어디서든 정지시킬 수 있었을 것이다. 그러나 합참이 맥아더에게 보낸 명령은 만주에 "중공군 부대가 사전 발표 없이 한반도 안에서 공공연히 또는 은밀히 작전에 동원되는 경우에는 귀관의 판단으로 예하부대의 행동에 합리적인 성공 기회가 있는 한 작전을 계속한다. 다만 어떠한 경우에도 중국 영토 안의 군사목표에 대한 군사행동을 취할 경우에는 사전에 워싱턴의 허가를 받아야 한다"는 것이었다.[9]

이 명령에서 합참이 중공군의 동향에 관해 상당히 면밀히 검토한 점을 알 수 있다. 따라서 크리스마스 공세의 실패는 북한에 들어와 있는 중공군의 정확한 규모를 제대로 파악하지 못한 공동책임이 워싱턴과 맥아더 모두에게 있다고 할 것이다.

크리스마스 공세 참패의 최대 원인 중 하나인 맥아더의 전술상 과오 역시 지적되어야 할 것이다. 첫째, 중공군은 변변한 무기도 없이 유격전 방식으로 그들보다 훨씬 현대적인 미제 장비로 무장한 국민당군을 패배시키고 그 경험을 바탕으로 압록강 이남 산악지대로 유엔군을 유인해 격파했다. 유럽의 넓은 평원에서 탱크전 등 정규전만 해온 미군 지휘관들과 그 병사들은 중공군과 제대로 싸울 전술이 없었다. 상당수가 소총도 제대로 갖지 못하고 수류탄만으로 무장한 채 접근전, 백병전, 기습전, 산악전, 야간전 방식의 유격전술을 구사한 중공군의 역습 앞에서 미군들은 무력화될 수밖에 없었다.

둘째, 맥아더는 북진작전을 지휘하면서 서부전선은 워커 8군사령관에게, 동부전선은 그의 최측근인 아몬드 10군단장에게 작전권을 주어 지휘체계를 양분했다. 거기다가 그는 북진작전 과정에서 양측 병력 사이에 공백지대가 생기게 함으로써 중공군이 이 공백지대로 내려와 유엔군의 후방을 공격할 틈을 주었다. 작전 체계를 일원화하지 않은 것은 한시라도 빨리 북한을 평정하기 위해 8군과 10군단을 서로 경쟁시키려는 동기였겠지만 근본적인 원인은 맥아더가 워커를 불신하고 아몬드를 편애한 데 있었다. 아몬드는 유엔군 최고사령부 참모장 자리를 유지하면서 10군단장을 겸했는데 이것은 인사원칙에 어긋나는 기형적인 인사 체계였다.

맥아더의 크리스마스 공세의 실패를 한마디로 평가하자면 맥렐런이 적절히 지적한 바와 같이 애치슨이 중국의 의도를 잘못 계산했다면 맥아더와 합참은 중국의 군사 능력을 오산했다고 할 것이다.[10]

2. 워커 장군의 이견

만약 맥아더가 중공군의 대거 잠입을 미리 탐지해 11월 24일의 크리스마스 총공세를 단행하지 않고 북한의 잘록한 허리 부분의 어느 안전한 지점을 택해 방어선을 치고 기다리면서 공군기의 폭격과 지상병력의 포격으로 남쪽으로 내려오는 중공군을 강타했다면 전쟁의 모습은 어떻게 되었을까? 그 방어선이 압록강에 가까운 선천-고인동-풍산-성진 선(신맥아더 라인)이든, 훨씬 덜 올라간 정주(청천강 하구)-군우리-영원-함흥 선(맥아더 라인)이든, 아니면 아예 평양-원산 선이든 미군 현지사령관이 가장 적절하다고 판단되는 선에서 전진을 멈추는 경우를 의미한다.

그렇게 되었더라면 최소한 유엔군이 중공군의 유도작전에 속아 그들이 기다리고 있는 깊숙한 산악지대로 유인당해 올가미에 걸려들지는 않았을 것이다. 미 공군기를 두려워한 중공군은 쉽사리 남진해오지 못할 것이며 남쪽으로 진격해온다고 하더라도 유엔군의 방어선을 뚫기는 어려웠을 것이다. 특히 미군 방어선 전방에 평야가 있는 지형이라면 미 공군기의 폭격은 더욱 위력을 발휘할 수 있을 것이다. 그렇게 되었더라면 유엔군도 올라가지 않고 중공군도 내려오지 않는, 또는 그렇게 못하는 대치 상태가 계속되었을 가능성이 크다.

워커 8군사령관의 당초 계획은 이와 유사했다. 워커의 전기 작가에 의하면 그는 유엔군이 평양을 점령한 다음부터 서부지역의 8군 병력과 동부지역의 10군단 병력이 일렬로 북진해 정주-영변-함흥라인(맥아더라인)에서 멈춰 방어선을 칠 계획이었다. 워커는 이에 대해 도쿄의 맥아더사령부 참모차장인 힉키(Doyle Hickey) 장군과 G-3의 라이트(Pinky Wright) 장군, G-4의 에벌리(George L. Eberle) 장군의 잠정 승인까지 받았다.

워커 장군은 8군과 10군단이 이 선에 방어선을 치고 버티었다면 압록강까지의 지역 일대가 자연스럽게 완충지대가 되어 설사 중국이나 소련이 참전하더라도 이 완충지대는 유엔군에게 적절한 대응을 준비할 시간과 장소를 제공해 줄 것이라고 판단했다는 것이다. 그런데 맥아더 최고사령관은 이 같은 작전 계획에 관해 그와 채 협의도 하기 전에 워커와 아몬

드에게 북진명령을 내리고 말았다는 것이다.[11]

미군이 압록강까지 진군하지 않는 방안은 이 무렵 합참에서도 구상했다. 합참에 의하면 맥아더가 최소한 압록강 이남의 유리한 계곡 같은 지점에서라도 진격을 멈추었더라면 미군은 압록강을 포화로 제어할 수 있었을 것이나 맥아더는 이것이 불가능하다고 받아들이지 않았다는 것이다.[12]

만약 맥아더가 합참의 의견을 따랐더라면 크리스마스 공세 같은 참화는 막을 수 있었을 것이라는 얘기다. 만약 좀 더 역사적 가정을 해본다면 이럴 경우 설사 유엔군이 중공군의 참전으로 북한을 완전히 수복하지는 못하더라도 앞에서 살펴본 맥아더라인(영국의 완충지대안에서는 유엔라인)이나 뒤에서 보는 바와 같이 애치슨 등 미국의 국무부 수뇌들과 합참을 비롯한 국방부 핵심인사들이 그렇게 간절히 바랐던 평양–원산선을 확보했을 가능성이 있었다는 가정을 해볼 수 있다.

3. 날개 꺾인 맥아더

맥아더는 인천상륙작전의 기적을 이루어 조기에 북한군을 퇴각시키고 그만큼 많은 인명을 구한 탁월한 공로가 있다. 6·25전쟁을 수행한 맥아더의 전략을 감안할 때 유엔군의 북한 해방작전이 합참과 맥아더 그리고 트루먼과 맥아더 사이에 갈등이 없었더라면 유엔군은 더 빨리 북으로 진격했을 가능성도 없지 않았을 것이다.

트루먼 행정부는 맥아더가 효과적인 전쟁 수행을 위해 요청한 병력 증파 요구를 개전 초 단계에는 대체로 들어주었으나 중국의 개입 이후에는 그렇지 못했다. 1950년 7월 9일 맥아더는 본국으로부터 4개 사단을 증파 받아 일본으로부터 한국에 이전 배치된 8군 산하 기존 4개 사단과 합쳐 모두 8개 사단으로 병력을 증강하려고 했다. 그러나 트루먼 행정부는 2개 보병사단과 연대 규모의 해병대와 공수부대만 보내주었다.

맥아더의 요구에는 못 미치는 병력이었지만 8월 초 기준 쌍방이 전선에서 대치한 인원 수를 기준으로 보면 유엔군과 한국군은 도합 9만 2,000명으로 북한군 7만 명보다 수적으로 많았다. 맥아더는 일본으로부터 한국에 이동 배치된 제8군의 공백을 보충하기 위해 일본 자위대 전신인 경찰예비대 약 10만 명의 증원을 즉시 결정했다.[13]

그러나 크리스마스 공세 실패 이후 사정은 완전히 달라졌다. 맥아더는 앞에서 설명한 바와 같이 합참에 공군기 출격 증가, 해군에 의한 중국 대륙 봉쇄, 타이완의 장제스 군대의 활용, 유럽에 보낼 예정이던 4개 사단의 한국 배치를 요구했다. 이 가운데 장제스 군대의 활용 문제는 원래 트루먼 자신이 상당히 긍정적으로 생각했으나 애치슨의 강력한 반대로 마음을 바꾸었다. 맥아더의 요구가 거부된 것은 트루먼 행정부의 유럽 우선 정책 때문이기도 하지만 다른 이유가 있었다. 즉, 트루먼 행정부와 합참이 맥아더의 크리스마스 공세가 실패하자 중국과 전쟁을 계속할 의지를 사실상 상실했기 때문이다.

③ 맥아더 전략에 대한 평가

1. 리지웨이도 병력 증원 요구

그러면 맥아더의 전략은 어디가 잘못되었다는 것인가. 맥아더의 후임으로 유엔군사령관이 된 리지웨이 장군은 1951년 1월 중공군을 패퇴시키기 위해서는 획기적인 병력 증원이 필요하다고 콜린스 육군 참모총장에게 요구했다.[1] 리지웨이는 그해 9월에는 NSC 사무국의 국무부 대표 찰스 E. 볼런을 대동하고 한국전선을 시찰한 브래들리 합참의장에게 중공군과의 싸움에서 승리하기 위해 6~7개 사단의 증파가 필요하다고 다시 건의했다가 거절당했다.[2] 이 점을 감안하면 당시 맥아더의 병력 증강 요청은 결코 무리한 요구라고 매도할 수 없다.

만주의 중공군 보급기지 폭격 문제와 공산군 전투기에 대한 긴급 추격 문제도 그렇다. 1950년 12월, 크리스마스 공세 실패 이후 4개 재향군인 단체장들은 연서로 트루먼에게 공식 서한을 보내 만주의 보급기지 폭격을 비롯한 작전에 관한 전권을 맥아더에게 부여하라고 촉구했다.[3] 맥아더의 주장처럼 중공군이 6·25전쟁에 참전하기 전에 압록강 철교를 끊는 등 단호한 작전을 감행했더라면 전황은 어쨌든 달라졌을 가능성도 있다.

만주를 폭격하면 전면전으로 발전한다던 트루먼 행정부는 1951년 4월 5일 마침내 만주 폭격에 대한 종래의 방침을 바꾸었다. 합참은 이날 자로 유엔군이 공산 측으로부터 대규모 공중 공격을 받을 경우 유엔군사령관이 만주와 중국 본토 근처에 있는 비행장에 대한 공격을 허가하는 명령 초안을 승인했다. 합참은 곧 국방장관과 국무장관 및 대통령의 승인을 받았다. 이 새로운 명령은 당연히 맥아더에게 시달되어 그로 하여금 새로운 작전 계획을 수립하도록 해야 했지만 합참은 이를 맥아더에게 발송하지 않았다. 브래들리 합참의장은 나중에 "맥아더 장군이 그 명령을 수행함에 있어서 너무 빠른 결정을 내릴지도 모른다는 두려움 때문"이라고 해명했다.[4] 당시는 트루먼 주위에서 그의 해임이 논의되던 때이기도 했지만 이 사실은 합참과 맥아더 간에 그만큼 불신이 깊었음을 말해준다. 이 명령은 맥아더 해임 이후 리지웨이에게 전달되었다.[5]

공산군 공군기에 대한 긴급 추격권 문제도 맥아더가 해임된 1개월 후인 1951년 5월 승인이 났다. 실제로 이 무렵 미군 세이버 제트기들이 공산군 측 미그기를 추격해 압록강을 넘는 일이 자주 일어났다. 합참은 공산측이 휴전회담을 지연시키자 중국에 압력을 가할 목적으로 맥아더가 과거에 건의했다가 거부당한 중국 본토에 대한 봉쇄문제도 승인했다. 실제로 앞에서 소개한 NSC 48/5는 한국 통일을 장기적인 과제로 변경함과 동시에 당면한 군사작전 방침에 관해 다음과 같은 규정을 두고 있음을 주목할 필요가 있다.

한국 밖에서의 중국의 침략에 대비하고 유엔군과 미군의 안전을 보호하고 유엔군이 한국으로부터 철수하지 않으면 안 될 상황을 맞아 적절한 군사행동을 제공하기 위한 준비태세를 위해 만약 나중에 그러한 행동이 필요하다고 간주되는 경우 (미국은) 다음과 같은 행동 과정을 위한 계획의 발전을 촉진시켜야 한다.

- 해군력과 공군력에 의한 중국 해안 봉쇄 단행
- 한국 밖에서 중국이 보유한 공격 목표에 대한 군사행동
- 중국 국민당 정부 군대의 방어적 또는 공세적 참가와 그들을 효율적으로 만들기 위해 필요한 작전 지원[6]

　트루먼의 후임 대통령인 아이젠하워 역시 중국이 휴전회담에 성의있게 응하도록 하기 위해 중국 본토에 대한 원자탄 사용을 진지하게 검토했다. 이런 사실들은 맥아더의 확전론이 반드시 일방적으로 매도만 당할 사항이 아니라는 점을 말해준다. 맥아더의 확전론과 트루먼 및 아이젠하워의 확전론이 서로 다른 것은 전자는 중국의 한국전 개입을 차단하는 데 목표를 둔 반면 후자는 중국 측으로 하여금 휴전협상에 응하도록 하기 위해서였다는 점일 뿐이다.

　맥아더의 장제스 군대 활용 문제 역시 비슷하다. 앞에서 살펴본 바와 같이 트루먼 행정부가 맥아더 해임 이후에 채택한 NSC 48/5는 이 문제에 대한 제한을 해제했다. 아이젠하워도 1953년 2월 연두교서에서 휴전협상이 만족스럽게 진전되지 않는다면 7함대가 더 이상 공산중국을 〔장제스 군대의〕 침략으로부터 방어해주지 않을 것이라고 공산 측에 경고했다.[7] 아이젠하워는 또한 휴전협상이 만족스럽게 진전되지 않으면 무기 사용에 있어서 원자탄 사용의 제한을 단호하게 철폐하겠다는 것과 전쟁을 한반도에 국한시키는 책임을 더 이상 지지 않겠다는 점도 공산 측에 알리기로 결정했다.[8] 이 점은 바로 맥아더의 일관된 주장인데 뒤에서 자세히 살펴보기로 한다.

　한국 국방부 산하 전사편찬위원회 연구실은 1981년 8월, 맥아더의 중국 대륙 봉쇄 주장, 만주 폭격 주장, 타이완의 국민당 정부 군대 활용 주

장, 중국 대륙에서의 국민당 정부 군대의 견제작전 주장을 불가피한 결정으로 평가했다. 적의 병력이 우세하고 계속 증강될 가능성이 있는 상황에서 전략 목표의 달성과 병사들의 안전을 책임진 현지 사령관으로서 생각할 수 있는 당연한 조치라는 결론이었다. 이러한 조치들, 특히 한소 국경지역이 아닌 만주에 대한 폭격이 소련의 참전을 유발할 지 여부는 가상적인 문제일 뿐이라고 판단했다.[9]

2. '잘못된 전쟁' 논란

맥아더의 해임과 함께 6·25전쟁은 사실상 교착 상태에 빠졌다.† 1951년 5월 맥아더 해임을 따지는 상원 청문회에서 마셜 국방장관과 브래들리 합참의장은 "중공측이 같은 행동을 한다면 전쟁을 한반도에 국한시키겠다"고 밝힘으로써 트루먼 행정부가 확전 의사가 없다는 사실상의 공약을 명백히 했다. 브래들리는 상원 군사위−외교위 합동 청문회에서 "현 상황 아래서는 전쟁을 한국으로부터 중국까지 확대하는 방안에 계속 반대

---

† 이승만 대통령은 4월 11일 뉴스를 통해 맥아더의 해임 소식을 듣고 충격을 받아 "어쩌자는 것인가. 워싱턴 저 사람들은 전쟁을 그만두겠다는 것인가?"라는 말을 되풀이했다. 정일권, 1986, p. 305; 이승만은 또 미국에 있는 그의 개인보좌관인 올리버 박사에게 보낸 편지에서 "맥아더의 제거는 애치슨−마셜 일파의 승리이지만 아울러 정치적으로는 맥아더를 주목의 대상으로 만들었습니다. 이곳의 영국인들은 기뻐하면서 "보시오, 누가 미국의 외교정책을 집행하는지"라고 미국인들에게 이야기하고 있으며 미국인들은 거의 울상입니다"라고 썼다. Robert T. Oliver, *Syngman Rhee and American Involvement in Korea, 1942-1960: A Personal Narrative*(Seoul: Panmun Book Company Ltd., 1978), p. 361; 이승만은 12일 담화문을 발표하고 "맥아더 장군의 임박한 이임에 깊은 유감의 뜻을 표하며 그러나 리지웨이 장군 같은 유능한 군인이자 행정가가 그를 승계한다는 소식에 기뻐한다"라고 밝혔다, "Rhee Regrets Action: Korean President Declares Sorrow Over MacArthur," *New York Times*, 1951. 4. 12.

해 왔다. 중국과의 제한전쟁이라고 불리는 행동 과정〔전투행위〕이 우리의 중대한 전략적 이익이 없는 지역에서 우리의 힘을 지나치게 개입시킬 위험성을 증가시킬 수 있다"고 말했다. 이어서 그는 "중국은 세계를 지배하려는 강대국이 아니다. 솔직히 말하면 합참의 견해는 이와 같은〔전쟁 확대〕전략이 '잘못된 장소, 잘못된 시기, 잘못된 적과의 잘못된 전쟁' (the wrong war, at the wrong place, at the wrong time, and with the wrong enemy)에 우리를 말려들게 할 우려가 있다는 점이다"라고 말했다.[10]

브래들리 발언의 진의가 어디에 있든 그의 '잘못된 장소'라는 표현이 중국 본토에서의 전쟁을 시사하는 것으로 해석되는 경향이 크다. 맥아더는 확전론 때문에 '전쟁광'이라는 비판을 받았지만 그 자신은 자기의 계획에 만주를 포함한 중국 본토에서의 미중 간의 지상전은 들어 있지 않다고 강력히 부인했다.†

그런데 버지니아군사학교 교수로 맥아더의 전기를 쓴 제임스(D. Clayton James)가 지적한 바와 같이 맥아더의 확전론은 중국 본토를 봉쇄하고 만주의 중요 시설을 공군기로 폭격하자는 것이지 만주를 비롯한 중국 대륙에 미 지상군 병력을 투입해 지상전을 벌이자는 것은 아니었다.[11] 맥아더는 그의 회고록에서 "중국 본토에서 미군이 전투를 해야 한다고 주장하는 사람이 있다면 그의 머리를 조사해 보아야 한다"고 말하고 있다.[12]

맥아더는 평소 소련의 적대행위를 유도할 만한 어떤 작전도 없을 것이라고 반복해 계속적으로 강조했다. 트루먼 행정부의 수뇌들은 물론이고

---

† 맥아더의 중국 본토 확전론을 사실이라고 믿는 사람들 중 국무부 정책기획국장 닛쩨는 자신을 거쳐 가는 왕복 전문들을 본 바로는 맥아더의 진정한 속셈은 중국 본토로 전쟁을 확대해 마오쩌둥을 장제스로 바꾸는 것이라고 추측했다. Nitze, 1989, p. 109.

맥아더 역시 소련이 참전하는 날에는 3차 대전으로 발전한다는 것을 잘 인식하고 있었다. 이 점에 대해 개디스는 맥아더와 트루먼 행정부 사이에 6·25전쟁 수행 전략을 둘러싸고 그렇게 큰 차이가 없음을 보여주는 것이라고 평가했다.[13]

따라서 맥아더의 확전론을 설사 트루먼 행정부가 승인했다고 하더라도 지상전에 관한 한 미국과 중국이 한반도에서 피나는 싸움을 벌이는 것이지 중국 대륙이 전쟁터가 되어 미군이 중공군을 상대로 마오쩌둥식 인민 전쟁 방식의 지구전에 말려들려는 것은 아니라는 주장에 주목할 필요가 있다. 맥아더의 주장대로 미군 병력을 획기적으로 증강하고 만주 폭격과 중국 본토 해안 봉쇄를 단행했더라면 전쟁이 조기에 종결되고 한국이 통일되었을지 아니면 트루먼과 애치슨의 주장대로 6·25전쟁이 중국과의 전면전으로 확전되고 결국 소련도 참전해 3차 대전으로 발전했을지 여부는 오로지 역사의 가정에 속할 뿐이다.

다음 문제가 핵무기 사용이다. 이 문제 때문에 맥아더는 비판자들로부터 무자비한 '전쟁광'이라는 비난을 받았다. 개전 초부터 원자탄 사용에 관심을 가진 맥아더는 그의 크리스마스 공세가 중공군에 의해 좌절된 직후 한국 전선을 시찰하고 1950년 12월 6일 도쿄에 들른 콜린스 육군참모총장에게 핵무기 사용 검토를 강력히 건의했다.[14]

그러나 핵무기 사용 검토 발언을 한 것은 그뿐만이 아니었다. 트루먼과 아이젠하워도 마찬가지였다. 트루먼은 1950년 11월 30일, 아이젠하워는 1953년 3월 31일 국가안보회의에서 각각 만주에 대한 핵 사용 검토 필요성을 언급했다. 아이젠하워는 대통령 당선자 신분으로 그 전해 12월 한국을 방문했을 때 그를 수행한 덜레스 국무장관 내정자와 윌슨(Charles E. Wilson) 국방장관 내정자 그리고 브래들리 합참의장 등 차기 정권 실세들과 중국이 휴전협정에 응하도록 하기 위해 한국에서 핵무기를 사용하거나 사용하겠다고 위협하는 어떤 방법을 찾아야 한다는 결론에 합의했다. 그런 방법이 휴전회담 지연으로 인한 인명과 물자 손실을 줄이고 적이 빨리 휴전에 응하도록 하는 데 설득력을 가질 것이라고 생각했다.

당시 유엔군사령관인 클라크 대장은 6·25전쟁에서 원자탄을 사용하더라도 소련이 6·25전쟁에 개입하거나 3차 세계대전이 발발할 것으로는 생각하지 않았다. 콜린스 육군참모총장이 허가하지 않았지만 클라크는 1952년 10월 전술핵무기 사용 계획을 마련해달라고 건의했다. 그는 중국과 만주에 대한 상륙 및 공수작전 그리고 해군과 공군에 의한 봉쇄와 폭격작전을 제안했다.[15]

여기서 우리는 클라크 장군이 마련한 '오플란(Oplan) 8-52' 작전계획을 자세히 살펴볼 필요가 있다. 1951년 9월 하순 트루먼 대통령은 국무, 국방 두 부서의 고위 간부들과 회의를 하는 과정에서 6·25전쟁을 빨리 끝내기 위해 공산 측으로 하여금 휴전협상에 성의있게 응하도록 하는 두 가지 상이한 방안을 보고받았다. 다음 장에서 설명하는 바와 같이 그해 7월 시작된 휴전회담은 벌써 이 무렵 공산군 측의 지연전술로 그 전도가 불투명함이 드러났다.

공산 측으로 하여금 휴전회담에 성의있게 나오게 하는 첫 번째 방안은 애치슨 국무장관이 제안한 방안이다. 그것은 유엔군 측에 억류되어있는 공산군 포로 8만 3,000명과 공산 측에 억류되어 있는 유엔군 포로 1만 2,000명을 교환하자는 내용이었다. 애치슨은 송환거부자에 대해서는 중립적인 위원회가 면접해 그들의 진의를 확인하자는 것이었다. 당초 유엔군 측 포로수용소에 수용된 공산군 포로 13만 2,000명 가운데 7만 명만 본국 송환을 원한 데 반해 나머지 6만 2,000명은 이를 거부하고 있었다. 유엔군 측은 이들에 대해 심사와 재심사를 거듭한 끝에 최대한 8만 3,000명을 송환 희망자로 인정할 수 있다는 결론에 도달했던 것이다.

다른 방안은 국방부가 제안한 방안이다. 그 골자는 유엔군이 공산군에 대해 강력한 군사적 압박을 가하자는 것이었다. 국방부의 견해로는 당시 교착상태에 빠진 휴전협상을 진전시키는 데 장애물은 포로송환 문제가 아니라 공산군 측에 군사적 압력을 가하지 않는 데 있었다. 따라서 국방부는 유엔군이 북한지역에 대한 공수작전과 상륙작전을 감행해 군사적으로 강력한 압력을 가함으로써 유엔군 측이 더이상 휴전협상에서 양보하지 않겠다는 의지를 보여주어야 할 때가 왔다고 주장했다. 트루먼은 국방부 안에 찬성했다.

이 같은 국방부의 제안은 바로 유엔군사령관 클라크가 이 무렵 합참에 건의한 내용이었다. 클라크는 그해 10월 16일 공화당 대통령 후보 아이젠하워가 자신이 당선되면 6·25전쟁을 끝내겠다고 공약하자 전쟁확대를 통해 공산군 측에 대한 군사적 압력을 강화함으로써 휴전을 성취하는 방안을 마련했다. 이 방안이 바로 '오플란(Oplan) 8-52' 작전계획이다. 그 골자는 북한지역에 대한 공수 작전과 상륙작전 외에 중국 본토에 대한 미 해군의 봉쇄와 만주에 대한 폭격 작전도 포함되어 있었다.[16]

1952년 말 대통령선거에서 공화당 후보 아이젠하워가 당선되자 그는 이듬해 초 클라크의 확전 방안을 수용해 필요하다면 전쟁을 확대할 준비를 하겠다고 밝혔다. 그는 클라크에게 이 작전계획을 수정해 그 안에 핵무기 사용 가능성을 포함시키라고 지시했다. 아이젠하워는 1953년 2월에 열린 국가안보회의에서 중립화된 개성이 공산군의 기지로 사용된다는 보고를 받고 이를 전술핵 무기로 공격하는 방안을 제안했다. 그해 5월에는 합참이 휴전회담이 완전 결렬될 경우 만주를 원자폭탄으로 공격한다는 비상계획을 마련했다. 아이젠하워는 이 문제에 대한 확실한 언급은 피했으나 "원자무기를 미국의 병기창 가운데 단순히 하나의 다른 종류의 무기로 간주해야 한다는 사실을 확신하고 있다"고 밝혔다.[17]

이상에서 살펴본 클라크의 확전 방안이나 이를 수용한 아이젠하워의 확전 방안은 맥아더의 그것과 내용이 같다. 따라서 다음과 같이 생각할 수 있다. 즉, 맥아더가 해임되기 전에 트루먼과 애치슨이 우려하던 대로 맥아더식 확전을 했을 경우 소련이 참전해 그들의 공군기가 한반도와 일본을 폭격하는 사태가 온다면 그것은 물론 제3차 대전으로 확대될 것이다. 과연 스탈린이 그렇게 했을지는 역사적 의문으로 남을 수밖에 없다.

맥아더는 그럴 가능성을 부인했다. 그는 소련이 6·25전쟁에 참여할지 여부는 오로지 모스크바의 전략적 이해관계와 자국의 고유한 일정에 따라 결정된다고 말했다. 그는 소련은 소련이고, 중국은 중국이므로 미국이 중국과 본격적인 6·25전쟁을 치르더라도 소련이 바로 개입할 가능성은 낮다고 주장했다.[18] 앞에서 이미 살펴보았듯이 클라크 장군의 생각도 같았다. 1952년 6월 13일 소련이 연해주 해안 상공에서 미군 정찰기를 격추하자 보복에 나선 미 공군은 500대의 폭격기를 동원해 북한의 댐과 발전소를 쓸어버렸다. 만주의 군사기지에 전기를 공급하던 발전소가 파괴되어 15일 간이나 북한 전역과 만주 일대에 전기가 끊겼다. 결국 맥아더 해임 이후 그의 전략을 따라가는 '맥아더 없는 맥아더주의'(MacArthurism without MacArthur)가 등장하는 아이러니가 빚어졌다.[19]

④ 상반된 세계전략

1. 유럽 우선주의와 아시아 중시주의

트루먼 행정부와 맥아더의 근본적인 불화의 원인은 중국 문제에 있었다. 트루먼 행정부가 중국 공산당을 농지개혁 추진세력 정도로 생각한 '안이한' 인식 때문에 중국 본토를 공산화시켰다고 믿은 맥아더는 6·25전쟁의 승리를 위해 장제스의 국민당 정부 군대 병력의 활용을 건의했다. 그러나 트루먼은 이 건의를 거부함으로써 마찰이 생기고 마침내 6·25전쟁의 수행전략 전반에 걸쳐 영향을 미쳤다.

웨스트포인트 최우수 졸업생이자 1차 세계대전 당시 이미 전쟁 영웅이 된 맥아더는 변변한 학교 교육도 제대로 못 받은 트루먼이 군사 문제 특히 극동의 군사 정세에 어둡다고 판단했다. 그는 트루먼이 한 번도 아시아를 방문한 적이 없는 점을 들면서 그의 아시아 정책을 마음속으로 경멸했다. 맥아더는 트루먼에게 해임 당한 2개월 후인 1951년 6월 13일 텍사스주 의회에서 "외교적 유화는 장래에 분쟁의 씨앗을 뿌릴 뿐이다"라는 제목의 연설에서 다음과 같이 트루먼 행정부의 유럽 우선정책을 비판하면서 아시아의 중요성을 강조했다.

우리의 제 1방어선은 엘베강이나 라인강이 아니고 압록강입니다. 유럽의 생존은 우리가 아시아에서 결정적 승리를 얻느냐 여부에 달려 있습니다. 아시아에는 공산주의가 벌써 도전장을 냈습니다. 압록강에서 우리가 패배하면 나토를 만들려는 시도나 그 지역 방어를 위한 어떤 계획도 쓸모없게 됩니다. 자유세계가 아시아에서 자유를 위해 싸우기를 거부하면서 유럽에서 싸울것이라고 생각하는 것이 얼마나 남에게 잘 속는 어리석은 짓입니까?[1]

맥아더는 장제스 총통이 중국 대륙을 회복해 공산당을 중국대륙에서 추방해야 한다고 확신했다. 사실 맥아더가 6·25전쟁에서 반드시 승리해야 한다고 주장한 배경에는 한국 자체 못지않게 공산화된 중국을 수복하겠다는 속셈이 더 많았다. 이 점에서 맥아더는 공산당이 장악한 중국 대륙의 현실을 인정하고 장차 타이완 해방까지도 묵인해 중국을 미국의 주적인 소련으로부터 떼어내려는 애치슨식 세계 차원의 냉전전략과 정면으로 부딪쳤다.

뒤에서 설명하는 바와 같이 1950년 1월 애치슨의 프레스센터 클럽연설은 한국을 태평양 방어선에서 제외해 논란이 일었지만 연설의 초점은 원래 중국 문제에 있었다. 애치슨이 이 연설에서 노린 진짜 의도는 중국을 소련으로부터 분리시켜 유고화하는 데 있었다. 그는 이 연설에서 타이완을 미국의 태평양 방어선에서 제외시켜 중국의 타이완 해방을 용인하는 듯한 발언을 하고 소련이 중국 북부 4개 성에 대한 영토적 야심을 가지고 있다고 지적함으로써 제국주의 세력으로 규정했다. 그는 러시아의 전통적 제국주의에 공산주의라는 새로운 이념과 새로운 기술로 무장시킨 소련의 팽창주의를 맹렬히 비난함으로써 중국인들의 반소감정을 부추겼다.[2]

애치슨이 이날 연설에서 중국의 유고화를 노려 공개 발언을 한 것은 이미 1949년 3월 트루먼이 서명한 NSC 43/2에 제시된 미국 외교정책의 기

1 1950년 7월 15일 금강 방어선을 지키는 미군 병사들.(사진 미육군 Center for Military History 소장)

2 1950년 9월 초 특별 손잡이가 장착된 지프차 안에서 기립한 채 낙동강 부교를 건너는 워커 8군
사령관-미 1기갑사단 7연대가 대구에서 철수해 부산 교두보로 향하던 때였다.(사진 NARA 제공)

1 1950년 9월 15일 인천 상륙 작전을 위해 항공기, 해군 함정, 그리고 상륙정들이 인천으로 향하고 있다. (사진 NARA 제공)

2 1950년 9월 15일 인천상륙 작전을 총지휘하는 맥아더 장군과 그의 막료들─뒷줄 좌측으로부터 휘트니 소장, 라이트 소장, 아몬드 소장. (사진 국가기록원)

1 미 해병1사단 대원을 태운 상륙정들이 1950년 9월 15일 아침 인천 앞바다를 향해 항해하고
　있다.(사진 NARA 제공)

2 1950년 9월 15일 유엔군의 인천상륙 작전 때 육지로 돌진하는 미 해병 대원들—이날 4척의 상륙
　함으로부터 병력과 장비가 내려졌다.(사진 NARA 제공)

1 1950년 9월 28일 미군 전차가 서울 수복을 위해 서대문 방면으로 진입하고 있다. (사진 NARA 제공)

2 1950년 9월 28일 서울의 한 건물 뒤에서 북한군 기지로 이동하는 미군들. (사진 미 국방부 소장)

3 1950년 9월 27일 국군 병사들이 북한 남침 후 인공기가 걸렸던 중앙청 건물에 태극기를 게양하고 있다. (사진 한국학중앙연구원 소장)

1 1950년 9월 29일 구 중앙청 로비에서 이승만 대통령 부부가 참석한 가운데 거행된 유엔군의 서울 행정권 이양식- 마지막 순서로 참석자들이 맥아더의 인도 아래 성경의 주기도문을 암송하고 있다. (사진 트루먼도서관 제공)

2 1950년 10월 20일 평양에 입성한 미 2사단의 정보 담당 부참모장 포스터 중령(가운데)이 부하들을 데리고 김일성집무실 의자에 앉아 보는 모습.(사진 NARA 제공)

1 1950년 11월 21일 미 육군 7보병사단 병사들이 압록강 혜산진에 도착한 다음 압록강을 뒤로 하고 기념사진을 찍은 미 10군단 간부들─왼쪽부터 키퍼 준장(사단 포병사령관), 호드스 장군(부사단장), 아몬드 10군단장, 바 소장(사단장), 파월 대령(RCT-17 지휘관).(사진 NARA 제공)

2 크리스마스 공세가 시작된 날인 1950년 11월 24일 맥아더 장군이 한국으로 날아와 전선 시찰을 하는 모습─뒤에는 8군 사령관 워커 장군이 타고 있다.(사진 NARA 제공)

1 1950년 10월 19일 중공군 병사들이 얼어붙은 압록강을 건너 북한 땅으로 들어가고 있다.(사진
　人民網)

2 평북 창성군 대유동 금광 폐광에 설치된 중공군의 지하 사령부를 방문한 김일성(중앙)과 중공
　사령원 펑더화이(앞줄 오른쪽에서 두 번째)−이 때 조중연합사령부가 설치되었다.(사진 china.com.
　老照片圖庫)

1 1950년 10월 말경 평북 운산 지구에서 중공군에 포위된 국군 1사단 병사들에게 보급품을 공중
투하하는 미 공군 수송기들.(사진 미 국방부 소장)

2 1950년 11월 인해전술로 공격해오는 중공군. −이들은 나팔을 불고 징을 두드리며 기습했다.(사진
人民網)

조였다. 이 정책 지침은 제17항에서 "개입한다는 모양을 치밀히 피하면서 우리는 공산주의 통치조직 안팎에서 빚어지는 중국 공산주의자들과 소련 간 그리고 중국 국내의 스탈린주의자와 기타 세력 간의 모든 균열을 정치적, 경제적 수단을 통해 활용하도록 경계태세를 갖추어야 한다"고 규정했다.[3]

애치슨은 미국이 중국에 대한 도발을 자제한다면 소련의 침략 의도가 중국인들에게 명확히 보일 것으로 확신했다. 이 때문에 그는 소련에 대해 중국인들의 마음속에서 늘고 있는 정당한 분노와 복수심 그리고 증오심이 소련에서 미국으로 향하도록 하는 어떤 정책도 펴서는 안 된다고 주장했다.[4]

타이완의 전략적 가치를 중시한 맥아더는 이 점에서 애치슨과 근본적으로 충돌했다. 그런데 개디스에 의하면 애치슨의 이 판단은 잘못되었다. 애치슨의 기대와 달리 마오쩌둥은 '아시아의 티토'가 될 생각이 전혀 없었다. 그는 스탈린을 국제공산주의운동의 지도자로 받드는 열렬한 공산주의자였다.[5] 마오는 스탈린에 밀착해 6·25전쟁 발발 직전에 소련과 상호우호조약을 체결하고 스탈린과 함께 중국 대륙에서의 공산혁명 승리에 이어 동북아 지역에서의 국제공산주의 혁명의 완성을 위해 북한의 남침을 지지했다. 이에 따라 마오는 북한이 전쟁에서 불리해질 경우 지원하기로 이미 약속했다. 애치슨이 의도한 중국의 유고화 정책은 실패하고 공산주의가 아시아에서 자유세계에 도전장을 냈다는 맥아더의 경고가 일단 맞았다는 것이 입증된 것이다.

트루먼과 애치슨은 기본적인 세계전략 뿐만 아니라 공산주의에 대처하는 방법에서도 맥아더와 큰 차이를 보였다. 양측은 공산주의를 증오하는 점에서는 공통적이었지만 냉전에서 승리하는 방법에서는 근본적인 차이가 있었다. 맥아더는 전쟁에는 승리 외에는 대안이 없다(No substitute for victory)[6]라고 믿고 최후의 승전을 자신의 목표로 삼았다. 이에 대해 트루먼과 애치슨은 이를 맥아더의 호전성이라고 비난하면서 외교적 해결방식을 추구했다. 애치슨은 맥아더의 반공주의가 보수층에는 절대적인 인기가 있지만 그가 감각적으로 시대에 뒤떨어진 구시대적 사고방식에 얽매어 냉전의 복잡한 성격을 이해하지 못하고 있다고 보았다.

트루먼 행정부의 수뇌들은 맥아더의 공격적인 성격이 3차 세계대전을 유발할 위험이 있다고 판단했다. 뒤에서 자세히 살펴보겠지만 애치슨은 미국에게 6·25전쟁이 마지막 십자군 원정, 즉 공산주의와의 최후의 결전이 아니라고 생각했다. 최후의 결전이 아니기 때문에 전략적 가치가 적은 한국에서 미국의 자원을 쏟아부어서는 안 된다는 판단이었다. 이에 반해 맥아더는 트루먼 행정부 지도자들이 공산주의에 대해 유화주의와 패배주의에 젖은 위험한 인물들이라고 보았다.[7]

2. 인간적 상호불신

맥아더는 웨이크 섬에서 그의 통수권자인 트루먼과 만났을 때 거수 경례를 하지 않고 그에게 먼저 손을 내밀어 악수를 했다. 웨이크 섬 회담에서 맥아더는 트루먼이 자신의 역사 지식에 대해 상당한 자긍심을 보였지만 그의 엄청난 독서량에도 불구하고 그 지식은 피상적이며 사실을 지배하는 논리나 논법 없이 마구잡이식으로 그 사실들을 믿고 있다고 생각했다. 트루먼은 극동문제에 대해 왜곡된 역사와 막연한 기대를 이상하게 결합시키는 화법을 썼다고 맥아더는 평가했다. 트루먼의 막연한 기대는 "어떻든, 어떻게 하든, 공산주의와 싸우는 사람들을 돕기 위해 뭔가를 할

수 있다"는 식이라는 것이다.[8]

트루먼에 대한 맥아더의 이러한 경멸적 인식이 그로 하여금 외교 문제 등 대통령의 정책을 근본적으로 불신해 대통령을 공공연히 비판하는 발언을 하도록 했다. 결국 맥아더의 이런 오만한 태도가 트루먼의 노여움을 샀으며 군부에 대한 문민통제 원칙에 대한 위협이라는 문제까지 제기했다. 이 때문에 트루먼과 맥아더의 대립은 정책, 정치 또는 명예와 명성을 추구한 두 사람의 성격적 차이 중 어느 하나의 요소에서 비롯된 것이 아니라 그 세 가지 요소를 합친 전체 차이에서 비롯되었다는 분석이 있다.[9]

맥아더가 트루먼 행정부의 외교정책에 항거한 발언의 대표적인 예가 1950년 8월 28일 시카고에서 열린 해외전쟁 참전 재향군인 야영대회에 보낸 그의 인사말이다. 사흘 전에 그 내용이 언론에 사전 공개된 이 연설문에서 맥아더는 타이완의 전략적 중요성을 강조하면서 "태평양지역에서 유화주의와 패배주의를 옹호하는 사람들의 진부한 주장, 즉 만약 우리가 타이완을 방어하면 우리는 아시아 대륙 국가들과 멀어진다는 주장보다 더 잘못된 것은 없다"라고 트루먼 행정부의 대중국 정책을 정면으로 비판했다.

격노한 트루먼은 안보 관련 각료들과의 조찬 모임에서 그 내용을 읽었다. 참석자들도 대체로 분개했다. 애치슨은 맥아더의 연설이 항명이라고 주장했다. 트루먼은 존슨 국방장관에게 맥아더가 이 연설 내용을 취소하도록 조치하라고 지시했다. 존슨은 맥아더에게 이를 통고했으나 맥아더는 즉각 회답을 통해 대통령의 취소 명령을 재고할 것을 요구하면서 자신의 연설은 중공이 타이완을 점령하면 태평양지역과 이 지역 미군의 안전에 직접적인 위협이 된다는 6월 22일자 트루먼의 성명과 부합한다고 주장했다. 맥아더는 일단 언론에 공개된 연설문을 취소하는 것은 득보다 실이 많을 것이라고 생각해 버렸다. 그러나 그의 주장은 인정받지 못해 결국 공식적으로 연설문을 취소했다. 트루먼은 곧 맥아더를 회유하는 편지를 보내 그를 위로함으로써 이 사건은 일단락되었다.[10] 트루먼의 전기 작가에 의하면 트루먼은 맥아더의 연설이 언론에 보도된 직후 맥아더를 해임하고 브래들리를 그 후임으로 임명할 생각을 했다가 그만두었다고 한다.[11]

맥아더가 결정적으로 트루먼 행정부와 대립하게 된 것은 1951년 봄이었다. 이 무렵 38선 부근에서 전투가 교착된 상황에서 유엔을 중심으로 휴전협상 움직임이 활발히 일고 있었다. 맥아더가 보기에 트루먼과 애치슨은 이미 한국문제 처리에 결단력을 상실해가고 있었다. 특히 트루먼은 전쟁을 치르고 있는 국가의 행정부 수반에게는 위험할 정도로 정신력마저 무너져가고 있었다.[12]

3월 20일 합참은 맥아더에게 "한국에 대한 침략군의 태반이 격퇴됨에 따라 현재 유엔은 한국문제 해결을 위한 조건들을 토의할 준비를 하고 있다는 취지의 대통령 성명을 곧 발표할 것을 국무부가 계획 중에 있다"라고 통고해 주었다. 합참은 이어 "유엔에서는 38선 이북으로 병력을 전진시키기 전에 문제 해결을 위한 외교적 노력을 다시 계속해야 한다는 강력한 의견들이 계속 영향을 미치고 있다"라고 덧붙였다.

그러나 이를 못마땅히 여긴 맥아더는 21일 "한국에서 활동하는 유엔군 사령부에 더이상 군사적 제약을 가하지 말아야 한다"는 긴급 요청을 보냈다.[13] 그는 이와 별도로 미리 준비한 성명을 통해 "유엔군의 활동을 제한하는 제약들 아래서 그리고 그에 상응하는 중국의 군사적 이점에도 불구하고 중국은 한국을 무력으로 정복하는 데 완전한 무능을 보여주었다"라고 주장하고 "따라서 만일 유엔이 전쟁 범위를 한국 안에 한정하는 현재와 같은 강한 인내를 필요로 하는 시도에서 벗어나 우리들의 군사행동을 중국의 해안선과 내륙 기지로 확대할 것을 결정한다면 중국이 곧 군사적 붕괴의 위기에 직면하게 되리라는 것을 현재 적들 스스로 틀림없이 통감하고 있을 것이다"라고 주장했다.[14]

맥아더는 3월 24일에는 다시 성명을 통해 중공군 사령관에게 항복하라는 최후통첩을 보내고 이 사실을 발표해 큰 파문이 일었다. 맥아더는 이 성명에서 "현재 우리 군은 [전선에서] 주도권을 유지하고 있고 적은 계속 퇴각하고 있다. 한국에서 적군은 실질적으로 괴멸되었으며 곳곳마다 전후복구와 재건을 위한 노력이 급속히 진행 중에 있다"라고 주장했다. 그는 이어 중국 측을 향해 38선 문제는 이미 논의 대상이 아니며 현재 해·공군은 자유롭게 이 선을 넘나들고 있고 과거에 쌍방의 지상군도 그랬다고 강조함으로써 유엔군이 다시 북진해야 할 당위성을 강조했다.[15]

사실 이 무렵은 유엔군이 전세를 반전시켜 북한으로 훨씬 깊숙이 진격할 절호의 기회였다. 3월 15일 서울을 재탈환하고 중공군을 임진강 하구—화천 저수지—간성을 연결하는 캔자스라인까지 퇴각시키는 데 성공한 리지웨이 신임 8군사령관 등 일선 지휘관들은 명령만 떨어지면 평양—원산 선까지 다시 진격할 기세였다.

맥아더는 인천상륙작전의 성공에도 불구하고 앞에서 설명한 크리스마스 공세 실패로 위신과 신뢰가 크게 떨어졌다. 그러나 그는 이에 개의치 않고 중공군이 붕괴 직전에 있으므로 더이상의 유혈사태를 방지하기 위해 쌍방 사령관끼리 만날 용의가 있다고 이 성명에서 밝혔다. 트루먼 대통령이 중국에 대해 곧 외교적 제안을 할 것이라는 사전 통고를 합참으로부터 받은 맥아더는 애치슨의 국무부가 유엔을 통해 타이완의 지위와 국민당 정부의 유엔 의석으로 중국 측과 모종의 흥정을 하려는 것으

로 판단했다.[16]

그는 이 '음모'를 사전에 분쇄하기 위해 이 같은 돌발행동을 했다는 것이 트루먼 행정부의 판단이었다. 애치슨은 맥아더의 행동이 합참에 대한 반항이자 미리 통보받은 정부의 활동계획에 대한 사보타지이며 최고사령관에 대한 가장 중대한 명령 불복종이라고 생각했다.[17]

얼마 후인 4월 5일 결정적인 사건이 일어나 결국 맥아더 해임으로 이어졌다. 트루먼의 정치적 최대 적수였던 공화당의 마틴(Joe Martin) 하원 원내대표가 맥아더에게 보낸 그의 편지에 대한 장군의 답장을 이날 본인의 양해 없이 일방적으로 공개해버렸다. † 애치슨은 이 편지 공개 사건이 행정부 정책에 대한 마틴의 공개적인 선전포고라고 규탄했다.[18]

끝내 4월 11일 트루먼은 기자회견을 통해 맥아더가 정부 정책에 항거했다는 등의 이유를 들어 전격적으로 그의 해임을 발표했다. ‡ 이로써 맥아더는 트루먼 행정부와의 전쟁에서 패자가 된 것이다. 애치슨은 맥아더가 1964년 별세한 다음 "조용히 되돌아볼 때 맥아더 장군의 고의적인 불복종과 믿을 수 없을 정도의 오판이 세계 속의 미국과 미국 속의 트루먼 행정부에 끼친 손해를 아무리 지적해도 지나치지 않다"라고 주장했

---

† 마틴 의원은 1951년 3월 8일 맥아더에게 편지를 보내고 아시아의 중요성을 강조하면서 중국 국민당 정부 군대를 활용해 아시아에 제 2전선을 형성해야 한다고 강조했다. 맥아더는 같은 달 20일 그의 견해에 대체로 동조하면서 아시아에서 공산주의와의 싸움에서 패하면 유럽의 붕괴가 불가피하므로 전쟁에서 승리 이외에 대안은 없다는 회답을 마틴에게 보냈다. 이 답장을 마틴이 일방적으로 공개한 것이다. MacArthur, 1964, pp. 385~389.

‡ 원래 트루먼은 당시 방한 중이던 페이스 육군장관이 귀국길에 도쿄에 들러 맥아더를 만나 그의 해임 결정을 통고하도록 계획을 세웠으나 통신 사정으로 미처 페이스와 연락이 안 된 상황에서 이 소식이 트루먼에게 비판적인 『시카고 트리뷴』에 먼저 보도되었다. 맥아더가 해임 당하기 전에 사표를 던지고 기자회견을 열어 트루먼을 비난하는 사태를 우려한 백악관은 이날 새벽 1시 부랴부랴 긴급 기자회견을 열고 맥아더 해임을 발표했다. Truman, 1955, pp. 445~446; Halberstam, 2007, p. 606.

다.[19] 당연히 애치슨은 트루먼이 맥아더를 유엔군사령관 자리에서 전격 해임했을 때 그의 해임에 적극적으로 동조한 최측근 중 하나였다.

여기서 우리는 국제정치학자들이 말하는 집단 의사결정 과정과 다차원적 의사결정 접근법에 주목할 필요가 있다. 집단 의사결정 과정에서 중요한 것은 소집단의 영향력과 관료정치의 문제이다. 애치슨 장관 시대 국무부 초기에 발언권이 강했던 빈센트 등 국무부 아시아그룹은 공화당의 공세로 물러나지 않을 수 없었다. 학자들이 관심을 가졌던 또 다른 조직은 트루먼 행정부의 안보정책을 최종적으로 스크린하는 국가안보회의(NSC)라는 소집단의 위상이다. NSC를 중심으로 볼 때 6·25전쟁은 맥아더-합참(JCS)-NSC-대통령 선으로 연결되는 지휘 계통을 통해 수행되고 이 과정에서 신속한 작전 완료를 위한 맥아더의 자율성(autonomy) 주장과 트루먼과 애치슨의 제한전쟁 방식에 대한 그의 불복종(subversion)이 일어나 교차 상황이 빚어졌다. 여기에 야당인 공화당 원내대표인 마틴 의원이 맥아더 답신의 무단 공개를 통해 트루먼 행정부에 대한 강력한 견제전술을 썼다. 이로 인해 트루먼과 맥아더의 대립은 더 복잡한 국내 정치문제로 발전해 결국 맥아더는 해임당할 수밖에 없었다.[20]

3. 끝나지 않은 논쟁

맥아더 해임에 야당인 공화당은 격렬히 반발했다. 그의 해임을 비난하는 주장 중에는 유엔군이 위기에 빠진 중공군에게 반격할 결정적 시기에 트루먼이 맥아더를 해임함으로써 6·25전쟁에서 승리할 기회를 놓쳤다는 주장도 있다. 맥아더의 측근으로 그의 정보참모였던 윌로비(Charles A. Willoughby) 소장은 "트루먼은 또 하나의 승리의 날 바로 전야에 그의 가장 유능한 야전사령관을 해임함으로써 공산주의자들의 장단에 놀아났다"라고 원색적으로 비난했다. 그는 중공군이 1951년 4월 대규모 공격을 가해왔으나 막심한 손실을 입고 좌절에 빠져 5월 들어 다시 공세를 취했지만 재기불능의 대 손실을 맛보았다고 주장했다. 중공군 제 3야전군과 제 4야전군은 중국이 자랑하는 최정예부대였지만 2개 야전군 소속의 70~80개 사단이 괴멸 상태에 빠졌다는 것이다.[21]

맥아더 자신도 트루먼이 돌연 기자회견을 갖고 그의 해임을 발표한 것에 대해 "승리가 내 수중에 들어온 바로 그 때 나의 갑작스런 해임이 단행되었다"라고 주장했다. 그는 "더 중대한 사실은 (트루먼의 아시아에 대한) 태도 변화가 그 후에 몰고 올 일련의 재앙적 사건을 초래한 점"이라고 주장했다.[22]

유럽의 안보가 소련의 위협으로 위기에 놓였다고 판단한 트루먼 행정부는 1950년 12월 아이젠하워 장군을 나토사령관에 임명하면서 유럽 주둔 미군 증강 계획을 발표했다. 이듬해 2월 중순에는 유럽에 배치할 병력 규모가 4개 사단이라는 것도 발표되었다. 맥아더를 열렬히 지지한 네브래스카 출신 공화당 상원 원내대표 웨리(Kenneth S. Wherry)는 이듬해 1월 나토에 지상군 파견을 못하도록 하는 법안을 의회에 제출했다. 오하이오 출신의 같은 공화당 상원의원 태프트(Robert A. Taft) 의원도 이 결의안을 지지하고 나섰다. 맥아더 해임을 둘러싼 논란이 상원 군사위-외교위 공동 청문회가 열린 가운데 언론에 대서특필되는 대 토론으로 발전했다. 행정부에서는 트루먼과 마셜, 애치슨, 아이젠하워 등이 정부를 지지하는 발언을 했다. 이 대 토론은 맥아더에게는 애석하게도 4월 초 미군의 유럽 파병 찬성 안이 의회를 통과함으로써 유럽 중시주의자들의 승리로 끝났다.[23] 결국 맥아더의 아시아 중시정책은 완패 당했다. 맥아더 해임으로 트루먼과 애치슨이 추진한 제한전쟁 전략은 승리를 거두었다. 반면 맥아더가 무력으로 이루려고 했던 확전 주장과 한국 통일의 희망은 사실상 물거품이 되었다. 맥아더의 불만은 4월 19일 그의 상하 양원 합동회의에서 행한 고별연설 중에 간단명료하게 정리되었다. 연설 말미에 "노병은 죽지 않고 사라질 뿐"이라는 유명한 구절이 든 이날 연설에서 그는 소련의 개입이나 중국과의 전면전을 우려해 그의 작전에 제약을 가한 트루먼 행정부를 향해 "그들은 역사의 명백한 교훈에 눈이 어둡습니다. 역사는 회유책이 새롭고 더 피비린내 나는 전쟁을 초래한다는 어김없는 사실을 가르쳐 주기 때문입니다"라고 강조했다.[24]

트루먼의 제한전쟁 전략이 승리하고 맥아더의 확전 주장이 패배한 것은 객관적으로 보면 트루먼과 애치슨의 유럽 제일주의가 맥아더의 아시아 우선주의를 이긴 것이라고 할 수 있다. 애치슨은 북한의 남침 보고를 받은 즉시 유엔 제소를 결정한 진정한 이유가 유럽의 서방동맹을 구하기 위한 것이었다고 훗날 월트 로스토우에게 말했다.[25]

이것은 애치슨이 한국의 방위도 물론 중요하지만 한국에서 소련의 침략을 저지하지 않으면 유럽이 더 심각한 공산주의의 침략 위협에 놓이게 될 것이라고 판단했다는 뜻이다. 애치슨이 미국은 한국에서 중국에 이길 수 없으므로 전쟁을 빨리 끝내야 한다고 주장한 것에 대해 맥아더 전략 옹호론자들은 이를 '애치슨의 패배주의'라고 공격했다.[26]

애치슨이 한국에서의 군사적 승리를 포기하고 외교 수단에 의한 전쟁 종결을 선택한 것은 크리스마스 공세의 실패를 본 그가 한국이야말로 미국이 전쟁하기 가장 힘든 지역이라는 사실을 깨달았기 때문이다. 앞에서 살펴본 바와 같이 애치슨은 한국은 미국이 소련이나 중국과 결판낼 가치 있는 장소가 아니라고 판단했다.

그러면 공산주의가 냉전에서 패해 20세기의 유물이 된 오늘 이 시점에서 트루먼과 맥아더의 대결을 어떻게 평가할 것이냐는 문제가 생긴다. 6·25전쟁 연구에 수많은 업적을 쌓은 미국 학자 스툭(William Stueck)은 트루먼 행정부가 6·25전쟁을 제한전쟁으로 수행하기로 한 결정이 옳았느냐 여부를 역사가 어떻게 판단할지는 매우 불분명하다고 주장했다. 스툭은 다만 미소 냉전이 미국의 승리로 끝난 시점을 맞아 6·25전쟁 기간 미국의 공과를 재점검할 필요가 있다면서 다음과 같이 말했다.

> 불확실성이 사라짐에 따라 우리는 이제 트루먼이 현명한 결정을 내렸다고 자신있게 말할 수 있다. 미국의 민주정치 제도는-해외에서의 국가이익과 국내에서의 이상과 연관해 6·25전쟁 이전이나 도중이나 그 이후를 막론하고-항상 유익한 결과를 거둔 것은 아니었다. 그러나 소련이나 중국의 정치제도와 비교해보면 미국의 제도는 더 큰 성취를 이루었다. 냉전 시기 미국의 정치문화와 미국이 국내외에서 당면한 새롭고 복합적인 도전들에 대한 새로운 연구들이 나오기 시작한 시대를 맞아 6·25전쟁 중 미국 민주주의가 이룬 성과를 새롭게 조명할 시기가 무르익었다.[27]

이 점과 관련해 이미 1960년대 영국의 6·25전쟁 연구가이자 신문 기고가였던 리스(David Rees)는 미국이 공산군의 침략을 격퇴하고 나토국가들의 국방태세를 강화함으로써 서방의 단결을 유지해 2차 대전 이후 최대의 정치적 승리를 거두었지만 그 대신 서방의 상대적인 군사적, 산업적 우월성이 그 이후 시기에 비해 압도적인 때 한국을 통일하고 중국에 결정적인 패배를 안길 '가능한 기회'를 놓쳤다고 평가했다.[28] 이 같은 리스의 주장에 대해 스툭은 리스의 주장이 나온 시기(1964년)가 사회주의, 권위주의와 자본주의, 민주주의 간의 투쟁의 결과가 불확실했을 때라는 점에 주목했다.[29] 역사가 대체로 승자의 기록이라는 사실을 인정한다면 우리는 리스가 상당한 통찰력을 지녔음을 알 수 있다.

맥아더는 아직도 미국을 비롯한 자유세계는 물론이고 과거 공산국가였던 다른 나라에서도 그의 확전론과 문민정부에 대한 불복종 때문에 부정적인 평가를 받고 있다. 다만 일부 전문가들 예컨대 6·25전쟁을 수행하는 데 관여한 트루먼 이하 지휘관들의 전략 전술을 심도있게 연구한 D. 클레이튼 제임스는 종래 미국 학계의 맥아더 비판일변도 입장에서 탈피해 공정하게 트루먼-맥아더 논쟁을 다루려고 노력한 대표적인 전문가이다. 그는 중립적인 입장에서 트루먼과 맥아더는 용기, 성격, 자유, 민주주의에 대한 견해를 비롯해 비슷한 미덕과 이상을 가진 인물이라고 긍정적으로 평가했다. 그러면서 제임스는 두 사람이 일생 동안 웨이크 섬 회담에서 단 한 번 밖에 만난 일이 없다면서 두 사람의 전략 전술의 차이 못지 않게 양자 간 소통의 부재가 맥아더의 불행을 초래했다고 지적했다.[30] 사실 6·25전쟁을 총지휘하는 최고통수권자인 트루먼과 현지 최고사령관인 맥아더 사이에 인간적인 신뢰관계가 없었던 것은 두 사람에게 모두 불행한 일이었다. 두 사람 사이에 마음을 터놓고 이야기할 수 있는 긴밀한 협의가 없었던 점은 극히 비정상적인 상황이었다.

트루먼과 맥아더의 논쟁은 맥아더가 해임된 지 60여년이 지난 지금에서야 냉정한 입장에서 공정하게 사태를 보려는 시도들이 나오기 시작한 것은 다행한 일이다. 맥아더가 군인 신분으로 대통령의 통수권에 공개적으로 도전한 행위 자체는 의문의 여지없이 명백한 과오였다. 맥아더를 파면한 트루먼은 그의 해임을 최종적으로 결정할 때까지 상당한 신중성을 보였다. 그러나 우리는 맥아더의 6·25전쟁 수행 방식에 관해서만은 냉정하고 중립적인 입장에서 재검토해야 한다. 이를 위한 군사전문가들의 노력이 요구된다. 그래야 끝나지 않은 논쟁이 올바로 제자리를 잡을 것이다.

5 세 주역들의 특징

1. 공통점과 차이점

최근 들어 국제정치학자들, 특히 그 중에서도 외교정책 이론가들은 국가보다는 개별적 정책결정자에 초점을 맞추어 국제정치를 분석하려는 새로운 접근법을 시도하고 있다. 인간정책결정자에 초점을 맞추는 분석방법을 '행위자 특정 분석방식'(Actor-Specific Approach)이라고 부른다. 이 분석 방식의 최대 이점은 국제정치의 분석수준을 국민국가 이하로 내림으로써 인간을 국제무대의 주역으로 등장시킨데 있다. 추상적인 국가 대신 인간을 국제관계의 중요 행위자로 파악하지 않는다면 국제사회의 새로운 사태발전과 그 역동성, 그리고 구체적인 책임 소재를 제대로 분석할 수 없다.

이 때문에 냉전시대에 성인이 된 젊은 층은 국제관계 연구가 궁극적으로 인간에 대한 연구라는 사실을 직관적으로 체득할 수 있었다.[1] 이 장에서 6·25전쟁에 참전한 트루먼 행정부의 정책과 전략 전술을 책임진 트루먼 대통령과 애치슨 국무장관 그리고 맥아더 유엔군사령관의 인간성과 세계관에 대한 개별적 분석을 해보려는 것은 이런 이유 때문이다.

우선 이들의 공통점과 차이점을 알아보자. 자수성가한 사업가 출신의 직업정치가인 트루먼과 동부의 뉴잉글랜드 명문대를 나온 변호사 출신의 외교관료인 애치슨 그리고 직업군인인 맥아더는 출신 성분과 교육과 성장 과정이 모두 다르다. 그러나 이들은 엄격한 가정교육과 학교교육을 통해 근면과 정직, 기독교 정신이라는 기본적인 공통점을 가진 미국 시민이었다. 이들 세 사람은 모두 용기, 인격, 자유, 민주주의 같은 동일한 덕목과 이상을 지닌 용감한 지도자들이라는 점에서 공통점이 있었다.

세 명은 모두 종교적으로 독실한 기독교 신자들이며 정치적으로는 보수주의자들이었다. 이들은 기독교 윤리의식을 바탕으로 2차 세계대전 이전에는 나치 등 전체주의로부터, 2차 세계대전 이후에는 공산주의로부터 기독교 문명과 공화주의를 바탕으로 하는 민주주의 정체를 수호하려고 했다는 점에서 공통적이다. 트루먼과 맥아더는 다같이 6·25전쟁을 정의와 불의의 투쟁으로 보았으며 이 같은 자신들의 전쟁관이 사실상 지나치게 단순한 견해라는 주장을 결코 인정하지 않았다.[2] 이제 개별적으로 이들 세 명에 대한 인간 탐구를 시도해 보자.

2. 트루먼

1) 가정 형편으로 대학을 못간 입지전적 인물

트루먼(1884. 5. 8.~1972. 12. 26)은 미국 중부지방인 미주리주 캔자스시 서남방 193km에 위치한 바튼(Barton) 카운티의 라마(Lamar)라는 마을에서 농부이자 가축판매업자의 2남 1녀 중 맏아들로 태어났다. 그의 부모는 그의 외삼촌의 이름(Harrison Harry Young)의 중간 이름(Harry)을 트루먼의 첫 이름으로 지었다. 그리고 트루먼의 중간 이름은 흔히 아일랜드-스코틀랜드계 사람들이 그렇게 하듯이 할아버지와 외할아버지의 이름에 들어 있는 단어들(Shipp과 Solomon) 중 공통적인 특별한 의미가 없는 글자(S)를 취해 그의 이름(Harry S. Truman)을 지었다.[3]

트루먼 일가는 그가 태어난 후 근처의 다른 지방으로 두 차례 이사를 다니다가 6세 때 그들의 생활 근거지가 된 캔자스시 근교의 인디펜던스(Independence)라는 작은 도시로 옮겼다. 그는 이곳에서 8살 때까지 장로교회 주일학교에 다니다가 그후 일반 초등학교로 옮겼다. 트루먼은 어릴 때부터 음악, 독서, 역사에 관심을 가졌는데 이것은 그의 어머니의 영향이었다. 트루먼의 어머니는 그가 대통령이 된 후에도 정치적 개인적 조언을 구할 정도로 긴밀한 사이였다. 그는 15세가 될 때 매주 두 번씩 아침 5시에 일어나 피아노 연습을 했다.[4)

트루먼은 17세 때인 1901년 인디펜던스고등학교를 졸업하고 상급학교에 진학하고 싶었으나 아버지의 사업 실패로 가정형편이 기울었다. 그는 "내가 고등학교를 졸업했을 때 우리 가족과 나는 다 같이 상급학교에 진학해서 더 교육받고 싶은 희망을 가졌다. 그러나 집안의 어려움이 우리 가족들을 압도한 결과, 지방에 있던 160에이커(약 19만 평)에 달하는 큰 가족농장과 인디펜던스 시내의 주택이 남의 손에 넘어가고 나는 어려운 집안을 돕기 위해 일자리를 구하지 않으면 안 될 형편이 되었다"라고 회고했다.[5)

아버지는 자신과 어머니가 가진 모든 돈을 몽땅 털어 곡물 선물시장에 투자했다가 빈털터리가 되었다. 아버지는 캔자스 시내로 이사가 경비원 노릇을 하게 되었다.[6) 아버지의 사업 실패로 대학 진학을 포기할 수밖에 없게 된 트루먼은 할 수 없이 이 무렵 캔자스 시내의 스폴딩스(Spalding's) 상업전문학교에 입학해 한 학기 동안 다니다가 그만두었다. 그는 『캔자스시티 스타』(Kansas City Star)라는 지방 신문사에서 우편으로 신문을 부치는 주급 9달러짜리 일자리를 얻었다. 트루먼은 여기서 2주일 정도 일하다가 캔자스 교외를 왕복하는 복선 철로 건설사업을 맡은 산타페(Santa Fe) 철도회사 공사 현장에서 근로자들의 작업시간을 점검하는 시간기록원으로 취직했다. 월급 35달러에 숙소를 제공받았다. 그는 이 기간 노동자 숙소에서 자기도 했다. 그 후 트루먼은 한 시중은행(National Bank of Commerce)에 월급 35달러 행원으로 취직했다가 2년 후 보수가 두 배가 넘는 다른 시중은행(Union National Bank)으로 자리를 옮겼다.[7] 그의 가족은 이 무렵 인근 클린턴(Clinton)시로 이사갔다가 1906년 외할아버지 농장이 있는 그랜드뷰(Grandview)로 다시 옮겨갔다.[8]

2) 프랑스 전선의 포병대위

트루먼은 어린 시절부터 꿈이던 웨스트포인트 사관학교에 들어가려고 했지만 시력이 나빠 지원 추천조차 받을 수 없었다. 그는 대신 미주리주 육군 주방위군에 입대하려고 했다. 그러나 워낙 시력이 나빠 입대 시험에서 낙방하고 두 번째 응시할 때는 미리 시력표를 암기해 겨우 합격했다. 21세가 된 1905년 6월 14일의 일이다.[9] 트루먼은 그의 자서전에서 그가 도서관에서 읽었던 이집트 시대부터 미국에 이르기까지의 역사와 정치 관계 서적에 의하면 모든 시민은 군사, 재정 또는 금융 그리고 농업에 대해 조금이라도 알아야 하는데 그가 존경하는 모든 영웅들과 위대한 지도자들은 그 중 한두 개 분야나 세 개 분야에 조금이라도 친숙하다는 것이다. 그래서 자신도 캔자스 시내에 주둔한 주방위군 포병대에 입대해 기초적인 군사훈련을 받기로 했다는 것이다. 그는 훈련을 받고 제1여단 B포대의 이등병에 임명되었다.[10] 어렵게 주방위군에 들어가는 데 성공한 그는 입대 후 6년 간 계속 열심히 근무한 끝에 상병으로 제대했다. 그는 제대후 외할아버지 농장에서 일하면서 석재업에 투자도 했다. 트루먼은 아버지가 별세하자 그 대신 도로감시원으로 일하기도 했다. 그는 1915년에는 외할아버지 농장이 있는 그랜드뷰에서 우체국장으로 일하기도 했다. 또한 아연을 캐는 광산업에 투자했다가 손해를 보기도 했으며 석유채굴업에 1만 달러를 투자해 그 석유회사가 해체될 때까지 3년 간 재무담당 이사로 일하기도 했으나 사업 실적은 신통찮았다.[11]

그런데 1917년 4월 2일 윌슨(Woodrow Wilson) 대통령이 유럽에서 벌어지고 있던 1차 세계대전에 참전하기로 하자 트루먼의 사정도 달라졌다. 1차 세계대전은 원래 1914년에 일어났지만 미국은 중립을 지키고 있었다. 그러나 1917년 초 독일 해군이 전면적인 잠수함 전투를 선언한 후 그 해 3월 영국으로 향하던 미국 상선 3척을 북대서양에서 침몰시킨 사건이 발생했다. 마침내 미국의 여론은 독일에 완전히 등을 돌렸다. 윌슨 대통령은 "민주주의에 안전한 세계를 만들기 위해 전쟁을 종식시키는 전쟁을 선포할 것"을 의회에 요청했다. 나흘 후인 6일 상원과 하원은 각각 압도적인 찬성으로 독일에 선전포고를 결의했다. 트루먼의 인생에도 큰 전기가 찾아왔다.

트루먼은 그해 6월, 33세의 적잖은 나이에 주방위군에 재입대했다. 그는 제 2미주리 포병대의 F중대를 편성할 때 독립전쟁 이래 민병대 관례에 따라 실시된 부대원들의 선거로 중위로 선출되고 두 달 후에는 35사단 60여단 제 129야전포 연대의 일원으로 정규군 근무를 하기로 서약했다. 이 부대는 훗날 제 2미주리 야포 연대로 알려졌다.[12] 트루먼은 유럽 전쟁터로 가기 전 애인인 베스(Bess, Elizabeth Virginia Wallace)와 결혼하고 싶어 그 자신의 표현대로 '미칠 지경'이었다. 그러나 그는 얼마 후 자신이 전쟁에서 불구자가 될 가능성 때문에 청혼할 권리가 없다고 그녀에게 보내는 편지에서 고백했다.

그런데 트루먼은 갑자기 아버지가 별세해 자신이 유럽으로 떠나면 홀

어머니를 여동생이 돌보지 않으면 안 될 어려운 가정 형편이 되었다. 이를 딱히 여긴 32세의 노처녀 베스가 이번에는 트루먼이 유럽 전선으로 떠날 시기가 가까워오자 그에게 결혼하자고 요구했다. 그러나 트루먼은 같은 이유로 거절했다. 그는 베스에게 전쟁이 끝난 다음 불구가 되어 귀국할 수도 있고 아예 안돌아올 수도 있는 사람에게 그녀가 얽매어서는 안 된다고 했다. 책임감 있는 트루먼의 성격을 잘 말해준다(그들은 트루먼이 유럽에서 귀국한 후인 1919년 6월 결혼했다).[13]

트루먼 중위는 1918년 4월, 전함 조지 워싱턴 호를 타고 프랑스의 브레스트에 도착해 5월 대위로 진급하고 9월에는 최초로 프랑스 서부전선인 뮤즈–아르곤 공격 작전에서 독일군과 첫 전투를 벌였다. 그는 군기가 엉망인 190여 명에 달하는 급조된 중대를 지휘하게 되자 독일군의 급습을 받고 도주하는 중대원들에게 그 전에는 안 쓰던 쌍욕을 써가면서 "당장 돌아오라"고 소리 지르며 전투를 독려했다. 트루먼의 욕설에 놀란 부대원들은 도주하지 않고 전투를 계속했다는 일화가 있다.[14]

트루먼의 부대는 이해 9월 프랑스 전선에 파견된 다른 미국 원정 군부대들과 함께 독일군을 향해 대규모 공세를 폈다. 그의 임무는 독일군을 동쪽으로 밀어붙이면서 35보병사단을 엄호하는 것이었다. 그러나 트루먼이 엄호작전을 펴려는 순간 적군 포병대가 근처에서 진군해오는 미군 28사단을 공격 목표로 삼고 강 건너에 포진해 있었다. 이를 쌍안경으로 발견한 그는 그에게 부여된 작전 명령을 무시하고 독일군 포병대를 공격해 28사단을 구했다. 만약 그가 고지식하게 또는 약삭빠르게 자신에게 하달된 작전명령만 수행했더라면 28사단은 큰 타격을 입었을 것이다. 이 작전 때문에 그는 사령관으로부터 심한 질책을 받았으나 다행히 군법회의 회부만은 면했다. 그는 또한 이때 프랑스 전선에서 조지 S. 패튼(George S.

Patton)장군의 탱크여단을 성공적으로 엄호하는 작전을 폈다.[15]

트루먼은 1918년 11월 11일 마지막 포 사격을 감행했으나 이 전투에서 그의 중대원들은 단 한 명도 잃지 않았다. 그는 휴전이 성립되자 휴가를 받아 파리를 방문해 사흘을 보내면서 연극과 오페라를 관람하고 니스와 몬테카를로도 여행했다.[16] 그의 중대원들은 이듬해 4월 부대가 프랑스 브레스트항에서 미국 뉴욕항으로 귀국한 다음, 대형 우정의 컵을 트루먼에게 증정했다. 전쟁은 트루먼의 리더십을 연마할 일대 전환점이었다. 그는 1917년 가족농업인으로 출발해 여러 사업을 하다가 실패했지만 프랑스 전선에서는 훗날 정치적 경력에 보탬이 될 참전 기록과 리더십 경험을 쌓았다.[17] 트루먼은 귀국 후 주방위군 장교 예비역부대 소령으로 진급했다가 1932년 야포예비대 대령까지 올라갔다.[18]

3) 정치생활과 대통령직 승계

프랑스에서 귀국해 1919년 5월 대위로 전역한 트루먼은 1919년 캔자스시 중심가에서 주방위군 시절부터 친하게 지내던 의류판매점 점원 출신인 친구와 동업으로 남성의류 판매점을 개업했다. 의류가게는 처음에는 잘 되는 듯했으나 1921년 찾아온 대공황의 여파로 부도가 나고 말았다. 그는 이때의 빚을 13년이 지난 후에야 후원자의 도움을 받아 겨우 갚았다. 그와 남성의류 판매점 동업자의 우정은 오래 지속되었다. 이 친구의 영향으로 트루먼은 유대인에 대한 인식을 바꾸어 나중에 트루먼 행정부의 이스라엘 승인 결정에 큰 영향을 미쳤다.[19]

트루먼에게 공직의 기회가 온 것은 1922년 그가 캔자스시 인근 잭슨카운티 동부지역 지방법원 판사에 선출되면서부터였다. 주방위군 시절 알게 된 펜더가스트(James M. Pendergast) 중위 덕택이었다. 그는 당시 캔자스시 민주당 보스인 토마스 펜더가스트(Thomas Joseph-Tom-Pendergast)의 조카였다. 트루먼이 취임한 자리는 직함은 판사이지만 재판하는 직책이 아닌 행정직이었다. 트루먼은 2년 후에는 공화당의 드센 정치적 공세 때문에 판사직에 재 선출되는 데 실패했다.

트루먼은 그 후 2년 간 자동차 클럽 회원권을 판매하는 일을 했다. 이때 그는 사업에서 성공하지 못한 중년이 가까워오는 남자에게는 공직생활이 훨씬 안전하다는 것을 깨닫게 된다. 트루먼은 이 무렵 판사직에 재선출되는 데 실패하는 바람에 1923년부터 2년 간 캔자스시립법률학교(현재의 University of Missouri-Kansas City School of Law) 야간부에 다니다가 중퇴했다. 이로써 트루먼은 끝내 대학을 나오지 못한 가장 최근의 미국 대통령이 되었다.[20]

트루먼은 1926년 재기할 기회를 맞았다. 그는 이때 캔자스시 민주당 실력자인 펜더가스트의 지원으로 같은 잭슨 카운티 지방법원 부장판사에 선출되었다. 그는 1930년에는 재선에 성공해 이 기간 잭슨 카운티와 캔자스시의 대대적인 도로 건설과 법원청사 건립 등 각종 사업을 통한 두 지역의 10개년 스카이라인 개조 계획 추진에 기여했다. 트루먼은 1926년에는 미대륙 동서횡단 도로협회 회장이 되었고 이어서 선구적인 여성 12명을 기념하는 기념비 건립과 봉헌사업을 감독했다.

그 덕택으로 1933년 트루먼은 우정장관 파알리(James Farley)의 요청으로 설치된 미주리 연방 재고용계획위원회(민간인작업관리청의 일부 조직) 이사장에 지명되었다. 이 사업은 민주당의 지방 거물인 펜더가스트가 그 전해 실시된 대통령선거에서 루스벨트(Franklin D. Roosevelt)의 당선에 기여한 데 대한 보상으로 이 지역에 배당된 것이다. 트루먼은 이 과정에서 루스벨트의 측근인 홉킨스(Harry Hopkins)와 알게 되어 그 후 루스벨트의 뉴딜정책을 강력 지지하게 되었다. 트루먼은 판사 생활을 마치고 주지사나 연방하원에 진출하고 싶었다. 그러나 펜더가스트가 이를 허락하지 않아 자신의 판사 경력을 배경으로 보수가 좋은 카운티 수준의 한가로운 공직 자리를 구하기로 했다. 트루먼은 그런 자리로 네 군데나 탐색했으나 모두 거절당해 농장으로 되돌아갔다.[21]

그 대신 트루먼에게 정계 입문의 길이 열렸다. 펜더가스트는 1934년 트루먼을 연방상원 선거에 미주리주 민주당 후보로 밀었다. 트루먼은 두 차례의 예비선거에서 잭슨 카운티에서의 인기를 기반으로 두 사람의 연방하원의원 출신 후보를 제치고 민주당 상원의원 후보가 되었다. 그는 본선에서는 현역 공화당 상원의원을 거의 20% 차로 이기고 당선에 성공했다. 트루먼이 민주당과 인연을 맺은 것은 고교 시절부터였다. 그의 아버지가 열성적인 민주당원이어서 고교를 졸업하기 1년 전인 1901년 16세 학생의 신분으로 캔자스시 컨벤션 홀에서 열린 민주당 전당대회 때 급사로 정당 행사를 체험한 셈이다.[22]

트루먼은 연방 상원의원 첫 임기 중 기업의 탐욕과 월스트리트의 투기꾼들 그리고 국가정책에 지나친 영향력을 행사하는 특수 이익집단의 위험을 강도 높게 비난했다. 그러나 트루먼은 초선 때는 루스벨트로부터 무시당했으며 백악관에 전화를 걸어도 회답전화 받기가 어려웠다.

1940년 트루먼이 상원의원 재선을 위해 출사표를 던졌을 때는 연방검사 밀리건(Maurice Milligan)과 전 주지사 스타크(Llod Stark)가 민주당 예비선거에서 트루먼에 도전했다. 트루먼은 그 전 해에 세금 포탈 혐의로 구속된 펜더가스트 때문에 정치적 난관에 처했다. 그는 보스의 추락이 공화당 출신 판사 때문이지 루스벨트 행정부 때문이 아니라고 주장해 보스에게 충성심을 보였다. 결국 미주리주 세인트루이스의 민주당 지도자 해네

건(Robert E. Hannegan)이 트루먼을 밀고 두 도전자가 반 펜더가스트 표를 양분함으로써 트루먼은 8,000표 차로 당 공천 후보로 지명되는 데 성공했다. 본선에서는 공화당 후보를 51% 대 49%로 이겨 연방 상원의원 재선에 성공했다.

트루먼은 재선 의원으로 상원에 입성하자마자 군사기지를 열심히 시찰했다. 그는 이를 통해 군대의 낭비와 폭리를 발견하고 상원 군사위원회 분과위원장 자격으로 군부의 부정 혐의에 대한 진상조사를 시작했다. 나중에는 공식조사를 맡을 별도의 진상조사위원회가 상원에 설치되고 트루먼은 위원장에 취임했다. 이 때문에 '트루먼위원회'를 이끈 그는 일약 전국적인 인물이 되었다. 이 위원회는 150억 달러라는 거액을 절약하는 데 공헌한 것으로 보도되고 그 활동상은 트루먼을 영향력 있는 시사주간지 『타임』의 표지 인물이 되도록 해 하루아침에 유명 정치인이 되었다. 상원의 역사적인 회의 기록에 의하면 "트루먼은 이 위원회를 이끌면서 캔자스시 정치 보스들을 위한 심부름꾼의 초기의 대중적 이미지를 씻었다. 어떤 상원의원도 특별조사위원회를 이끌면서 미주리주의 트루먼보다 더 많은 이익을 보지는 못했다"는 것이다.[23]

1944년 민주당 대통령후보 지명대회는 트루먼에게 대변신의 기회였다. 4선을 노린 루스벨트는 부통령 월러스(Henry Wallace)를 교체할 생각이었다. 월러스는 당원 사이에서는 인기 있었지만 루스벨트와 그의 측근 실세들 눈에는 좌측에서 너무 멀고 노조에는 너무 우호적인 인물이었다. 루스벨트가 당선되더라도 건강 때문에 4기를 제대로 채우기 어렵다는 사실을 아는 본인과 그의 측근들은 하나같이 월러스 교체를 주장했다. 루스벨트는 민주당 집행부에 트루먼이나 대법원장 더글러스(William O. Douglas) 중에서 골라달라고 요청했다. 각 주와 대도시의 민주당 지도부는 하나같이 트루먼을 선택했다. 루스벨트도 동의했다. 트루먼은 이 같은 상황 전개가 이제야 자신이 미주리주의 민주당 거물 '펜더가스트가 보낸 상원의원' 이상의 인물이 된 증거로 크게 환영할 만한 일이라고 생각했다. 그러나 그는 특별히 부통령후보 운동은 하지 않았다. 당시 '제2의 미주리 타협'이라는 별명이 붙은 트루먼 부통령 후보 지명은 유권자들의 반응이 좋았다. 루스벨트 민주당 후보는 대통령선거에서 선거구 투표 결과 432 대 99로 공화당 후보 듀이(Thomas E. Dewey) 뉴욕시장을 물리치고 승리했다.

트루먼은 2차 세계대전 막바지인 1945년 1월 20일, 루스벨트의 대통령 취임과 동시에 부통령에 부임했다. 그러나 루스벨트 대통령은 트루먼과 별로 접촉을 하지 않았다. 심지어 중요한 결정 사항을 트루먼에게 알려주지도 않았다. 대통령과 부통령이 단 둘이 사무실에서 만난 것은 겨우 두 번뿐이었다. 트루먼은 루스벨트와 국제문제나 국내문제를 토론한 적이 없었다. 또한 전쟁과 관련된 중요한 정책을 통고받지도 못했다. 심지어 원자탄 개발계획인 맨해튼 프로젝트에 대해서도 아무 정보를 제공받지 못했다. 트루먼은 그의 정치적 후원자인 펜더가스트가 불명예스럽게 사망하자 부통령의 공식 일정의 하나로 그의 장례식에 참석해 논란이 일었다. 트루먼은 논란을 일축하면서 "그는 항상 내 친구였으며 나도 항상 그의 친구였다"라고 응수했다.

1945년 4월 12일 오후, 상원에서 사회봉을 쥐고 회의하던 트루먼은 막 회의가 끝나자 차 한 잔을 들기 위해 하원 의장실로 갔다. 트루먼이 방에 도착한 순간 백악관 공보비서관 얼리(Steve Early)로부터 급히 자신에게 전화해달라는 기별이 와 있다고 하원의장실 측에서 전했다. 트루먼의 전화를 받은 얼리 공보비서관은 그에게 가능한 한 빨리 백악관으로 와달라고 부탁했다. 얼리는 트루먼에게 펜실베니아가쪽 백악관 출입문으로 와 대통령 집무실이 아닌 2층 루스벨트 부인 서재로 와달라는 것이었다. 트루먼은 루스벨트 대통령이 자신을 만나려고 한다고 추측하면서 백악관에 도착했다. 루스벨트 부인(Eleanor Roosevelt)은 그를 일어나 맞으면서 그의 어깨에 양팔을 얹고 "대통령은 별세했습니다"라고 남편의 급 서거 사실을 알려주었다. 큰 충격을 받은 트루먼은 일리노 루스벨트 여사를 위로하면서 그녀에게 필요하면 무엇이든지 말해달라고 제의했다. 일리노 여사는 자신을 위로하는 트루먼에게 오히려 자신이 할 수 있는 일이 있으면 알려달라면서 막중한 대통령직을 갑자기 인수받게 된 그를 격려해주었다. 트루먼은 뒤이어 백악관에 도착한 스테티니어스(Edward R. Stettinius Jr.) 국무장관에게 즉각 국무회의를 소집하도록 당부했다. 82일 간 부통령으로 재직한 트루먼은 그날 오후 7시 9분 백악관 각료회의실에서 스톤(Harlan F. Stone) 대법원장 주재로 대통령 취임 선서를 했다.[24]

갑자기 대통령이 된 트루먼은 여러 면에서 전임자인 루스벨트와 비교되었다. 미국 국민들은 루스벨트의 외모부터 옷차림과 유머러스하게 말하는 태도까지 그의 모든 것을 좋아했다. 심지어 휠체어에 앉아 있는 그의 모습에서 대통령의 이미지를 보았다는 사람도 있다. 여기에 비하면 자신의 말대로 '우연히 대통령이 된 보통사람' 트루먼에게는 '희끗희끗한 머리의 키 작은 시골 판사'가 최대 찬사였다.

그의 전기 작가이자 그의 자서전도 편집한 페럴(Robert H. Ferrell) 교수에 의하면 트루먼은 1945년 대통령에 취임한 이후 최소한 1세대 이상 동안 즉 1970년대까지 미국인들로부터 과소평가를 받았다. 그가 재임 중 인기가 많았던 것은 유럽과 아시아에서 2차 세계대전이 종전될 때까지 뿐이었다. 그 후에는 1953년 그의 임기가 끝날 때까지 줄곧 인기가 좋지 않았

다. 다만 이 기간 트루먼의 인기가 오른 두 번의 예외가 있었다. 그 하나
가 1948년 그가 재선되었을 때고 다른 하나가 1950년 6·25전쟁 발발 때
미 국민들의 단합된 지지로 그의 참전 결정을 지원했을 때였다.[25] 그러나
뒤에서 보는 바와 같이 트루먼의 장점은 많았다. 우선 그는 겸손해 참모
들의 의견을 열심히 경청하되 책임은 자신이 지는 생활철학을 지닌 지도
자였다. 트루먼은 비록 대학을 졸업하지는 못했지만 자신의 부족한 부분
을 보완하기 위해 열성적이었다. 무엇보다 그는 경건한 침례교인으로 한
번 옳다고 판단한 것은 끝까지 관철시키는 신념의 지도자였다.

4) "모든 책임은 내가 진다"

트루먼은 책임감 강한 대통령이 되는 것이 소망이었다. 트루먼의 대통
령 집무실 책상에는 "모든 책임은 내가 진다"(The Buck Stops Here)라는 그
의 모토가 적힌 삼각대가 놓여 있었다.[26] 미국 외교사에서 잭슨파적 인민
주의자로 분류되는 트루먼[27]은 퇴임 후 조지 워싱턴, 링컨, 시오도어 루
스벨트, 프랭클린 루스벨트와 함께 업무 수행을 훌륭히 한 5명의 미국 대
통령 반열에 올랐다. 트루먼은 자신이 판단하기에 소련의 앞잡이인 북한
침략군을 격퇴하기 위해 한국에 군대를 보내는 것이 옳다고 판단했기 때
문에 조금도 주저 없이 과감한 결단을 내린 다음 그의 당초 소신이 흔들
리는 것을 막으려고 마음가짐을 단단히 했다. 그는 1950년 8월 15일자 일
기에 '18세 이전부터 평생 반복해 외우고 있는' 기도문을 적었다. 그 내
용은 바로 그의 좌우명 그대로였다. †

트루먼은 1945년 대통령 취임 후, 에드워드 R. 스테티니어스, 번즈
(James F. Byrnes) 두 명의 국무장관을 거느렸으나 만족스럽게 여기지 못하
다가 그 뒤를 이은 마셜(George Marshall)과 애치슨에게는 신뢰와 존경심을

가졌다. 트루먼은 6·25전쟁 개전 초 특히 애치슨을 전폭적으로 신임했다.[28] 트루먼은 나중에 "우리가 자유 대한민국을 뒷받침하도록 유엔을 설득하지 못했더라면 서유럽은 공산주의자들의 손에 넘어갔을 것"이라고 회고했다.[29]

이 때문에 트루먼은 신속히 유엔을 움직인 애치슨의 공로를 그만큼 높이 평가했다. 애치슨의 신속하고 치밀한 일처리에 감명 받은 트루먼은 한국 파병을 결정한 약 20일 후인 1950년 7월 19일, 애치슨에게 친필 메모를 보내 그의 공로를 진심으로 치하했다.

이 메모는 애치슨에 대한 트루먼의 신뢰와 두 사람의 긴밀한 관계를 잘 보여준다.

트루먼은 대통령직에서 물러난 후에도 애치슨을 보는 눈에 변화가 없었다. 트루먼은 퇴임 후 쓴 회고록에서 "나는 확신컨대 역사는 애치슨을 미국이 그동안 가졌던 진정으로 위대한 국무장관의 한 사람으로 이름 올릴 것이다"라고 격찬을 아끼지 않았다. 그러면서 그는 애치슨만큼 국무장관으로 충분히 준비되고 훌륭한 자격을 지닌 사람은 드물다고 말하고 그의 예리한 두뇌와 냉철한 기질 그리고 폭넓은 경륜이 그날그날의 중요한 정책과 업무를 처리하고 국무부를 통솔하는 데 크게 기여했다고 지적했다.[30]

---

† 이 기도문은 "전능하시고 영원하신 하나님, 하늘과 땅과 우주의 창조주이신 하나님, 제가 올바른 사람이 되게 해주시고 올바른 것을 생각하게 하시고 올바른 것을 행하도록 도와주소서. 그 이유는 그렇게 되는 것이 올바른 길이기 때문입니다. 그리고 저를 모든 것에서 진실되고 정직하고 명예롭도록 만들어주소서. 또한 저를 올바름과 명예를 위해 그리고 저에게 돌아올 보답을 생각함이 없이 정신적으로 정직하도록 만들어주소서…"라는 내용이다. Robert H. Ferrell, ed., *Off the Record: The Private Papers of Harry S. Truman*(New York, Harper and Row, 1980/1989), p. 188.

트루먼이 애치슨에게 보낸 메모의 전문은 다음과 같다.

딘 애치슨에게 보내는 메모

6월 24일과 25일에 관련해

1950년 7월 19일

토요일 밤 유엔 안보리의 즉각적인 소집을 위한 귀하의 선제적 조치와 이를 내게 알려준 것은 그 후 전개된 상황을 가능케 한 열쇠였습니다. 귀하가 그런 방향으로 신속히 행동하지 않았더라면 우리는 한국에 단독으로 파병할 뻔했습니다. 블레어하우스에서 열린 일요일 밤 회의는 토요일 밤에 보인 귀하의 행동의 결과이며 그 후 나타난 결과들은 귀하가 위대한 국무장관이자 외교관임을 보여주었습니다. 이후의 귀하의 상황 처리도 최고로 훌륭했습니다.

나는 이 메모를 기록으로 남길 수 있도록 귀하에게 보내는 바입니다.

해리 S. 트루먼[31]

키신저의 표현대로 '이 있음직하지 않은 한 쌍'(This unlikely pair)[32]은 2차 세계대전 후의 세계질서를 만든 주인공들이었다. 이 때문에 트루먼은 현재 44명의 역대 미국 대통령 중 대통령으로서의 업적, 지도자로서의 자질 그리고 실패와 과오 등을 기준으로 17개 기관에서 실시한 평가를 합산한 종합순위에서도 최상위급인 블루급으로 7위를 차지하고 있다. 트루먼보다 순위가 앞서는 대통령은 링컨, 워싱턴, 프랭클린 루스벨트, 윌

슨, 제퍼슨, 시어도어 루스벨트이다.[33)]

3. 애치슨

1) 하버드에서 터득한 '사상의 힘'

미국 51대 국무장관인 애치슨(1893. 4. 11~1971. 10. 12)은 미국 동부지
방인 코네티컷주 미들타운시에서 미국 성공회(Episcopal Church) 사제의
독실한 기독교 가정에서 태어났다. 영국 스코틀랜드에 거주하던 아일랜
드계인 그의 아버지는 14세 때 혼자 캐나다로 이민을 왔다. 그는 캐나다
군부대 창고에서 일하다가 토론토대학교에 들어가 학업 도중 국민방위군
에 들어갔다. 그가 속한 연대가 지방으로 이동해 인디언 봉기사건을 진압
하다가 부상을 입은 그는 제대 후 토론토의 한 신학교에 들어가 대학 교
육을 마치고 사제 서품을 받았다.

그 후 그는 영국 출신의 부유한 캐나다인 제분업자의 딸과 결혼했다. 처
가가 워낙 성공한 집안이어서 처남 중 한 사람은 훗날 토론토시장에 당선
되었다. 애치슨의 아버지는 애치슨이 태어나기 1년 전인 1892년에 뉴욕
의 한 미국 성공회 사제로 초빙 받아 일하다가 몇 개월 후 미들타운 교구
로 옮겼다. 그는 훗날 코네티컷주 대교구 주교로 승격했다.

애치슨은 루스벨트 대통령이 졸업한 영국식 명문 사립학교인 그로튼학
교(Groton School)에 6년 간 다녔다. 그는 글 솜씨가 무척 뛰어나 졸업반 때
'미국의 속물' 이라는 제목의 글로 그 해의 작문상을 탔다.[34)] 애치슨은 예
일 칼리지를 거쳐 1918년 하버드대 로스쿨(법무대학원)을 졸업했다. 그의
정신세계에 가장 큰 영향을 준 시기는 바로 하버드대 로스쿨 시절의 스승
들 특히 프랭크퍼터(Felix Frankfurter) 교수의 가르침을 받던 시기였다. 그

는 미국 최고 수준의 법학 교수들이 모인 하버드 로스쿨에서 기계적인 수업 대신 소크라테스식 문답 방식으로 법학을 배웠다.

애치슨은 2학년 말에는 학생들이 독립적으로 발간하는 전통있는 『하버드 로 리뷰』(Harvard Law Review)의 편집위원으로 선출되는 등 학내활동도 활발히 했다.[35] 프랭크퍼터 교수와의 인연과 그의 지도와 배려는 그의 장래에 결정적인 영향을 주었다. 그가 지적으로 매료당한 프랭크퍼터 교수에 대해 애치슨은 훗날 그의 '사상의 힘'을 알게 되는 '엄청난 발견'을 했다고 회고했다. 그는 스승의 가르침을 받고 법이 요구하는 용서 없는 '논리와 이성'에 이끌렸다. 그는 말했다. "나는 이 경이로운 구조, 즉 두뇌를 인식하게 되었을 뿐만 아니라 두뇌 안에 저장될 세계 문제에 관한 무제한적인 자료 뭉치를 알게 되었다." 법은 애치슨에게 사고하고 분석하고 문제를 해결하는 방법과 개인적인 발전 수단을 가르쳐주었다. 프랭크퍼터 교수는 애치슨에게 '영감'의 원천이 되고 평생 멘토가 되었다.

그는 프랭크퍼터 교수의 영향으로 훗날 뉴딜정책 지지와 미국의 외교적 고립주의 전통 타파 그리고 현실적 냉전 전략 수립에서 '법률적, 외교적 현실주의자'의 면모를 발휘했다는 분석이 이 때문에 나왔다.[36] 애치슨은 하버드 로스쿨 자신의 반에서 5등으로 졸업했다.[37] 한마디로 하버드 시절은 그의 인생을 바꾼 이륙기였다. 그가 2차 세계대전 후 종래 미국의 외교정책의 방향을 크게 바꾸고 국제 질서를 근본적으로 뜯어고친 것은 하버드 재학 덕분이다. 애치슨은 냉전 시기에 다른 사람들이 회피하거나 의문을 가진 문제들에 대해 하버드에서 배운 논리력으로 원칙에 충실하고 단호한 입장을 갖게 되었다는 것이다.[38]

애치슨은 1차 세계대전이 일어나자 하버드대 재학 중 주방위군에서 근무한 끝에 해군 소위에 임관된 다음 전역했다. 졸업 후 애치슨은 당시

우수한 로스쿨 졸업생에게 관례였던 연방대법원 서기로 발탁되어 브란데이스(Louis Brandeis) 판사 밑에서 2년 간 사법 연수를 했다. 그가 브란데이스 판사 밑에서 수습한 시기는 지적 훈련이라는 점에서 하버드 로스쿨의 연장과 같았다. 그가 하버드와 브란데이스 판사 밑에서 보낸 지적 훈련 기간은 22세부터 28세까지 중간 군복무 기간을 합쳐 약 6년 간이었다. 브란데이스는 성격이 매우 엄격해 실수를 용납하지 않는 위인이었다. 그는 자신이 맡은 소송 사건에 대해 판결 준비문 초안을 만들어 애치슨에게 체크하도록 시킨 다음 비판하고 재작성할 것을 지시했다. 애치슨은 열심히 복명서를 제출했다.

애치슨의 행동규범이 된 충성심, 완전한 진실성 그리고 실제 이상으로 행세하지 않는 생활원칙은 브란데이스로부터 배웠다. 애치슨은 브란데이스 판사 외에 홈즈 2세(Oliver Wendell Holmes, Jr.) 판사와도 자주 접촉했다. 신랄한 지적 엄격성으로 유명한 홈즈 판사는 자신의 집을 매주 개방해 대법원 서기들과 기타 재기발랄한 젊은이들을 초대해 차를 대접하는 것을 즐겼다. 그는 특히 장래가 촉망받는 애치슨을 좋아해 유창한 말솜씨로 위트 있는 이야기를 즐겼다.[39]

2) 국제변호사 활동과 시민운동

애치슨은 브란데이스 판사 밑에서 법률가 수업을 마친 다음 1921년부터 12년 간 워싱턴 D.C.에서 변호사 개업을 했다. 애치슨은 주로 국제법률 문제를 다루다가 1933년 루스벨트 행정부 재무차관에 임명되었다. 그러나 그는 장관의 와병으로 장관 직무대행을 맡고 있던 무렵 루스벨트 대통령이 뉴딜정책의 성공을 위해 인플레정책을 쓰려는 데 항거했다. 애치슨은 의회에서 결정한 금 시세보다 두 배나 비싼 가격에 정부에서 금을

사들이도록 한 기안서의 서명을 거부하다가 6개월 만에 루스벨트로부터 권고사직을 당하고 다시 변호사로 돌아갔다.[40]

애치슨은 그 후 국무차관보에 기용될 때까지 다시 약 8년 간 변호사 일을 계속 하면서 독서할 시간적인 여유를 가졌다. 이 시기는 그의 지적 수준을 높이고 사고의 폭을 넓혀준 정신적 성숙기였다. 이 무렵 애치슨은 영국 역사와 영국 유명 인물들의 전기를 탐독하고 대영제국의 전성기였던 빅토리아 여왕 시절의 영국에 존경심을 갖게 되었다. 당시 영국은 대규모 자본을 해외에 이전하는 과단성을 보여 장기간 세계평화와 안정 유지에 성공했다. 애치슨은 이 점을 영국의 위대함으로 평가했다. 영국에 대한 그의 이 같은 인식은 2차 세계대전 후 미국이 종래의 고립주의로 회귀하느냐 적극적으로 세계 문제에 관여하는 건설적 역할을 하느냐의 선택을 강요당했을 때 애치슨의 판단에 많은 영향을 주었다.[41]

이 시기는 또한 그가 재무부차관 경력을 바탕으로 최초로 여기저기 연사로 불려다닌 때였다. 그는 1936년 7월 미국 독립기념일에 매릴랜드주 변호사협회 초청으로 '사법의 자제(自制)'라는 제목의 강연을 했다. 그 내용은 대공황에 대처하는 방안으로 규제받지 않는 특권적인 대기업들의 일탈을 규제하기 위한 루스벨트의 뉴딜정책의 일부 시책에 사법부가 제동을 거는 데 대한 비판이었다. 애치슨은 사법부가 헌법에 규정된 기본적 자유의 의미를 잘못 읽어서는 안 된다고 강조했다.

이 연설 3년 전부터 뉴딜정책을 강력 지지한 애치슨은 뉴딜이 제기한 여러 문제들 그 중에서도 사회의 변화에 대한 찬성과 반대, 공적 권리 대 사적 권리, 사적 자유 대 공적 권력에 대해 나름대로 입장을 정리한 상황이었다. 그의 연설은 『하퍼스』(Harper's)지의 전 편집인 햅굿(Norman Hapgood)의 주목을 받아 그 연설문이 루스벨트에게 보내어졌다. 햅굿은 애치슨이 아직 40세가량이어서 때가 되면 정부에서 다시 써도 좋을 것이라고 추천했다. 루스벨트는 이 편지를 받고 애치슨에 관한 소식을 계속 알려달라는 답장을 했다.[42] 결국 애치슨은 나중에 거절했지만 루스벨트로부터 워싱턴 D.C. 연방고등법원 판사직을 제의받게 된다.

3) 고립주의 폐기와 국제주의자 운동

애치슨은 젊은 시절부터 미국의 전통적 외교노선인 고립주의의 탈피운동에 앞장선 국제주의운동의 활동가였다. 아버지에 이어 2대째 열렬한 민주당 지지자였던 그는 1932년과 1936년의 대통령선거에 이어 1940년에도 루스벨트의 3선을 위해 열심히 뛰었다. 애치슨은 루스벨트의 선거연설 원고 작업도 맡았다.[43]

1936년 대통령선거를 앞두고 루스벨트의 뉴딜 노선에 반기를 든 민주당 내 보수계열 일부가 타 후보를 옹립하고 애치슨에게도 합류를 권했으나 그는 단호히 거부했다. 애치슨은 이 같은 자신의 입장을 확실히 밝히기 위해『볼티모어 선』(The Baltimore Sun)지에 '자유 미국'의 존재가 위협받고 있다면서 루스벨트의 3선을 호소하는 글을 편집인에게 보내는 편지 형식으로 기고했다.[44]

이 무렵 유럽에서는 전운이 감돌고 있었다. 결국 1939년 9월, 나치 독일을 이끌던 히틀러 군대가 탱크를 앞세우고 폴란드 수도 바르샤바로 진격해 2차 세계대전이 일어났다. 아시아에서는 중국을 침략한 일본이 동남아지역으로 군사행동을 강화함으로써 미국에서도 위기감이 팽배했다. 세계적 규모로 팽창하는 파시즘의 공세 앞에서 서유럽 민주국가들이 차례로 무너지기 시작하자 미국의 안보에도 심각한 위협을 줄 것으로 우려되었다. 마침내 미국 내에서 대외정책을 둘러싼 치열한 논쟁이 일기 시작했다. 그것은 오랜 전통의 고립주의와 새로 등장하기 시작한 국제주의 노선의 갈등이었다. 두 계파 간의 대립은 점점 치열해졌다. 한 쪽은 미국의 유럽연합국 지원을 주장하는 '연합국을 도와 미국을 지키는 위원회' (Committee to Defend America by Aiding the Allies)를 결성하고 다른 쪽은 이를 반대하는 고립주의 노선의 '미국 제일위원회'(America First Committee)를 조직해 서로 대항했다. 전자는 캔자스시에서 발간되는 『엠포리아 가제트』(The Emporia Gazette)의 노련한 편집인 화이트(William Allen White)가 조직했다. 애치슨은 이 조직에 동참해 집회 연사로 나서는 등 적극적으로 활약했다. 애치슨은 확고한 국제주의자로서 참전 주장자였다. 그의 전기를 쓴 스미스(Gaddis Smith) 교수에 의하면 애치슨에게는 그가 태어나고 성장한 안정되고 품위있고 문명화된 앵글로-아메리칸 세계가 파시스트 세력 때문에 더이상 생존하지 못할지도 모른다는 위기감이 들었다. 이에 반해 전통적인 고립주의자들은 미국은 다른 대륙에서 벌어지는 전쟁에 말려들지 말고 미국 자신의 안전을 챙겨야 한다고 주장했다. 애치슨은 이들에 대항해 자신의 이름과 목소리와 펜 그리고 사상을 무기로 미국의 전쟁 개입 여부를 둘러싼 대논쟁에 뛰어들었다. [45)] 당시 애치슨처럼 국제주의 입장에 선 학자로는 헨리 모겐소(Henry Morgenthau), 월트 로스토우(Walt W. Rostow) 등이 대표적이다. 정치인이나 실천가로는 프랭클린 루스벨트, 헨리 스팀슨(Henry L. Stimson), 볼(George W. Ball), 스티븐슨(Adlai E. Stevenson), 존 포스터 덜레스, 유진 로스토우(Eugene V. Rostow), 존슨(Lyndon Johnson) 등이다. 이들 중 애치슨, 케넌, 해리먼, 포레스털(James Forrestal), 맥클로이(John J. McCloy), 라벳(Robert Lovett), 폴 닛쩌 등 국무부와 국방부의 엘리트 관리가 된 소위 '미국체제파'(American Establishment) 또는 '현인 그룹'(Wise Men Group) 중에서는 애치슨이 가장 걸출한 존재였다. 이들은 시오도어 루스벨트 대통령 밑에서 국무장관을 지내고 노벨 평화상을 탄 미국 국제주의 사상의 원조격인 룻(Elihu Root, 1845~1937)의 맥을 이어받은 후버 행정부 국무장관 출신인 스팀슨(1867~1950)을 멘토로 삼았다. 이 국제주의자들은 대체로 루스벨트가 1930년대 중반 국제연맹에 가입하지 않아 2차 세계대전이 일어나게 했다고 비판했다.[46)]

엘리트 관료는 아니지만 1941년 2월 17일자『라이프』(LIFE)지의 사설로 '미국의 세기'(American Century)라는 제목의 글을 통해 고립주의 탈피와 2차 세계대전 참전을 주창해 유명해진 공화당 계열 언론인 루스(Henry R. Luce)도 대표적인 국제주의자였다. 유럽 개입주의자인 그는 이 사설에서 "2차 세계대전은 모든 형태의 고립주의에 도덕적, 실제적 파산을 선고했다"라고 주장하고 "전 세계를 위해 〔착한〕사마리아인이 되는 것이 미국의 명백한 운명"이라고 주창했다.[47)] 같은 언론인들로는 리프만과 레스턴이 대표적인 국제주의자들이다. 중도 좌파 성향의『뉴 리퍼블릭』(The New Republic)지 역시 이 무렵 미국이 나치에 승리해야 하는 것은 단순한 생존의 문제가 아니라 '미국의 운명'이라고 주장하는 논문을 실었다. 이 글은 워싱턴 D.C를 '포토맥 강변에 새로 세워진 세계의 수도'라고 부르면서 그곳의 중심인물인 루스벨트가 파괴된 세계에 새로운 질서를 만들어야 한다고 호소했다.[48)]

4) 미국의 새로운 역할과 애치슨의 대전략 구상

애치슨은 1939년과 1940년 두 차례에 걸쳐 세계 정치에 있어서 미국이 해야 할 역할에 대해 그의 입장을 밝히는 대중 연설을 했다. 두 연설의 내용은 1941년 그가 국무부차관보로 임명되자 국무부 정책 기조의 일부가 되었다. 애치슨은 자신의 두 연설을 스스로 자랑스럽게 생각해 1949년 국무장관 지명자 청문회가 열린 상원 외교위원회에서 그의 사상의 기본이라면서 이들을 길게 인용했다. 그는 또한 그로부터 4반세기 후에 출간된 자서전에서도 그 내용들을 소개했다.[49]

애치슨이 고치려던 당시 세계의 구질서는 미국의 국제연맹 미가입으로 상징되는 유럽 불개입 정책에서 비롯된 국제적 불안 상태였다. 이 같은 2차 세계대전 후의 혼미 상태에서 미국이 자각한 것은 왕년의 강대국들이 두 차례의 세계대전을 거치면서 사라졌거나 더 작은 역할을 맡게 되고 세계가 공산권과 아시아, 아프리카 개도국권과 미주권으로 분열되면서 보호받던 미국의 청년기가 끝났다는 것이다.

유럽에서 2차 세계대전이 발발한 직후인 1939년 11월 28일, 그의 출신학교이자 자신이 학교 운영위원을 맡고 있던 예일대 만찬회에서 행한 애치슨의 첫 연설에서 그의 소신을 자세히 밝혔다. 그는 이 연설에서 미국의 전후 대외정책의 나아갈 길을 제시했다. 애치슨은 19세기의 유럽 협조체제를 가능케 한 유럽 지도자들의 외교력을 찬양하면서 당시 수립된 정치·경제체제가 1차 세계대전으로 붕괴되었으나 이를 재건하려던 노력도 실패했다고 아쉬워했다. 그는 미국 외교가 이를 재건하는 노력을 해야 한다고 역설했다.[50] 애치슨은 이때부터 계속적으로 붕괴된 유럽 협조체제와 간전기(間戰期) 30년 동안에 걸친 '치세공백'(治世空白, interregnum)의 회복을 이룰 지도력이 미국에서 나와야 한다고 역설했다.[51]

애치슨은 또 당시까지 가장 강력한 제국이었던 영국의 역할이 끝났다고 말하면서 더 이상 영국은 다른 나라에서 부를 생산하는 데 필요한 수단을 마련하거나 먼 나라의 안보와 투자를 해군력으로 보호할 수 없다고 지적하고 미국이 영국의 역할을 이어 받아야 한다고 주장했다. 그는 과거 러시아-독일-일본이 거둔 승리에 무관심해서는 안 되며 그런 무관심은 미국인들을 미주 대륙에 가두는 결과를 가져올 것이라고 경고했다. 애치슨은 또한 대서양과 태평양 지역의 군사력을 강화하는 것이 '미국의 현실주의적 정책'이라고 강조했다. '대외문제에 대한 한 미국인의 태도'라는 제목의 그의 이날 연설의 요지는 다음과 같다.

① 그동안 인류에게 엄청난 부의 생산과 인구 증가를 가져온 19세기의 경제적, 정치적 세계질서가 쇠퇴하고 있다.
② 유럽과 아시아 대부분의 지역은 경쟁적인 경제적, 정치적 구조를 구축하고 있다.
③ 우리〔미국〕는 태평양과 대서양에서 우리를 안전하게 만들 군사력〔지상 병력〕과 해군력을 즉각 증원하고 무장시켜야 한다.
④ 현재 유럽과 아시아에서 진행되고 있는 전쟁의 결과는 우리의 안보에 치명적인 영향을 미칠 것이다. 독일과 일본에 맞서 싸우는 국가들의 갑작스럽게 징집된 병사들은 필요한 무기와 보급품을 지급받아야 한다. 중립적 태도는 끝나야 한다. 우리는 비록 우리의 행동 때문에 전쟁에 휘말려도 그들을 도울 그 이상의 조치를 취해야 한다.
⑤ 우리는 첫째, 적절한 개발자본의 흐름을 위한 협정을 마련하고 둘째, 무역 장애를 제거하고 질서있는 원료의 시장개척을 위한 방법을 마련할 수 있고 셋째, 안정적인 국제통화 제도를 마련할 새로운 전후 세계질서를 구축하기 위해 노력해야 한다.[52]

앞의 ⑤항은 미국이 2차 세계대전 이후의 새로운 세계통화 및 경제질서를 채택한 브레튼 우즈(Bretton Woods) 협정 체제 그리고 마셜 플랜의 취지와 매우 비슷하다. 애치슨은 장차 미국이 배타적 또는 특혜적 무역제도를 포기해 자국이 수입하는 액수 이상으로 수출하는 것을 중단하고 해외에서 소비하는 균형된 무역제도를 채택해야 한다고 역설했다. 이것은 안정된 국제통화 제도와 그 아래에서의 자유로운 무역제도라는 전후 세계를 위한 경제적 비전이다. 이 대목은 그가 국무부에 들어간 이후 그의 기본적인 정책노선이 되었다. 애치슨은 루스벨트 행정부의 국무부차관보 자격으로 이를 위한 외교 교섭을 실무적으로 지휘하고 1944년 7월 IMF(국제통화기금)와 세계은행, GATT(관세와 무역에 관한 일반 협정) 창설 등 전후 세계 경제 질서 수립을 결정한 브레튼 우즈 회의에서 미국 측 수석대표를 맡았다. 애치슨은 같은 해 8월부터 10월까지 연합국 대표들이 유엔헌장 제정을 협의하기 위해 모인 덤바턴 오크스(Dumbarton Oaks) 회의에 직접 참석하지는 않았으나 나중에 이 헌장에 대한 비준 동의를 위한 상원 외교위 청문회에 출석해 의원들의 질문에 답변하는 역할을 맡았다.

애치슨은 1940년 6월 4일 뉴욕 카네기 홀에서 개최된 국제여성의복노동자연맹 전국 연차대회에서 두 번째 연설을 했다. 그는 이날 대회 참석자들이 '독재는 노동을 죽이고 노동은 독재를 죽인다' 라고 쓴 큰 현수막을 걸어놓은 것을 보고 "여러분, 그 말이 진짜입니까?" 라고 물으면서 연설을 시작했다. 그는 "그 말이 여러분의 진짜 의사라면 그것은 여러분의 투쟁 의지를 선포하는 것" 이라고 말했다. 애치슨은 루스벨트 대통령이 그해 대통령선거에서 미국은 중립적이 될 수 없고 중립적이지도 않았다고 말하면서 노동자들이 죽이겠다고 말한 독재자에 대항해 결사적으로 싸우는 자유민을 위해 희망을 갖고 기도해달라고 연설한 데 대해 대회 참석자들이 호응하는 것을 보고 자신도 듣고 느꼈다고 강조했다. 그러면서 애치슨은 미국의 연합국 지원을 호소했다.[53]

애치슨이 스스로 자랑스럽게 생각한 앞의 두 연설은 미국 주도의 세계질서 구축이라는 미국의 새로운 대전략의 기본이 되었다. 뒤에서 설명하는 바와 같이 루스벨트 행정부 당시 그가 참여했거나 주도적으로 입안한 새로운 대전략은 2차 세계대전 후의 새로운 세계질서를 수립하는 것이었다. 그리고 트루먼 행정부 당시는 소련 공산주의의 팽창을 막는 봉쇄정책으로 구현되어 트루먼 독트린과 마셜 플랜, 독일 및 일본의 재무장과 북대서양조약기구의 설치 그리고 군사력을 바탕으로 하는 NSC 68 채택과 6·25전쟁 수행으로 실천에 옮겨졌다.

5) 애치슨의 현실주의 외교노선

1893년생인 애치슨은 2차 세계대전 이후 미국에서 '정의로운 현실주의자'로 불린 그와 비슷한 연령의 언론인 리프만(1889~1974), 신학자 니버(1892~1971), 그리고 그보다 훨씬 아래인 국제정치학자 한스 모겐소(1904~1980)와 후배 외교관 케넌(1904~2005) 등과 함께 미국의 대표적인 현실주의 지식인 5명 중 한 명이었다.[54]

애치슨은 대소 관계에서는 케넌과 함께 미국의 냉전전략 설계자 가운데 가장 중요한 인물이었다. 일부에서는 애치슨이 트루먼보다 오히려 더 중요한 위치에 있는 인물이라는 평가† 속에서 그와 케넌과 모겐소, 세 명

---

† 미국외교사를 쓴 켄터키대 교수 헤링은 애치슨이 창조의 현장에 있었을 뿐 아니라 '개념과 결과에 있어서 혁명적 개혁'의 수행자라고 평가했다. 애치슨의 전기를 쓴 체이스는 그를 창조의 '수석설계자'(prime architect)였다고 평가했다. Herring, 2008, p. 611; Chace, 1998, p. 442; Douglas Brinkley, ed., *Dean Acheson and the Making of U.S. Foreign Policy*(Palgrave Macmillan, 1993), p. xiv; 러시아 학자 포멘코(Aleksandr Fomenko)는 애치슨이 소련봉쇄정책의 일환으로 시도한 소련과 중국 이간책을 "Acheson Doctrine"이라고 불렀다. Fomenko, "The Acheson Doctrine and the Foreign Policy of Barack Obama", *International Affairs: A Russian Journal of World Politics, Diplomacy & International Relations*, 2009, Vol. 55, No. 5, pp. 53~59,

의 사고 경향과 정책노선이 자주 비교되었다.

애치슨과 비슷한 현실주의자였던 키신저는 개디스(John L. Gaddis)가 2011년에 발간한 케넌(George Kennan)의 평전(George Kennan: *An American Life*, New York: Penguin Press, 2011)을 평하는 장문의 서평인 '케넌의 시대'에서 애치슨과 케넌을 자세히 비교하고 있다. 키신저는 대소 봉쇄 방안을 낸 것은 케넌이지만 이를 실천에 옮겨 미국을 냉전에 임하게 한 것은 애치슨이라고 지적했다. 그에 의하면 애치슨은 마셜(George C. Marshall) 밑에서 국무부차관으로 일하면서 마셜 플랜을 입안하고 장관이 된 다음에는 북대서양조약기구(NATO)를 창설해 유럽 통합과 독일의 NATO 가입을 가능케 했다는 것이다. 아이젠하워 행정부에서는 덜레스(John Foster Dulles) 국무장관이 애치슨에 이어 미국의 동맹체제를 확대해 중동에서 바그다드(Baghdad)조약기구, 동남아에서는 동남아조약기구(SEATO)를 만들었다고 했다.

애치슨의 대소 봉쇄정책은 유럽 대륙과 아시아 대륙의 소련 주변 전역에 걸쳐 대소 군사동맹을 창설하는 것과 사실상 동일한 의미가 되었다.

애치슨이 NATO를 만들어 대소 봉쇄정책을 군사적 방법으로 실현하는 데 주도적 역할을 하자 케넌은 이를 강력 반대했다. 그러나 애치슨은 케넌의 견해를 받아들이지 않았다. 케넌은 소련 사회가 장차 스스로 유연해지리라는 신념을 갖고 있었으나 애치슨은 소련 제도의 궁극적인 종말이나 마비를 쉽사리 기대하지 않았다. 애치슨은 소련의 제도 변화나 공산정권이 붕괴되는 경우, 러시아인과 미국인의 이해가 같아질 것이라는 가상에 의존하지 않았다.[55]

이 같은 두 사람의 견해차에 대해 키신저는 정치는 '가능의 예술'이라는 비스마르크(Otto von Bismarck)의 말을 인용하면서 케넌이 정부 공무원으로서 '반란'을 일으킴으로써 그의 경력에 손실을 자초했다고 평가했다.

키신저에 의하면 케넌은 국제질서의 각 요소들을 분리, 관찰하는 탁월한 분석으로 다른 공직자들보다 앞섰지만, 이 각 요소들을 불완전하게 결합시키는 정부의 타협정책에 반기를 들었다고 분석했다. 키신저는 이 때문에 자신은 과거 케넌보다는 애치슨 편에 섰으며 현재(2011년)도 그런 입장에 변함이 없다고 밝히면서 다음과 같이 말했다.

애치슨과 케넌 모두 지적능력의 최고 수준에 도달해 있거나 가까이 다가왔을 때 두 사람을 알게 된 것은 내 행운이었다. 애치슨은 전후 가장 위대한 국무장관이었다. 그는 케넌이 최초로, 그리고 가장 능란한 대변자가 된 개념들의 실행을 고안했다. 미국 외교정책의 두 거인 사이에 불화가 커진 것은 슬프고도 불가피했다.[56]

푸스카스와 스토에바는 NSC 68의 채택을 주도한 애치슨의 봉쇄전략은 케넌이 '긴 전보'에서 원래 제의한 그것과는 근본적으로 다른 군사화한 봉쇄정책이라고 평가했다. 그것은 서유럽과 일본 등 선진권에서 미국의 우월성을 확보하려는 정치적인 목표를 지닌 대전략이라는 것이다. 이들은 케넌의 봉쇄정책은 소련의 팽창을 억제하려는 목적에서 오직 소련에만 논의의 초점을 둔 데 비해 애치슨은 자신이 구상하는 특정한 권력─정치적 세력판도를 마음 속에 지녔기 때문에 소련의 위협을 과장했다고 비판적으로 분석했다.[57]

그러면 애치슨의 외교정책 철학은 그보다 11세나 젊은 저명한 학자이자 정치적 현실주의의 '지적 아버지'로 불린 한스 모겐소의 그것과는 어떤 점이 유사점이고 어떤 점이 차이점인가? 한스 모겐소는 독일에서 나치의 박해를 피해 1937년 미국으로 이민온 다음 현실주의 이론 체계를 완성하고 루스벨트의 뉴딜정책을 적극 지지했다. 애치슨의 국제정치에 대한 기본 인식은 모겐소와 여러 점에서 유사하다. 모겐소는 애치슨의 정책을 옹호하기도 하고 비판하기도 했는데 애치슨은 그의 글을 역비판하기도 했다. 무엇보다도 유사점은 외교정책 수행에서 권력정치의 원칙을 지키려 한 점, 그럼에도 불구하고 외교에서 도덕성의 중요성을 결코 망각해서는 안 된다는 점과 정책수행에서 신중함과 자제심을 강조한 점이 다. 이는 모겐소가 prudence(신중성, 實踐智)를 강조한 것과 유사했다. 애치슨과 모겐소의 유사점은 국제사회의 현실에 대한 인식에서도 나타난다. 애치슨이 19세기의 유럽 협조체제를 높이 평가한 것도 모겐소와 같다. 전통적인 세력균형 원칙을 국제정치의 기본 틀로 생각한 것도 이 때문이다. 펄머터(Oscar William Perlmutter)의 연구에 의하면 20세기 국제사회의 3대 사건으로 애치슨은 서유럽 강대국들과 아시아의 강국인 일본의 몰락, 그리고 미소 두 초강대국의 등장, 핵무기 개발, 아시아–아프리카 대륙의 식민지 해방을 들었다. 이에 비해 모겐소는 정치혁명과 미소 양극체제의 등장, 기술혁명과 새로운 전쟁 개념, 도덕 혁명, 기술 및 종교 그리고 아시아에서의 반란을 들어 서로 유사점을 보였다.[58]

그렇다고 애치슨의 외교노선이 모든 면에서 모겐소와 공통적인 것은 아니다. 그는 자칭 현실주의자일 뿐 실제로는 이상주의자, 감상주의자라고 보는 학자도 있다. 일부 애치슨 비판자들은 트루먼 독트린을 애치슨이 현실주의에서 일탈한 가장 대표적인 예, 즉 윌슨주의라고 주장한다.[59] 이 점에서 모겐소도 비판적이었다. 모겐소는 트루먼 독트린에서 사용된 언어가 감상주의로 흘렀고 그 내용도 감상주의적이거나 이상주의적인 것이어서 미국의 구체적 현실에 부합하지 않는다고 지적했다. 모겐소는 어떤 나라는 미국의 군사적인 힘으로, 어떤 나라는 정치적, 경제적인 개혁을 통해, 어떤 나라는 유엔의 합치된 노력으로 공산주의를 막을 수 있는데도 트루먼 독트린의 전반적인 일반화는 애치슨이 나중에 프레스 클럽 연설에서 강조한 세련성과 차별성과는 거리가 멀다고 지적했다.[60] 케넌은 모겐소보다 한발 앞서 트루먼 독트린을 비판했다. 그는 그리스와 터키라는 특수한 환경에서 특수하게 이루어진 결정을 애치슨이 보편주의적 정책의 범주에 넣었다고 지적하고 애치슨이 트루먼 독트린을 설명하면서 국가 이익과 정책 수단을 고려했는지 불확실하다고 비판했다.[61] 그렇기는 하지만 모겐소는 애치슨을 '가장 현실주의적인 전후 미국의 국무장관'이라고 높이 평가하면서 그의 기본적인 정책노선을 지지했다. 그는 애치슨을 존경하고 멀리서 그를 도운 '원거리의 고문'이기도 했다. 모겐소와 동갑인 케넌과의 관계도 이와 비슷했다. 1949년부터 약 1년 간 국무부 정책기획국의 고문을 맡은 모겐소는 케넌의 지지를 받았으며 소련 문제에 관해서는 그로부터 큰 영향을 받았다.[62]

4. 맥아더

1) 군인 집안

맥아더(1880. 1. 26~1964. 4. 5)는 역사에 이름을 남긴 미국의 걸출한 군인들 중 두 가지 상(像)을 함께 갖춘 출중한 인물이다. 그는 첫째, 전선에서 용맹을 떨친 일선 지휘관 상과 둘째, 조직과 전략의 재능이 뛰어난 군의 지도자 상을 겸비한 5성 장군이다. 맥아더는 1차 세계대전 때 프랑스 전선에서 혁혁한 무공을 세워 38세의 젊은 나이에 무지개사단(Rainbow Division) 사단장으로 진급하고 종전 후 귀국해서는 탁월한 군사조직의 관리자로서 최연소 웨스트포인트 사관학교 교장과 최연소 육군참모총장

기록을 남겼다.[63]

부친이 육군 중장을 지낸 군인 집안 출신인 그는 아버지 아더 2세(Arthur MacArthur Jr.)가 대위 시절 아칸소주 리틀록(Little Rock)시 군 기지 내 장교 숙소에서 어머니 핑크니(Mary Pinkney Hardy) 사이의 세 아들 중 막내로 태어났다. 핑크니(별명 핑키) 여사는 버지니아주 노퍼크(Norfolk) 근처의 리버리지(Riveredge)에 살던 명문가의 딸이었다. 어린 시절을 아버지의 근무지에서 보낸 맥아더는 책을 읽고 글씨를 쓰기 전부터 말을 타고 총을 쏘는 법을 배우면서 자라났다. 그의 친구들은 모두 아버지 부대의 군인 자제들이었으며 놀이터는 부대 병영 안이었다. 그는 어릴 때부터 아버지로부터 군인들의 용맹성에 관해, 그 중에서도 남북전쟁과 인디언과의 전투에 관한 이야기를 많이 듣고 자랐기 때문에 군인 이외의 직업은 생각할 겨를이 없었다. 맥아더는 "긴 회색 줄이 있는 웨스트포인트 육군사관학교 생도 유니폼을 입어보는 것이 나의 모든 희망의 십자성 같은 꿈이었다"고 늘 말했다.[64]

어린 맥아더는 아버지의 근무지가 워싱턴 D.C로 옮긴 후, 그 곳 공립 초등학교에 다녔다. 그는 아버지의 임지가 다시 남부지방인 텍사스주 샌안토니오(San Antonio)로 바뀌자 그곳 사관학교(West Texas Military Academy)에 들어가 최종학년 평균 97.33점이라는 우수한 성적으로 금메달을 수여받고 졸업식에서 졸업생 대표로 연설을 했다.

맥아더는 19세 때 뉴욕시 북방 허드슨강 중류지역에 위치한 웨스트포인트 사관학교에 입학했다. 입학 전 지능시험에서 93.3점을 받아 차점자보다 16점이나 앞섰다. 맥아더가 웨스트포인트 생도일 당시 아버지는 필리핀에서 육군 준장으로 스페인과의 전쟁에서 이름을 날렸다. 바로 이점 때문에 웨스트포인트의 상급생들이 신입생인 맥아더를 괴롭히기 시작해 여름 캠핑장에서 그에게 강제로 힘든 운동을 시켜 경련으로 의식을 잃게 했다. 그를 괴롭힌 상급생들은 겁을 먹었지만 맥아더는 의회 진상조사팀에게 이 일을 진술하지 않았다.

그는 4년 후 전 학년 평균 98.14점이라는 이 학교 101년 간 역사상 최우수 성적으로 졸업했다. 그는 졸업 당시 관례대로 최우수 졸업생을 배치하던 육군 공병대에 소위로 배속되었다. 이때가 그의 나이 23세였던 1903년이었다. 그는 초급장교 시절인 그 해에 제 3공병대대 소속으로 필리핀에 파견되어 부두건설 작업을 감독했다. 그 직전까지 아버지는 육군 중장으로 필리핀 총독이었다.

맥아더는 필리핀에 근무하는 동안 산적 두 명의 매복 기습을 받았다. 그의 옆에 서있던 상사 한 명이 총에 맞아 맥아더가 쓰러지는 그를 붙잡으려는 순간 이번에는 총탄이 그의 모자를 관통했다. 그러나 맥아더는 다른 상사의 도움을 받아 산적들을 퇴치해 목숨을 건졌다. 그는 1905년 아버지의 전속 부관으로 부친을 따라 만주로 가 러시아 군대를 물리친 일본군의 전투 상황을 시찰했다. 만주 묵단(牧丹) 전투에서 맥아더는 포탄이 떨어지는 전선에서 아버지를 통해 일본군으로부터 미국 시찰단 자리로 돌아가라는 요청을 들었으나 이를 무시하고 일본군을 따라 산꼭대기로 진군하기도 했다.

그 후 두 부자는 도고(東鄉平八郎) 등 일본 장군들과 나가사키 등 해군 기지를 시찰한 다음 상해, 홍콩, 자바, 싱가포르를 거쳐 이듬해 인도 캘커타, 카라치와 북서전선 및 키버 통로(Khyber Pass)를 시찰했다. 부자 일행은 다시 방콕, 사이공, 광동, 칭타오, 베이징, 티엔친, 항커우, 상해를 거쳐 다시 일본으로 돌아온 다음 1906년 미국으로 귀국했다. 그는 1912년 아버지가 별세한 후, 대위로 진급해 당시 육군참모총장이던 우드

(Leonard Wood) 장군의 보좌관으로 임명되어 워싱턴에서 근무했다.[65]

2) 1차 세계대전 참전, 프랑스 전선으로

참모총장실에 근무하는 동안 맥아더는 1914년 4월 윌슨 대통령의 지시로 잠시 혁명의 와중에 있던 멕시코의 항구인 베라크루즈(Vera Cruz) 점령작전에 투입되었다. 그는 거기서 단 3명의 멕시코인 안내원만 대동하고 30마일 이상 내륙으로 침투해 들어갔다가 과거 필리핀에서처럼 멕시코군 순찰병에게 들키는 바람에 교전이 벌어져 적을 6명이나 사살하고 무사히 항구로 되돌아오기도 했다. 이 사건으로 상급장교들이 맥아더의 용기를 인정해 훈장을 품신했으나 원정군사령관의 허가 없이 독단으로 행동했다는 이유로 훈장 품신이 기각되었다.

1916년 6월에는 소령 계급으로 신임 베이커(Newton D. Baker) 전쟁장관에 의해 전쟁부 공보국장 겸 검열관으로 임명되어 미 육군 최초로 공보장교가 된다. 맥아더는 당시 홍보를 배워 공보국 직원들로 하여금 정부에 유리한 자료는 가능한 한 많이 내고 그렇지 않은 것은 보류하도록 훈련시켰다. 이 무렵 유럽에서 일어난 1차 세계대전의 여파로 미국 여객선이 독일 해군의 공격으로 124명의 미국인이 사망하는 사건이 일어났다. 1917년 4월 윌슨 행정부는 독일에 선전포고하게 되고 이로써 미국은 1차 세계대전에 참전하게 되었다.

당연히 맥아더에게도 유럽 서부전선에서 싸울 기회가 왔다. 그는 1918년 2월 대령으로 진급해 각주 주방위군 병사들로 신규 편성된 제 42사단(무지개 사단) 참모장으로 임명되어 프랑스 전선에 배치되었다. 무지개 사단은 맥아더가 직접 고안한 부대의 무지개 마크 때문에 붙여진 이름이다.

그런데 무지개 사단은 프랑스 전선에서 미처 본격적으로 전투도 해보기 도 전에 전체 미군의 효율적인 작전상 필요 때문에 신규 사단을 해체해 다른 사단에 편입시킬 위기를 맞았다. 화가 난 참모장 맥아더가 기민하게 움직여 무지개 사단을 살렸다. 이에 힘을 입은 이 사단 병사들은 독일군 참호를 세 차례나 공격해 독일군 포로를 사로잡는 전과를 올렸다. 용감한 맥아더는 2월 26일 무장도 안하고 부하 몇 명만 거느리고 적의 철조망을 끊고 적 진지로 돌진해 지팡이로 독일군 대령의 등을 쳐 포로로 사로잡는 놀라운 전과를 올렸다. 이에 감탄한 프랑스군 측은 맥아더에게 훈장을 수여했다. 신문을 통해 맥아더의 혁혁한 전과를 알게 된 그의 어머니는 그녀의 옛 친구인 유럽 주둔 미원정군(AEF) 사령관 퍼싱(John J. Pershing)장군에게 편지를 썼다. 그녀는 "나는 내 아들이 장군이 되는 것을 볼 수 있도록 오래 사는 것이 인생의 희망이요 야심이라는 점을 당신에게 스스럼없이 고백한다"라고 썼다. 맥아더는 약 한 달 후 준장으로 진급해 사단 예하 보병연대장에 임명되었다.

혁혁한 전공을 세운 맥아더는 드디어 1차 세계대전 휴전 하루 전날 무지개 사단장으로 진급했다. 무지개 사단은 전 전투병력의 절반에 해당하는 5,000명의 전사, 실종, 부상 등 큰 인명손실이 날 정도로 용감하고 무모하고 성급하고 치열한 전투를 했다. 결국 독일군은 프랑스로부터 라인강 너머로 퇴각하지 않을 수 없었다. 그동안 맥아더가 받은 훈장은 7개 은성무공훈장을 비롯해 미국과 프랑스의 최고 훈장들이었다.[66]

3) 개혁적 웨스트포인트 육사 교장

1차 세계대전이 끝나고 귀국한 맥아더는 1919년 5월, 39세의 나이에 웨스트포인트 육군사관학교 교장으로 임명되었다. 이 자리는 맥아더에게 큰 혜택을 주었다. 그의 많은 동료들은 전쟁이 끝나자 전통에 따라 전쟁 전 원래 계급으로 강등되었으나 맥아더는 사관학교 교장에 임명됨으로써 전쟁 전 계급인 소령으로 강등되지 않고 준장 계급을 그대로 유지할 수 있었다.

맥아더는 '웨스트포인트의 아버지'로 불린 데이어(Sylvanus Thayer) 교장 이래 최연소 교장이었다. 32세의 대령으로 먼로 대통령에 의해 교장에 임명되어 16년 간 웨스트포인트 교장을 지낸 데이어는 이 학교를 미국 최초의 공과대학으로 만들었다. 미국 동부의 명문 다트머스대학을 나와 웨스트포인트에 들어간 지 1년 만에 졸업하고 육군 소위에 임관된 특이한 경력을 지닌 데이어의 경우는 교장 임명에 반대가 많았다.

그러나 맥아더의 경우는 그렇지 않았다. 맥아더는 프랑스 전선에서 독일군 진지에 접근한 방식으로 웨스트포인트 교장직을 수행했다. 그는 우선 신임 교장 환영 사열식을 갖지 않겠다고 부관에게 일렀다. 맥아더는 과거 웨스트포인트, 프랑스 전선 그리고 다른 배속 부대에서 수많은 사열식을 보면서 그런 행사가 병사들을 괴롭히는 일이라고 생각했기 때문이다.

맥아더는 먼저 1차 세계대전 중 2년 과정에 5개 반을 졸업시켜 장교 양성소 비슷하게 된 웨스트포인트의 학제를 4년제로 바꾸었다. 그는 전쟁이 끝난 다음, 독일 라인란트 지역을 점령한 미 군정청 장교들에게 정치, 경제, 사회문제에 관한 많은 지식이 필요함에도 불구하고 이곳에 배치된 웨스트포인트 출신 장교들조차 군사학 이외 분야의 지식이 전무하거나 거의 없다는 것을 알게 되었다. 맥아더에게는 당시까지 '전인'(whole man)교육이라는 전통적인 교육 목표에 사로잡혀 있던 웨스트포인트의 교육 내용을 근대화시키는 것이 큰 과업이었다. 그는 '의무-명예-국가'라는 웨스트포인트의 모토를 실현하기 위해 보수적인 편협성으로부터 자유주의적 진보주의로 학교정신을 개혁하려는 목표를 세웠다.

완벽주의자인 맥아더는 또한 생도들의 사기를 떨어뜨리는 비민주적인 생도교육 방식의 혁파 그리고 그 때까지 구두로만 읽었던 생도의 '명예 규정'을 성문화하는 등 각종 학교 개혁안을 제시해 일부 반발을 사기도 했지만 점차 채택되었다. 맥아더는 명예 규정을 실시하기 위해 생도들의 행동을 심사하는 사관생도 명예규정위원회를 설립해 생도 자신들을 배심원으로 참여시켰다. 맥아더는 선배 생도가 후배 생도를 괴롭히는 관행을 없애기 위해 상급반 사관생도 대신 장교들에게 신입 사관생도들의 훈련을 맡겼다.[67]

맥아더는 1922년 사교계 여성이자 두 아이까지 있는 수백만 달러 소유의 재벌 미망인이자 당시 육군참모총장이던 존 J. 퍼싱 장군의 여자친구인 26세의 브룩스(Louise Cromwell Brooks)와 결혼해 화제가 되었다. 맥아더는 웨스트포인트 교장을 마친 다음 부인과 함께 필리핀의 군사고문으로 미국을 떠났다. 그러나 부인과는 결혼 7년 만에 이혼하고 1937년에 페어클로스(Jean Faircloth)와 재혼하게 된다.

그는 45세인 1925년에는 미국 역사상 세 번째 최연소 육군 소장으로 진급해 본국에서 4군단장과 3군단장을 차례로 역임하고 1927년에는 미국 올림픽위원장에 선출되었다. 맥아더는 이듬해 암스테르담에서 열린 하계올림픽에서 미국 선수들이 24개 금메달을 따고 17개 올림픽 신기록과 7개 세계신기록을 수립하는 데 기여해 일약 대중적인 스타가 되기도 했다.[68]

4) 육군 예산 삭감 문제로 루스벨트 대통령과 충돌

후버(Herbert Hoover) 대통령은 1930년 8월 당시 육군 소장 가운데서 가장 젊은 50세의 맥아더를 육군참모총장에 임명한다고 발표했다. 맥아더의 나이가 너무 젊어 군과 언론에서 말들이 나왔다. 『뉴욕 타임스』는 사설에서 후버 대통령이 육군에서 충분한 경력을 쌓은 현역 소장 가운데 퇴역하지 않고 4년 더 일할 수 있는 유일한 인물이라고 말한 것은 잘못된 정보 때문이라고 지적했다. 즉 맥아더 이외에도 10명이나 되는 다른 소장의 임기를 계산하는 데 오류가 생겼다고 지적한 다음 이들의 명단까지 전부 열거하면서 후버를 공격했다. 이 사설은 맥아더 발탁 인사가 군의 사기에 지장을 준다고 지적하고 육군이 타인을 배려하기를 잊은 것은 큰 실수라고 주장했다.

맥아더는 그해 10월 미국 역사상 최연소 참모총장으로 취임하고 계급도 육군 대장으로 올랐다. 마침내 그의 오랜 야망이 이루어진 것이다. 맥아더는 참모총장 재임 시절 국방비 축소와 징집 반대를 주장하면서 군을 매도하고 군부의 소위 '군사주의'를 공격한 기독교계 지도자들과 그를 '전쟁 도발자'라고 비난한 공산주의자들에 대해 참지 못했다. 맥아더가 피츠버그대에서 강연할 때는 청년공산주의연맹 회원들이 피켓을 들고 그에게 항의해 경찰까지 동원되기도 했다. 그의 반공주의는 이 무렵부터 확고한 신념이 되었다. 그는 또 한 종교신문(The World Tomorrow)에 공개서한 형식의 기고문을 싣고 '교역자 예복을 입고 공공연히 국가의 법 위반을 옹호하는 사람들'이 미국의 안보역량을 증대시키기보다 축소시키고 있다고 비난했다.[69]

맥아더의 육군참모총장 재임 시절 일어난 사건이 소위 '보너스 원정군'(Bonus Expeditionary Forces) 사건이다. 이 사건은 1차 세계대전 참전용사들에 대한 전투수당 지급을 둘러싼 시위 사건이다. 공산주의자들도 시위에 가담해 데모가 격렬해졌다.

원래 전쟁이 끝난 후인 1924년 미국 연방의회는 참전용사들에게 참전수당을 지급하는 법안을 통과시켰으나 쿨리지(Calvin Coolidge) 대통령이 거부권을 행사했다. 그는 "돈을 주고받는 애국심은 애국심이 아니다"라는 단호한 입장을 밝혔다. 그러나 의회는 이 법안을 다시 2/3의 다수결로 통과시킴으로써 '세계대전 적응보상법'이라는 법안이 확정되었다. 참전 수당은 국내에서 군 복무한 경우 하루 1달러씩 지급하되 상한액을 500달러로 정하고 해외에서 전투한 경우 하루 1달러 15센트씩으로 하되 상한액을 625달러로 정했다. 여기에 수령 총액이 50달러 이하일 경우 즉시 지급하고 그 이상에 대해서는 20년 만기 때 지급하는 증서를 발행했다.

지급이 연기된 당사자가 무려 360만 명에 달했는데 의회는 지급준비금으로 기금을 만들어 당사자들에게 일정액을 미리 대출해주도록 했다. 그러나 1930년대 들어 대공황이 일어나자 의회가 대부액을 다시 대폭 증액하는 법안을 추진했다. 후버 대통령과 공화당은 이를 강행할 경우 재원부족으로 증세가 불가피하다는 이유로 이를 견제했다. 그러나 이에 맞서 1932년 5월 하원은 참전용사들에게 참전수당을 즉시 지급하는 법안을 통과시켰다. 하지만 그 다음 달 17일 공화당이 지배하던 상원이 이를 부결시키고 말았다.

이에 불만을 품은 1만 5,000명의 참전용사들과 그의 가족 그리고 지지자 등 모두 4만 3,000명이 워싱턴 D.C에 집결해 시위를 벌였다. 전투 수당을 둘러싸고 데모가 일어난 것은 19세기 중반 남북전쟁 이후 두 번째였다. 이 시위 사건의 주동자는 일개 사병이었지만 해병대 예비역 소장이 이들의 농성 천막을 방문해 격려하는 등 일반 여론이 이들에게 동정적으로 돌아 큰 사회문제로 비화했다. 법무부가 나서 이들에게 해산을 종용하고 경찰이 발포까지 하면서 해산하려고 했으나 듣지 않자 마침내 후버 대통령은 7월 28일 강제해산 명령을 내렸다. 육군참모총장이던 맥아더가 시위대 해산 명령을 집행하게 되어 기병대가 출동하고 전쟁 영웅 패튼 (George S. Patton) 장군이 탱크 5대를 끌고 나와 진압작전을 폈다. 이 사건의 여파로 1932년 11월 실시된 대통령선거에서 후버 대통령은 민주당의 루스벨트(Franklin D. Roosevelt) 후보에게 압도적인 표차로 낙선했다. 이듬해 봄에는 참가 인원이 적은 제2차 보너스 원정군 시위 사건이 일어나자 하원이 이들에게 굴복해 보너스를 지급하는 법안을 통과시켰다. 그러나 이번에는 루스벨트가 이 법안에 거부권을 행사하고 이들에게 보너스 지급 대신 취업 알선 쪽으로 해결을 시도했다. 이에 대해 의회는 루스벨트가 거부한 법안을 2/3 찬성으로 재의결함으로써 결국 참전용사들의 의사가 관철되었다.[70)

맥아더는 자신보다 두 살 아래인 루스벨트(1882~1945) 대통령을 좋아하지 않고 뉴딜정책에 반감을 가진 것으로 알려졌으나 20세기 중엽 미국의 대표적인 언론인 존 건서(John Gunther)에 의하면 사실은 정반대였다고 한다. 1차 세계대전 발발 당시 육군참모총장실에서 소령으로 근무하던 맥아더는 당시 해군차관이던 루스벨트와 처음 알게 된 후로 서로 존경하는 사이가 되었다. 이들 사이에는 서로 성을 붙이지 않고 이름만 부르는 친밀한 관계가 오랫동안 지속되었다.

루스벨트는 맥아더의 경력에도 많은 도움을 주었다. 루스벨트는 1933년 대통령에 당선되자 육군참모총장이던 맥아더의 총장직 임기를 전례없이 연장시켜가면서 그를 그 자리에 유임시켰다. 루스벨트는 맥아더로 하여금 마닐라로 날아가 필리핀 정부의 군사고문직과 원수직에 취임하도록 강력히 권유했다. 루스벨트는 또한 일본군의 진주만 기습사건 이전에 맥아더를 본국으로 불러 현역에 복귀시키고 극동지역 미 육군사령관에 임명했다. 루스벨트는 태평양전쟁 발발 후 1944년 호놀룰루 작전회의에서는 해군 측이 주장한 중국 해안 상륙작전 대신 맥아더의 필리핀 상륙 계획을 밀어주었다. 루스벨트는 이때 즉각 전선으로 떠나려는 맥아더를 붙잡아 하와이에서 하룻밤을 함께 보냈다고 한다.[71)] 이 기간동안의 활동을 좀 더 자세히 살펴보자.

맥아더는 미국이 대공황을 맞아 육군 병력 수가 2년 새 세계 60위에서 70위로 떨어진 데 불만을 품고 1933년 웨스트포인트 졸업생들 앞에서 "유화주의자들의 버릇은 평화도 보장하지 못하고 국가적 모욕이나 침략 방지도 못한다" 라고 비난하면서 '평화병자들의 뻔뻔한 선전' 에 속아서는 안 된다고 주장했다. 맥아더는 루스벨트의 뉴딜정책을 지지했지만 그의 강력한 군대 양성 주장과 유화주의와 고립주의에 대한 그의 공개적 비난 때문에 루스벨트 행정부 수뇌들에게 인기가 없었다.

그는 루스벨트의 육군 예산 51% 삭감 계획으로 대통령과 격돌했다. 맥아더는 "만약 우리가 다음 전쟁에 져 미국 청년이 그의 배가 적의 총검에 찔리고 그의 목이 적의 군화에 짓밟힌 채 진흙 속에 누워 죽어간다고 가정하고 그 미국 청년이 마지막 저주를 내뱉는다면 그 상대방의 이름은 맥아더가 아니라 루스벨트이기를 바랍니다" 라고 강의조로 말했다. 루스벨트는 답변으로 "귀관은 대통령에게 그런 식으로 말해서는 안돼요!" 라고 외쳤다. 그러자 맥아더는 자신이 사직하겠다고 말했다. 그러나 루스벨트가 거부하자 맥아더는 백악관에서 비틀거리며 밖으로 나오면서 앞 계단에서 먹은 음식물을 토했다고 한다. 결국 던(George H. Dern) 국방장관의 도움으로 맥아더는 의회로부터 1억 7천만 달러의 군 현대화 예산을 따낼 수 있었다. 이에 따라 그해 국방 예산은 7억 달러로 증액되고 맥아더의 참모총장 임기도 1935년 10월까지 1년 더 연장되었다.[72]

5) 성공적인 일본 군정 실시

참모총장직을 마지막으로 군에서 예편한 맥아더는 1937년 말 루스벨트의 재가를 받아 원수 계급의 필리핀 정부 군사고문으로 초빙되었다. 1935

년 미국의 보호령으로 반독립국의 지위를 얻은 필리핀은 1946년 완전 독립국이 되기로 결정되어 있었다.

루스벨트는 1941년 7월 26일, 미국과 일본 간 전운이 감돌기 시작하자 태평양 지역 방위 태세 강화를 위해 맥아더를 다시 현역으로 복귀시켜 육군 소장 계급의 극동지역 육군사령관에 임명했다. 맥아더는 바로 이튿날 자로 중장으로 진급하고 태평양전쟁이 발발한 그해 12월에 대장으로 진급했다. 맥아더는 바로 이 무렵(12월 8일) 일본군이 필리핀을 침공하는 바람에 마닐라에서 필리핀 북부지방인 바타안(Bataan) 반도로 후퇴했다가 이듬해 3월 그의 가족 및 참모들과 함께 오스트레일리아로 철수했다. 그곳에서 맥아더는 남태평양지역 연합군 최고사령관에 임명되어 2년 이상의 전투 끝에 필리핀을 되찾는 데 성공했다.

그가 필리핀에서 철수했을 때 다시 돌아오겠다고 말한 약속을 지킨 셈이다. 맥아더는 1944년 정년인 64세를 맞았으나 그의 나이나 건강은 그를 군사령관에 유임시키는 데 아무 장애도 되지 않았다. 그는 1945년 8월 연합군 최고사령관에 임명되어 그해 9월 2일 일본 도쿄만에 정박한 미주리함상에서 일본으로부터 정식 항복을 받고 6년 간 점령군 최고사령관으로 일본 점령 정책을 감독했다.[73)]

맥아더는 일본에서 점령군 최고사령관으로 한줌 밖에 안되는 병력과 민간인 고문들을 데리고 어떤 종류든지 무력을 사용하겠다는 위협 없이 새로운 일본을 '창조' 했다. 맥아더에 의하면 일본은 그가 통치한 5년 간 한 민족이 시도한 개혁 중 최대 규모의 개혁을 단행해 '민주주의 개념의 요새' 가 되었다는 것이다. 맥아더 스스로 일본 점령정책이 세계가 아는 가장 위대한 정신혁명이었다고 주장했다.[74)]

맥아더는 1946년 초 트루먼 행정부가 일본 천황 히로히토(裕仁)를 전범으로 처벌할 것을 심각히 검토했을 때 육군참모총장인 아이젠하워 장군을 통해 합참에 강력한 어조의 반대 의사를 표명했다. 만약 히로히토를 전범으로 낙인찍으면 일본 사회는 큰 혼란에 빠져 미국은 최소한 백만 명의 병력과 수십만 명의 민간인 행정관을 현지에 파견해야 하고 미군의 일본 점령 기간도 무기한 연수를 필요로 할 것이라고 주장했다. 합참과 국무부 고위관리들은 맥아더가 주장한 '무서운 결과'에 거의 만장일치로 히로히토 처벌 문제를 조용하고 신속히 처리하는 데 동의했다.[75]

맥아더가 미국 내에서 정치적 영향력을 가진 것은 '차이나 로비'로 불린 미국 보수세력의 지도자들 덕분이다. 이들은 장제스 뿐만 아니라 한국, 일본, 필리핀의 보수적인 정권을 지지했다. 맥아더는 미국이 이 국가들을 지원해야 한다고 주저없이 공개적으로 주장했다. 그는 그 대신 타이완의 장제스, 일본의 요시다(吉田茂), 한국의 이승만, 필리핀의 록사스(Manuel Roxas)와 퀴리노(Elpidio Quirino) 두 대통령으로부터 강력한 지지를 받았다. 맥아더의 대중적 이미지는 그를 이 지역의 국가 지도자들의 눈에 단순한 미국 장군 이상으로 보이게 했다. 즉 맥아더는 이 지역에서 미국의 세계 전략을 상징하는 인물로 보였다.[76]

맥아더는 일본에 부임한 1945년 9월부터 6·25전쟁이 일어난 1950년 6월까지 정확히 두 번-1946년 7월 4일 필리핀 독립기념일에 참석하기 위해 마닐라에 당일치기로 다녀오고 1948년 8월 한국의 건국 선포식 참석차 서울에 역시 당일치기로 다녀온 -외에는 도쿄를 떠나지 않았다. 그는 일본 국내에서도 관저로 사용한 일본 대사관저와 집무실인 다이이지생명 빌딩을 왕복하고 일본을 방문하는 미국 정부 요인들을 위해 하네다 공항에 가끔 나가는 정도 외는 동경을 떠나지 않았다. 그는 도쿄 시내와 지방 미군기지 시찰도 별로 하지 않았다.

동양인의 심리를 파악한 맥아더는 일본인들을 자주 만나지 않아야 그들의 존경을 받는 것을 알았기 때문에 일본인의 경우 천황, 수상, 외상, 국회 양원 의장, 최고재판소장 정도만 공무상 접견하고 다른 사람은 만나지 않았다. 사실상 일본의 천황과 같은 그의 막중한 임무가 '신성하다'고 생각했기 때문에 그는 죽을 때까지 그곳에 머물러 있어야 한다고 생각했다. 6·25전쟁 발발 후에는 한국 전선을 시찰할 때도 반드시 당일 도쿄로 귀환했다. 그는 항공기로 한국에 가기 위해 도쿄와 가까운 요코스카 해군기지에 들렀으나 해군기지사령부를 방문한 적은 없다.[77]

6) 맥아더의 두 가지 성격

1950년 6월 6·25전쟁이 일어나 유엔 안보이사회의 결의로 유엔군이 한국에 파견되자 맥아더는 71세의 나이로 초대 유엔군사령관에 임명되었다. 트루먼은 맥아더를 5년 전 도쿄 주둔 연합군 최고사령관에 임명한 데 이어 이 해 두 번째로 그에게 막중한 임무를 부여했다. 이에 특별한 고마움을 느낀 맥아더는 트루먼에게 보낸 감사 전보에서 "이번에 두 번째로 본인에게 큰 영광을 주신 데 대해〔1945년 당시의〕생생한 기억과 함께 거듭 감사드리며 본인은 오직 세계평화와 친선을 위해 애쓰시는 각하의 기념비적 투쟁에 절대적으로 헌신할 것과 아울러 각하에 대한 본인의 완전한 개인적 충성을 드린다는 맹세를 반복하는 바입니다"라고 썼다. 트루먼은 이에 대해 "귀관의 편지는 본인이 귀관을 선발하는 데 완전한 지혜를 발휘했다는 확신을 확인시켜 주었습니다—만약 어떤 확인이 필요하다면 말입니다"라고 답했다.

이 무렵 뉴욕 타임스 명기자 레스턴은 "외교능력과 다른 사람들의 의견과 감성을 배려하는 많은 관심이 그의 새로운 보직 수행에 긴요한 정치적 자질이다. 이 점은 정확히 맥아더 장군이 과거에 결여되었다고 비난받은 자질이다" 라고 논평했다. 레스턴은 이어 맥아더가 과거 일처리를 자기 멋대로 하고 워싱턴의 지시를 기다리지 않는 오랜 습성이 있다고 상기시켰다. 그는 구체적으로 6·25전쟁 개전 초 맥아더가 유엔군사령관에 임명되기 전, 미국 극동군사령관 자격으로 대통령 승인이 나기도 전에 평양을 폭격하라고 지시한 사실을 지적했다. 레스턴은 결론적으로 맥아더는 자신의 판단에서 고집스런 자신감을 갖고 스스로 군주와 같은 권력을 행사했다고 비판했다.[78] 불행히도 레스턴의 지적은 몇 달 못 되어 정당한 비판이었음이 판명되었다.

맥아더는 천재적인 두뇌의 소유자이기 때문에 성격도 복합적이었다. 이 때문에 맥아더에 대한 평가도 다양해 어느 것이 '진짜 맥아더' 인지 의문을 표하는 사람도 있다. 맥아더 연구의 권위자 D. 클레이튼 제임스 교수에 의하면 그는 능숙한 정치가인 루스벨트처럼 특정 시간과 특정 청중에 맞춰 그의 목적에 따라 서로 상치되는 모습을 보였다. 수백 명에 달하는 그의 동시대인들이 그의 성격을 수백 가지 다르게 묘사했다는 것이다. 맥아더는 진보주의자처럼 보이기도 보수주의자처럼 보이기도 했고 공격적인 사람으로 보이는가 하면 조심스런 사람으로 보이기도 했고 독립심 강한 사람으로 보이는가 하면 남에게 추종하는 사람으로 보이기도 했고 이상주의적으로 보이는가 하면 현실주의적으로 보이기도 했고 조용한 성품으로 보이는가 하면 남을 잘 놀라게 하는 사람으로 보이기도 했다.

또한 맥아더는 그를 조금만 알거나 언론보도를 통해 아는 사람들에게는 자부심 강하고 거만하고 도도하고 허세 부리는 위인으로 보였지만 직업적으로 또는 개인적으로 가까운 사람들은 그를 자기희생적이며 겸손하고 매력적이며 검소한 사람으로 보았다. 이처럼 상호 모순된 맥아더의 성격은 6·25전쟁 중에도 잘 나타났다. 그는 어떤 때는 현지 사령관이 원하지 않는데도 신변 위험을 무릅쓰고 한국 전투지역을 방문하는가 하면 어떤 때는 장기간 전투지역에 가는 것을 거부했다. 또 어떤 때는 자신의 전략적 탁월함을 과시하기를 좋아했고 어떤 때는 망설임과 무모함을 나타내기도 했다. 맥아더의 성격은 상호 모순되는 양면성 때문에 심리학자들조차 그의 성격을 묘사하기 위한 모순어법(oxymoron)을 구사하는 데 골몰했다고 한다. 맥아더는 천재적인 독서와 공부로 다져진 1급의 정신력을 소유한 최상급의 눈부신 자질을 가졌으나 그 대신 겸허함이나 유머감각은 부족했으며 자신의 잘못이나 패배를 절대로 인정하지 않고 이를 변명하고 은폐하려고 유치한 트릭을 쓰기도 했다는 것이 그의 측근 참모이자 훗날 위스콘신 주지사가 된 라폴레트(Philip LaFollette)의 회고다.[79]

2차 세계대전 기간 그를 취재한 뉴욕 타임스의 캐틀리지(Turner Catledge)도 "맥아더는 군사전문가이고 정치적 인물이고 운명적인 남성이며 우리가 취재한 인물들 중 가장 멋진 인터뷰였다"라고 하면서도 "그처럼 자기중심적이고 그것을 행동으로 보여주는 유능하고 결단력 있는 사람을 못 보았다"라고 평가했다. 맥아더는 그의 자기중심벽과 이상할 정도의 고립적인 생활방식 때문에 아첨꾼 부하들에 둘러싸여 정보판단에 어두웠다는 것이 제임스의 분석이다.

맥아더가 중국이 6·25전쟁에 개입하지 않을 것이라는 근거 없는 낙관론에 사로잡힌 것도 그의 생활방식과 결코 무관하지 않다. 참으로 애석한 일이지만 그가 만약 중공군의 대규모 참전 사실을 미리 알았더라면 6·25전쟁의 전개 양상도 분명히 달라졌을 것이다.[80]

The Korean War and
the United States

V. 기나긴 휴전협상

☐ 휴전협상의 조건들

1. 영국과 인도의 협상안

'세계대전 축소판'이라고 불린 6·25전쟁은 관련국 수가 많아 각종 휴전안들이 북한군 남침 직후부터 여러 나라에 의해 제안되었다. 이 중에는 한반도 문제를 무력이 아닌 평화적 수단으로 해결하자는 명분 아래 다른 정치적 현안을 해결하려는 정치흥정 성격이 짙은 제안들도 많았다. 휴전회담을 '승리의 대안'이라고 부른 사람도 있지만 대안치고는 너무도 값비싼 대가였다. 미국은 스탈린의 회담 지연작전으로 약 2년 동안 비싼 대가를 치렀다. 휴전협상을 4단계로 나누어보면 개전 초기 단계, 유엔군의 북진작전 단계, 중국군 개입 이후 유엔이 서울 남방으로 밀린 단계, 그리고 휴전회담 단계이다.

첫 단계인 개전 초기의 협상 노력은 1950년 6월 25일 북한의 김일성 정권이 남침을 개시하고 미국이 유엔을 통해 파병을 결정한 직후인 6월 29일 모스크바에서 최초로 벌어졌다. 모스크바 주재 영국 대사 데이빗 경(Sir David Kelly)은 소련 측에 한국 사태의 평화적 해결 가능성을 타진했다. 그로미코(Andrei Gromyko) 소련 외무차관은 약 1주일 만인 7월 6일 영국 측이 구체적인 안을 제시할 것을 요구했다. 이에 영국의 베빈(Ernest Bevin) 외상은 이 사실을 애치슨에게 통고하면서 소련 측이 한국 사태의 원상회복의 대가로 미국의 타이완 방어작전 중단과 중국의 유엔 의석 획득 문제를 제기할 것 같다고 밝혔다.[1] 이 제안은 한국의 휴전과 아무 관계도 없는 장제스 정권의 종말과 그 영토인 타이완을 중국에 제공하려는 국제권력 정치의 한 전형이었다.[2]

애치슨은 7월 10일 이를 단호히 거부했다.[3] 이날 애치슨이 베빈에게 보낸 서한에서 솔직히 밝힌 것처럼 트루먼 행정부는 침략자가 군사적으로 성공적이 아니어야 하고 아울러 소련도 자국이 시작하지 않았다고 주장하는 북한의 공격을 중지시키고 어떤 대가도 받아서는 안 된다는 확고한 입장이었다.[4] 트루먼 행정부는 중국의 유엔 의석 문제나 타이완 처리 문제는 6·25전쟁이 끝날 때까지 기다려야 한다는 입장이었다.

영국 정부의 움직임과 때를 맞춰 인도 정부도 나섰다. 인도 정부는 공산중국이 유엔 안보리에 들어가 이 기구를 개편한 다음 여기서 한국의 휴전을 위해 즉각 움직이고 북한군은 38선 이북으로 철수할 것 그리고 유엔은 독립된 통일 한국의 건설을 위한 노력을 할 것을 제안했다.[5] 네루(Jawaharlal Nehru) 인도 수상은 이런 내용 중에서도 중국의 유엔 의석 획득의 중요성을 강조하면서 미소 양국이 이를 전쟁 종식의 단초로 삼을 것을 촉구하는 서한을 스탈린과 애치슨에게 보냈다. 네루의 여동생인 주미 인도 대사 판디트(Vijaya Lakshmi Pandit)는 애치슨을 찾아가 중국이 유엔 회원국이 된 후 무책임하게 행동한다면 세계 여론이 이를 규탄할 것이라고 설득했다.[6] 스탈린은 이 제안에 긍정적인 회답을 보내고 안보리가 남북한 대표들의 의견을 듣도록 5개국 회담을 개최할 것을 제안했다.[7] 그러나 애치슨은 7월 18일 6·25전쟁과 중국의 유엔 대표권 문제는 별개 사안이라면서 이를 거부하고 평화파괴나 침략행위는 유엔헌장 위반이라고 지적했다. 영국과 인도의 제안은 미국 의회와 언론에서도 유화적인 것이라고 평가했다.[8] 이에 대해 당시 국무부의 소련 전문가이던 케넌은 인도의 제안을 검토하는 데 호의적이었다. 그러나 국무부 고문인 덜레스는 케넌의 견해가 미국 국민들에게 혼란을 가져오고 군사비 증강을 꾀하는 행정부의 입장을 약화시킬 우려가 있어 반대한다고 밝혔다.[9]

미국 측의 부정적인 반응에도 불구하고 인도 정부는 6·25전쟁이 미소 간 전면전으로 확대될 위험이 있는 것으로 판단하고 이를 중지시키려는 노력을 계속했다. 인도의 유엔대표 베네갈 경(Sir Benegal Rau)은 8월 1일, 북한군 철수와 휴전을 전제로 한 '한국 문제의 평화적이고 명예로운 해결'을 탐색할 위원회를 유엔 안보리 비상임이사국들로 구성하자는 제안을 내놓았다. 미국은 북한이 6월 25일자 및 27일자 유엔 안보리 결의를 준수할 것을 촉구하는 입장이어서 어떤 특정 위원회가 한국 문제를 다루는 데 호의적인 반응을 보내지 않았다.[10]

2. 유엔군 북진과 협상안들

휴전협상의 두 번째 단계는 유엔군이 38선을 돌파하려는 시기부터 시작되었다. 중국이 9월말 6·25전쟁에 개입하겠다는 위협을 하자 우선 인도가 9월 30일, 유엔군이 북진을 중지하고 북한군에 자진해 전투 중지를 할 기회를 부여하자는 제안을 다시 유엔 안보리에 긴급 제안했다. 마침 이날은 영국의 발의로 서방 국가들이 한국 통일을 위한 결의안이 유엔에 제출된 날이어서 유엔 무대에서 긴장이 일었다. 서방 측의 통일결의안은 유엔군의 38선 돌파와 북진작전을 유엔 결의로 뒷받침하기 위해 제안된 것이다. 그 내용은 ① 한국(전역)에 걸친 안정 상태의 확보를 위한 모든 적절한 조치, ② 유엔 후원 하의 통일·독립·민주적 한국 정부의 수립을 위한 선거 실시 등 헌법적 조치, ③ 통일정부 수립에 있어서의 유엔과의 협력, ④ 유엔군은 앞의 2개 항목인 한국의 안정 상태 확보와 선거 실시 이외의 목적으로 한국에 잔류하면 안 된다는 것을 골자로 하는 것이었다. 이 결의안은 10월 7일 유엔 총회에서 찬성 47, 반대 5, 기권 7표로 통과되었다. 소련과 인도, 유고는 반대했다. 반대 이유는 이러한 결의안이 침략을 격퇴한다는 유엔의 원래 목표를 초과한다는 것이었다.[11]

이런 상황에서 그동안 유엔군이 인천상륙작전의 성공에 이어 전격적인 북진작전을 펴자 소련 수상 스탈린은 놀라움과 함께 충격을 받고 유엔을 통해 휴전협상의 통로를 모색했다.[12] 스탈린의 지시에 따라 소련 외상 비신스키(Andrei Y. Vyshinsky)는 10월 2일 중국 측과 협의를 거쳐 우크라이나, 벨로루시아(벨라루스), 폴란드 및 체코슬로바키아와 함께 한국에서 즉각적인 휴전을 하자는 결의안을 소련 대표 말리크(Jacob Malik)로 하여금 유엔에 제출하도록 했다. 이 결의안은 38선에서의 적대행위 중지와 외국 군대의 철수 그리고 한국과 접경한 국가들의 대표들로 구성된 유엔감시단 감시 하의 한반도 전체에서의 총선 실시가 그 골자였다. 유엔사무처의 소련인 간부인 카사니에프(Vassili Kassaniev)는 "만약 맥아더 장군이 그의 군대를 38선에서 멈추는 데 동의한다면 북한은 스스로 무기를 내려놓을 것이며 유엔임시위원회가 남북한 총선거를 실시할 수 있도록 북한 입국이 허용될 것"이라고 밝혔다. 로즈마리 풋의 지적처럼 이런 제안은 외견상 소련이 최초로 북한 내에서 벌이는 유엔의 주요 활동에 동의할 것이라는 점을 시사함으로써 소련의 전쟁 이전의 강경한 입장에서 크게 후퇴한 것이었다.[13] 그러나 이 제안은 미국의 주도 아래 서방국가들에 의해 부결되었다.[14] 소련의 휴전 제안은 북진하는 유엔군을 일시 저지시키려는 책략이었음을 짐작할 수 있다.

10월 5일에는 네덜란드 유엔 대표가 휴전안 제의 의사를 밝히면서 10월

30일까지 38선 이북에서의 모든 육·해·공군의 작전을 중지시키고 북한으로 하여금 자진해 남반부 '해방' 목표가 실패했음을 자인하는 기회를 갖도록 하려고 했다. 유엔 트리그브 리 사무총장이 이끄는 유엔사무처도 유엔군의 38선 돌파를 방지하기 위해 적극적으로 나섰다. 이들은 유엔군이 38선을 넘으려고 기도하지 않는다는 조건 아래 38선 이북 지역의 유엔 감시 하의 선거 계획을 마련했다.[15]

11월 들어 오스트레일리아 유엔대표 케이드 경(Sir Keith Officer), 페루 대표 벨란데(Victor Belande) 그리고 영국 베빈 외상이 압록강 남쪽에 비무장지대를 설치하고 북진하는 유엔군은 한반도의 좁은 목(대체로 40도선)으로 철수시키자는 휴전 구상을 미국 측에 차례로 제안했다.[16]

3. 영국의 '유엔라인' 안

1) 영국안의 내용

유엔군이 평양을 점령하고 그 여세를 몰아 파죽지세로 북진작전을 펼치자 영국 외상 베빈이 서둘러 미국 측에 제안한 안은 북한에 '완충지역'(buffer territory)을 설치하는 내용이었다. 이 제안이 성안 단계에서 언론에 보도되자 가장 강력히 반대한 사람은 맥아더 장군이었다. 사실상 전쟁이 모두 끝났다고 확신한 그는 그런 방안이 북한 정권에 한국 영토의 일부를 제공해 그 지역에서 대한민국에 대한 새로운 공격을 자유롭게 준비할 수 있도록 해주는 제2의 38선을 만드는 것이라고 비판했다.[17] 합참도 전쟁이 모두 끝난 것으로 생각하고 하루 빨리 한국에서 2개 사단을 빼야겠다고 맥아더에게 재촉하는 판이어서 이 안을 찬성하지 않았다.[18] 그러나 영국 외상 베빈은 유엔군의 북진으로 중국과의 전쟁이 발발하면 서유럽 안보에 타격을 줄 것을 우려해 1950년 11월 문제의 완충지역 안을 기어코 미국에 통보했다. 이 안은 평안북도 정주(定州)와 영원(寧遠)을 거쳐 함경남도 흥남(興南)을 잇는 선을 완충지역의 남측 하한선으로 하자는 것이었다. 베빈은 이미 그 선을 넘어 북쪽으로 진군한 유엔군이 이 선까지 후퇴할 것을 제의했다. 베빈은 주미 영국 대사를 통해 이 안을 유엔 안보리 결의안으로 채택하고 정주-흥남선을 '유엔라인'(U.N. Line)으로 호칭하자고 미 국무부에 제의했다. 이 안에 의하면 완충지역은 비무장지대로 하며 어떤 형태로든 국제적 통제 아래에 두자는 것이다. 이 안의 골자는 다음과 같다.

① 북한군의 대부분이 파괴되고 북한 당국으로부터의 위협이 소멸되어 군사 작전이 종료 단계에 들어간 것으로 간주되므로 정치적, 경제적 복구를 위한 긴급 과제를 진행하는 데 지체함이 없어야 한다.
② 모든 외국 군대와 전투원이 철수해야 하는 비무장지대의 설치를 제안한다. 이 지역은 유엔라인(대체로 동부 흥남부터 서부 정주를 잇는 선)으로부터 현재의 만주-시베리아-한국 국경선에 이른다.
③ 이 비무장지역은 오직 전체 한반도가 통일될 때까지 잠정 기간 설치됨을 선언한다.
④ 이미 관련 유엔 결의들에 선언된 유엔의 목표를 재확인하며 중국 중앙인민정부에 해당국의 이익을 해치려는 어떤 의도도 없다는 점을 보장한다.[19]

미국 유엔대표 오스틴은 올리버 경이 제안한 비무장지대의 폭이 남북방으로 각각 10마일씩 도합 20마일(약 32km)이라고 국무부에 보고했다.[20]

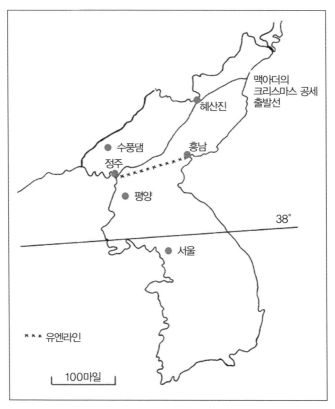

맥아더의
크리스마스 공세
출발선

혜산진

수풍댐
정주
흥남

평양

38°

서울

××× 유엔라인

100마일

영국의 완충지대 안

자료: Peter N. Farrar, "Britain's Proposal for a Buffer Zone South of
the Yalu in November 1950: Was It a Neglected Opportunity to End
the Fighting in Korea?", *Journal of Contemporary History*, 18-2(1989.4),
p. 337.

그런데 압록강 이남 지역의 완충지대 설치안은 베빈 외상이 제안하기

이전부터 유엔 외교무대 막후에서 거론되고 있었다. 이 무렵 오스트레일

리아 외무부에서는 북한에 완충지대를 설치할 것을 주장하는 비망록을 준

비하고 있었다. 오스트레일리아의 유엔대표 케이드 경은 11월 6일 미국

대표단의 그로스(Gross) 부대표에게 유엔군이 압록강 수력발전소에 대해

서는 작전하지 않겠다는 보장을 중국에 해주고 어떤 형태든지 중립화되고 비무장화된(바람직하기로는 국제화된) 지역을 한만 국경에 설치하자고 제안했다. 그러나 오스트레일리아의 멘지스(Sir Robert Gordon Menzies) 수상은 이 안에 찬성하지 않고 한국 사태가 좀 더 분명해질 때까지 한국 문제에 관한 어떤 성명발표도 연기하는 것이 좋겠다고 밝혔다.[21] 이 때문에 오스트레일리아의 완충지대 설치안은 정부 차원에서는 더이상 논의되지 않았다.

영국은 자국의 완충지대 안을 오스트레일리아와 프랑스의 지지를 얻어 유엔 안보리에 제출할 것을 준비했다. 영국 정부는 11월 10일 각의를 거쳐 중국 측에 비망록을 보내고 자국의 완충지대 안을 설명한 다음 호의적인 반응을 촉구했다. 그러나 완충지대 설치안은 영국 측의 숨 가쁜 노력에도 불구하고 미국과 중국 쌍방으로부터 외면당했다. 미국 측은 맥아더의 크리스마스 공세가 이미 준비되어 있었고 중국 측은 1차 공세에서 자신감을 얻었기 때문에 북한 전역을 회복하려던 참이었다. 11월 10일 애치슨은 국가안보회의에서 소련이 한소국경선 깊숙한 지점 방어까지 특별한 관심을 가진 것으로 느낀다고 보고하면서 압록강 양쪽에 각각 10마일씩의 완충지대를 설치해 유엔한국위원단이 유엔군이 아닌 경찰력으로 관리하는 방안을 제기했다. 그는 미국 정부가 완충지대 설치 가능성을 비밀리에 중국 측에 탐색할 것을 제의했다. 다만 그러한 제의가 중국으로 하여금 한반도로부터 모든 외국 군대의 철수를 주장하게 할 가능성이 있으며 이렇게 되면 한반도가 공산주의자들에게 넘어갈 우려도 있다고 덧붙였다. 애치슨은 이날 회의에서 맥아더에게 내릴 지시에 수정할 것이 없으며 만주 폭격 외는 그가 작전에서 자유재량권을 가진다는 점에 합의했다고 회의 결과를 정리했다. 동시에 이날 회의는 국무부가 중국 측과의 협

상 가능성을 탐색하기로 결정했다.[22]

이에 따라 트루먼 행정부는 스웨덴 정부를 통해 중국의 진의를 타진하는 등 외교적 노력을 기울였다. 그러나 별다른 성과는 없었다.[23] 러스크 극동담당차관보는 11월 15일 국무부에서 열린 전국 외교정책회의에서 행한 공개 연설에서 완충지대 설치안에 관한 교섭이 있었다고 처음 밝히면서 "그들(중국 측)은 북한에서 그들과 유엔군 사이에 완충지대를 설치하려고 시도하는 것 같다. 이 문제는 이미 유엔 주변에서 공개적인 의제가 되었다. 의심할 여지없이 장래에도 토의할 문제다"라고 말했다.[24]

미국 국무부 관리 중에는 영국의 완충지대 안에 찬성하는 사람들도 있었다. 전략기획국의 데이비스(John Davies)는 공산군 측과의 전면전 위험이 증대하고 있다고 지적하면서 유엔군 군사활동의 전면적인 종결을 선언하고 한반도 북단에 비무장지대를 설정한 다음 유엔군은 후퇴해 한반도의 '좁은 목 부위'에 방어선을 구축해야 한다는 의견을 제시했다.[25] 당시 미국에서는 평양-원산 선을 한반도의 '좁은 목'(narrow neck) 또는 '허리'(waist)라고 불렀다. 국무부 순회대사 제섭도 미국이 영국의 완충지대 안을 5~25마일 폭의 지역으로 수정해 가능하다면 동북 국경 전역을 포함하는 비무장지대 또는 안전지대를 한만국경선 남쪽 즉 정주-함흥 선 북쪽에 설치하고 이 지역을 관리할 유엔위원회를 만드는 안을 유엔에서 합의해야 한다고 주장했다.[26]

또한 극동국 기획관인 에머슨(Emmerson)도 영국의 완충지대 안에 대한 지지를 완곡히 촉구했다. 그의 건의서에 흥미로운 대목이 있다. 즉, 유엔 폴란드 대표인 카츠-수치(Kats-Suchy)가 이 무렵 흘린 정보에 의하면 중국 측은 몇 가지 조건이 충족되면 그들의 군대를 북한으로부터 철수시킬 용의가 있음을 밝히는 이른바 '평화 제안'을 마련했다는 것이다. 이 평화 제안은 ① 압록강 이남 지역에 40마일 넓이의 완충지대를 만들어 이를 북한이 통치할 수 있도록 하고 ② 미국 제7함대는 타이완 해협에서 철수하며 ③ 미국이 중국 국민당 정권의 승인을 취소하고 ④ 미국이 장제스 정권에 대한 지원 종료를 선언한다면 그들의 '인민지원군'의 철수가 이루어진다는 것이다. 에머슨의 건의문은 중국의 참전 자체가 유엔 회원국의 지위 획득과 타이완 문제 해결이라는 목적을 이루기 위한 제한적인 목표를 가졌다고 전제하고 소련과 중국은 이 목표를 달성하기 위해 한국에 파병된 인민지원군을 흥정 대상으로 이용하고 있다고 분석했다. 에머슨에 의하면 공산 측은 완충지대 설치를 유엔사무총장 트리그브 리의 20개년 평화계획을 위한 비망록에 따라 중국에 안보리 의석을 주어야 한다는 소련의 결의안과 이와 관련된 비신스키 소련 외상의 성명과 함께 캠페인을 위한 3가지 자료로 사용하고 있다는 것이다. 그런데 중국 측의 한반도 '평화 제안'은 영국과 인도 등 일부 유엔 회원국의 지지를 받고 있어 자칫 서방 측 유엔회원국들 간에 이견이 생겨 공산 측에 악용될 우려도 있다는 것이다. 따라서 트루먼 행정부는 중국을 승인한 영국, 인도 등을 제외한 나머지 국가들에 의한, 계속 줄어드는 유엔의 지지만 기반으로 값비싼 6·25 전쟁을 수행하거나 묵시적으로 중국의 유엔 가입을 인정하면서 적대행위 종결과 유사한 조치를 이루어야 하는 방안 중 하나를 선택해야 하는 입장에 놓일 것이라고 지적했다.[27] 수치가 입수한 정보 중 중국이 영국의 완충지대 안을 협의하는 데 유엔을 협상 창구로 사용할 의사가 있음이 전해지자 영국 정부는 13일에 이어 23일 다시 미국 측에 완충지대 안을 받아들일 것을 제의했다. 영국 측은 맥아더가 현 위치에서 최소 1주일 간 공격을 멈추어야 한다는 영국 군부의 의견도 전달했다.[28]

2) 애치슨의 거부 결정에 대한 양론

그러나 애치슨은 이 제안이 중국 측에 더 많은 것을 요구하는 기회를 주게 될 것이며 그 제안이 군사적 측면에서 심각한 문제와 위험을 야기할 것이라고 판단했다. 영국 측은 애치슨의 요청에 따라 완충지대 설치 결의안을 중국 대표가 안보리 회의에 출석할 때까지 유엔에 제출하지 않고 기다렸다. 그러나 중국 측은 이에 대해 아무 의사도 표시하지 않았으며 맥아더의 크리스마스 공세 전날까지 유엔에 대표단조차 보내지 않았다. 결국 애치슨은 24일 단행된 맥아더의 크리스마스 공세 하루 전 러스크 차관보를 시켜 프랭크스 영국 대사를 국무부로 초치해 영국 안에 대한 미국의 거부 방침과 함께 맥아더의 작전에 제약을 가할 수 없는 미국의 입장을 전달하도록 하고 장관 명의의 전문을 주영 미국대사관을 통해 베빈 외상에게 보냈다. 그는 베빈에게 보낸 서한에서 "현 상황에서 맥아더 장군의 작전에 유엔과 참전국들이 모든 지원을 하는 것이 가장 중요한 것으로 보인다"라고 말했다. 이로써 영국의 완충지대 설치안은 약 열흘 만에 완전히 유산되고 말았다. 러스크 차관보는 그날 프랭크스 영국 대사에게 이튿날 새벽 맥아더의 작전이 개시된다는 사실을 통고해주었다.[29]

트루먼 행정부가 영국의 완충지대 안을 거부한 데 대해서는 양론이 있다. 대표적인 비판론자인 로즈마리 풋은 트루먼 행정부가 협상에 응하는 것을 중국에 대해 약한 모습을 보이는 것이라고 두려워한 것이 평화적 방법으로 6·25전쟁을 조기에 마무리할 수 있는 마지막 기회를 잃어버리게 했다고 평가했다. 풋은 그 근거로 중국 측이 이때 유엔 폴란드 대표단을 통해 비무장지대가 압록강 남쪽에만 설치되고 타이완 해협에서 미 7함대가 철수하며 장제스 정부에 대한 승인과 지원을 철회한다는 조건이라면 인민지원군을 본국으로 철수시킬 수 있다고 통고한 점을 들었다.[30] 미국

합동참모본부에서 발간한 6·25전쟁사의 공동 저자인 슈나벨과 왓슨은 매우 신랄히 비판했다. 미국 측이 "우유부단함과 동요와 오판으로 기회를 잃고 말았다"는 것이다.[31]

이와는 반대로 당시 트루먼 행정부 입장에서는 영국의 제안을 받아들이기 어려웠다는 불가피론도 있다. 스툭은 유엔군이 중공군 참전 이후에도 북진 작전을 압록강 밑에서 멈추지 않았던 것에 대해 트루먼 행정부가 받았던 국내의 정치적 압력이 한 원인이었다고 분석했다. 도쿄의 맥아더와 그해 11월 중간선거에서 승리한 공화당의 압력으로 미국의 여론은 중국 본토에 전쟁을 확대하고 심지어 원자탄까지 사용해야 한다는 쪽으로 비등했다. 공화당은 트루먼 행정부의 소심한 동아시아 정책을 선거 쟁점으로 만들어 민주당을 공격했다. 일부 거물급 공화당 상원의원들은 애치슨에게 그 책임을 돌리면서 그의 사임을 요구했다. 이 때문에 인천상륙작전 성공 후 트루먼 행정부가 38선 이북으로의 진격 작전을 자제하기는 어려웠다. 그런 국내 분위기에서 속전속결을 주장한 맥아더의 독주를 합참이든 행정부든 아무도 막을 분위기가 아니었다는 것이다.[32]

영국의 완충지대 안에 대한 미국의 거부 결정을 종합적으로 판단하자면 역시 당시로는 불가피했다는 주장이 타당한 것으로 보인다. 맥아더의 입장이나 트루먼 행정부도 그렇고 특히 한국 정부 입장에서 볼 때 전쟁을 다 이겨 통일이 눈앞에 온 시점에서 그런 완충지대를 설치한다는 것은 유엔군의 북진 목표인 북한군도 섬멸되지 않을 뿐만 아니라 새로운 38선을 약간 더 북쪽에 만드는 것뿐이기 때문이다. 영국의 완충지대 안이 나온 시기는 맥아더가 10월 24일 압록강까지 진격을 위한 추수감사절 공세를 벌인 지 약 20일 뒤인 11월 13일이었다. 국군 1사단이 추수감사절 공세 하루 만인 10월 25일 최초로 중공군 포로를 잡아 유엔군에 보고했으나 미국 측은 어느 정도 규모의 중공군이 들어와 있는지 파악하는 데 성의가 없었다. 중공군은 유엔군의 예상과 달리 이날 대규모 병력을 동원해 1차 총공세로 유엔군에 맞섰다. 이 무렵 합참은 공산 측 항공기가 한반도 안에서 작전을 하다가 국경을 넘어 만주지역으로 도주하는 경우 이를 국경 너머까지 2~3분 간 추격할 긴급추격권을 맥아더에게 부여했다. 이 방침은 영국 정부가 완충지대 안을 제안한 같은 날 애치슨에 의해 주영 미국대사를 통해 영국 외무성에 통보되었다.[33]

3) 맥아더의 입장

앞에서 설명한 바와 같이 영국의 완충지대 안이 성안 단계에서 언론에 보도되자 중국에 대한 유화책이라고 비판한 맥아더는 합참에 보낸 공문에서 북한 영토의 어느 일부라도 중국에 양보하는 것은 1938년 영국이 뮌헨협정을 체결해 나치 독일에 유화책을 쓴 역사적 선례처럼 자유세계에 최악의 패배를 초래하는 정책이라고 주장했다.[34] 이때 맥아더는 압록강 교량을 폭격해 강물이 얼기 전에 총공세를 취함으로써 전투를 조기에 종결시킬 작전계획을 짜고 있었다. 맥아더의 이 같은 전략은 일부 국무부 간부들의 우려를 불렀다. 다른 이유가 아니라 이들은 공산 측이 한반도에서 패하는 경우 세계 다른 지역에서 대규모 전쟁을 일으킬지 모른다는 우려를 갖고 있었다. 국무부 안에서는 유엔군이 전투를 계속 하되 힘이 우위인 입장에서 평화적 해결 방법도 아울러 모색되어야 한다는 의견이 제기되었다.[35] 만약 맥아더가 중국 측의 인해전술을 예견하고 정주-흥남선으로 철수해 방어선을 칠 의사가 있었더라면 영국의 중재 안이 나온 것이 11월 13일이므로 최소한 10여일의 여유가 있었다.

그러나 맥아더에게는 그럴 의사가 전혀 없었다. 섣불리 방어선을 쳤다가 압도적인 수의 중공군에게 포위되면 몰살될 위험이 있다고 주장했다. 맥아더에 의하면 당시 미군에게는 세 가지 선택이 있었다. 첫째가 전진작전이고 둘째가 북진작전 중단과 일정 지점에서 대기 상태이며 셋째가 철수작전이다. 첫 번째 방안인 전진의 경우 중공군이 개입하지 않고 전쟁이 끝날 가능성이 있고 두 번째 방안인 어느 지점에서 진격을 정지한 채 대기하려면 방어선을 칠 지역을 골라 참호를 파야 했다. 그러나 맥아더에 의하면 미군에게 유리한 자연 장애물 지형이 작전지역 부근에 없었다. 이 때문에 병력이 불충분한 미군이 병력 수가 압도적으로 많은 중공군에 대항할 종심(縱深)이 긴 방어선을 설치하는 것은 불가능했다. 만약 미군이 전진을 멈춘 상태에 들어간다면 중공군은 미군을 포위할 충분한 사단들을 보유하고 있을 뿐만 아니라 만주로부터 계속 새로운 사단이 들어와 매일 병력을 증강할 것이므로 맥아더는 "이것은 전체 유엔군 병력의 궁극적인 전멸을 의미한다"라고 말했다. 맥아더의 추산으로는 유엔군이 이런 상황에 제대로 대처하려면 당시 병력의 3배가 필요했다. 그러나 워싱턴으로부터 즉각적인 병력 증강 약속이 없었으므로 "만약 중공군이 개입하는 경우 바로 이런 상황이야말로 중국 측이 기대하는 것으로 생각된다"라고 했다. 세 번째 방안으로 미군이 후퇴한다면 그것은 자신의 명령과 모순되는 것이고 6·25전쟁에 성공적인 종결을 가져올 기회를 완전히 날리는 것이라고 했다.[36]

그런데 맥아더의 이 주장에는 모순되는 대목도 없지 않다. 미군이 11월 24일 크리스마스 공세에서 대패하기 전까지는 설사 중공군이 북한 지역에 들어와 있다고 하더라도 기껏 6~7만 명 정도로 맥아더는 판단했다. 만약 그가 압록강으로 향하는 산간지역에 중공군 30만 명이 숨어 있는 것을 제대로 파악했더라면 그처럼 무모한 작전을 펴기보다는 방어선을 칠 안전지대를 찾았을 것이다. 맥아더가 얼마나 조급하게 압록강까지 진격을 서둘렀는지는 앞의 IV-②-2 '워커 장군의 이견'에서 자세히 살펴본 바와 같이 워커 장군의 작전에서도 잘 드러난다. 8군 사령관 워커 중장은 10월 25일 개시된 추수감사절 공세 때 압록강을 향해 진격하던 중 11월 1일 평안북도 운산 부근에서 대규모 중공군의 공격을 받았다. 그는 일단 북진작전을 중단하고 8군 전 병력을 한국군과 함께 청천강 이남으로 철수시켰다. 워커는 청천강 북쪽 제방에 교두보를 확보한 채 전열을 재정비하려고 한 것이다. 이 사실을 보고받고 화가 난 맥아더의 참모는 즉각 전화로 워커의 참모장을 힐난했다. 그러자 맥아더의 권위에 눌린 워커 장군은 며칠 후 정식 보고서를 통해 사정이 허락하는 한 빠른 시일 안에 다시 북으로 진격하겠다고 다짐했다. 워커는 끝내 11월 24일 크리스마스 공세를 개시하는 데 동의했다. 그러나 워커는 내심 이때 조급한 북진에 반대했다. 당시 8군은 보급난이 완전히 해결되지 못한 상황이어서 공격 시기를 앞당기기 어려웠다.[37]

불행히도 워커 휘하의 8군이 단행한 북진작전은 동부지역에서 올라온 아몬드 장군의 10군단과 함께 인해전술을 쓴 중공군의 기습을 받고 금방 좌절되었다. 만약 맥아더가 워커의 입장을 감안해 성급한 진격을 늦추었다면 크리스마스 총공세 파탄이라는 치욕만은 면할 수 있었을 것이다.

4. 평양-원산 방어선 구축문제

1) 크리스마스 공세 실패 후 등장

크리스마스 공세에서 굴욕적인 패배를 당한 유엔군은 인명손실이 많이 발생하고 사기도 떨어져 정주-함흥선보다 남쪽인 평양-원산 방어선 구축을 검토했다. 이 방어선 구상은 미 8군과 10군단이 중공군에 참패해 지리멸렬 상태에 빠지자 비로소 맥아더가 차선책으로 구상한 것이다. 그러나 이마저 때가 늦었다. 압록강에 가까운 평안북도 운산까지 진격했다가 유엔군과 함께 후퇴한 국군 1사단장 백선엽의 회고에 의하면 맥아더는 도쿄에서 서부전선을 맡은 워커 8군사령관과 동부전선을 맡은 아몬드 10군단장을 소환해 평양과 원산선에 방어선 설치가 가능한지 물었다. 두 지휘관은 "불가능하다"라고 대답했다. 결국 맥아더는 부득이 38선 이남으로 유엔군 철수를 단행할 수밖에 없었다. 이때가 12월 3일이었다.[38] 유엔군은 12월 11일 임진강 방어선으로 철수함으로써 북한 지역 수복과 통일의 꿈은 일단 물거품이 되고 말았다. 개디스는 만약 맥아더가 당초 한반도의 좁은 목인 평양−원산선에서 북진을 멈추었더라면 중국의 개입은 없었을 것이라고 주장했다.[39]

트루먼 행정부는 1950년 10월 유엔군이 38선을 돌파해 북진작전을 단행하기 전부터 한국군 이외 유엔군의 북한 지역 작전에 제한을 두었다. 즉, 그해 7월 31일 작성된 미 국방부 비망록과 이를 발전시킨 9월 초순의 NSC 81 및 NSC 81/1은 이미 앞에서 설명한 바와 같이 유엔군이 38선을 넘어 북한 지역에 진입해 작전을 펼 때 소련이나 중국의 대규모 부대와 전투하지 못하도록 하고 한국군이 아닌 유엔군은 한만국경선 또는 한소국경선 부근에서 작전하지 못하도록 결정했다. 이에 따라 맥아더는 9월 28일 미군을 중심으로 하는 유엔군은 정주−영원−흥남선 이북으로 북상하지 않겠다고 보고하고 그 이북 지역은 한국군만 작전을 수행하겠다고 다짐했다.

그러나 유엔군은 북진에만 열중하다가 이 선을 넘어 중공군에게 대패했다. 이에 대해 여러 가지 가혹한 비판이 나왔다. 맥아더의 북진작전은 한마디로 '재앙적인 실패'였다는 평가가 있는가 하면[40] 북한군 붕괴 이후 유엔군의 북한 해방을 위한 노력을 '돈키호테식 발상'이라고 폄하하는 조롱조의 비판도 나왔다.[41] 비판론자들이 제시한 대안은 ① 중국 측이 요구한 대로 유엔군은 북진작전에 참여하지 말고 한국군만 38선을 돌파해 북진하는 방안, ② 일단 유엔군이 북한 땅에 들어갔으므로 길이가 짧은 한반도 좁은 목 부위에 해당하는 평양-원산선까지만 수복해 '절반의 통일' 성취에 일단 만족하는 방안이었다. 두 가지 모두 중국 측에 개입 명분을 주지 않을 것이므로 가장 바람직한 차선책이라는 것이다.[42]

영국 언론인 헤이스팅스(Max Hastings)에 의하면 실제로 중공군이 압록강을 넘을 당시 1차 목표는 일단 북한 측 압록강변의 넓은 지역에 교두보를 설치해 병력을 배치할 공간을 확보하는 것이었다.[43] 중국 측은 미군과의 직접적인 접촉을 피하려고 했다는 것이다.

평양-원산선에서의 북진 중지를 주장하는 이유도 몇 가지 제기되었다. 첫째, 유엔군 측이 방어하기 쉬운 지대라는 군사적 이유다. 한반도에서 동서 해안 간 거리가 가장 짧은 이 선은 그보다 약 8배나 되는 한만·한소 전체 국경선에 비하면 방어하기도 쉽다는 것이다.† 둘째, 당시 유엔군이 당초 평양-원산선까지만 북진했거나 추수감사절 공세 실패 이후 11월 크리스마스 공세를 펴지 말고 이 선으로 철수해 방어선을 쳤더라면 중국 측이 6·25전쟁에 참전하지 않았을 것이라는 가정이다. 이 가정을 뒷받침하는 자료가 마오쩌둥의 비밀 전보이다. 1950년 10월 중순 스탈린과 중국의 한

---

† 평양-원산선은 약 170km인 데 비해 압록강, 두만강을 합친 길이, 즉 전체 한만·한소 국경선의 길이는 약 8배인 1,316km(압록강 795km, 두만강 521km)에 달한다. *Wikipedia*, http://en.wikipedia.org/wiki/Yalu_River;http://en.wikipedia.org/wiki/Tumen_River (검색일 2014. 2. 12).

국전 참전문제를 협의하기 위해 소련에 파견된 저우언라이에게 마오쩌둥이 보낸 전보가 그것이다. 소련 붕괴 후 공개된 10월 14일자 이 비밀전문에 의하면 중국 측은 19일 북한을 향해 병력이 출발할 예정이라고 참전 일정을 소련에 통고하면서 만약 유엔군이 평양-원산선 이북 지역을 공격하지 않는다면 중공군도 그들을 공격하지 않을 것이라고 밝혔다. 그 이유는 공군 장비 부족과 훈련 부족을 보완하는 데 6개월 정도가 필요하므로 그 전에는 작전을 할 수 없다는 것이다. 이 말이 거짓이 아니라면 유엔군이 평양-원산선에서 진격을 중지했을 경우 일단 이 선을 경계로 유엔군과 중국 양측이 대치 상태에 들어가 양측 사이에 전투가 벌어지지 않았을 가능성이 크다고 추측할 수 있다. 전문 요지는 다음과 같다.

나는 펑더화이에게 덕천에 도착한 후 평양-원산 간 철도 북측으로부터 덕천-영원 간 도로 남측에 이르는 지역에 2~3개 방어선을 설치하고 정세를 연구하라고 지시했음. 만약 적이 공격해온다면 적군 부대를 여러 조각으로 나누어 하나씩 우리 앞에서 쓸어낼 것이다. 만약 평양으로부터 올라오는 미군과 원산으로부터 오는 괴뢰군〔국군〕이 동시에 공격해온다면 우리는 고립되고 상대적으로 약한 적군 부대와 싸우는 데 힘을 집중할 것이다. 지금 우리는 괴뢰군과 싸우기로 결정했으며 일부 고립된 미군과도 싸울지 모르겠음. 우리 부대는 시간이 충분히 생기는 대로 방어력 향상 작업을 계속 할 것이다. 만약 적이 완강히 평양과 원산을 방어하고 6개월 안에 북진하지 않는다면 우리 군대는 평양과 원산을 공격하지 않을 것이다. 우리는 우리 군인들이 충분한 장비를 갖추고 훈련해 적의 공군과 지상군보다 확실히 우위를 점했을 때만 평양과 원산을 공격할 것이다. 요컨대 우리는 6개월 안에 공세를 취하는 문제를 이야기하지 않을 것이다. 그 문제를 보류할 때 우리에게 승산이 있으며 그렇게 하는 것이 우리의 이익에 부합한다.〔이하 생략〕[44]

그런데 중공군이 평양—원산 북측에 방어선을 치기 전에 국군과 미군은 이미 현지에 도착했지만 마오쩌둥이 말한 것처럼 중공군이 6개월 안에 공군력에서 유엔군에 우위를 점할 가능성은 사실상 없었다. 마오의 이 언명은 평양과 원산까지 밀고 온 유엔군이 더이상 북진하지 않는다면 중국 측이 공격할 가능성이 없다는 것으로 해석할 수 있다. 마오쩌둥은 이 전문에서 유엔군이 북진해 11월에 덕천 지역을 공격하는 경우 중공군이 승리하기 위해서는 26만 명(12개 보병사단과 3개 포병사단)의 병력을 파견하는 것이 좋을 것으로 생각하고 있다고 밝혔다. 마오는 방어선 설치가 끝나고 유엔군이 공격해오지 않을 경우 이 병력의 절반을 만주로 다시 철수시켜 훈련과 장비를 보충한 후 한반도에서 유엔군과의 본격적인 전투가 시작되면 다시 투입할 계획을 갖고 있다고 이 전보는 밝히고 있다.

2) 물거품 된 미군 수뇌부들의 간절한 희망

평양—원산 방어선 구축 문제는 이듬해인 1951년 봄에도 미 합참에서 그 필요성이 제기되었다. 군 수뇌부들은 1951년 3월 15일 국무부와 합참본부 합동회의 자리에서 38선은 천연방어물이 부족해 전략적으로 취약점이 많으므로 중공군에 밀려 내려온 유엔군이 다시 북진해 평양—원산 방어선을 확보해야 한다고 주장했다. 이날 회의는 한국 문제만 토의하는 모임이 아니고 전 세계 주요 지역의 군사문제를 토의하는 자리였다. 당시 한국에서 리지웨이 장군이 38선에서 휴전된다면 유엔군이 승리하는 것이라고 말하고(3월 12일) 이틀 후에는 중공군에게 점령당한 서울이 수복된(3월 14일) 때였다. 이날 회의에서 한국 문제 순서에 이르자 이들은 다음과 같이 발언했다.

- **콜린스**(육군참모총장) : 만약 중공군이 세련되었다면 38선으로 후퇴할 것이다. 그럴 때 우리는 어떻게 해야 하나? 그들은 이제 싸울 기력을 잃었다.
- **브래들리**(합참의장) : 우리가 어떻게 해야 하는가는 정치 문제이지 군사 문제가 아니다.
- **콜린스** : 정치적 결정일지라도 우리가 한국에서 어디까지 진격할 수 있는가를 물어야 한다.
- **닛쩌**(국무부 기획국장) : 우리의 정치적 결정이 6월 25일 이전의 상태로 되돌아가는 것이라면-그리고 그것이 군사행동 방침에 적절한 정치적 목적이라면-우리는 정전협정에 조속히 합의해야 한다. 협정이 타결되어야 우리의 철군도 가능하다. 우리가 협상을 조속히 시작하지 않으면 심각한 문제가 생긴다. 이런 경우 우리는 정치-군사적 결정을 조정해야 한다.
- **콜린스** : 오늘 토의는 우리에게 필요한 문제를 규명해보는 조사 분야의 일이다.
- **닛쩌** : 나는 다음 회의에 앞서 우리가 몇 가지 토론을 할 수 있을 것으로 기대했다.
- **콜린스** : 우리는 수요일(3월 21일) 이전에 결정할 필요성에 당면할지 모른다. 우리가 춘천을 빼앗는 경우 중공군은 갈 곳이 없다. 우리는 탄력을 살려 별다른 전투 없이 상당한 거리까지 북진할 수 있다. 우리

는 리지웨이 장군에게 지시할 방침을 결정해야 한다.

- **셔먼**(해군참모총장) : 우리는 38선 이북 지역에 있는 여러 거점의 전략적 장점을 취해야 한다. 나는 개인적으로 평양 탈환을 선호한다. 우리가 평양을 접수하면 휴전협상에 유리하다. 우리는 그럴 준비가 되어 있다.

- **콜린스** : 우리가 그렇게 멀리 올라가면 아마도 한반도의 〔가장 잘룩한〕 허리 부위까지 가야 할 것이다. 그 지역은 매우 좋은 방어 요지이다. 우리는 〔남한 이외의〕쌀 생산지도 추가로 확보하게 된다. 동해안 원산에서 출발하는 방어선은 가장 바람직한 지형을 거쳐 서해안에 이르는 훌륭한 방어선이다. 그렇게 되면 한반도 인구의 약 90%를 확보하게 된다.

- **반덴버그**(공군참모총장) : 우리 공군은 중국과 가까워진 통신선 때문에 효과적으로 작전하는 것이 두 배 더 어려워져 곤란을 겪을 것이다.

- **닛쩨** : 지금까지 이해하기로 한강 이남 방어선이 지키기 가장 좋은 잠재성을 지녔다고 하는데 중공군의 통신선이 길어지기 때문이다.

- **콜린스** : 우리는 한강 서남방 진지를 확보할 수 있었던 것처럼 원산에서 시작되는 방어선을 만들려고 하는데 지금까지 시도해볼 기회가 없었다. 설사 공군에게 불리하더라도 우리가 적절한 방어선을 구축하면 중공군이 돌파하기 매우 어렵다. 중공군이 우리 진지를 기습하려고 시도한다면 우리는 불바다를 만들어 그 이상한 떼거리들을 혼내줄 것이다.

- **셔먼** : 우리가 38선 이북의 방어선을 고려한다면 이 방어선과 따롄(大連)항의 관계와 같은 다른 고려사항을 검토할 것을 주장하고 싶다.[45]

수뇌부들의 희망과 달리 유엔군은 다시 북진을 시도하지 않고 현재의 휴전선에서 휴전하고 말았다. 그러나 남쪽으로 쫓기던 유엔군이 이 시점 (1951. 3. 15)에 상당한 자신감을 회복한 것을 알 수 있다.

유엔군이 크리스마스 공세 실패로 후퇴를 거듭해 결국 38선 부근에서 휴전한 데 대해 트루먼 대통령이 맥아더에게 평양-원산 방어선 구축을 지시하도록 마셜이나 합참이 트루먼에게 건의하지 않은 데 대해 트루먼과 맥아더를 정면으로 비판한 사람은 키신저다. 그는 한국전 파병의 명확한 목적에 일관성을 잃은 트루먼 행정부와 인천상륙작전 성공에 오만해진 맥아더가 평양-원산 방어선의 추진을 위해 외교적, 군사적 노력을 하지 않았다는 것이다.

키신저는 1994년 발간된 그의 《외교론》(Diplomacy)에서 중국의 참전을 부른 맥아더의 작전 실패를 지적하면서 한만국경선인 압록강까지 북진하지 말고 평양-원산선에서 진격을 멈추었어야 했다고 주장했다. 키신저는 신의주에서 약 200km 떨어진 이 선에서 미군의 북진작전이 멈추었더라면 중국에 참전 구실을 주지 않았을 것이며 미중 충돌도 없었을 가능성이 있다고 주장했다. 중국 측으로서는 미군이 압록강까지 진격하면 바로 공업지대인 만주지역을 비롯한 중국 본토를 군사적으로 공격할 수 있는 지점에 도달하는 것이 된다는 것이다. 평양-원산선은 그보다 훨씬 더 긴 한만국경선보다 방어하기 좋을 뿐만 아니라 한반도 전체 인구의 90%를 대한민국이 확보할 수 있는 경계선이다. 키신저는 맥아더가 군인으로서는 훌륭한 전략가이지만 정치적 분석력은 부족한 인물이라고 지적했다. 맥아더는 한반도를 통해 만주를 침략한 일본에 대해 중국인들이 어떤 기억을 갖고 있는지 인식이 부족했다는 것이다. 또한 맥아더의 인천상륙작전 성공에 도취되어 그의 압록강 진격을 묵인한 트루먼은 유엔군이

압록강까지 진격하지 않을 것이라는 것을 중국에 통고하거나 이를 공표한 적이 없다고 지적했다.[46]

키신저는 2011년 발간된 《중국에 관하여》(On China)에서는 종래의 주장을 한층 더 발전시켜 중국 측은 미국에 군사적으로 도전하는 것은 생각하지도 않았으며 오로지 오랜 숙고와 많은 망설임 끝에 북한 정권의 붕괴를 막기 위해 선제공격 방식으로 참전했다는 것이다. 키신저는 앞에서 살펴본 마오쩌둥의 10월 14일자 전보에 신뢰를 두었다.[47]

② 험난했던 휴전협상

1. 아슬아슬했던 13개국 그룹의 협상안 통과

중공군 참전 이후 유엔군이 참패해 38선 밑으로 밀린 시기인 제3단계 휴전협상 기간은 소련이 공산군 측에 유리한 휴전 제안을 미국 측에 내놓은 기간이다. 스탈린은 1950년 12월 7일 비신스키 외상에게 지시해 모든 외국 군대의 철수와 한국 문제의 해결을 한국인들 자신에게 맡기자는 휴전 안을 유엔에 제출하도록 했다. 물론 미국 측으로서는 받아들일 수 없는 안이었다.

이 시기(11월 30일)에 트루먼은 기자회견에서 공산군을 패퇴시키기 위해 필요하다면 원자탄 사용도 검토할 수 있다는 듯한 주목할 만한 발언을 했다. 이 언명에 놀란 애틀리 영국 수상은 급거 워싱턴으로 날아갔다.[1] 12월 4일 워싱턴에 도착한 애틀리의 방미 목적은 극동에서의 전쟁 연장 문제, 양국 간 원자재 공급 문제, 서유럽 방위 문제 등 3가지를 트루먼과 협의하는 데 있었다. 유엔군이 남쪽으로 밀리고 있는 상황에서 이날부터 8일까지 워싱턴에서 열린 트루먼과 애틀리의 미영 정상회담에서 두 정상은 6·25전쟁을 전쟁 이전의 경계선, 즉 38선을 토대로 종결시키는 방안에 합의했다. 애틀리는 워싱턴으로 오기 전 프랑스 수상 플레방(René Pleven)과 협의했기 때문에 사실상 서유럽 국가의 대표격이었다. 애틀리는 휴전의 대가로 중국의 유엔 의석 획득을 주장했으나 트루먼은 이를 거부했다. 트루먼은 이 안을 그의 일기에서 '환상적'(fantastic)이라고 부정적으로 평했다.[2] 애틀리는 트루먼으로부터 원자탄 사용권이 법에 의해 군지휘관(예컨대 맥아더)에게 위임될 수 없고 그 사용 여부는 오직 대통령만 결정한다는 확인을 받은 다음에는 미국이 한국에서 빨리 손을 떼고 유럽 방위에 힘써달라는 요구를 했다. 애치슨은 애틀리를 성경에 나오는 '욥의 위문객'(욥기 16-2)에 비유했다. 이는 불행을 당한 선량한 욥을 위로한다면서 오히려 그를 괴롭힌 그의 친구들을 말한다.[3]

애틀리가 워싱턴을 방문 중이던 12월 5일, 북한 공산군이 38선을 넘어 내려오지 않도록 유엔군과 공산군 측 쌍방에 권고하자는 아시아, 아프리카 13개국 그룹의 결의안이 유엔에 제출되었다. 트루먼과 애틀리는 이에 동의했으나 승기를 잡았다고 판단한 중국과 북한은 이를 묵살했다.[4] 인도 대표 라우는 12월 12일, 두 개의 결의안을 유엔 총회 제1위원회에 제출했다. 전자는 총회 의장이 휴전을 성사시키기 위한 기초로 3인 그룹을 만들고 이를 이끌어줄 것을 촉구하는 것이고 후자는 극동의 관심사를 해결하기 위한 국제회의를 소집하자는 것이었다.[5] 총회에서 첫 번째 결의안은 소련의 반대를 물리치고 통과되었고 두 번째 결의안은 부결되었다.

첫 번째 결의안에 따라 유엔 총회 의장인 이란의 엔테잠(Nasrollah Entezam)과 인도 대표 라우(Benegal N. Rau), 캐나다 대표 피어슨(Lester B. Pearson)으로 휴전 3인위원회를 구성해 총회의 승인을 받았다. 위원회는 즉각 중국에 대해 한국 전역에서 군사행동을 중지할 것과 38선에 약 20마일의 비무장지대 설치를 골자로 하는 휴전협정의 체결을 제의했다. 이 때 중국 유엔특별대표단이 유엔에 도착했다. 중국대표단이 유엔에 도착한 날은 맥아더가 크리스마스 공세를 편 바로 당일이었다. 유엔에 도착한 중국대표들은 휴전 3인위원회와 그 그룹의 휴전 호소를 의혹의 눈길로 대했다. 한반도에서 유엔군을 쓸어내겠다고 기염을 토하던 중국 측은 12월 21일 중국의 참여 없이 취해진 유엔의 모든 조치는 불법이라면서 휴전 제안을 거부했다. 저우언라이는 "경계선으로서의 38선은 유엔군의 북한 영토 침범으로 영원히 무효가 되었다"라고 주장했다. 이는 김일성이 스탈린, 마오쩌둥 두 명과 공모해 남침한 사실을 숨기려는 뻔뻔한 태도였다. 그는 이어 ① 한국으로부터의 모든 외국 군대의 철수, ② 타이완 해협과 타이완 지역으로부터의 미군 철수, ③ 한민족에 의한 한국 문제의 해결, ④ 공산중국의 유엔 대표권 인정과 장제스 정부의 유엔 탈퇴, ⑤ 일본과의 평화협정 준비를 위한 4대 강국 외무장관 회의 소집 문제의 처리에 도움이 될 경우 한국 휴전 문제를 논의할 것이라고 밝혔다. 중국 측은 이에 앞서 12월 7일 이 같은 5개항을 스탈린에게 보고했다. 스탈린은 이에 동의하면서도 서울을 점령한 다음 협상을 추진해도 늦지 않을 것이라는 지시를 내렸다.[6] 이를 통해 스탈린이 배후에서 휴전 문제까지 완벽하고 철저하게 총지휘하고 있었음을 알 수 있다.

그런데 아시아, 아프리카 13개국 그룹은 공산 측의 거부에도 불구하고 6·25전쟁의 평화적 해결방안의 모색을 포기하지 않고 있었다. 이들은 이듬해인 1951년 1월 11일 휴전 성립에 필요한 기초라면서 다시 5개 원칙을 제안했다. 원칙들은 앞에서 설명한, 당초 인도 측이 제출한 2개 결의안 중 후자와 내용이 같다. 즉, 만약 중국 정부가 적절한 보장 장치를 갖춘 휴전을 성립시킨다면 영국, 미국, 소련 그리고 중국 4개국 대표들이 타이완 문제와 유엔대표권 문제를 포함한 극동 문제를 해결할 국제회의를 개최한다는 것이다.[7] 그러나 이 같은 방안에 대해 트루먼 행정부는 불리한 전황에서는 휴전협상을 벌이는 것이 바람직하지 않다는 이유로 이 제안을 일단 거부했다. 애치슨은 중국 측이 휴전을 조건으로 한국으로부터의 미군 철수, 타이완으로부터의 7함대 철수, 중국의 유엔 의석 획득, 중국의 대일 평화조약 조인 참여 등 정치적으로 너무 큰 대가를 요구하고 있다는 결론을 내렸다.[8]

미국은 일단 인도의 제안을 거부했으나 유엔 무대에서 계속 이어진 각국의 휴전 노력을 끝까지 외면하기는 힘들었다. 13개국의 휴전 안은 즉시 휴전, 평화회복을 위한 정치회담 개최, 모든 외국 군대의 단계별 철수, 한반도 전역에 대한 즉각적인 행정 시행을 위한 준비 등 4가지가 핵심 내용이었다. 애치슨은 훗날 그의 회고록에서 이 결의안에 대한 동의 여부는 '살인적'(murderous)인 것이었다고 회고했다.

그에 의하면 미국이 이 결의안에 동의하면 한국의 상실, 의회와 언론의 분노 폭발이 예상되고 반대하는 경우 미국이 유엔에서 지지세력의 상실을 각오해야 하는 진퇴양난이었다. 국가안보회의의 지시에 따라 합참은 휴전에 동의할 조건으로 폭 20마일의 비무장지대를 설치하되 38선을 남쪽 한계선으로 정하고 휴전을 감독할 위원회를 구성할 것을 골자로 하는 방안을 마련했다.[9] 국무부 내부의 '고통스런 논의' 끝에 애치슨이 트루먼에게 건의해 미국 정부는 이를 받아들이기로 결정했다. 13개국 결의안은 유엔 총회 제1위원회에서 찬성 51, 반대 5, 기권 1표로 통과되었다. 그러나 애치슨이 내심 간절히 바라던 대로 마오쩌둥은 나흘 후인 1월 17일 13개국 결의안을 거부하고 말았다.[10]

이 새 휴전안은 만약 공산군 측이 받아들였더라면 한국으로서는 국토가 반토막날 위험이 있는 매우 불리한 것이었다. 무엇보다 유엔군이 평택선까지 밀려 내려온 상황에서 휴전협상을 개시했다면 공산군 측이 자신들에게 가장 유리한 휴전선을 제시할 수도 있었다. 마오쩌둥은 그때 중공군의 승리에 도취해 한반도에서 유엔군을 몰아낼 수 있다는 자신감 때문에 휴전이 때이르다고 판단했다. 마오쩌둥의 거부로 미국은 위기에서 탈출하고 체면도 건질 수 있었다.

화가 난 서방국가들은 1월 20일 미국 주도 아래 중국을 침략자로 규정하는 결의안을 유엔 총회 제1위원회에 상정 채택한 데 이어 2월 1일 유엔 총회에서 통과시켰다.[11] 이때는 앞에서 설명한 바와 같이 평택선까지 후퇴했던 유엔군이 리지웨이 신임 8군사령관의 지휘 아래 다시 북으로 진격을 개시해 유엔군의 사기가 회복되기 시작한 시기였다.

2. 볼런·케넌의 활동과 미소 담판

트루먼 행정부는 1951년 봄부터 중국을 상대로 하던 휴전협상 방식에서 소련과 직접 담판하기로 방침을 바꾸었다. 트루먼 행정부는 케넌의 말대로 '잔인하고 거만한' 중국보다는 강대국 지위를 가진 유럽 국가인 소련을 상대로 휴전협상을 벌이는 편이 유리하다고 판단했다. 미국 측으로서는 그 편이 중국을 소련의 괴뢰국이자 한반도에서 독립적 세력이 아닌 나라로 격하시킴으로써 중국의 위신을 깎아내리는 효과도 거둘 수 있었다. 케넌은 "소련이야말로 세계에서 가장 광대한 국토를 가진 나라이자 북한에서 일어나고 있는 일에 대해 명확하고 적법한 이해관계를 가진 나라이기 때문에 미국이 상대해 협상해볼 만한 나라"라고 주장했다.[12]

트루먼 행정부의 노력은 결실을 거두었다. 1951년 4월 파리 주재 미대사관 대리대사이자 소련 전문가인 볼런과 소련의 동독관리위원장 고문인 세메노프(Vladimir Semenov)의 접촉을 거쳐 5월 31일과 6월 5일 두 차례에 걸친 케넌과 말리크(Jacob Malik) 소련 유엔대사의 회담이 개최되어 휴전회담의 기초가 마련된 것이다. 케넌과의 접촉에서 말리크는 소련 측도 휴전에 동의하므로 미국이 북한과 중국 측과 접촉하라고 회답했다. 말리크는 소련은 평화를 원하며 한국 문제의 평화적 해결을—그것도 가장 빠른 시기에 해결을 원한다고 말했다. 그러나 그는 소련은 6·25전쟁에 참여하지 않았으므로 휴전문제의 어떤 협상에도 참여할 수 없는 것으로 생각한다고 밝혔다.[13] 트루먼 행정부는 이 같은 회담 성과를 바탕으로 리지웨이 유엔군사령관 이름으로 공산군 측에 휴전을 제의하기로 방침을 굳혔다. 비슷한 시기에 트리그브 리 유엔사무총장은 "대략 38선에 연한 휴전은 만일 그것이 그 지역에서 평화와 안정을 회복한다면 유엔 안보리의 1950년 6월과 7월의 결의가 이행된 것으로 본다"라는 성명을 발표했다. 이 성명에 대해 6·25전쟁 참전국 대사들도 대체로 찬성했다.[14]

미국 정부의 휴전 제의 움직임에 호응해 공산군 측도 적극적인 태도를 보였다. 그 직접적인 계기는 유엔군을 남쪽으로 퇴각시키려는 1951년의 중국 측의 춘계 공세가 실패해 중공군과 북한군은 약 7만 명에 이르는 큰 인명손실을 입었기 때문이다(유엔군 측 약 7,000명).[15] 소련, 중국, 북한 세 동맹국은 마침내 자신들의 힘의 한계를 느끼고 협상에 응하기로 합의했다. 마오쩌둥은 전면적인 승리에 대한 기대감을 포기하는 데 주저하는 김일성에게 새로운 전략을 채택하도록 설득했다. 그해 6월 13일 김일성과 마오의 특사인 중국 공산당 동북국 서기 까오깡(高崗)이 참석한 소련, 중국, 북한 3국회의에서 38선 경계선을 회복하는 조건의 휴전을 추진하기로 합의했다.[16] 소련은 전쟁의 평화적 해결을 바란다는 선전을 계속 했다. 6월 23일에는 말리크가 유엔본부에서 주관하는 방송 연설에서 휴전을 희망하는 '평화의 대가'(Price of Peace)라는 제목의 연설†을 했다.[17] 중국 『인민일보』(6월 25일자)는 이에 호응하는 1면 머리기사와 '6·25전쟁 1년'

이라는 사설을 싣고 소련 공산당 기관지 『프라브다』(6월 26일자)는 말리크의 연설 전문을 게재했다. 6월 27일 그로미코 외무차관은 소련 정부의 진의를 타진하는 모스크바 주재 미국대사 커크에게 말리크의 연설이 소련 정부의 입장임을 확인해주었다. 그로미코는 휴전을 위한 대화는 유엔군 측에서 미군과 기타 국가 소속 유엔군 대표와 남한 군대의 대표, 공산군 측에서는 북한군 및 중공군 대표가 참석해야 할 것으로 본다고 덧붙였다.[18]

6월말에 이르러 트루먼 행정부는 유엔군사령관이 공산군사령관에게 휴전을 제의하기로 방침을 확정했다. 이에 따라 6월 29일 공산군 측에 보낼 휴전 제안문을 리지웨이 사령관에게 송부했다. 리지웨이는 6월 30일 아침 8시를 기해 라디오 방송을 통해 휴전회담 준비를 위해 원산항에 정박 중이던 덴마크 병원선에서 접촉하자고 제의했다.[19] 이에 앞서 6월 29일자 미국 UP통신이 미국 정부의 휴전 제의 결정을 보도하자 김일성은 이를 근거로 마오쩌둥에게 의견 제시를 요구했다.[20]

예정대로 6월 30일 리지웨이 장군의 정식 휴전 제의가 발표되자 마오쩌둥은 스탈린에게 회담 개시일을 7월 15일로 하고 회담 장소를 개성으로 하는 것이 좋겠다는 의견을 제시하면서 이에 대한 견해 표명을 요구하는 전보를 보냈다. 그는 스탈린에게 이 같은 방침을 김일성에게 통보해주라는 요청도 했다. 그러나 스탈린은 이튿날 보낸 회신에서 휴전회담을 마오쩌둥이 주도하고 김일성에게도 직접 연락사항을 전달하라면서 소련은 조언만 하겠다고 통고했다. 하지만 실제로는 이 발언과 모순되게 스탈린

---

† 이 연설은 당시 사기를 회복한 유엔군이 최소한 평양–원산선까지는 진격할 것으로 생각하던 이승만 대통령을 크게 실망시켰다. 정일권, 1986, p. 323.

은 리지웨이에게 보낼 회답 문안까지 작성해 마오쩌둥에게 보내는 등 사실상 휴전회담을 배후에서 총지휘했다. 마오쩌둥으로부터 이런 사실을 통고받은 김일성은 7월 1일 스탈린에게 북한 측 대표단 명단과 유엔군 측에 제의할 내용을 보냈다.[21] 휴전회담을 위한 예비접촉 문제는 마오쩌둥과 김일성 간의 전문 교환을 통해 확정되어 7월 1일 베이징방송을 통해 김일성과 펑더화이 공동 명의로 리지웨이의 휴전 제의를 수락한다고 공표했다.[22] 이에 따라 휴전협상의 4단계인 휴전회담 시기가 막을 올렸다.

3. 파탄이 예정된 개성 휴전회담

휴전협상을 위한 최초의 공식 접촉은 1951년 7월 8일 개성 광문동의 한 민가에서 쌍방 영관급 연락장교들 사이에 이루어졌다. 유엔군의 일원으로 한국 측에서는 이수영 중령이 참석했다. 이날 첫 접촉에서 쌍방 합의로 본 회담은 7월 10일 오전 11시 개성시 고려동 송악산 기슭의 99칸짜리 한옥 건물인 내봉장(來鳳莊) 대청에서 개최되었다. 한국 측에서는 백선엽 장군이 유엔군 측 대표단 일원으로 참석했다.

유엔군 수석대표 조이(Turner C. Joy) 제독은 기조 발언을 통해 ① 휴전의 모든 조건에 합의가 이루어질 때까지 회담 기간에도 쌍방이 합의한 중립지대를 제외한 한반도 전역에서 전투가 계속될 것이며 ② 쌍방은 성의를 다해 전쟁 재발 방지를 보장할 휴전협정을 마련하도록 노력할 것 ③ 협상 범위는 한국 내 군사 문제에 국한될 것이며 ④ 어떤 종류의 경제적, 정치적 문제와 한국과 관련 없는 군사 문제는 토의하지 않을 것이라고 못 박았다.

그러나 공산 측 수석대표 남일(南日)은 ① 쌍방이 상호합의 기초 위에서 모든 적대적 군사행동을 중지하도록 동시에 명령할 것을 제안하고 ② 38선을 경계선으로 획정해 쌍방의 무장병력을 10km씩 철수시켜 이 지역을 비무장지대로 만들 것을 제안한 다음 ③ 가능한 한 빠른 시일 안에 모든 외국 군대를 철수시켜야 한다고 주장하고 나섰다. 외국 군대 철수 문제는 리지웨이 장군이 공산군 측에 휴전회담을 제안했을 때 의제에서 제외한 문제였다. 이날 휴전회담의 첫 회의에서도 조이 제독이 논의하지 말자고 제안한 정치 문제였다. 남일은 다음날에도 외국 군대 철수 없이 어떻게 휴전이 보장될 수 있겠는가 라면서 이 문제를 의제에 포함시킬 것을 거듭 주장했다.[23]

공산군 측이 이 문제를 계속 물고 늘어지자 애치슨은 7월 19일 개성회담 이후 처음으로 발표한 공식성명서를 통해 공산군 측을 비난했다. 그는 "외국 군대 철수 문제가 정치적인 문제인지 군사적인 문제인지는 이론적 논쟁거리가 아니다. 유엔군은 해당국 정부가 유엔의 요청에 호응해 군대를 파견하기로 결정했기 때문에 그들은 한국에 와 있는 것이다. 유엔군은 침략을 격퇴시키고 국제평화를 회복하기 위해 한국에 파견되었다. 유엔군은 휴전이 발효되더라도 진정한 평화가 수립되고 한국 국민이 침략 위협으로부터 벗어날 때까지 주둔해야 한다"라고 말했다. 애치슨은 이어 "과거에 한국 문제 해결에 도달하려는 유엔 계획의 일부로 외국 군대가 한국으로부터 철수한 적이 있었다. 그러나 공산주의자들은 유엔의 이런 노력을 무시하고 대한민국에 침략을 감행했다. 한국 국민은 이와 같은 행동의 반복이 다시 허용되지 않으리라는 보장을 받을 권리가 있다"라고 덧붙였다. 애치슨의 담화는 『뉴욕 타임스』에 대서특필되었다.[24]

공산군 측은 유엔군 측의 태도가 완강하자 태도를 바꾸어 이 문제를 양측 관련 정부에 대한 건의 사항에 포함시키자고 주장해 유엔군 측이 이를 받아들였다. 유엔군 측의 판단으로는 철수문제가 어차피 휴전 후의 과제가 되는 것이 불가피하다고 보았기 때문이다. 이로써 외국 군대 철수 문제가 타결되어 7월 26일 5개 항의 회담 의제가 모두 확정되었다. 합의된 5개 항 의제는 ① 회의 의제의 채택, ② 한국에서의 적대행위 중지를 위한 기본 조건으로서 양측이 비무장지대를 설치하기 위한 군사분계선의 설정, ③ 정전 및 휴전에 관한 조항 이행을 감독하는 기관의 구성, 그 권한 및 기능을 포함한 한국에서의 정전과 휴전을 실현하기 위한 구체적 합의, ④ 포로에 관한 협정, ⑤ 쌍방 관계국 정부에 대한 건의 등이다.[25]

그러나 협상은 시작 40여일 만인 8월 23일부터 중단되어 10월 25일까지 2개월 이상 재개되지 못했다. 이유는 공산군 측이 유엔군 측에서 중립 협정을 위반하는 사건을 일으켰다고 주장하면서 일방적으로 회담을 취소한 데 있었다. 중립 협정이란 회담 장소인 개성이 공산군 관할에 들어 있기 때문에 유엔군 측 기자단이 자유로운 출입과 취재활동에 제약을 받게 됨으로써 이를 시정하기 위해 유엔군 측의 요청에 따라 체결한 협정이다. 협정의 골자는 회담장 일대의 비무장화와 중립화 그리고 유엔군 측 인원의 판문점으로부터의 자유로운 왕래를 보장하는 것이었다. 공산군 측은 이날 미군 공군기가 개성 회담장을 폭격했다고 비난하고 나섰다.

유엔군 측은 진상 조사 결과, 그런 주장은 공산군 측의 터무니없는 허위 날조라고 반박했다. 이에 공산군 측은 "이 시간 이후부터 회담을 취소한다"라고 일방적으로 선언하고 협상을 중단시켜버렸다. 그 전에도 유엔군 병사들이 판문점에서 개성 회담 장소를 향해 사격을 가했다는 주장과 백기를 달고 회담장으로 향하는 북한군 차량이 미 공군기의 공격을 받았다고 비난한 적이 있었다. 이에 대해 유엔군 측은 개성 회담장에 사격을 가했다는 주장은 근거없는 주장이라고 일축함으로써 말썽은 흐지부지되

었다. 그러나 이번에 제기된 개성 회담장에 대한 미 공군기의 폭격 주장
은 차원이 달랐다. 유엔군 측은 이 같은 공산군 측의 비난을 회담을 지연
시키기 위한 술책이라고 반박했다.[26] 협상이 중단된 동안 미국은 공군기
를 동원해 북한 지역에 맹렬한 타격을 가했다. 미군 폭격기들은 평양을 비
롯한 북한의 주요 도시들에 수천 톤의 폭탄을 퍼부어 북한의 주요 도시들
은 엄청난 타격을 입었다.

4. 판문점 회담의 성과

휴전회담은 우여곡절 끝에 회담 장소를 판문점으로 옮겨 중단된 지 2개
월 뒤인 그해 10월 26일 속개되었다. 가장 먼저 합의된 의제 제2항인 군
사분계선 설정 문제는 당초 38선을 주장하던 공산군 측이 유엔군 측의 완
강한 반대에 부딪쳐 이를 철회함으로써 1951년 11월 23일 해결되었다. 양
측은 군사분계선을 쌍방 간 현 접촉선(line of contact) 즉, 현 대치선으로 하
고 이 선으로부터 2km씩 병력을 철수해 비무장지대를 만들기로 했다. 분
계선 획정 방식이 합의됨에 따라 실제로 지도상에 잠정적인 분계선 줄을
긋는 작업도 11월 27일 완료했다. 이때 그은 잠정적인 분계선은 현재의
휴전선과 대체로 비슷하다. 유엔군 측은 동부전선 일부 지역과 서부전선
의 개성을 교환하자고 요구했으나 공산군 측의 반대로 뜻을 이루지 못했
다. 나중에 이승만 대통령은 개성을 군사작전으로 회복할 것을 주장했지
만 휴전을 서두른 미국 측에 거부당했다.

한반도 주변 바다에 설정되는 영해 문제에 대해 공산군 측은 영해를
12마일로 주장했다. 그러나 유엔군 측은 한국대표의 요구에 따라 3마일
을 주장해 관철했다. 이에 따라 제해권을 장악한 유엔군 측이 확보하고 있

던 서해안 도서들 중 38선 이남의 백령도, 연평도 등 '서해 5도'가 한국 쪽에 귀속되었다.[27] 군사분계선 문제로 씨름을 벌이던 약 5개월의 협상 기간 공산군 측은 새로 책정된 휴전선 북쪽에 난공불락의 방어진지를 구축했다. 중국 군사과학원 2005년 자료를 토대로 한국 측 군사전문가가 연구한 바에 의하면 북한군과 중공군은 1952년 말까지 한반도를 횡으로 가로지르는 250km 전선 곳곳에 지하갱도(땅굴)를 거점으로 하는 요새를 구축했다고 한다. 총 길이 287km에 이르는 9,519개의 통로와 총 길이 3,683km에 이르는 78만 4,600개의 참호가 생긴 것이다. 폭격 대피호와 지휘소, 관측소, 토치카는 10만 1,500개에 달했다. 현재도 휴전선 북쪽인 김화 오성산 일대에는 유사시 6만 명의 병력이 숨을 지하시설이 있다고 한다. 서해안부터 동해안까지 폭 20~30km의 거대한 개미집이 만들어진 셈이다.[28]

다음 의제인 제 5항, 즉 쌍방 관계국 정부에 대한 건의 사항은 1952년 2월 17일 타결되었다. 이 문제는 유엔군과 공산군 측 모두 한 차례씩 수정안을 낸 끝에 토의 시작 11일 만에 합의되었다. 공산군 측의 수정안은 "쌍방 군사령관들은 한국 문제의 평화적인 해결을 보장하기 위해 휴전협정이 조인되고 효력이 발생한 후 3개월 내에 고위 정치회담 교섭을 통해 한반도로부터 모든 외국 군대가 철수하고 한국 문제의 평화적 해결 등을 위해 정치회담을 개최할 것을 쌍방 관계국 정부에 건의한다"라는 내용이다. 유엔군 측은 이에 대해 부분적인 용어 해석을 첨부해 수락함으로써 합의를 이루었다. 즉 유엔군 측은 '외국 군대'란 국군 외의 군대를 의미한다는 것과 '등'이란 한국 문제 외의 것에 관계되지 않는다는 조건을 달아 수락한 것이다. 이 5항은 이듬해 7월 판문점에서 휴전협정 제4조 제60항으로 명문화되었다.[29]

1952년 5월 2일에는 의제 제3항, 즉 유엔군과 공산군 대표로 구성되어 휴전을 관리하는 군사정전위원회 외에 휴전감시기구 구성 방안이 합의되었다. 당초 유엔군 측은 스위스, 스웨덴, 노르웨이 3개국을, 공산군 측은 폴란드, 체코슬로바키아, 소련 3개국을 제안했으나 유엔군 측이 소련을 강력히 반대해 소련의 가입이 무산되었다. 유엔군 측은 당초 자신들이 추천했던 노르웨이를 제외해 쌍방 간 중립국 감시위원회를 체코슬로바키아, 폴란드, 스위스, 스웨덴 4개국으로 구성하기로 합의했다.[30] 이로써 휴전협상 의제 제2, 제5, 제3항이 모두 타결되어 남은 의제는 제4항인 포로교환 문제 뿐이었다.

③ 한국의 휴전 반대와 설득 작업

1. 이승만의 휴전 조건

휴전협상을 빠른 시일 안에 마무리지으려는 트루먼 행정부 앞에 가로 놓인 최대 난제는 한국 정부의 휴전 반대였다. 1951년 1월 무렵부터 미국 측의 휴전협상 움직임이 본격화함에 따라 한국 정부는 통일 기회가 멀어 져가는 데 대해 몹시 불만스러웠다. 2월 4일 신성모 국방장관은 유엔군이 구상하는 통일 없는 휴전을 적극 반대한다는 성명을 발표했다. 그는 "휴전을 하게 되면 우리는 적들보다 더 많은 상처를 입는다"면서 미국이 구상하는 휴전 제안은 절대적으로 무의미하다고 주장했다.[1]

이승만 대통령도 "전선에서 귀가하는 모든 국군 병사들은 미국이 국경선 밖의 [중공군] 보급기지를 폭격해야 한다고 느끼고 있다"라고 말하면서 미국인 중 일부는 애치슨이 국무부를 차지하고 있는 한 [한국에 대해] 배신할 것이라고 말하므로 이를 잘 관찰해야 한다고 주미대사관에 지시했다. 이승만은 또 모든 대사관 직원들은 유화정책의 위험성, 즉 한국을 팔아넘기는 따위 행동의 위험성을 올바로 인식해야 한다고 강조했다.[2]

6월 5일에는 한국 국회가 중공군의 철수를 요구하는 결의안을 통과시키는 등 국내에서 휴전 반대 기운이 더욱 고조되었다. 그런 가운데 8일 한국을 방문한 마셜 국방장관은 8군사령관과 업무 협의를 하고 이승만을 예방하지 않은 채 귀국해버린 사건이 일어났다. 이승만은 격노했다. 이승만

1950년 12월 4일, 미군의 폭격으로 부서진 평양 대동강 철교를 타고 남하하는 피난민들. 이 사진은 AP통신의 종군기자 막스 데스포(Max Desfor)가 찍은 것으로 1951년도 퓰리처상을 수상했다. (사진 AP 제공)

1 1950년 12월 서부전선에서 대동강의 얼음을 건너 남진하는 중공군 병사들.(사진 china.com)

2 1950년 10월 미 해병1사단 병사들이 함흥에서 장진호로 가는 산길을 넘어 북진하는 것을 사단 소속
제1 탱크대대가 호위하고 있다.(사진 미 국방부 소장)

1

2

1 1950년 11월 26일 장진호 부근에서 미 해병1사단 병사들이 공군 폭격기가 폭격을 하는 모습을 바라보면서 중공군과 대치하고 있다.(사진 NARA 제공)

2 1950년 10월 중공군이 1차 공세 때 장진호 부근 고지에서 미 해병1사단 병사들을 기습하는 모습.(사진 http://www.bob-west.com)

1950년 11월 미 해병1사단 병사들이 장진호에서 철수하던 도중 눈에 덮인 산길에서 잠시 휴식을 취하고 있다.(사진 NARA 제공)

1 혹한으로 동사한 미국 영국 한국군 병사들
을 화장하기 위해 한 곳에 모아둔 모습.
(1950. 12. 8)(사진 China.com)

2 하늘에서 본 함경남도 장진군 장진호-이
지역이 동부전선 최대의 격전지가 되었다.
(사진 NARA 제공)

3 미군 군목 한 명이 미군 사망자들을 위해
기도하고 있다.(1950. 12. 3)

1 전우의 죽음을 슬퍼하는 동료를 위로하는 미국 병사.(사진 트루먼도서관 제공)

2 함경남도 흥남 시 부근의 미군 묘지–장진호 전투에서 입은 유엔군의 사상자의 수는 4,395명인데 미 해병 제1사단에서만 2,000명이 넘는 인명손실이 나왔다. 12월 13일 스미스 해병1사단장이 경례를 하는 가운데 마지막 장례식이 치러졌다.(사진 NARA 제공)

1 1950년 12월 20일 흥남 부두에서 미군과 국군을 철수시키는 작전명 '크리스마스 카고(cargo) 작전'이 벌어졌다.(사진 NARA 제공)

2 1950년 12월 20일 흥남 부두에서 미처 배를 못 탄 피난민들이 해군 수송선을 타려고 기다리고 있다.(사진 NARA 제공)

1 피란민 1만4,000명을 태운 메러디스 빅토리(Meredith Victory)호의 후미 갑판(사진 NARA 제공)

2 1950년 12월 24일 유엔군과 피난민 철수 후 폭파되는 흥남부두를 관측하는 미 해군의 비고어 (USS Begor) 호.(사진 NARA 제공)

은 이기붕 국방장관과 정일권 총참모장을 불러 "건국 이래 미국의 수많은 요인들이 다녀갔지만 이처럼 무례한 적은 한 번도 없었다. 이것이 어찌 그 개인의 처사이겠는가, 미국 정부의 생각을 반영한 것 아니겠느냐'라고 분노를 표했다.[3] 이런 분위기 속에서 10일 임시수도 부산에서는 수만 명이 참가한 가운데 최초의 휴전 반대 국민대회가 개최되었다. 국회는 29일 재분단으로 가는 휴전 반대 결의안을 다시 통과시켰다.

그러나 리지웨이 유엔군사령관은 앞에서 설명한 바와 같이 6월 30일 공산군 측에 정식으로 휴전회담을 제의했다. 이날 서울에서는 무초 대사가 경무대를 방문해 휴전문제를 협의했다. 이승만은 국무총리와 외무장관이 배석한 가운데 무초에게 거친 어조로 항의했다. 이에 무초는 휴전회담에 반대하는 한국 측의 성급한 담화 발표의 부정적인 영향을 지적했다.

이승만은 이 자리에서 그날 오전 10시에 예정된 외무장관의 기자회견을 취소하라고 지시했다. 이승만은 즉각 같은 날 외무장관 명의로 애치슨 국무장관에게 공식 서한을 보내고 ① 한국으로부터의 중공군의 완전한 철수, ② 북한의 무장해제, ③ 북한 공산주의자에 대한 제3국의 지원을 막겠다는 유엔의 공약, ④ 한국 문제의 어떤 측면에 관한 국제적 토의에도 한국의 참여, ⑤ 한국의 주권과 영토보전이 보장되지 않는 어떤 휴전에도 반대할 것이라고 경고했다.[4] 그는 사실상 휴전에 반대하고 북진통일을 주장하는 입장을 밝힌 것이다.

한국 공보처는 27일 정부 성명을 발표했다.[5] 무초는 한국 정부와의 접촉 결과, 휴전회담에 한국군 장교를 참여시키고 휴전선을 38선이 아닌 현 전선으로 하면 휴전회담 개최에는 어려움이 없을 것으로 본다고 애치슨에게 보고했다(이미 앞에서 설명한 대로 한국 측은 휴전회담에 대표를 보냈다). 이날 워싱턴에서는 양유찬 주미대사가 외무장관의 공식 서한을 지참하고 러스크 국무차관보를 방문, 5개항의 요구사항을 설명하고 양측이 항목별로 토의했다. 미국 측은 휴전협상의 불가피성을 한국 측에 설명했다.[6]

리지웨이 장군은 7월 10일 개성의 내봉장에서 본 회담이 열린 직후 경무대로 이승만 대통령을 방문하고 휴전회담 경과를 보고했다. 그는 이어 16일에는 이승만에게 유엔군 측의 회담 기본 전략을 설명하고 이승만의 동의를 구하려고 했으나 이승만은 거듭 압록강과 두만강까지 밀어붙일 것을 주장했다.[7]

2. 트루먼 행정부의 상호방위조약 체결 거부

휴전회담이 시작되자 이승만 대통령은 7월 28일 주한 미국대사관을 통해 트루먼에게 서한을 보내고 "한국 국민들에게 사망보증서나 다름없는 38선을 유지하는 휴전에 동의할 수 없다"라고 강조하면서 한국 국민의 통일 염원을 이해할 것을 촉구했다.

무초 주한 미국대사는 이승만의 서한을 국무부에 보내면서 따로 애치슨에게 올리는 보고 전문에서 한국 정부가 백선엽 장군을 휴전회담 유엔군 대표 일원으로 파견한 것은 잠정적인 조치일 뿐이라고 보고했다. 무초는 이승만은 한국 분단을 받아들이는 듯한 인상을 주는 어떤 행동도 공식적으로 하지 않을 것 같다고 전망하면서 국무부가 그를 미국에 초청하는 방안을 신중히 검토할 것을 건의했다. 트루먼은 8월 4일 주한 미국대사관을 통해 이승만에게 보낸 답신에서 미국은 휴전회담이 끝난 다음 개최되는 정치회담에서 한국의 통일을 위해 최선을 다할 것이라는 형식적인 답장을 보냈다.[8]

휴전협상 2년째인 1952년에 접어들어서도 한국의 휴전반대 운동이 그

칠 줄 모르자 그해 3월 트루먼은 이승만에게 휴전협상에 대한 협조를 정식으로 요청했다. 이승만은 이 문제는 한국과의 상호방위조약 체결과 한국군 증강에 대한 미국의 지원 여부에 달렸다고 회답했다. 그는 특히 방위조약이 없는 경우 한국은 포기되는 나라로 보일 우려가 있으므로 이 조약의 체결은 필수적이라고 강조하면서 이 조약 하나면 자신은 휴전협상을 받아들이도록 한국 국민을 설득할 것이라고 확언했다.

그는 미국의 일부 고위당국자들이 한국은 자체의 힘으로 나라를 방어할 수 없으므로 인접국의 도움을 받아야 하는데 그 이웃나라는 일본이라는 말들을 하고 있다는 소문이 있다고 무초에게 지적했다. 이승만은 이것이야말로 공산주의자들이 내건 명분을 애국적인 것으로 만드는 처사라고 비난했다. 이승만은 이 서한에서 자신이 추진하는 개헌 문제에 관해 언급하면서 그의 개헌안은 대통령을 국회에서 선출하는 현행 규정을 공화정 본연의 정부 형태의 발전과 영속화를 위해 국민의 직접투표제로 바꾸자는 것으로 국민통합을 해치는 것으로 오해되어서는 안 될 문제라고 해명했다.[9]

애치슨은 같은 날짜로 트루먼 대통령에게 올린 비망록에서 이승만의 상호방위조약 체결 요구에 회답하지 말도록 건의했다. 그러면서 그는 한국과의 방위조약 체결은 미국의 국가 이익에 부합되지 않지만 미국은 기회 있을 때마다 한국 정부와 한국 국민들에게 한국을 버리는 것이 미국과 유엔의 의도가 아니라는 점을 강조해야 한다고 건의했다. 애치슨은 미국과 유엔이 한국에서 적절한 규모의 군사력을 유지하는 한 공식적인 방위조약의 필요성은 없는 것으로 보인다고 주장했다. 그는 그러나 한국으로부터의 철군이나 대규모 병력 감축을 하려면 사전에 모든 문제를 국가안보회의에서 충분히 검토할 것을 건의했다. 그러면서 애치슨은 이승만이 요구한 한국군의 신속한 증강 계획에 대해서는 한국군 증강이 NSC 118/2 †에 부합되고 한국이 자체 방위를 위해 더 많은 역할을 수행해야 하므로 이 문제에 관해 한국 정부를 지원해야 한다고 주장했다.[10]

그런데 한국과의 상호방위조약 문제는 이미 1951년 5월 트루먼 행정부가 채택한 NSC 48/5(미국의 아시아정책 목표와 정책 및 행동지침)에서 명확히 규정하고 있다. 즉, 미국은 일본, 오스트레일리아, 뉴질랜드 그리고 필리핀과 개별적으로 양자 간 상호방위조약을 맺되 한국은 그 대상에서 제외했다. 애치슨은 이 지침에 따라 이승만이 요구하는 상호방위조약 체결을 거부한 것이다. 6·25전쟁 이후의 미국의 아시아 정책을 포괄적으로 정한, 이례적으로 긴 NSC 48/5는 일본이 조속한 강화조약 체결로 주권을 회복해야 하며 장차 태평양지역과 동남아지역의 안보기구를 창설할 때 새로운 위상을 갖도록 도와야 한다고 밝히고 있다.

이 지침은 일본은 인적자원, 산업 능력, 해운 및 조선 능력 그리고 군사적 경험 측면에서 상당한 군사적 잠재력을 지니고 있다고 지적했다.[11] 이 같은 일본에 대한 평가는 앞에서 설명한, 일본에 대한 이승만의 우려와 유사한 내용이다. 이 점에서 애치슨의 유럽과 일본 우선주의를 엿볼 수 있다. 한미상호방위조약 문제는 아이젠하워 행정부로 넘어가 휴전회담 막판인 1953년 7월 이승만과 로버트슨(Walter S. Robertson) 특사의 힘든 협상 끝에 타결을 보았다.[12]

---

† NSC 118/2는 1951년 12월 국가안보회의가 채택하고 트루먼이 승인한 한국 휴전협상에 임하는 미국 정부의 지침이다. 주 내용은 휴전협정 체결 후 공산군 측이 이를 위반해 다시 한국을 침공할 경우 미국은 무제한 응징한다는 내용이다. Memorandum by the Executive Secretary of the National Security Council(Lay) to the National Security Council(NSC 118/2), 1951. 12. 20, *FRUS, 1951, VII, Korea and China, Part 1*, pp. 1382~1399.

④ 부산 정치파동과 미국 정부

1. 이승만의 비상계엄 선포에 제동

1952년 3월 트루먼이 이승만에게 휴전협상에 협조를 부탁하는 서한을 보낸 데 대한 이승만의 답신에서 언급한 개헌 대목은 1952년 제2대 대통령선거를 앞두고 그가 마련한 대통령직선제와 국회 양원제를 골자로 하는 개헌안을 설명하는 내용이었다.

이승만은 그해 1월 국회에서 자신이 낸 개헌안이 부결되자 5월 들어 두 번째 개헌안을 제출하고 26일에는 영남 및 호남 일원에 비상계엄령을 선포함과 아울러 야당의원들을 대거 구금해 세칭 부산 정치파동이 시작되었다. 일부 야당 의원들은 심지어 통근버스를 타고 국회로 출근하던 중 타고 있던 버스가 헌병대의 랙커차에 견인되어 연행되기도 했다. 휴전을 둘러싸고 이승만에 대해 미국이 달갑지 않은 태도를 보이던 중에 돌출한 한국의 정치위기는 자칫 유엔군의 작전에 중대한 지장을 초래할까 트루먼 행정부는 우려했다.[1]

주한 미국대사관의 라이트너(E. Allan Lightner Jr.) 대리대사는 이날 즉시 경무대로 이승만을 찾아가 계엄해제를 요구했다. 라이트너의 요청으로 언커크(UNCURK, 유엔 한국 통일부흥위원단) 대표도 따로 경무대를 방문해 같은 요구를 했다. 그러나 이승만은 이에 불응했을 뿐만 아니라 정부 대변인 담화를 통해 "한국에 와 있는 유엔기관이 한국 내정에 간섭하는 것은 월권이며 앞으로 이 같은 행동을 계속 하면 국외로 추방하는 조치도 불가피할 것"이라고 강경한 자세를 보였다.

이에 라이트너는 본국에 '강력한 조치'를 취할 것을 건의했다. 국무부와 국방부는 그의 건의에 따르는 대신 도쿄의 클라크 유엔군사령관과 한국의 밴 플리트 주한 미 8군사령관에게 이승만을 만나 계엄해제와 구속자 석방을 설득하라고 지시했다. 밴 플리트는 27일 라이트너를 대동하고 이승만을 방문해 "전쟁 기간 중 한국 정부가 유엔군 또는 유엔기구 그리고 미국에 사전통고나 협의 없이 계엄을 선포한 것은 한국을 지원하고 있는 우방을 실망시키는 것"이라고 지적하면서 즉각적인 계엄해제를 요구했다. 그러나 이승만은 듣지 않았다. 라이트너는 이날 다시 국무부에 더 강력한 조치를 건의했다. 그의 건의 골자는 24시간 내에 이승만이 미국의 계엄해제 요구를 듣지 않으면 유엔군이 필요한 조치를 취해야 한다는 것이었다. 모교인 브라운대에서 명예박사 학위를 받기 위해 일시 귀국한 무초 주한대사로부터 29일 한국 사태를 보고받은 트루먼은 심각한 우려를 표하면서 무초에게 조속히 귀임해 자신의 우려를 이승만에게 전하라고 지시했다. 트루먼은 또한 국무부가 사태 해결을 위해 이승만 뿐만 아니라 그의 반대파에게도 합리적인 타협점을 모색하도록 설득할 것을 지시했다.[2]

라이트너는 30일 미국 정부의 항의 각서를 이승만에게 전했다. 그러나 이승만은 라이트너에게 "당신은 내가 이 나라의 민주주의를 위해 일하고 있으니 그냥 내버려두라고 보고하면 돼요"라고 일갈했다. 이에 화가 난 라이트너는 "오늘 이승만은 미국 정부를 정면으로 모욕했다"(Rhee has thumbed his nose at US government today.)라고 보고하면서 유엔군의 개입을 워싱턴에 다시 건의했다.[3]

유엔군의 개입이란 유엔군이 부산 지역에 직접 계엄을 선포해 이승만을 체포하고 과도정권을 세운다는 계획이었다. 그러나 그런 방안은 유엔군이 전쟁을 치르고 있는 마당에 간단히 결정할 사안이 아니었다. 국무부는 국방부의 견해를 묻고 국방부는 현지 지휘관들의 의견을 듣기로 했다. 클라크는 합참의장에게 31일 장문의 보고를 보내 무력개입보다는 설득을 통한 해결을 건의했다. 그는 "전쟁을 치르면서 동시에 후방의 내란에 가까운 상황에 병력을 돌릴 만큼 군사적 여유가 없다"라고 주장했다.[4]

클라크는 6월 2일 도쿄에서 부산으로 날아와 밴 플리트를 대동하고 이승만을 만나 계엄해제를 설득했다. 그러나 이 같은 군부의 설득 방식에 대해 일부 국무부의 견해는 달랐다. 국무부 극동담당 부차관보 존슨(Alexis Johnson)은 애치슨에게 올린 비망록에서 미국 정부가 이승만에 대해 조속히 행동을 취하지 않으면 미국의 국가 이익이 손상받을 것이라고 주장했다.[5] 무력개입 문제를 둘러싸고 현지 대사관과 국무부, 그리고 군지휘관들이 정면 대립을 보인 것이다.

2. 미국의 여야 타협 추진 훈령

그런 가운데 이승만의 강경한 태도는 전혀 바뀌지 않았다. 그는 6월 2일 국무회의에서 만약 국회가 24시간 안에 개헌안을 통과시키지 않는다면 국회를 해산하겠다고 선언했다. 이에 놀란 트루먼 행정부는 같은 날짜로 된 트루먼의 강력한 항의 친서를 3일 주한 미국대사관을 통해 이승만에게 전했다. 트루먼은 최근의 한국 사태로 심한 충격을 받았다면서 이 위기를 극복할 합리적인 해결책을 강구하기 바란다고 이승만에게 촉구했다.

이승만은 친서를 갖고 온 라이트너에게 "트루먼 대통령이 잘못된 정보를 보고받고 있는지 걱정스럽다"라고 힐난한 후, 국회 안의 어느 패거리

우두머리는 공산주의자들의 돈을 받고 있다고 주장하면서 국회를 해산하겠다고 다시 말했다.[6] 이승만은 며칠 뒤 트루먼에게 답장을 보내 대통령 직선제의 정당성을 거듭 주장하면서 우방국들이 한국 문제에 깊은 관심을 표명하고 있는 데 보답하기 위해 한국은 더욱 민주적이고 민중을 더욱 대변하는 정부를 운영할 수 있게 될 것이라고 다짐했다.[7]

이승만이 여전히 자신의 입장을 고수하자 고민에 빠진 트루먼 행정부는 국무부와 국방부의 정식 협의를 갖기로 했다. 이에 따라 6월 4일 개최된 국무부와 합참본부 연석회의는 토론 끝에 한국에서 군사정권의 등장보다는 문민정권이 바람직하다는 데 합의하고 군사개입은 채택하지 않기로 최종 결론을 내렸다.[8]

이에 애치슨 국무장관이 나서 트루먼의 승인을 얻은 후, 주한 미국대사관에 훈령을 보냈다. 그는 이 훈령에서 이승만과 국회 어느 한 쪽을 굴복시키려고 하지 말고 양쪽이 함께 수용할 수 있는 절충안을 찾도록 도와야할 것이라고 지시했다. 다만 그는 '약간의 통제와 다소 뉘우치는 분위기' (under some controls and in a more chastened mood) 속에서 이승만의 지도력이 유지되도록 하라는 단서를 붙였다.[9] 애치슨다운 정교한 외교적 접근법이다. 트루먼 행정부가 이 같은 최종 방침을 정한 것은 한국에 안정적인 정권을 유지하려면 이승만을 대신할 만한 인물이 없다는 것을 인정하는 데서 나온 고육지책이었다.

이에 따라 주한대사관과 언커크가 나서 이승만에게 양보를 권하고 야당 인사들에게는 이승만과 타협하도록 집중 설득했다. 이들은 유사시 유엔군의 군정 실시설, 즉 신탁통치설을 적절히 유포시켰다. 장택상(張澤相) 기념사업회가 펴낸 장택상 전기에 의하면 언커크의 주요 멤버 중 한 명이 장택상과 신익희(申翼熙), 조봉암(曺奉岩) 세 명이 함께 있는 자리로 찾아와 "전쟁 중인 나라가 내란과 분규로 영일 없이 이렇게 소동만 일삼고 있으니 우리 16개국 참전국 대표로서는 이대로 방치할 수 없습니다. 이 상태로 계속 간다면 신탁통치안은 우리가 제기할 테니 곧 결말을 내주시오"라고 말했다고 한다. 이것이 장택상으로 하여금 발췌개헌안을 마련하게 하는 계기가 되었다고 한다.[10]

그러나 애치슨이 주한 미국대사관에 지시한 여야 절충 작업은 6월 한 달이 다 지나도록 성과가 나오지 않았다. 트루먼 행정부는 6월 25일 다시 국무부와 합참 간부 연석회의를 열고 강경 개입책으로 선회했다. 무초 대사의 강력한 건의로 마련된 새로운 개입 정책 초안은 몇 가지 경우 유엔군의 개입을 허용한다는 것이었다. 그런 경우들은 ① 이승만이 결정적인 정치적 행동, 즉 국회해산이나 다수의 국회의원을 체포할 경우, ② 이승만에게 갑작스럽게 육체적, 정신적 장애가 일어나는 경우, ③ 이범석(李範奭) 등 강경파가 권력을 장악하는 경우 그리고 ④ 한국군이 개입하는 경우 또는 폭동사태가 일어나는 경우를 말한다. 국무부와 합참 간부 연석회의는 이 같은 새로운 지침 초안을 마련한 후, 클라크와 무초의 의견을 듣기로 했다.[11]

이에 대해 클라크는 7월 5일 답신을 통해 ① 이승만을 서울 또는 다른 곳에 초청해 부산을 떠나도록 하고 ② 유엔군이 부산 지역에 진입해 이승만의 독재를 도운 지도자 5~10명을 체포하며 ③ 계엄지휘권을 한국 육군참모총장을 통해 넘겨받은 다음 이를 이승만에게 기정 사실로 통고하며 이승만에게 계엄을 해제하고 국회의원들의 행동의 자유와 신문사와 방송국의 언론자유를 보장하는 포고문에 서명하도록 요구하며 ④ 만약 그가 동의하지 않는다면 그를 보호감금해 의사소통이 불가능하도록 하고 ⑤ 국무총리 장택상이 이 계획에 동의하겠지만 만약 동의하지 않는다면 유엔사령부의 임시정부를 세우는 방안을 강구하고 ⑥ 만약 이승만 또는 장택상이 이에 동의하는 경우 이번 조치가 군사적 이유와 (만약 적절하다면) 유엔 임무 수행을 방해한 불법적인 행동을 한 일부 인사들을 유엔군사령부가 나서 제거하라는 참전국의 요구에 따라 필요했다는 취지의 발표를 하며 ⑦ 이 성명에는 대한민국 정부가 이 조치들을 취하고 있으며 유엔군사령부의 지원을 받고 있다는 사실을 강조한다는 내용을 보고했다.[12]

그런데 클라크가 답신을 보낸 7월 5일은 여야가 타협한 발췌개헌안이 국회에서 통과된 바로 다음날이었다. 트루먼 행정부의 새로운 강경책은 더이상 필요 없어지고 말았다. 당시 트루먼 행정부가 이승만 정부를 전복시키지 않은 데는 군부와 애치슨의 신중성과 영향력이 크게 작용했다.

그러나 클라크가 작성한 이승만 제거 방안은 아이젠하워 행정부 시기인 1953년 5월 휴전협상 막바지에 입안한 이른바 '에버레디 작전'(Operation Everready)의 기초가 되었다. †

---

† 이 작전 역시 1953년 5월 29일 국무부 합참 연석회의에서 미국의 특사로 이승만과 휴전회담 협조 문제를 협상한 월터 S. 로버트슨 국무부 차관보가 "우리가 무슨 권한으로 한국 정부를 인수하느냐? 정말 우리 자신을 침략자 입장으로 몰고 싶은가?"라고 강력 반대해 이승만 제거 대신 한미상호방위조약을 체결하기로 결론남으로써 폐기되었다. Memorandum of the Substance of Discussion at a Department of State-Joint Chiefs of Staff Meeting, 1953. 5. 29, *FRUS, 1952-1954, XV, Korea, Part 1*, pp. 1114~1119.

⑤ 휴전협상과 스탈린

1. 애치슨의 포로 자유송환 원칙 비망록

휴전협상의 다른 의제들은 모두 타결되었으나 최대 난제였던 포로교환 문제는 좀처럼 진전을 보지 못했다. 이 문제는 협상 개시 후 양측의 팽팽한 의견 대립으로 휴회를 거듭하면서 1년 반 이상 시일을 끌었다.[1] 1949년의 포로에 관한 제네바 협정 제118조는 적대행위가 종료된 후 포로를 지체없이 송환하도록 되어 있었다. 이 협정대로 쌍방이 포로들을 상대방에게 송환하면 문제는 간단했다. 그러나 6·25전쟁에서 잡힌 포로들의 송환문제는 성격이 달랐다. 북한군 포로 중 상당수가 북한 송환을 바라지 않는 반공포로들이었다. 이들 중 상당수는 북한의 남침 후 채 피난가지 못하고 인민군에 강제 입대한 남한 청년들이었다. 중공군 포로 중에서도 중국 본토 송환을 원하지 않는 국민당 계열 병사들이 많았다. 그들 중 대부분은 국공내전 당시 중공군 측에 포로로 잡혔거나 중공 정권 수립 이후 강제 징집된 사람들이었다. 소련이 2차 세계대전 중 나치 독일에 포로가 되었다가 전쟁이 끝난 후 본국으로 귀환한 수천 명의 병사들을 전투 중 또는 억류 기간 중 조국을 배신하는 부역행위를 했다는 이유로 처형한 사건이 있었다. 당시 이 소식을 들은 애치슨은 "이 사건은 우리들로 하여금 더이상 모멸적인 인간거래는 하지 않도록 만들었다"라고 훗날 소감을 밝혔다.[2]

그런데 트루먼 행정부는 1952년 초부터 공산군 포로들을 강제송환하는 것은 인도주의 원칙에 배치된다는 국무부와 북한에 억류되어 있는 유엔군 포로들의 조속한 무사귀환을 위해 제네바협정에 따라야 한다는 국방부의 견해차로 포로송환 원칙을 정하지 못했다. 애치슨은 2월 8일 트루먼에게 강제 포로송환을 강력 반대하는 비망록을 올렸다. 이 비망록은 "이 문제는 가장 중대한 사안으로 한국에서의 우리의 모든 행동의 기초가 되는 기본 원칙과 공산국에 전쟁포로로 억류된 3,000명의 미군과 8,000명의 유엔군 및 한국군의 운명 그리고 6·25전쟁이 끝날 것인지 아니면 무기한 연장되어 예측할 수 없는 결과를 초래할 것인지라는 점과 직결된다"라고 전제한 다음 "강제 포로송환은 개인의 가치를 존중하는 우리의 가장 기본적인 도덕적, 인도주의적 원칙에 반하며 공산독재에 반대하는 미국의 심리전 수행에 지장을 줄 것"이라고 강조했다. 애치슨은 또한 공산군 측은 이 원칙을 반대해 유엔군 측 포로에게 신변 위협을 하고 휴전 성사를 방해할 가능성이 있는 반면 미국 측으로는 강제송환을 반대하는 원칙을 강력 지지하는 국내와 국제 여론의 형성도 기대할 수 있다고 예측하면서 공산군 측의 요구인 강제송환을 절대로 받아들여서는 안 된다고 주장했다.[3]

애치슨은 이날 라벳(Robert A. Lovett) 국방장관과 함께 트루먼 대통령과 면담하고 포로송환 문제를 협의한 끝에 라벳이 애치슨이 마련한 비망록에 찬성함으로써 트루먼은 이를 즉시 승인하는 서명을 했다.[4] 트루먼은 훗날 담화를 통해 포로 강제송환이 6·25전쟁 수행에서 미국의 행동에 기초가 된 기본적인 도덕과 인도주의 원칙에 어긋나는 것이라고 밝히고 "인간이 학살당하거나 노예가 되도록 그들을 〔공산군 측에〕 넘겨줌으로써 휴전을 사지는 않을 것"이라고 언명했다.[5] 트루먼이 이 같은 방침을 정한 배경에는 애치슨의 강력한 건의와 함께 18세기 말 미국 독립전쟁 후 포로 자유송환 원칙이 적용된 선례도 있었기 때문이다.[6] 애치슨은 이 같은 방침이 트루먼 행정부의 임기 종료 이후에도 관철되기를 바라며 1952년 11월 대통령 당선인인 아이젠하워 장군에게 국무부 메모로 전달했다.[7] 아이젠하워 행정부도 이 원칙을 끝까지 고수함으로써 뒤에서 설명하는 바와 같이 공산군 측의 양보를 얻어냈다.

유엔군 측이 최초로 포로 자유송환 원칙을 공산군 측에 제의한 것은 1952년 1월 2일이었다. 이해 4월 15일 리지웨이 유엔군사령관은 총 17만 명의 공산군 포로(민간인 포함) 중 7만 명만 송환을 희망하고 있다고 합참에 보고했다.[8] 유엔군 측은 이들을 송환할 의사가 있다고 영국-인도 외교 라인을 통해 중국 측에 통고하고 나중에 수정안까지 제의했으나 저우언라이 중국 외상은 이 안을 거부했다. 유엔군 측은 그해 7월까지 약 1만 명에 이르는 민간인 반공포로를 일방적으로 석방했다.[9]

이 무렵 소련도 나서 유엔에서 미소 양국 대표 간 비공식 접촉을 갖고 포로문제 해결을 촉구했다. 처음에 미국 측은 별다른 호응을 하지 않다가 나중에 조지 케넌 주소련 대사를 통해 소련 정부와 직접 교섭한다는 계획을 세웠다. 그러나 클라크 유엔군사령관이 이에 반대해 이 계획은 무산되었다. 클라크는 이런 방식은 유엔군 측의 나약함을 보여주는 것이므로 그런 방식보다 전투를 통해 공산군 측에 강력 대응해야 한다고 주장한 것이다. 포로송환 문제는 이처럼 외교무대에서도 아무 성과 없이 2개월 이상 허송세월한 끝에 8월 27일 휴전회담이 다시 무기한 휴회에 들어갔다.[10]

트루먼 대통령은 공산군 측이 무성의한 태도를 보일 경우 군사적 압력을 조금도 늦추면 안 된다고 지시했다. 스탈린 역시 마오쩌둥에게 보낸 비밀 전문에서 미국의 주장에 반대한다면서 국제규범에 따라 모든 전쟁포

로를 본국으로 귀환시키도록 미국에 더 강경한 입장을 취하라고 요구
했다.[11]

이런 분위기 속에서 유엔군 측은 9월 20일 포로 심사 결과, 민간인으로
판명된 1만 1,000여 명의 억류자를 10월 1일부터 6주 내에 모두 석방하
겠다고 공식 발표했다. 9월 28일 속개된 회의에서 유엔군 측은 장문의 성
명과 함께 3가지 선택적 타결안을 공산군 측에 제시했다. 즉, ① 모든 포
로를 송환하되 불응하는 자는 제외한다. ② 본국으로 귀환하기를 원하는
모든 포로를 즉시 송환하되 이를 거부하는 모든 포로는 중립국 대표에게
인도해 본인이 선택하는 나라로 갈 자유를 갖는다. ③ 송환을 희망하는 모
든 포로는 조속히 교환되어야 하며 반대의사를 표명한 포로는 비무장지
대로 인도되어 전체 감시 하에 그들이 선택한 곳으로 갈 수 있다는 세 가
지 방안 중 하나를 선택하라는 것이었다. 이 제안들은 모두 자유송환 원
칙을 포함하고 있었다. 유엔군 측으로서는 이 세 가지 중 어느 것이든 공
산군 측이 받아들이기만 하면 상관없다는 입장이었다. 그러나 공산군 측
이 이 제안을 거부하고 10월 10일까지 10일 간 휴회를 주장하자 유엔군
측 해리슨(William K. Harrison Jr.) 대표는 10월 8일 회의에서 공산군 측의 무
성의를 비난하고 회담 무기한 휴회를 선언했다. 이에 공산군 측은 유엔군
측이 휴전회담을 고의로 유회시켰다고 주장하면서 1953년 4월 25일까지
거의 6개월 간 다시 무기한 휴회에 들어갔다.[12]

그 사이 서방 측은 1952년 10월 14일 열리는 제7차 유엔 총회에서 외
교적 해결을 시도하기로 했다. 애치슨 국무장관은 10월 24일 유엔 정치
위원회에 출석해 영국을 비롯한 서방 20개국과 함께 중국과 북한이 휴전
을 수락할 것을 촉구하는 공동결의안을 제출했다. 포로문제 해결을 위한
애치슨의 마지막 외교 노력이었다. 결의안의 골자는 ① 한국의 휴전을 달

성하기 위해 그동안 미국이 노력해온 바를 전적으로 지지한다, ② 포로송환 문제는 자유송환 원칙을 견지하기로 총회에 요청한다, ③ 중국과 북한 정부에 대해 무익한 유혈사태를 피하는 휴전을 수락하라고 통고한다는 것이다. 그러나 소련대표 비신스키는 11월 10일 유엔 총회 석상에서 ① 전쟁의 직접 관계당사자와 전쟁에 직접 참여하지 않은 국가로 11개국 위원회를 구성하고 ② 이 위원회의 감독 하에 6·25전쟁의 모든 문제를 해결하도록 지시하며 ③ 포로송환은 이 위원회의 임무로 하되 강제송환을 원칙으로 할 것을 내용으로 하는 대안을 제시했다. 비신스키는 이와 함께 애치슨이 제의한 공동결의안이 휴전교섭을 결렬시켜 전쟁을 연장시키는 원인이 되고 있다고 비난했다.[13]

소련 안이 나오자 인도대표 메논은 애치슨의 의사를 반영한 절충안을 마련해 12월 3일 유엔 정치위원회에서 54대 5로 통과시킨 다음 이튿날 총회에서도 압도적 지지로 채택시켰다. 모두 17개 항으로 된 이 안 중에서 중요한 내용은 ① 중립국 감시위원회 대표로 포로송환위원단을 구성하고 ② 포로 석방 및 송환은 제네바협정에 따라 실시하되 ③ 포로송환에 있어 강제력을 행사하거나 폭력을 가하거나 그들의 인격을 능욕해서는 안 되며 어떤 목적이든지 포로를 인간적으로 대우하고 ④ 모든 포로는 비무장지대 내의 교환 장소에서 합의된 숫자대로 송환위원단에 이관하고 ⑤ 쌍방은 포로송환에서 자유송환 원칙을 포로에게 고지하며 자신의 의사에 달려 있다는 점을 설명할 자유와 편의가 부여된다는 것이다.[14] 그러나 예상대로 중국의 저우언라이는 소련 측과 협의를 거친 다음 포로 자유송환은 제네바협정 위반이며 유엔은 교전당사국의 일방이므로 이를 수락할 수 없다는 이유로 이 절충안을 거부했다.[15] 이로써 유엔을 통한 포로문제 해결 노력도 수포로 돌아갔다.

그동안 포로수용소에서는 공산군 측의 지시로 친공포로들의 폭동이 빈발했다. 대표적인 사건이 1952년 5월 7일 거제도 포로수용소에서 수용소장인 닷드(Francis E. Dodd) 준장이 이들에게 납치된 사건이다. 이 사건 이후 미군이 관할하는 포로수용소에서 연이어 대규모 폭동이 일어나 진압 과정에서 수많은 포로들이 사살당했다. [16)

2. 그동안 잘못 이해된 포로송환 문제

그동안 공산권 학자들은 물론이고 일부 서방권 학자들까지도 휴전회담의 지연 이유를 주로 미국 측의 책임으로 돌렸다. 미국이 이념 공세를 위해 포로송환 문제를 이용하고 이와 함께 원자탄 외교를 벌여 휴전회담을 2년이나 질질 끌었다고 비판하는 사람들이 많았다. 로즈마리 풋 같은 서방학자들 뿐만 아니라 공산권 학자들도 장슈구왕(Zhang Shu Guang, 張曙光)을 제외하면 거의 모두 포로송환이라는 인도적 문제를 이용한 미국 측의 '이념 공세'에 회담 지연의 책임을 돌렸다. 이들은 대체로 공산군 측이 오직 미국 측의 움직임에 피동적으로 대응한 것으로 보거나 서방 정책결정자들 사이에 일어난 토론을 설명할 때 스탈린의 입장을 부수적으로 설명했을 뿐이다. [17)

그러나 앞에서 살펴본 바와 같이 소련 붕괴 이후 공개된 비밀문서에 의해 휴전협상 지연 책임의 상당 부분이 스탈린에게 있었다는 사실이 밝혀졌다. 소련 자료들은 장슈구왕이 인용한 휴전협상과 관련된 중국 고위급 정책 결정에 관련된 중요 기록들이 언급하지 않은 부분을 보완해주고 있다. 이 소련 문서들은 협상에 의한 전쟁의 평화적 마무리에 스탈린이 접근하는 방식을 잘 설명해주고 있다. [18) 스탈린은 미국이 6·25전쟁에 개입하자 1950년 7월 영국과 인도의 평화안에 긍정적으로 대하도록 외무성 관리들에게 훈령했다. 그러나 인천상륙작전으로 북한 인민군이 위기에 몰리자 스탈린은 평화협상에 관심을 갖지 않았다. 앞에서 설명한 대로 1950년 10월 비신스키를 통한 스탈린의 선도적인 협상 추진도 1950년 11월과 12월 유엔군의 북진작전을 중공군이 막아내자 갑자기 중단되었다.[19] 중공군이 6·25전쟁에 개입한 후에는 매일매일의 전투지휘권은 현지 중공군 지휘관들에게 옮겨갔다. 그러나 스탈린은 지상전투에 관해 자세히 체크하고 때로는 특정 사안에 대해 구체적인 지시를 내렸다. 소련이 파견한 군사고문들은 전쟁 기간 중 북한군을 계속 관리했다. 스탈린은 외국과 관계되는 사안에 관해서는 마오쩌둥의 의견을 구하고 때로는 가벼운 사안에 대해서는 김일성의 의견도 물었다. 스탈린은 1951년 1월 중공군이 서울을 점령한 여세를 몰아 남진하는 중대한 시점이 되자 중국의 유엔대표권 획득과 타이완으로부터의 미군 철수 등을 조건으로 하는, 미국이 도저히 수락할 수 없는 내용의 1월 17일자 중국 측 휴전안에 동의했다.[20] 이것은 스탈린이 휴전협상 과정에서 최초로 보인 강경 자세의 예다.

스탈린은 그로부터 약 6개월 후 개성에서 휴전협상이 시작되었다가 미군의 개성 휴전회담 장소 부근에 대한 포격을 이유로 8월 23일부터 회담이 무기한 연기되었을 때도 강경한 자세를 보였다. 당시 중국 측은 내심 끝내 회담이 파탄을 맞을까 우려해 회담이 속개되는 것을 은근히 바랐다. 그런데 스탈린은 다른 이유로 회담이 속개되기를 바랐다.[21] 스탈린은 8월 28일 마오쩌둥에게 유엔군 측으로부터 만족할 만한 해명을 들으라고 강력히 요청했다. 그 이유는 미국 측이 휴전협상을 공산군 측보다 더 필요로 하고 있다는 것이다. 스탈린은 휴전 감시를 위해 중립국들을 초청하자는 마오쩌둥의 제안을 거부하면서 만약 마오가 그 같은 미국의 제안을 수락한다면 이를 김일성 동지에게 알려야 한다는 퉁명스런 전보를 마오에게 보냈다. 스탈린은 공산군 측이 휴전에 조바심을 내는 것으로 해석되어서는 안 된다고 강조했다.[22]

3. 스탈린의 회담 지연 속셈

유엔 주재 소련 외교관들은 1950년 1월 8일 유엔이 중국의 대표권을 인정하고 타이완 정부를 축출하지 않은 데 대한 항의 표시로 유엔의 각종 회의를 보이코트했다. 소련 수석대표 말리크 대사도 1월 13일부터 유엔의 각종 회의 참석을 거부했다. 애치슨은 말리크가 그해 6월 25일 북한군의 남침 사태를 최초로 토의하는 유엔 안전보장이사회 회의장에 나타날지 여부를 몰랐다. 그러나 그는 나타나지 않았다. 말리크는 안보리 결의를 무시한 북한에 대해 무력제재를 결의한 27일의 안보리 회의에도 출석하지 않았다. 이때는 애치슨이 미리 그의 불출석을 공언하면서 소련은 공식적으로 6·25전쟁에 개입하지 않았으므로 미국 정부는 소련의 위신을 건드리지 않도록 노력해야 한다고 주장했다.[23] 소련대표의 안보리 불참으로 이미 앞장인 Ⅱ. '미국의 참전'에서 자세히 설명한 바와 같이 미국은 북한을 제재하는 결의를 자유롭게 할 수 있었다. 이때부터 소련 정부가 이 같은 행동을 한 진정한 배경이 무엇인지 역사적인 미스터리로 남아 있었다. 그 진상이 최근 밝혀졌다.

소련 붕괴 후 공개된 비밀문서에 의해 스탈린이 유엔 안보리에 소련대표가 출석하지 못하도록 한 것은 미국을 중국과 싸우도록 해 한반도에 묶어둘 의도였음이 밝혀졌다. 스탈린은 1950년 8월 27일자로 체코슬로바키아 공산당수 고트발트(Klement Gottwald)에게 보낸 비밀 전보에서 소련은 유엔이 중국을 배제한 데 대한 항의 표시로 유엔 보이코트를 계속 해야 했기 때문에 소련대표로 하여금 안보리에 돌아가도록 하지 않았다고 해명했다. 그는 유엔을 보이코트한 네 가지 이유로 ① 신생국 중국과의 연대를 과시하고 ② 미국이 안보리에서 중국 국민당 괴뢰를 인정하면서 중국의 진정한 대표를 인정하지 않으려는 어리석음을 강조해 보여주고 ③ 두 강대국〔소련과 중국〕대표의 불출석 때문에 안보리 결정이 불법적인 것이 되고 ④ 미국 정부가 안보리에서 다수결을 이용하는 더 큰 어리석음을 저지를 수 있는 행동의 자유와 기회를 부여함으로써 미국 정부의 진정한 모습을 〔세계의〕공공여론이 이해하도록 하려고 했다고 밝혔다. 스탈린은 소련이 안보리 불출석으로 이 네 가지 목표를 모두 달성했다고 주장한 다음 미국이 소련의 안보리 철수 후 한국에서의 군사적 개입에 휘말려들었으며 현재 그 군사적 위신과 도덕적 권위가 손상을 입고 있다고 말했다. 그는 "정직한 사람은 미국이 현재 한국에서 침략자이자 독재세력으로 행동하고 있고 미국이 종래 주장하던 바처럼 군사적으로 강력하지 않다는 사실을 의심하지 않는다"고 강조했다. 그는 이어 "아울러 미국은 현재 극동에서 유럽으로부터 유리되고 있음이 명백하다"라고 말하면서 다음과 같이 주장했다.

이것은 우리에게 세계적 세력균형에 이익을 주고 있지 않습니까? 의심의 여지없이 이익을 주고 있습니다. 미국 정부가 앞으로도 계속 극동에 묶여 있고 조선의 자유와 독립을 위한 투쟁에 중국을 끌어들인다고 가정해봅시다. 여기서 어떤 사태가 빚어질까요?
첫째, 미국은 다른 나라들과 마찬가지로 전투준비 태세를 갖춘 그처럼 대규모 군사력을 보유한 중국에 대적할 수 없습니다. 미국은 이 싸움에서 감당할 수 없게 될 것입니다. 둘째, 미국은 이 문제에서 감당할 수 없게 됨으로써 가까운 장래에 3차 세계대전을 치를 수 없게 될 것입니다. 따라서 3차 세계대전은 무기한 연기될 것이며 그것은 유럽에서 사회주의를 강화시키는 데 필요한 시간을 제공할 것입니다. 미국과 중국의 싸움이 극동 전체를 혁명화할 것은 말할 나위도 없습니다. 이 모든 것이 전 세계적 세력균형의 관점에서 볼때 우리에게 이익을 주지 않나요? 의심할 여지없이 이익을 주고 있습니다.

귀하께서 알고 계시다시피 소련이 안보리에 참석하느냐 않느냐 문제는 보이는 것처럼 단순하지 않습니다. 이런 모든 사실을 고려해보면 민주진영이 안보리를 떠날 필요성이 없다고 말할 수는 없습니다. 우리가 안보리에 남느냐 떠나느냐 문제는 상황에 달려 있습니다. 국제정세에 따라 우리는 안보리를 떠날 수도 다시 돌아올 수도 있습니다.[24]

우리는 이 전문에서 스탈린의 머릿속을 채우고 있던 국제정치의 원리가 세력균형이었음을 알 수 있다. 스탈린은 소련의 세력균형에 유리하게 될 것으로 믿기 때문에 6·25전쟁을 일으키도록 했다. 이 점에서는 트루먼과 애치슨도 마찬가지였다. 트루먼과 애치슨은 반대로 6·25전쟁이 미국-또는 서방세계의-세력균형에 불리하게 작용할 것을 우려해 6·25전쟁에 개입했다. 이 점은 다함께 1950년대 국가지도자들이 세력균형에 대해 맹신에 가까운 믿음을 갖고 있었던 사실을 알 수 있다. 위의 전보에서 나타나듯이 스탈린이 미국에 대해 호언장담한 것은 처음에 극히 조심스러웠던 미국과의 전쟁 위험을 대하는 그의 태도에 6·25전쟁 과정에서 상당한 변화가 생겼음을 반영한다.

루마니아 외교문서는 1951년 1월 중공군이 서울 남방으로 남진함으로써 미국에 대한 중국의 승리가 절정에 달했을 때 스탈린이 모스크바에서 동유럽국가 공산당 대표와 국방장관 연석회의를 개최한 사실을 기록해놓았다. 회의 소집의 목적은 한국에서의 미국의 실패로 조성된 새로운 국제환경에 따라 동유럽 위성국가들이 조속히 재무장하도록 지시하기 위해서였다. 스탈린은 이 회의에서 미국이 그동안 무적 국가로 3차 세계대전을 준비하고 있다는 여론이 있었으나 이를 일으킬 능력이 없을 뿐만 아니라 북한과의 작은 전쟁에도 이기지 못한다는 사실이 드러났다고 강조했다. 따라서 그는 미국이 3차 세계대전을 준비하는 데 몇 년이 더 필요하다면서 "미국은 아시아에서 2~3년 간 묶여 있을 것"이라고 예언하고 "이는 우리에게 매우 좋은 환경을 만들 것"이라고 강조했다. 이어서 스탈린은 동유럽 지도자들에게 이 휴식기간을 각자 근대화되고 강력한 군사력을 만드는 데 활용하라고 당부했다. 그리고 그는 중국이 동유럽 인민민주주의 국가들보다 더 좋은 군대를 갖는 것은 예삿일이 아니라고 지적한 다음 동유럽 국가들의 낙후 상태가 하루 빨리 시정되어야 한다면서 소련의 지원을 약속했다. 스탈린은 이어 "제국주의 세력은 비무장한 약한 나라를 없애기 위해 공격하는 습성이 있으나 잘 무장된 나라는 피한다"라고 강조했다.[25]

스탈린은 6·25전쟁 기간 중 통상무기와 핵무기로 소련의 재무장을 서두르고 전쟁 대비를 위한 심리전을 준비했다. 그는 또 미국 영토와 가까운 북극해 근처에 1만 대의 전술폭격기를 배치하라는 지시를 내리고 알래스카와 가까운 시베리아 지방 툰드라 지역에 10만 명의 병력을 배치했다. 그는 1952년에는 미국 북서부 지방을 타격할 수 있는 전략폭격기 생산 그리고 공수부대와 상륙부대의 알래스카 공격을 준비했다. 웨더스비가 지적한 것처럼 6·25전쟁을 제한전쟁으로 치르려는 트루먼 행정부의 노력은 스탈린에게 전쟁 준비 등 전투력을 강화 할 시간을 벌도록 해주었다. 다만 그 준비가 어느 정도였든 그 효과는 스탈린의 수명만큼 오래 가지는 않았다. 그러나 스탈린은 6·25전쟁을 연장하는 데 모든 노력을 기울였다. 6·25전쟁의 연장은 1951년 초부터 그가 사망할 때까지 스탈린의 최우선 순위에 드는 정책이었다.[26)]

당초 북한군이 남침하더라도 미국은 6·25전쟁에 참전하지 않을 것으로 생각하고 일본군의 참전을 우려했던 스탈린이 막상 전쟁이 일어나자 미국이 신속히 참전한 데 놀라 거꾸로 미국을 중국과 싸우게 하는 신속한 역전략을 썼다. 이 때문에 미국이 개입한 6·25전쟁을 질질 끌어 사실상 휴전 성립을 방해한 스탈린의 처사는 이런 관점에서 보면 그 배경을 이해하기 어렵지 않다. 스탈린이 휴전협상을 질질 끈 구체적인 이유는 소련의 전반적인 국제 지위 향상이라는 관점에서 6·25전쟁을 오래 연장하는 것이 소련에 여러 가지로 유리한 결과를 가져올 것으로 판단했기 때문이다. 즉, ① 한국에서의 교착 상태는 미군을 구속하면서도 미국의 군사적 능력에 관한 정보를 수집할 수 있는 훌륭한 기회를 제공하고 ② 전쟁의 연장은 미국의 경제적 자원을 고갈시키며 트루먼 행정부의 정치적 위상을 약화시키고 ③ 여전히 소련이 2차 세계대전의 피해 복구에 힘쓰는 동안 한국에서의 유혈충돌은 미국이 소련에 대해 전면전을 개시할 수 있는 가능성을 줄일 것이며 ④ 비록 6·25전쟁의 연장이 소련의 산업 능력에 부담을 주더라도 소련의 군사적, 경제적 지원에 대한 중국의 의존도를 심화시킬 것이며 ⑤ 6·25전쟁의 연장은 마오쩌둥이 유고슬라비아의 티토 원수가 걸어온 길을 따를 위험을 줄일 것이다. 그런 위험은 아마도 준비가 안 된 미국과의 조기 전쟁 다음으로 스탈린 최대의 우려가 될 돌발사태가 될 것이다.[27)] 이상 여러 가지 점들을 고려해보면 미국이 소련에 전쟁을 일으키리라는 판단은 스탈린의 편집증적인 망상이라고 하더라도 그가 소련의 국가 이익이라는 관점에서 6·25전쟁의 연장을 생각한 것은 역시 스탈린다운 행태였다고 할 것이다.

4. 애치슨의 값비싼 승리

스탈린은 1953년 3월 사망할 때까지 포로문제에 대해 강경한 입장을 고수함으로써 판문점 회담이 지연되게 하는 전술을 썼다. 결국 이해 1월로 트루먼 행정부의 임기가 만료됨에 따라 애치슨은 포로송환 문제를 마무리 짓지 못하고 물러났다. 지금까지 공개된 소련 문서들은 스탈린이 왜 이런 자세를 취했는지 명확한 단서를 속 시원히 제공하지는 못하고 있다. 더 많은 공산 측 문서들이 공개되어야 완벽한 판단을 할 수 있을 것이다. 다만 그동안의 회담 경과에 미루어 웨더스비가 분석한 것처럼 유엔군이 다시 북진하지 않는다는 보장이 생길 때까지 전쟁을 계속 하는 것이 소련에 득이 된다고 스탈린이 판단한 것은 틀림없다.[28]

그러나 앞에서 설명한 것처럼 확실히 다른 이유도 있었다. 기본적으로 스탈린은 6·25전쟁을 가능한 한 질질 끌어 모스크바 입장에서 머나먼 변경지역에서 벌어지는 전쟁 수렁 속에 미국이 빠져들게 함으로써 세계적 차원의 국제정치 게임에서 유리한 입장에 서고 싶었던 것이다. 스탈린은 극동지역에 미국의 발을 묶어둠으로써 트루먼의 베를린 공수작전과 트루먼 독트린 및 마셜 플랜, 그리고 대서양 동맹조약기구 창설로 밀린 유럽에서 소련의 입지를 회복하려고 했다고 판단해도 무방할 것이다.

스탈린은 맥아더가 지휘하는 유엔군을 압록강 못 미쳐 격퇴시키고 맥아더까지 실각시킨 마오쩌둥의 신생 공산중국 정권에 신뢰와 불안감을 동시에 느꼈다. 장차 아시아의 티토가 될 지도 모를 마오를 공산주의자들의 타도 대상인 '미국 제국주의자들'과 맞붙도록 하는 것이 자신의 세계전략에 부합된다고 생각한 것으로 보인다. 스탈린은 나아가 6·25전쟁은 미국의 경제적 자원을 고갈시키면서 트루먼 행정부에 정치적 어려움을 가져다줄 것이라고 믿었다. 뿐만 아니라 6·25전쟁은 미국의 군사기술과 군사조직에 대한 정보를 수집하고 유럽과 아시아에서 반미 감정을 부추기는 데 절호의 기회를 제공한다고 판단했다. 우리가 주목할 사실은 소련 지도자들이 스탈린뿐만 아니라 흐루시초프 때까지도 공산주의의 장래에 대해 자신감을 가졌다는 사실이다. 그들은 자본주의 체제의 궁극적인 붕괴를 굳게 믿고 있었다. 이 점은 같은 열렬한 공산주의자인 마오쩌둥도 마찬가지였다. 장차 장제스 정권을 소탕하고 타이완 해방으로 중국의 공산혁명을 완수해야 하는 마오쩌둥 역시 한반도에서 미군을 완전히 몰아내지는 못했지만 자신의 특유의 전략전술로 최첨단 무기를 자랑하는 세계 최강 미군을 상대로 두 차례의 공세에서 승리를 거둔 데 자신감을 얻고 6·25전쟁을 쉽게 끝내려고 하지 않았다.

스탈린(1879~1953)은 자신보다 14세나 젊은 마오쩌둥(1893~1976)을 아시아 혁명의 젊은 동반자로 만들고 싶었다. 두 사람은 자신들보다 훨씬 젊은 김일성(1912~1994)을 달래거나 나무라면서 그에게 아무 소득도 가져오지 못한 6·25전쟁을 2년 동안이나 연장시켜 그로 하여금 비싼 피의 대가를 치르게 한 것이다. 김일성은 6·25전쟁 발발 2년이 지난 1952년으로 접어들면서 미군의 폭격 강화에 더이상 못 견뎌 공산군 측이 포로 문제에 양보해 조속히 휴전협정에 합의하기를 갈망했다. 그는 자신의 의견을 스탈린과 마오쩌둥에게 전보로 알렸다. 전쟁을 일으켰을 때 스탈린에게 간청했던 김일성은 이번에는 비참한 상황이 되어 휴전을 허락받으려고 그들에게 다시 간청하게 된다. † 김일성은 그해 2월 평양 주재 소련대사 라주바예프(V. N. Razuvaev)에게 유엔군에 사로잡힌 다수의 중공군 포로들은 정치적으로 믿을 바가 못 되는 국민당 군대 출신임에도 중국이 굳이 이들을 모두 송환받겠다고 고집할 필요가 있느냐면서 소련과 중국 측의 양보를 요구했다.[29]

스탈린은 포로송환 문제에 소극적인 김일성에 대해 "그들(북한)은 인명피해 외에 아무 것도 잃지 않았다"고 불만을 표시했다. 스탈린이 죽기 약 7개월 전인 1952년 8월 20일 모스크바에서 저우언라이와 회담하는 자리에서였다. 그 전말은 이렇다. 그 자리에는 소련 측에서 몰로토프 외상을 비롯한 외무성 간부들이 배석했다. 스탈린은 포로 문제에 대한 마오쩌둥의 입장을 저우언라이로부터 듣고 김일성에 대한 불만을 털어놓은 것이다. 소련 기밀문서에 의하면 저우언라이는 마오쩌둥이 이 문제와 관련된 내외 정세를 분석한 끝에 모든 포로를 송환하는 데 확고한 입장을 취해야 한다고 믿고 있다고 스탈린에게 말하고 김일성의 의견을 전했다.

저우언라이는 스탈린에게 "[북]조선 인민들은 하루에 입는 인명피해자 수가 송환 여부가 토의되고 있는 포로 수보다 더 많기 때문에 전쟁 지속이 유리하지 못하다고 믿고 있다"라고 전하면서 "그러나 전쟁을 종결시키는 것은 미국에 이롭다. 마오쩌둥 주석은 전쟁의 지속이 미국으로 하여금 새로운 세계대전을 준비하지 못하도록 정신을 혼란스럽게 할 것이므

---

† 김일성이 포로 전원 송환주장을 바꾼 것은 미군의 대대적인 폭격에 따른 인명손실 증가 이외에 북한에 억류 중이던 1만 3,094명의 국군 포로 가운데 6,430명을 인민군에 배속하고 나머지는 철도 건설 등 강제노역에 종사시켰기 때문이다. 그밖에 남한에서 인민군에 강제 입대시킨 인원은 4만 2,262명이었다고 북한 주재 소련대사 수즈다레프(S. F. Suzdalev)가 모스크바에 보고했다. 김일성은 휴전 후 마오쩌둥의 조언에 따라, 이 사실을 숨기려고 국군 포로들을 북부 지방으로 이송했다. 선즈화, 2010, pp. 459~460.

로 우리에게 이롭다고 믿고 있다'라고 스탈린에게 설명했다.[30] 이 말을 들은 스탈린은 "마오쩌둥이 옳다. 이 전쟁은 미국을 초조하게 만들고 있다. 북조선 인민들은 전쟁 기간 중 입은 인명피해 외에 아무 것도 잃지 않았다'라고 말한 다음 "지금은 인내와 끈기가 필요하다"면서 포로송환 문제에서 양보해서는 안 된다고 강조했다.[31]

스탈린은 또 포로송환 문제를 마오쩌둥이 미국에 굴복하느냐 안 하느냐의 판단 기준으로 삼으려고 한다면서 자신이 죽는 순간까지 공산군 측이 이 문제에서 양보하는 것을 허락하지 않았다.[32] 이미 애치슨이 1951년 예견한 것처럼 포로교환 문제 역시 스탈린 한 명에게 달린 문제였다. 애치슨은 당시 "한국에 평화가 언제 올 것인가? 그것은 공산군을 지원하고 유지하고 지켜주고 있는 사람들의 뜻에 달렸다. 그들의 말 한 마디면 한국에서 전쟁은 끝날 수 있다"라고 예언했다.[33] 스탈린은 이날 저우언라이에게 미국이 중국을 상대로 대규모 전쟁을 일으킬 능력이 없다고 확언하면서 미국을 단호하게 다룰 것을 주문했다. 스탈린은 "미국은 작은 북한조차 패배시키지 못한다. 미국을 다룰 때는 단호해야 한다. 중국 동지들이 알아야 할 것은 만약 미국이 이 전쟁에서 패배하지 않는다면 중국은 절대로 타이완을 되찾을 수 없다"라고 역설했다.[34]

소련과 중국은 그 후에도 포로송환 문제를 계속 협의했으나 스탈린의 태도는 전혀 누그러지지 않았다. 1952년 11월 2일 소련 공산당 정치국은 6·25전쟁의 지속이 이득임을 강조하면서 "조선에서 적대행위가 지속되는 것은 반제국주의 투쟁이라는 대의명분에 도움이 된다"라고 규정한 결정문을 채택했다.[35] 미군의 맹폭에 견디다 못한 김일성은 이 무렵 트루먼 행정부와 서방 동맹국이 중국과 북한대표를 유엔 총회에 참석하도록 초청한 기회를 이용해 11월 중순 유엔 총회와 안보리에서 휴전문제를 직접 호소하려는 외교활동을 준비했다. 김일성은 북한대표의 유엔 참석 문제를 평양 주재 소련대사 라주바예프와 협의했다. 라주바예프는 이를 모스크바에 사전 보고했다. 그러나 미처 본국 방침이 시달되기도 전에 북한의 유엔안보리 호소 방침을 기정사실화함으로써 소련공산당 정치국으로부터 심한 질책을 받았다. 정치국은 11월 19일과 20일 견책 결정서를 채택해 이를 라주바예프에게 보냈다. 정치국은 20일자 결정문에서 "조선 동지들이 우리의 승인도 없이 이와 같은 호소를 제기했다"라고 지적하고 이런 김일성의 움직임을 방관한 "대사의 경솔한 행동과 죄는 더욱 크다"라고 힐난했다.[36] 결국 스탈린이 생각하는 소련의 국가 이익 때문에 약소국인 북한의 무수한 인명이 미 공군기의 폭격으로 대량 희생되는 상황이 계속 된 것이다. 핼버스탬이 김일성은 처음부터 거의 완전히 소련의 정책을 위한 충실한 '도구'(an instrument)였다고 혹평한 것도 결코 과장은 아니다.[37]

그런데 마침내 모스크바에 큰 변화가 왔다. 1953년 1월 미국의 트루먼 행정부가 아이젠하워 행정부로 교체된 다음 달인 2월 28일 스탈린이 갑자기 심장발작을 일으켜 쓰러졌다. 중국 외상 저우언라이는 기다렸다는 듯이 사흘 후인 3월 3일 종전의 포로 강제송환 원칙에서 한 발 물러나 송환을 거부한 포로들을 중립국으로 이관하는 것을 골자로 하는 양보안을 제시했다.[38] 다음날 김일성도 이 제안에 동의했다.

스탈린은 그 다음 날인 3월 5일 숨을 거두었다. 스탈린 독재 체제가 하루 아침에 무너지자 소련 국내에서도 변화가 일어났다. 스탈린 사후 2주여 만에 소집된 3월 19일 소련 각료회의는 마우쩌둥과 김일성에게 보내는 서한이 첨부된 6·25전쟁에 관한 장문의 결의문을 채택했다. 결의문은 "소련 정부는 현 정치 정세에 부합되지 않고 우리 인민들, 즉 소련, 중국 및 조선 인민들의 가장 심원한 이익을 존중하는 정책의 변경 없이 지금까지 추구해온 정책노선이 옳지 않다는 결론에 도달했다"라고 지적했다. 스탈린의 방침을 완전히 뒤집은 것이다. 결의문에는 김일성과 펑더화이, 북한 정부와 소련 유엔대표가 휴전협정 합의를 위해 중요 문제들의 조속한 해결을 바란다는 뜻을 밝힌 성명서 요지가 첨부되어 있었다.[39] 1966년 작성된 소련 외무부 보고서에 따르면 스탈린의 장례식에 참석하기 위해 모스크바에 와 있던 중국 수상 저우언라이는 "휴전 협상과 종결의 독촉을 위해 소련이 지원해줄 것을 긴급 제의했다"라고 한다.[40]

북한의 휴전회담 대표인 남일은 4월 9일 공산군 측의 새로운 방침을 유엔군 측에 정식으로 전달해와 포로송환 문제가 한 고비를 넘겼다. 4월 17일 유엔군 측 대표는 남일의 제의에 긍정적인 회답과 함께 회담 재개를 요청했다. 포로문제에 관한 상황이 크게 바뀌자 유엔에서는 한국 휴전 문제를 총회에 상정할 필요 없이 판문점에서 매듭짓도록 하자는 브라질 대표의 제안이 60대 0으로 통과되어 총회 결의로 채택되었다.[41] 드디어 4월 26일 6개월 만에 휴전협상이 판문점에서 재개되어 유엔군 측이 송환 거부 포로를 관리할 중립국 관리위원회 선정 문제에 관해 일부 양보한 소위 '5·25 제안'을 공산군 측이 받아들임으로써 타결을 보았다. 결국 스탈린 사후 약 3개월 만인 6월 초에 이르러 포로 자유송환 원칙이 관철되어 6월 8일 양측 수석대표들이 협정을 체결했다.[42] 마침내 인도주의를 내세운 미국의 주장에 공산군 측은 1년 반 만에 굴복했다. 애치슨이 휴전협상에서 거둔 값비싼 승리이자 마지막 성공 사례였다.

5. 중공군 최후의 공세로 피날레

6·25전쟁은 미국으로서는 제한전쟁이었지만 당사자인 한국과 북한 입장에서는 완전히 전면전이었다. 이 때문에 이 전쟁은 한민족 전쟁 역사상 최대의 인명손실과 재산피해를 입은 가장 참혹한 전쟁이 되고 말았다. 인명피해자 수는 사망, 실종, 부상자를 포함해 한국군 및 유엔군이 119만 명, 공산군이 204만 명으로 쌍방 군인 피해자만 모두 323만 명에 달했다. 이 중 전사 및 실종자 수는 한국군 15만 7,000명, 미군 3만 5,000명, 북한군 52만 명, 인해전술을 쓴 중공군은 1950년 10월 뒤늦게 참전했지만 15만 명에 달하는 많은 사망자를 냈다. 민간인 피해자는 남북한을 합쳐 사망, 부상, 실종 포함 229만 명에 이르러 쌍방 군인과 민간인을 합치면 총 560만여 명에 달했다. †

6·25전쟁은 본격적인 전투 기간이 1년간인 데 비해 휴전회담을 하는 데 소요된 기간이 두 배가 넘는 특이한 전쟁이었다. 휴전협상이 비정상적으로 지연된 결과, 한국군이 입은 인명피해도 휴전회담 기간 중 더 많이 나왔다. 통계에 의하면 휴전회담 기간(1951년 7월 10일~1953년 7월 29일) 중 지상전투에 투입된 육군의 인명피해자가 전체 6·25전쟁 인명피해자의 약

---

† 사망, 실종, 부상자를 포함한 한국군(경찰 포함) 피해자는 63만 명(사망, 실종 15만 7,291 명), 미군 52만 8,083 명(사망, 실종 5만 4,985 명)을 포함한 유엔군 55만 명(사망, 실종 5만 7,933명) 등 자유진영 측이 119만 명이며 공산군 측은 북한군 80만 명(사망, 실종 52 만 명), 중공군 123만 명(사망, 실종 15만 명) 등 약 204만 명으로 쌍방 군인 피해자가 모두 323만 명에 달했다. 국방군사연구소,『한국전쟁피해 통계집』(서울: 국방군사연구소, 1996); 민간인 피해는 남한 민간인 사망 24만 4,663명, 피학살 12만 8,936명, 부상 22만 9,625명, 납치 8만 4,532명, 행방불명 39만 3,212명으로 총 99만 968명이다『대한민국 통계연감』, pp. 212~213). 북한 민간인 피해는 150만 명이다(『이북5도 30년사』, p. 79).

80%를 차지한다. †

휴전을 앞두고 최전방 고지에서 적과 대치한 육군 병사들은 휴전협정 조인 이전에 한 치의 땅이라도 더 확보하려고 사투를 벌인 것이다. 2년 동안 질질 끈 휴전협상 기간 중 생긴 인명피해자는 유엔군과 국군이 합계 12만 명 이상, 공산군 측은 25만 명 이상이다. 휴전회담 기간 중 벌어진 주요 전투는 고지의 주인이 7번이나 바뀔 정도로 치열했던 백마고지 전투가 대표적이다. 휴전회담 기간 중 벌어진 주요 전투는 ① 백석산 전투(강원도 양구, 1951년 8월~10월) ② 단장의 능선 전투(강원도 양구, 1951년 9월~10월) ③ 월비산 전투(강원도 고성, 1951년 10월) ④ 크리스마스 고지 전투(강원도 양구, 1951년 12월~1952년 2월) ⑤ 사천강 전투(판문점 임진강 일대, 1952년 4월) ⑥ 불모고지 전투(경기도 연천, 1952년 6월~8월) ⑦ 백마고지 전투(강원도 철원, 1952년 10월) ⑧ 저격능선 전투(강원도 철원, 1952년 10월)이다.[43]

이밖에 중공군이 1953년 7월 13일 휴전협정 조인 직전 5개 군, 15개 사단의 대병력을 동원해 최종 공세를 벌인 금성지구 전투는 특기할 만한 사건이다. 휴전협정 조인 불과 2주일 전에 벌어진 이 전투는 6월 18일 이승만 대통령의 반공포로 석방에 화가 난 중국 수뇌부가 이에 보복할 겸 화천 수력발전소를 차지하려는 목적으로 한국군 4개 사단을 섬멸시킬 것을 목표로 벌인 중공군의 대대적인 최후 공세였다. 이 전투로 중국 측은 금성 돌출부를 기어코 점령하는 데 성공했으나 엄청난 인명손실이 났다. 국군은 인명손실이 1만 4,373명(전사 및 실종 6,825명), 중공군 측 인명손실은

---

† 6·25전쟁에서 한국군 전사/사망 및 실종자 수는 모두 15만 7,000여 명인데 이 중 육군이 그 대부분인 15만 5,000여명이다. 육군의 전사/사망 및 실종자에 부상자를 더한 전체 인명피해 수는 총 44만 3,634명인데 연도별로는 1950년 9만 3,554명, 1951년 10만 5,061명, 1952년 11만 1,671명, 1953년 13만 3,348명이다. 국방군사연구소, 1996, p. 39.

6만 6,000명(전사 및 실종 3만 8,700명 추정)에 달했다. †

포로송환 문제를 끝으로 모든 문제가 타결되어 7월 27일 판문점에서 최종적으로 휴전협정이 체결되었다. 6·25전쟁은 560여만 명에 달하는 막대한 인명손실과 함께 한반도 특히 북한 지역을 사실상 폐허로 만들고 전쟁 발발 3년 만에 휴전에 들어갔다. 제한전쟁 주창자인 애치슨의 건의에 따라 트루먼 행정부가 1년 반 동안 소모적인 휴전회담을 벌이다가 실패하고 임기를 마치고 물러난 6개월 후 휴전이 이루어졌다. 트루먼 행정부는 맥아더의 확전 주장을 거부하고 그가 주장한 무력에 의한 '승리의 대안'으로 협상을 통한 전쟁 종결을 시도했다. 그러나 후임 정권인 아이젠하워 행정부가 들어서 약 반 년 이상 공산군 측이 휴전에 응하도록 중국 해안선 봉쇄, 군사시설 폭격, 원자탄 사용 등 소위 '맥아더 없는 맥아더 전략'의 실시 가능성으로 위협했지만 아무 소용이 없었다. 6·25전쟁의 열쇠를 쥔 스탈린이 이를 거부하다가 사망함으로써 마침내 휴전이 성사된 것이다. '맥아더 없는 6·25전쟁'이 계속된 지 2년 3개월 만이었다.

6·25전쟁은 승리도 패배도 아닌 원상회복으로 끝났지만 소련의 팽창을 막은 것은 트루먼 행정부의 승리였다. 트루먼은 한국 파병과 한국을 구한 것을 자신의 대표적인 업적으로 생각했다. 트루먼은 이듬해 1월 후임자인 아이젠하워에게 대통령직을 물려주고 백악관을 떠나면서 "무엇보다 중요한 것은 우리가 한국에서 행동했다는 사실입니다"라고 자랑스럽게 말했다. 그는 이어 "그 전에 자유인들이 실패한 곳에서 이번에 우리는 그 시

---

† 1953년 7월 13일 감행된 중공군 최후공세에서 확인된 그들의 인명손실은 2만 7,412명(전사 2만 7,412명, 포로 196명)과 추정 인명 손실이 약 3만 8,700명이다. 중국측 자료인 『항미원조전사』에서는 3만 3,253명이 살상되었다고 기술했다. 국방군사연구소, 1997, pp. 544~575.

험에 맞섰습니다. 우리는 단호히 맞섰으며 성공적으로 맞서 침략자들을 격퇴했습니다"라고 강조했다.[44]

그러나 6·25전쟁을 치른 많은 미국의 일선 지휘관들은 만족하지 못했다. 앞에서 설명했다시피 밴 플리트 8군사령관은 캔자스 라인을 넘어 평양–원산선까지 다시 밀고 올라가고 싶어했다. 밴 플리트와 클라크 장군은 워싱턴 당국이 휴전을 서두른 탓에 전면적 승리의 기회를 날렸다고 주장했다. 밴 플리트는 전역 후에도 6·25전쟁이 여전히 계속되고 있는 시점에 언론에 기고한 글을 통해 휴전회담을 통한 타협을 반대하면서 군사적 승리에 의한 한국 문제 해결을 주장했다. 그는 또 트루먼 행정부가 38선에서 휴전하려고 한다는 사실을 국무부가 공산군 측에 미리 알려주었다고 주장했다.[45]

맥아더를 비롯한 역대 유엔군사령관의 병력 증파 요청을 거절한 트루먼 행정부와 휴전을 서두른 아이젠하워 행정부가 지휘관들에게 실망스러웠던 점은 제3대 유엔군총사령관이자 휴전협정 조인 때 눈물을 흘린 클라크 장군의 입으로 공개되었다. 그는 유엔군의 최고지휘관으로서 마지막까지 최선을 다한 군인이었다. 클라크는 휴전협상 막바지에 콜린스 육군참모총장에게 대규모 대북 공세를 위해 원산 지역에 기습 상륙작전을 펴겠다고 건의했으나 거부당했다. 그는 1952년 12월 아이젠하워 대통령 당선자가 방한했을 때 아이젠하워가 군인 출신이므로 자신의 복안을 허가해줄 지 모른다는 기대를 가졌다. 클라크는 서울 동숭동 미 8군사령부에서 아이젠하워를 만나 이 작전을 승인해줄 것을 건의했다. 그러나 아이젠하워는 이 건의를 묵살하고 말았다.[46]

클라크는 휴전 후 발간된 회고록에서 "나는 그 불행한 반도에서 전쟁을 중단시키고 종결시키는 휴전협정에 조인했다. 우리 정부의 지시를 수행함에 있어서 승리 없는 휴전협정†에 조인한 역사상 최초의 미합중국 육군사령관이라는, 남들이 부러워하지 않는 명예를 얻었다 … 우리가 전쟁에서 승리하려는 결의를 갖고 있지 않았던 점을 감안한다면 휴전협정은 대체로 공정한 것이라고 생각한다"라고 말했다. [47]

군사적 승리의 대안으로 휴전협상이라는 값비싼 대가를 치른 애치슨은 자신이 국무장관에서 물러난 6개월 후 성립된 휴전을 보고 "불행한 한국에 불안한 평화가 왔다"라고 안타까워했다. [48]

---

† 6·25전쟁 기간 중 유엔군과 국군에 사로잡힌 공산군 포로는 약 17만 명이었다. 유엔군이 1952년 6월부터 10월 사이 3차에 걸쳐 이들 가운데 남한출신자 및 민간인 3만9,464명을 석방하고, 이승만 대통령이 1953년 6월 18일 반공포로 2만7,388명을 석방했다. 휴전협정 체결 후 1953년 8월 5일부터 9월 6일까지 실시된 포로교환 기간에 유엔군측이 북측에 보낸 인원수(상병포로 포함)는 전체 공산군 포로 수의 절반이 안 되는 8만2,493명(북한군 7만5,823명, 중공군 6,670명)이다. 본국송환을 거부한 반공포로 수는 2만2,604명(북한군 7,900명, 중공군 1만4,704명)이다. 또 86명(북한군 74명, 중공군 12명)은 제3국을 택해 인도 등 중립국으로 이송되어 정착했다. 북한으로부터 송환된 유엔군 측 포로(상병포로 포함)는 1만3,457명(국군 8,333명, 미군 3,746명을 포함한 유엔군 5,124명)이다. 국방군사연구소, 1997, pp. 613, 622.

제2부

회고와 성찰

The Korean War and the United States

VI. 6·25전쟁의 성격

Ⅰ 세계 공산혁명운동과 스탈린

1. 스탈린과 한반도 현상 변경 전략

애치슨은 Ⅱ-Ⅰ(심야의 워싱턴)에서 본 바와 같이 '한국전쟁'(Korean War)이라는 단어를 싫어했다. 그는 미소 양국의 어느 편에서도 단순히 두 나라가 한국이라는 지역에서 싸운 '하나의 한국전'(a Korea War)이 아니기 때문이라고 말했다. 그는 또한 소련이 국제적으로 승인된 한국의 보호자라는 미국의 위상에 공공연히 도전한 점을 중시했다.[1]

미국 역사학자 스툭 역시 6·25전쟁을 '한국전쟁'(The Korean War)이라고 부르는 것은 그 국제적 측면을 외면한 불완전한 명칭이라고 말했다. 스툭크는 더구나 이 전쟁을 '한국 내전'(The Korean Civil War)이라고 부르는 것은 명백한 현실 왜곡이므로 거부해야 한다고 주장했다. 또 다른 미국 역사학자 매트레이(James I. Matray)는 이 전쟁이 '고전적인 내전'은 아니며 '대단히 특이한 내전'으로 규정했다. 그 이유는 한반도의 운명이 서울과 평양의 지도자들이 아닌 워싱턴과 모스크바의 두 강대국 지도자들에 의해 좌우되었기 때문이라고 했다.[2]

6·25전쟁은 남북한 한(韓)민족 뿐만 아니라 미국, 중국 등 20개 참전국 국민 560만 명에 이르는 사망, 부상, 실종 등 막대한 인명손실을 초래한 잔혹하고 야만적인 전쟁이었다. 6·25전쟁은 서로 정통성을 주장하는 두 개의 정권이 연이어 한반도에 수립되면서 일어난 무력대결이라는 점에서

의심할 여지없이 민족공동체 내부적 요소에 의해 발발한 '내전'이다. 그
동안 6·25전쟁의 원인에 관해 소련과 북한을 비롯한 공산권의 선전과
이에 동조하는 각종 수정주의 이론 때문에 여러 가지 혼선이 일었고 지금
까지 그 혼선은 부분적으로 계속되고 있다. †

그러나 소련 사회주의 체제 붕괴 이후인 1990년대 초 공개된 소련의 비
밀문서는 그동안 신비에 싸여 있던 6·25전쟁의 배경을 상당히 소상하게
밝히고 있다. 이 비밀문서들에 의하면 6·25전쟁은 I-Ⅱ-3(스탈린이 남침
을 승인한 배경)에서 살펴본 바와 같이 소련 독재자 스탈린이 김일성을 단
순히 도와준 차원이 아니라 자국의 국가 이익과 세계 공산혁명이라는 기
본 전략에 입각해 한반도 전역을 소련의 세력권으로 만들기 위해 일으킨
전쟁이다. 스탈린은 김일성의 무력통일 계획을 얄타 체제의 변경이라는
자신의 세계전략 구도의 실현을 위해 승인, 지도한 것으로 밝혀졌다.

스탈린은 1949년 말까지도 김일성의 남침 계획을 준비 부족과 여건
미성숙 등을 이유로 극력 저지했다. 김일성이 최초로 스탈린에게 남침 허
가를 요청한 것은 1949년 3월 7일, 소련을 방문한 그가 크레믈린 궁에서

---

† 6·25전쟁을 최초로 '내전'이라고 주장한 측은 1950년 6월 25일 안보리 회의 직전 비공
식 간담회의 이집트와 노르웨이 대표다. 이들은 한국전쟁이 한국인들끼리의 전쟁이므로 그 성
격이 '내전'이라고 언급했다. Memorandum of Conversations by Mr. Charles P.
Noyes, Advisor on Security Council Affairs, United States Mission at the
United Nations, 1950. 6. 25., *FRUS, 1950, Ⅶ, Korea*, pp. 144~147; 유엔 주재 소련
대사 말리크는 안보리에 복귀한 직후인 1950년 8월 4일 한국전쟁이 '내전'이라고 주장하면
서 유엔군의 철수를 촉구했다. Schnabel, 1972, p. 197; William Whitney Stueck, Jr.,
The Korean War: An International History(New Jersey: Princeton University Press,
1995), pp. 59~60; 애치슨은 이에 대해 소련은 (한국의) 내전을 가장해 자국의 의사를 힘
과 폭력으로 강제하려는 것이며 이런 행위가 세계평화에 대한 장애물이라고 비난했다. "Ache-
son Has Plan: Asks Each Nation to Set Aside Special Troops to Serve
World Body," *New York Times*, 1950. 9. 21.

스탈린과 회담할 때였다. 이때 김일성은 "현 정세로 볼 때 군사적 수단을 통해 전국을 해방하는 것은 필연적이고 가능하다고 우리는 믿고 있다"라고 말했다. 그는 이어 "남반부 반동세력은 평화통일에 결코 동의하지 않을 것이며 자신들이 북침하기에 충분할 정도로 강하다고 판단할 때까지는 조국의 영구 분단을 획책할 것"이라고 했다. 그는 북한이 남한의 강력한 유격대 운동으로부터 지원받을 것이며 친미 정권을 경멸하는 남쪽 주민들도 분명히 자신들을 도울 것이라고 주장했다. 그러나 스탈린은 김일성의 남침 허가 요청을 거부하면서 "남쪽으로 진격해서는 안 된다"라고 당부했다. 스탈린은 ① 북한군이 남한군에 비해 압도적 우위를 차지하지 못하고 있고 ② 남반부에는 여전히 미군이 존재하고 있어 적대행위가 일어날 경우 개입할 것이며 ③ 38선에 관한 소·미 간 협정이 유효하다고 이유를 설명했다. 그러면서 스탈린은 "적이 공격 의도를 가졌다면 조만간 공격을 시작할 것이므로 그때 (남쪽으로)반격할 좋은 기회가 올 것이며 그렇게 되면 북한 측의 행동은 모두에게 이해되고 지지받을 것"이라고 선을 그었다.[3]

김일성은 남한에 주둔하던 미 점령군이 그해 6월 말을 기해 완전 철수하자 8월 12일과 14일 두 차례에 걸쳐 통일 문제의 군사적 해결 필요성을 슈티코프 대사를 통해 모스크바를 다시 설득하려고 했다. 그 명분은 남한 측이 그들의 조국통일민주주의전선이 제의한 평화통일 제의에 응하지 않는 상황에서 북한으로서는 대남 공격을 준비하는 것 외에 선택의 여지가 없다는 것이다. 대남 공격이 개시되면 남반부에서 이승만 정권에 대항하는 대규모 인민봉기가 분출될 것이라고 말했다. 김일성은 북한이 대남 공격을 개시하지 않는다면 자신들이 민족의 신뢰와 지지를 상실하게 될 것이라고 주장했다. 그러면서 "항상 조선인들을 지원하고 도와준 스탈린

동지는 우리의 기분을 틀림없이 이해할 것"이라고 말했다.

그러나 슈티코프 대사는 그해 3월 모스크바에서 스탈린이 김일성을 접견한 자리에서 표명한 바와 같이 북한군이 적에 비해 분명한 우위를 확보하지 못했으며 미소 간 38선에 관한 협정도 존재하고 있으므로 남반부가 북반부를 먼저 침략하는 경우에만 공격이 정당화될 수 있다고 답했다. 이에 대해 김일성은 38선상의 군사분계선은 미군이 이남에 주둔하는 한 의미를 갖는다면서 이미 미군은 한반도에서 철수한 이상 38선 협정이라는 장애물은 사실상 제거되었다고 반박했다.[4]

이처럼 소련 측의 남침 반대 입장은 확고했다. 그해 9월 24일 소련 볼셰비키당(공산당) 전연방 중앙위원회 정치국은 북한의 남침에 반대하는 '조선 문제에 관한 결의'를 채택해 이를 슈티코프 대사를 통해 김일성과 박헌영에게 전달하도록 했다. 이 결의는 군사적 측면에서 북한군이 그 같은 공격을 감행할 준비가 되어 있다고 말할 수 없고, 정치적 측면에서도 김일성이 대남 군사 공격을 위한 준비를 제대로 갖추지 못했다고 지적했다. 정치적 측면과 관련해 이 결의는 김일성이 당시까지 남조선의 광범위한 인민 대중에게 적극적인 투쟁을 고취하고 남조선 전역으로 유격대 운동을 확대시키며 남조선 안에 해방구를 만들고 전국적인 봉기에 필요한 세력을 조직하기 위한 조치가 거의 없었다고 질책했다. 결론적으로 이 결의는 김일성은 남침에 앞서 '반동 정권'의 와해 및 통일 과업의 성공적인 해결을 목표로 유격대 운동의 확대, 해방구 창설, 남조선 내 전국적인 무장봉기 준비, 그리고 조선인민군을 결정적으로 강화하는 데 최대한 노력을 집중해야 한다고 권고했다.[5]

그런데 소련 공산당 중앙위 정치국의 결의안에 최종적으로 채택되지는 않았지만 이 결의안을 마련하는 준비 과정에서 그로미코 외상과 불가닌 국방장관이 준비한 초안에 흥미로운 대목이 들어 있다. 즉, 그들의 초안 제4항에서 북한 인민군이 남침하면 이 문제를 유엔에 상정하고 북한 정부를 침략자로 비난하며 미군의 남한 진주에 관한 유엔 총회의 동의를 얻어내는 구실을 미국에 주게 될 것이며 미군이 남조선 영토에 진주하게 되면 남반부의 장기 점령 및 그 결과, 통일 지연 현상이 초래될 것이라고 주장한 점이다.[6] 그들은 사태를 정확하게 본 것이다.

중국 역시 1949년에는 김일성의 남침에 찬성하지 않았다. 1949년 5월 김일성의 특사 김일이 중공군에 배속되어 있는 한인 병사들을 북한군으로 이관시켜줄 것을 요청하기 위해 베이징을 방문했을 때 마오쩌둥은 한반도 정세를 언급하면서 김일성의 군사 행동은 세심히 준비해야 한다고 조언했다. 북한 측이 슈티코프 대사에게 설명한 바에 의하면 마오는 전쟁은 매우 신속히 전광석화로 끝나거나 그렇지 않으면 장기화될 수 있다고 전망하면서 전쟁이 장기화되는 경우 일본이 행동을 개시해 남한을 지원할 수 있기 때문에 그럴 경우 북한에 불리하다고 말했다. 그러면서도 마오쩌둥은 북한이 소련이 인접해있고 만주에는 중국이 있으므로 염려하지 말라면서 북한 측을 안심시켰다. 마오쩌둥은 필요하다면 중공군을 투입할 수 있는데 우리들〔중국인과 조선인〕은 모두 외모가 비슷하므로 미국인들은 우리를 구별할 수 없을 것이라고 덧붙였다.

마오쩌둥은 그러나 김일성이 당장 군사행동을 일으키는 데 반대했다. 그는 가까운 장래에 김일성이 남침해서는 안 된다면서 그 이유로 불리한 국제 정세와 장제스와 중국이 투쟁하느라 여유가 없어 중국이 북한에 충분한 원조를 할 수 없다는 점을 들었다. 마오쩌둥은 국민당이 완전히 패하고 중국 공산당 주도 아래 중국이 통일될 때까지 북한은 결정적인 행동을 미룰 것을 권했다.[7]

중국 측이 베이징 주재 스탈린 특사인 코발레프(Ivan Kovalev)에게 설명한 바에 의하면 마오쩌둥은 김일에게 만약 미군이 떠나고 일본군도 오지 않는다고 해도 대남 공격을 개시하지 말고 적당한 시기가 올 때까지 기다리라고 권했다는 것이다. 그는 만약 맥아더가 일본군 부대와 무기를 남조선으로 이동시킬 경우 중공군의 주력 부대가 양쯔강 이남 지역에 가 있으므로 실질적으로 신속히 지원할 수 없을 것이라고 밝혔다. 마오는 북조선의 대남 침공은 국제 정세가 허락한다면 1950년대 초 가능할 것으로 믿고 있다면서 그때쯤이면 일본군이 조선을 침략하는 경우 중국이 정예군을 보내 일본군을 격파할 수 있을 것이라고 말했다.[8]

그러나 스탈린은 1950년 1월 들어 우리가 I-Ⅰ-3(스탈린이 남침을 승인한 배경)에서 설명했듯이 돌연 김일성의 남침 계획을 승인한다. 이미 설명했지만 그는 자신이 동북아 정책을 바꾼 이유를 '국제환경의 변화' 때문이라고 설명했다.

2. 세계 공산혁명 운동과 특수한 북중관계

소련 붕괴 후 공개된 구 소련의 비밀문서를 토대로 6·25전쟁사를 공동 집필한 러시아 외교 아카데미 부원장 에프게니 바자노프 부부(Evgeniv P. Bajanov, Natalia Bajanova)는 그들의 저서에서 약간 특이한 저술 동기를 밝혔다.

이 부부는 책을 쓰게 된 동기 중 하나를 '공산주의가 저지른 범죄 행위의 폭로'라는 '여전히 긴박한 문제'를 해결하는 데 이 책이 도움이 되게 하는 데 있다고 밝혔다.[9]

지금까지 6·25전쟁을 연구해온 수많은 역사학자, 정치학자, 군사학자, 언론인 등 전문가들 중에서 하필 러시아인 학자 부부가 공산주의를 20세기 가장 끔찍한 현상의 하나로 들고 그 공산주의를 더 잘 이해하기 위해 6·25전쟁을 연구했다고 밝힌 것은 무슨 연유인가?

그들은 왜 6·25전쟁을 공산주의와 연결시켰는가? 우리는 1990년 소련을 비롯한 각국의 공산주의 체제가 붕괴할 때까지 혁명이라는 이름으로 수천만 명의 인명이 희생된 쓰라린 역사를 알고 있다. 이런 역사를 지닌 나라에서 태어나고 자란 이 부부가 이 책을 쓰면서 6·25전쟁을 20세기 '가장 끔찍한 현상 중 하나인 공산주의가 저지른 범죄 행위'라고 규정한 것은 공산주의를 혐오하고 폭력적 공산혁명을 죄악시하는 이들의 가치관을 잘 반영하고 있다. 이 책을 쓴 시기는 공산주의가 러시아인들에게 일대 재앙이었다고 선언한 옐친이 1991년 7월 모든 기업체와 정부기관에 공산당 조직을 두는 것을 금지함으로써 사실상 공산주의를 폐기하는 정령을 공포한 다음이었다.[10]

바자노프 부부가 6·25전쟁을 공산주의가 저지른 범죄 행위라고 규정한 것은 그들이 전쟁의 성격을 이념적인 문제로 파악하고 있기 때문이다. 바자노프 부부는 6·25전쟁을 전통적인 민족국가(nation state) 중심의 주권국가 개념에서 내전이냐 국제전이냐 또는 국제전 성격을 띤 내전 중 하나로 보는 것이 아니고 스탈린 영도 하의 공산주의 국제혁명운동의 연장으로 본 것이다.

스탈린이 마오쩌둥을 6·25전쟁에 끌어들인 것은 무엇보다 동북아 일대에서 소련의 영향력을 확대하려는 자국의 국가 이익을 위해서였지만 겉으로는 공산주의운동이라는 명분을 내걸었다. 원래 공산주의운동은 민족국가의 테두리를 뛰어넘는 국제주의운동의 성격을 지녔다. 그것은 1950년대 중반 이후에는 중소분쟁과 유고슬라비아의 티토주의라는 민족주의적 성향으로 발전했지만 1950년 6·25전쟁 발발 당시만 해도 스탈린의 절대적 권위 아래에서 추진된 국제 공산주의운동은 소련 공산당의 엄격한 지도와 통제를 받았다.

실제로 김일성으로서는 소련 공산당과 중국 공산당이라는 두 후원 세력의 지원 없이 북한 자체 역량만으로 미국 '제국주의 세력'과 그 '괴뢰집단'을 상대로 한 '조국해방전쟁'을 일으킬 수 없었다. 크게는 세계 공산주의혁명운동의 일환으로, 작게는 와다(和田春樹)와 션즈화가 지적한 것처럼 사회주의 국가 간 협력과 동북아에서 국제 공산주의혁명의 완성을 위해 그리고 역사적으로 중국과 북한의 순망치한(脣亡齒寒)의 안보상 이해를 위해[11] 마오쩌둥은 중국의 내전과 조선혁명을 하나의 연속체로 보았다고 할 것이다.

마오쩌둥이 6·25전쟁과 중국혁명을 연결시킨 역사적 배경은 이렇다. 중국 옌안(延安)에 근거를 두었던 상해 임정 좌파계열인 독립동맹의 조선의용군으로 편성된 동북의용군과 만주지역에서 활동한 중공계의 동북민주연군의 한인 병사들은 국공내전 당시 대부분 중공 편에서 싸웠다. 이 때문에 중국과 북한 공산주의자들은 강력한 동지적 유대감을 갖고 6·25전쟁에 참여했다. 다시 말하면 중국의 국공내전과 6·25전쟁은 결코 별개가 아닌 것으로 중공 지도자들에게 인식되었다.

중국에 살던 한인들이 중국인들과 함께 공동의 '혁명투쟁'을 벌인 구체적인 시기는 1차 국공내전(1927~1937), 항일투쟁(1937~1945) 그리고 2차 국공내전(1945~1949) 기간이었다. 1차 국공내전 당시 상당수 한인들은 중공군에 가담했으며 항일투쟁 시기에도 많은 인원이 중공당(中共黨) 주도의 반일투쟁에 참여했다. 항일운동 당시 대표적인 조직은 1930년대 활약한 중국인과 한인 혼성부대인 동북항일연군(東北抗日聯軍)이다. 병력 수가 가장 많을 때는 1만 5,000명에 가까웠던 이 부대 초대 총사령관은 중국인

양징위(楊靖宇)이며 지휘관 중에는 한인도 여러 명 있었다. 한인 지휘관 중 주진(朱鎭)은 제1로군 소속의 제2군장, 최현(崔賢)은 제1로군 소속의 제2군 제4사장, 김일성은 제6사장(나중에 제2군장), 이학만(李學萬)은 제2로군 소속의 제7군장, 최용건(崔庸健)은 제7군 정위, 김책(金策)은 제3로군 소속의 제3군 정위였다. [12]

1945년 8월 15일 일본 항복 후 시작된 2차 국공내전 당시는 중국 공산당군 총사령관 주더(朱德)가 일본 패망 직전인 그해 8월 11일 옌안에서 제6호 명령을 선포했다. 그는 조선독립동맹 군사조직인 조선의용군은 즉시 팔로군(인민해방군 전신)과 함께 동북지방으로 이동해 전투에 참여하라고 명령했다.

이에 따라 동북지방에 도착한 조선의용군 병력은 현지 한인 병사들과 동북조선의용군을 만들었다. 동북조선의용군은 1946년 2월 새로 발족한 동북민주연군(후의 동북인민해방군)에 합류, 중공당 군인 제4야전군 휘하에서 국공내전에 참여했다. 항일전쟁 최종 단계에서 2차 국공내전 기간 동안 10만 명 정도의 조선족을 포함한 한인들이 중공군에 참가했다는 통계가 있다. [13] 중국 측 자료에 의하면 2차 국공내전 당시 중국 동북지방에서 한인부대가 중국 공산당군에 가담해 싸우는 기간 중에도 1946년 8월 이후 김광협, 강건, 최광 등은 이들 한인부대를 이끌고 북한으로 귀환, 훗날 인민군 제1사단의 핵심이 되었다. [14]

김일성은 남침을 앞두고 나머지 한인부대 병력도 북한으로 귀속시켜줄 것을 중공 측에 요청했다. 당시 병력 수는 모두 4만 2,000명(독립운수연대를 합치면 6만 9,200명이라는 설도 있다)이었다. 마오쩌둥이 스탈린의 사전 승인을 얻어 북한에 이관한 중공당군의 조선인 3개 사단은 북한군의 남침 작전 때 최정예 부대로 활동했다. 만주 동베이(東北) 군구에 속했던 한인

부대인 창춘(長春) 주둔 인민해방군 제164사(사단장 이덕산)와 션양(瀋陽) 주둔 제166사(사단장 방호산)는 1949년 7월말 북한에 이관되어 각각 북한군 제5사단과 제6사단으로 개편되었다. 귀국 후 함북 나남에 배치된 164사는 귀국 당시 실제병력이 1만 821명, 평북 신의주에 배치된 제166사는 1만 320명이었다. [15]

중국 중부와 남부의 인민해방군 각 부대에 배치되어 국민당군과 전투 중이던 한인 병력 1만 6,000명은 이듬해인 1950년 3~4월 쩡저우(鄭州)에 집결한 후, 북한으로 들어와 북한군 제4사단과 제7사단에 편입되었다. [16] 실전 경험을 쌓은 한인 병사들은 개전 초 전체 10개 정규사단과 5개 국 경경비여단 병력이었던 북한 인민군의 1/3을 차지한 셈이다. 개전 초 목포로 내려와 하동–진주–마산을 거쳐 부산을 공략한 부대는 북한군 6사단이며 밀양을 목표로 창녕, 영산 쪽으로 공격을 가했던 부대는 4사단이었다. 결국 국군과 유엔군은 개전 초부터 실전 경험이 풍부한 중공군 출신 고참병들과 싸운 셈이다. [17]

중국 공산당과 북한 정권의 긴밀한 군사적 유대관계는 국공내전 당시 더욱 공고화 되었다. 국공내전 당시 동북지역(만주지방)에서 국민당군에 밀린 중공당군은 신의주를 비롯한 북한 국경지역을 후방기지로 삼았다. 중국 대륙을 차지하기 위해 국민당군과 싸우다 패한 중공당군은 주로 만주 안둥(安東)과 퉁화(通化)에서 압록강과 두만강을 넘어 북한으로 철수했다. 이 중공당군의 부상병, 후방 근무요원 및 가족 수가 약 1만 8,000명에 달했다는 통계가 있다. 이들은 북한에서 일반 가정집에도 수용되었다. 사람뿐만 아니라 중공군의 전략물자 85%도 일시적으로 북한으로 이동, 보관되었다. 북한 측은 일본군이 남기고 간 철도차량 2,000량에 해당하는 물자를 중공 측에 제공했다. 중공 측은 군수물자를 북한 후방기지를 경유해 국민당군에 의해 차단된 만주 북부 내륙지방으로 보내기도 했다. 만약 당시 북한 정권이 후방기지를 제공하지 않았더라면 중공당군은 전멸했을 것이며 중공 정권도 제대로 수립되지 못했을 가능성이 있다.

중공당군의 후방기지 역할을 원만히 하기 위해 평양에는 중국 공산당 동북국 주조선변사처(駐朝鮮辨事處)가 설치되어 전권대사로 주리즈(朱理治)가 파견되었다. 주리즈는 김일성, 최용건 등 만주지역 항일연군 출신들과 박일우(朴一禹), 무정(武亭), 강건 등 연안파들과 자주 왕래하면서 술자리도 함께 하는 등 친밀한 관계를 유지했다. 북한 정권 출범 당시 당과 내각의 요직에는 중국에서 항일투쟁을 한 인물들이 많았다. 1946년 8월 북조선노동당 중앙위원 43명 중 중국 공산당 당적을 가졌던 인물은 김일성 등 항일연군계가 4명, 김두봉 등 연안의 조선의용군계가 12명으로 도합 16명에 달했다.[18]

이상과 같은 역사적 배경을 감안하면 중공이 중국 공산혁명의 연장으로 6·25전쟁에 참전한다는 펑더화이의 주장이 결코 과장만은 아니다.

3. 세계 공산혁명운동과 국가 이익

따라서 6·25전쟁은 소련 공산당을 정점으로 중국 공산당이 도운 국민국가 개념을 초월한 국제 공산주의운동 방식으로 수행되었다. 김일성은 6·25전쟁을 시작하고 1953년 휴전할 때까지 철저히 스탈린의 지시, 감독을 받았다.

6·25전쟁을 고전적인 민족국가적 관점에서 '내전'으로 규정하는 것은 이론적으로나 현실적으로나 사실과 부합하지 않는, 시대에 뒤떨어진 개념이다. 그러나 그렇다고 스탈린과 마오쩌둥에게 국가 이익의 추구라는

동기가 없었던 것은 결코 아니다. 스탈린과 마오쩌둥은 그들이 아무리 공산주의 이념을 강조하더라도 항상 국가 이익의 극대화를 염두에 둔 일국의 통치자라는 점을 간과해서는 안 된다. 때로는 공산주의혁명이라는 이데올로기가 자국의 국가 이익을 미화하거나 숨기기 위한 명분이나 보호막으로 작용하는 경우도 있었다.

스탈린은 한반도 전체를 소련의 영향권으로 만드는 것이 소련의 국가 안보에 유리하다고 판단해서, 마오쩌둥은 북한이 미국에 점령당해 한반도가 미국의 극동침략의 교두보가 되는 것을 막으려고 한 것이다. 마오쩌둥은 과거 한반도가 중국의 영향권 아래에 있다가 일제에게 탈취당했다는 역사적 사실과 그 연장선상에서 한반도를 보려는 중국인들의 전통적인 사고를 가진 인물이다. 마오쩌둥은 여기에 더해 소련으로부터 중공군의 현대화에 필요한 탄약과 장비를 지원받는 것이 국가 이익의 극대화라고 인식한 점에서 공통적이다. 마오쩌둥에게 중국의 국가 이익은 최우선적으로 고려해야할 사항이었다.

그러나 스탈린은 마오쩌둥이 미군 참전 후인 1950년 7월부터 조기에 6·25전쟁에 참전하려는 것을 거부해 소련과 중국 두 나라 사이에 현저한 입장차를 드러냈다. 마오쩌둥은 7월 12일 베이징을 방문한 김일성의 특사 이상조 인민군 부총참모장에게 중국은 만일 북한 측이 요청해온다면 만주에 대기 중이던 4개 군단, 32만 명의 병력을 파병할 수 있다고 조기 파병 의사를 최초로 밝혔다. 마오쩌둥이 조기 파병을 희망한 이유는 미군의 참전과 전쟁의 장기화가 중국 공산당의 정치적 기반을 흔들고 미국의 중국에 대한 수출 제한으로 인한 중국 경제의 타격을 완화하기 위해 전쟁을 조기에 승리로 이끌 목적에서였다. 그러나 6·25전쟁을 내전으로 위장하려는 스탈린은 중국은 미군이 38선을 넘을 경우 파병해야 한다는 입장이었다. 그는 기본적으로 위급한 상황이 아니면 중국의 참전을 바라지 않았기 때문에 중국의 조기 파병 희망을 묵살했다.[19]

그런데 그해 10월 유엔군이 북진하자 스탈린이 파병을 주저하는 중국 측에게 만주에 김일성 망명정부를 세우겠다고 선언한 것은 마오쩌둥에게 엄청난 협박이 아닐 수 없었다. 마오쩌둥은 스탈린이 공군력 지원 약속을 어기자 참전을 주저한 것이다. 스탈린의 폭탄적인 통고는 중국의 국가 이익에 정면으로 배치되는 것이었다. 스탈린은 북한군 지휘부를 동북지방으로 철수시키는 것과 동북지방에서 북한으로 복귀하는 것이 쉽기 때문이라고 주장하지만 중국 측의 관점은 다르다.

동북지방에 김일성 망명정부가 들어서는 경우 이 지역은 또다시 중국과 미국 그리고 소련 간 각축장이 될 가능성이 있다.[20] 그것은 바로 2차 세계대전 이전 중국이 일본 제국주의자들과 투쟁하던 당시와 흡사한 혼란스런 상황으로 변할 가능성까지 의미한다. 만약 북한군이 동북지방으로 철수하고 북한이 미국에 완전히 점령당하는 경우 북한이 이 지역에서 국권수복 투쟁을 벌이면 100만 명이 넘는 조선족의 향배가 중국 측에 골칫거리가 될 우려가 있다. 실제로 중국이 파병을 단행하는 시점에서 북한 인민군 9개 사단이 중국 동북부에 들어와 민족보위상 최용건을 중심으로 지휘부를 설치해 부대를 개편하면서 소련군 군관 90명이 이들을 도와주기도 했다.[21]

그 뿐만이 아니다. 만약 김일성이 동북지방으로 철수하는 경우 장차 있을지도 모를 미국의 침략에 대비해 중국은 1,000km에 달하는 한만국경선에 대병력을 배치해야 하는 새로운 상황에 직면하게 된다. 이런 상황은 중국의 국가 이익에 정면으로 배치되는 것이었다.

② 20세기형 십자군 전쟁

1. 중세 십자군 원정과의 공통점과 차이점

우리가 6·25전쟁이 20세기 중반인 1950년에 일어난 사실을 상기할 필요가 있는 것은 20세기가 이데올로기 시대였기 때문이다. 그때까지만 해도 스탈린이나 마오쩌둥은 공산주의가 자본주의에 최종적으로 승리하리라는 확신을 갖고 있었다.

국제공산주의 세력의 공격 목표가 된 미국 등 서방세계의 입장에서 6·25전쟁은 어떤 역사적 의미가 있을까? 미국은 당연히 자국의 이익을 위해 참전했지만 이념적으로 그리고 명분상으로 공산주의 세력의 팽창을 저지하기 위해 유엔의 깃발 아래 16개국이 동참한 6·25전쟁을 주도했기 때문에 이를 중세의 십자군 원정과 비교하는 사람도 있다.

십자군 원정은 로마 교황의 요구에 따라 유럽의 대부분 기독교(로마 카톨릭) 국가들이 군대를 파견해 아랍 국가들과 장기간 싸운 종교전쟁이다. 11세기부터 13세기까지 8회에 걸쳐 성지 예루살렘을 이슬람교도로부터 탈환하기 위해 로마 교황청이 주도한 이 전쟁에 유럽 대부분의 가톨릭 국가들은 신의 이름으로 참전했다. 6·25전쟁과 십자군 전쟁이 크게 다른 것은 전쟁 발발 동기가 종교적 신념의 대립과 정치적 신념의 대립차라고 할 것이다.

영국의 전략문제 전문가인 국제정치학자 호이저(Beatrice Heuser)는 "소련의 의도에 대한 의심이 서방 지도자들로 하여금 6·25전쟁을 내전으로 보지 못하도록 한 이유였다. 그들은 6·25전쟁을 스탈린이 명령하고 크레믈린의 팽창주의 마스터 플랜에 맞춘 것이라고 보았다"라고 분석했다. 이 때문에 앞에서 자세히 설명한 바와 같이 워싱턴의 정책결정자들은 만약 그들이 김일성의 남침을 막는 데 실패할 경우 공산주의자들이 일으킨 전쟁이 다른 지역으로 확대될 지도 모른다는 우려를 갖고 있었다.

그렇지만 6·25전쟁이 트루먼 행정부의 극히 일관성 없는 대한정책과 공산세력의 오판 때문에 일어난 사실 그리고 미국의 참전 결정 역시 극히 조심스럽게 이루어진 점을 주목해야 한다. 무엇보다 미국의 참전을 유엔의 '경찰활동'으로 파병 성격을 격상하고 지상군 파견을 망설이다가 5일 만인 6월 30일 비로소 맥아더의 강력한 건의를 받고 트루먼이 결단을 내린 사실에 주목해야 한다.

2. '내키지 않은 십자군 원정'

그동안 미국 합참 수뇌부들은 지상군 파견에 반대하거나 소극적이었다. 이런 점에서 6·25전쟁을 '내키지 않은 십자군 원정'(The Reluctant Crusade)이라고 부르는 인물 중 한 명이 앞에서 살펴본 매트레이다. 그는 6·25전쟁 개전 5일 만에 내린 트루먼의 지상군 파견 결정에 대해 "궁극적으로 트루먼의 결정은 군사력을 통해 세계평화와 안정을 유지하기 위한 미국의 내키지 않은 십자군 원정의 시작을 기록했다"라고 평가했다.[1]

이와 관련해 애치슨의 언급도 주목할 만하다. 그는 1951년 6월 휴전회담이 시작될 무렵 "6·25전쟁의 중요성은 그것이 '마지막 십자군 전쟁'이 아니라는 점"이라고 말해 자신도 6·25전쟁에 십자군 원정 같은 요소가 있음을 인정하고 시인했다. 애치슨은 이어 "한국은 공산주의와 서방 간 마지막 대결 장소가 아니며 미국은 〔한국에서 적대국들에게〕 그런 대결을 강요해서도 적대국으로 하여금 강요하도록 해서도 안 된다는 믿음을 갖고 있다"라고 밝혔다. 애치슨은 6·25전쟁에서 "집단안보의 효율성이 최종적으로 입증되지 않았으나 집단안보의 비효율성이 입증되는 것을 우리가 막았다는 반대 이유로 중요하다"라고 밝혔다. 다만 그는 공산주의와의 대결은 아직 남아 있기 때문(아마도 유럽에서의 결판)에 한국에서 일어난 6·25전쟁은 마지막 십자군 전쟁이 아니라는 것이다. † 개디스는 이 같은 미국 외교정책의 이념적 기초를 윌슨주의에서 찾았다.[2] 미국 언론인 리프만은 일찍이 트루먼 독트린이 대상 국가를 한정하지 않았다는 이유로 '이데올로기적 십자군 전쟁'과 같다고 비판한 바 있다. ‡ 트루먼 행정부는 이와는 다른 의미에서 6·25전쟁을 국제공산주의에 대항하는 이데올로기 전쟁으로 생각한 것이 사실이다. 우리가 현 시점에서 회고할 때 소비에트혁명과 두 차례 세계대전이 일어난 20세기, 특히 그 중반기인 1940~50년대는 강력한 공산주의 사상과 강력한 반공산주의 사상이 충돌하던 질풍노도 시

---

† 애치슨의 이 언급은 원래 그가 1950년 6월 29일 일단의 출판사 발행인 회의에서 행한 연설 내용인데 국무부가 참석자들의 요청에 따라 7월 15일 그 연설문을 언론에 발표했다. "4th Truce Session Is Held in A Neutralized Kaesong; Agenda Discussed Renewed-Acheson Against Showdown With the Reds Over Korea," *New York Times*, 1951. 7. 16.

‡ 월터 리프만은 트루먼 행정부의 트루먼 독트린을 '이념적 십자군 전쟁'의 경고처럼 들리도록 하는 막연한 세계전략이라고 비판했다. Walter Lippmann, "Policy Or Crusade?," *Washington Post*, 1947. 3. 15; 또한 프레이저(Robert Frazier)는 그리스와 터키에 대한지원법안이 의회에서 통과되도록 하기 위해 트루먼 독트린을 '이념적 십자군 전쟁'처럼 보이도록 애치슨이 만들었다고 비판했다. Robert Frazier, "Acheson and the Formulation of the Truman Doctrine," *Journal of Modern Greek Studies*, Vol. 17, No. 2 (1999), pp. 229~230.

대였다. 그런 점에서 동서냉전이 열전화한 6·25전쟁은 '20세기형 이데올로기 전쟁'이라고 할 수 있다.

마지막으로 검토해볼 문제가 6·25전쟁을 고대 아테네와 스파르타 간의 펠로폰네소스 전쟁과 비교하는 시각이다. 이것은 마셜 국무장관이 1947년 2월 프린스턴대에서 연설하는 가운데 "펠로폰네소스 전쟁과 아테네의 함락이 있던 시대에 대해 마음속으로 최소한의 관심도 없는 사람이 폭넓은 지혜와 깊은 확신을 갖고 오늘날의 기본적인 국제 문제들에 대해 생각할 수 있을지 의문이다"라고 말한 데서 비롯되었다. 6·25전쟁 후 학자들이 펠로폰네소스 전쟁과 6·25전쟁에 대한 비교·연구를 하면서 두 전쟁 사이에 여러 가지 다른 요소들이 있음에도 불구하고 아테네와 스파르타의 정치 이념의 차이가 6·25전쟁과 공통점이 있다는 주장도 나왔다. 과연 민주주의 국가가 전체주의 국가를 상대로 국가안보를 효과적으로 지킬 수 있느냐는 시각에서 비교·연구가 필요하다는 것이 결론의 일부였다.[3]

3. 미국의 참전과 서유럽 반응

트루먼 행정부의 6·25전쟁 참전 결정에 대해 영국, 프랑스, 이탈리아 등 서유럽 각국의 정부와 의회에서는 대체로 호의적인 반응을 보였다. 당시 파리 주재 미국대사관 공사였던 볼런(Charles E. Bohlen)의 회고에 따르면 6·25전쟁 발발 소식을 듣고 자신이 판단하기로는 미국의 사정상 군사적으로 한국을 도와줄 수 없을 것으로 생각했다. 그렇게 되면 미국의 국제적 위신이 큰 손상을 입을 것이라는 생각이 들자 그는 매우 우울한 기분에 잠겼다. 그런데 곧 워싱턴으로부터 트루먼 대통령이 한국 파병을 결정했다는 전보가 들어와 그는 대단히 기뻐 즉시 이 사실을 프랑스 정부에 통고했다는 것이다. 그가 브루스(David K. E. Bruce) 대사를 수행해 프랑스 외무부를 찾아가 슈망(Robert Schuman) 외상에게 이를 알리자 이에 감격한 슈망은 눈물을 글썽이며 "감사해요. 이제 과거의 전철은 밟지 않게 되었습니다"라고 말했다는 것이다. 슈망은 영국과 프랑스가 히틀러에게 유화정책을 쓴 결과, 2차 세계대전이 일어난 전례를 언급했던 것이다.[4]

처칠 영국 수상은 원래 트루먼을 정치가로 높이 평가하지 않았지만 트루먼이 6·25전쟁 발발 즉시 미군을 한국에 파병하는 것을 보고 그에 대한 종전 생각을 바꾸었다. 처칠은 1952년 1월 트루먼의 초청을 받고 미국을 방문했을 때 대통령 전용 요트에서 함께 만찬을 하는 자리에서 "대통령 각하, 우리가 지난번 만났을 때는 1945년 포츠담 회담 때였는데 지금 고백하면 그때는 각하를 높이 평가하지 않았는데 제가 완전히 오판했습니다. 각하는 누구보다 서양문명을 구한 인물입니다"라면서 트루먼의 한국 파병 결정을 높이 치하했다.[5]

트루먼 행정부의 조치에 대해 당대 저명한 국제정치학자였던 한스 모겐소는 "[미국 정부의] 민첩하고 합목적적인 결의와 효과적인 응수가 외국의 군사적 위협에 대한 미국의 응수 중에서 가장 훌륭한 전통을 이루었다"라고 전폭적으로 옹호했다. 모겐소는 6·25전쟁은 개전 초 누가 먼저 발포했느냐는 문제로 논란을 빚었으나 경험적 증거는 없지만 소련이 세계 정복을 위해 대리자를 시켜 발포한 것이라고 주장했다.[6] 현 시점에서 보면 그의 통찰력은 놀라울 만큼 정확했다. 모겐소는 또한 그의 고전적인『국가 간 정치』에서 북한의 남침과 추후 중국의 지원은 누구나 예상할 수 있는 바와 같이 명백한 침략행위로 규정했다. 그에 의하면 2차 세계대전에서 승리한 미국과 소련이 한반도를 두 지역으로 분할한 것은 두 나라의 이익과 한반도에서 행사할 수 있는 힘을 나타내는 표시였으며 그것은 어느

한 쪽도 한반도 전역을 지배하기 위한 대규모 분쟁을 모험할 위치에 있지 않았기 때문이다. 한반도에 대한 이러한 지배 문제가 소련의 지원을 받은 북한의 남침으로 다시 제기된 것이므로 남한에 대한 미국의 전면적인 지원은 일본의 안전과 극동의 전반적인 안정이라는 이익에 비추어 정당화 되었고 극동의 안정 문제는 캐나다와 영국의 실질적인 지원을 정당화했으며 오스트레일리아, 벨기에, 콜롬비아, 프랑스, 룩셈부르크, 터키 등 다른 나라의 상징적인 지원 역시 극동의 안정과 미국과의 특별 관계에 비추어 설명될 수 있는 것으로 보았다.[7]

온건한 대소 봉쇄주의자인 케넌은 미국이 처음부터 북한군을 힘으로 격퇴해야 한다는 것이 분명했으나 6월 25일 열린 첫 블레어 회의에는 참석하지 못했다. 그는 당시 국무부를 떠나 프린스턴에서 연구생활을 하기로 되어 있었는데 주말을 농장에서 지내고 일요일 워싱턴으로 돌아와 신문을 보고 북한의 남침 사실을 알게 되었다. 그가 국무부로 달려갔더니 애치슨이 간부들과 회의를 하고 있었다고 한다. 얼마 후 애치슨은 트루먼 대통령을 비행장으로 마중가면서 특별히 케넌에게 블레어하우스 회의에 참석하라는 전갈을 남겼다고 한다. 그런데 케넌이 회의 장소로 출발하기 직전에 알 수 없는 이유로 참석 대상자 명단에서 그의 이름이 빠졌다고 장관의 여비서로부터 통고받아 결국 트루먼이 주재한 한국 사태 협의에서 배제되었다고 그의 회고록에 썼다. 케넌은 애치슨으로부터 프린스턴 행을 중지하고 국무부에 남아 한국문제를 협의하자는 제의를 받아 당분간 국무부에 남게 되었다.[8]

VII. 왜 6·25전쟁을
막지 못했는가

① 무방비 상태의 한국

1. 허술한 방어 태세

애치슨은 한국의 이승만 대통령으로부터 트루먼 행정부가 철군 일자를 성급히 확정한 데 대해 강력한 항의를 받았다. 트루먼 행정부는 한국의 자립과 안보를 위해 경제지원과 무기지원을 약속했으나 막상 북한군의 남침을 막는데 충분한 무기와 장비, 특히 공군 창설을 지원하지 않았다. 이로 인해 결국 최선의 전략이라는 전쟁 억제에 실패했다.

손자(孫子), 클라우제비츠(Karl von Clausewitz) 등의 고전적 전쟁이론가에 의하면 무릇 전쟁은 싸우지 않고 이기거나 상대방의 공격을 억제하는 것이 최선의 전략이다. 전쟁 억제가 실패해 전쟁이 일어난 경우 전쟁 억제 실패의 원인은 공격을 가한 측과 공격을 당한 측 모두에 있다. 공격을 가한 쪽에서 보면 그 자체의 힘으로 상대방을 공격해 승리할 자신이 있거나 동맹국이 그 침략을 지원해주는 경우가 아니면 상대방을 공격하면 안 된다. 마찬가지로 공격을 당한 쪽에서 보면 그 나라에 자체적인 방어력이 있거나 그 나라를 도와줄 동맹국이 있을 경우만 침략이 억제될 수 있다. 어떤 국가가 자국의 힘으로 상대방의 공격을 억제하는 것을 '직접 억제'(direct deterrence)라고 부르고 동맹국이나 우호국의 도움을 받아 타국의 공격을 막는 것을 '확장 억제'(extended deterrence)라고 부른다.[1] 6·25전쟁은 한국의 직접 억제와 미국의 확장 억제가 모두 실패한 전쟁이다. 인천상륙작전 후 유엔군의 북진작전을 막으려고 했던 중국 측의 시도와 중공군의 참전을 막으려고 했던 미국의 억제정책 역시 실패하기는 마찬가지였다. 이를 조지(Alexander George)는 '이중 억제 실패'(double failure of deterrence)라고 불렀다.[2]

6·25전쟁은 정확한 정보 결여 등으로 인한 상황 오판이 크게 작용했다. 북한군의 남침을 예상하지 못한 미국과 미군의 참전을 예상하지 못한 북한과 소련 모두 정세를 오판한 것이다. 전쟁 억제 이론 중 가장 기초적인 것이 '기회(opportunity) 이론'[3]인데 김일성은 정세를 오판해 남침이 성공할 기회가 왔다고 잘못 믿은 것이다.

6·25전쟁을 예방하지 못한 이유는 무엇인가? 우선 당사자인 한국 정치지도자들의 책임을 따져야 할 것이다. 방어력을 함양하는 데 예산 확보와 미국의 지원이 필수적인데도 당시 두 가지 모두 한국의 힘으로는 불가능했다. 그렇더라도 이승만 대통령의 거듭된 공개적인 북진통일 방침의 표명은 국민의 사기를 감안할 때 나름대로 이점도 있었지만 미국으로 하여금 무기 지원을 하는 데 부담이 된 것도 사실이다.

이승만보다 신성모 국방장관은 한 술 더 떴다. 그는 평소에 "만약 북한군이 쳐들어온다면 우리 국군은 그들을 물리치고 점심은 평양에서, 저녁은 신의주에서 먹을 수 있다"라고 호언장담했다. 그는 6·25 당일에도 국무회의에서 비슷한 말을 했다. 만약 그가 정세를 제대로 파악했더라면 그런 허세를 부리지는 않았을 것이다. 그의 이 같은 발언은 일반 국민에게 한반도의 군사 정세에 대한 그릇된 인식을 심었고 대북 경계심을 해이하도록 했다.

정부뿐만 아니라 야당이 지배하던 국회 역시 마찬가지였다. 육군본부 작전국은 북한군이 탱크를 앞세우고 남침할 것에 대비해 38선 일대에 대전차용 참호 설비를 비롯한 국군의 방어력 강화를 위한 긴급 건의서를 1950년 5월 국회에 제출했다. 그러나 5·30 총선을 앞두고 국회의원들이 선거운동에 바빠 회의조차 열리지 않았다. 이제 본론으로 들어가 보자.

한국은 김일성의 남침을 당하기에 알맞은 허술한 방어 태세를 갖추고 있었다. 김일성과 스탈린, 마오쩌둥으로 하여금 국제 공산혁명운동을 수행하기 위한 남침의 호기가 왔다고 유혹하기에 충분했다. 1948년 8월 대한민국은 건국과 동시에 시작된 미 점령군의 철수가 완료되자 무기도 제대로 없는, 갓 창설한 국군으로 나라를 방어해야 할 상황에 놓였다. 국군은 1950년 6월 6·25전쟁이 발발하기 전까지 미국의 지원을 받아 1년 10개월 간 병력과 장비를 확충했으나 북한에 비하면 인원이나 무기가 형편없이 열악했다. 국군 병력 수는 북한에 비해 1:2의 열세였다. † 북한군은 한국군보다 훨씬 성능이 우수한 중기관총, 신형 박격포, 신형 곡사포와 한국군에는 없는 장갑차, 전차 그리고 항공기와 경비정 등을 보유했다.⁺⁾ 북한은 1949년 3월 모스크바에서 열린 김일성과 스탈린의 회담에서 체결된 소련과의 차관 협정에 3개년에 걸쳐 2억 루블(4,000만 달러)어치의

---

† 1950년 6월 25일 6·25전쟁 발발 당시 국군은 육군이 10만 5,752명(8개 사단 및 지원 특과부대)인 데 비해 북한군은 육군이 총 19만 8,380명(10개 사단 및 지원 특수부대)으로 특히 전방의 경우 양측 병력 대비가 철원-의정부-서울 축선은 1 : 4.4, 개성-문산-서울 축선은 1 : 2.2, 화천-춘천 축선과 인제-홍천 축선은 1 : 4.1, 양양-강릉 축선은 1 : 2.5로 절대적으로 열세였다. 이밖에 한국군은 해군이 7,715명(3개 전대, 7개 경비부), 해병대 1,166명(2개 대대), 공군이 1,897명(1개 비행단)였다. 이에 비해 북한군은 해군 1만 5,000명, 공군 1,800명(1개 비행사단)을 보유했다. 북한군 병력은 1950년 5월 12일 당시 한국군 당국이 내린 정보 판단 내용이다. 국방군사연구소, 1995, pp. 59, 94, 103; 미국 측의 최근 통계는 한국군이 9만 5,000명, 북한군이 13만 5,000명으로 집계했다. Richard W. Stewart(General Editor), *American Military History Vol. II, The United States Army in a Global Era*, 1917~2008, 2nd ed. (Washington, D.C: Center of Military History, United States Army, 2010), p. 223.

전차와 항공기를 포함한 각종 무기를 도입했다. 같은 해 4월 중국으로부터 양국 회담에서 합의된 바에 따라 한인으로 편성된 중공군 2개 사단과 1개 독립 여단이 북한으로 이관되어 북한의 남침작전 때 최전방 정예 전투사단으로 활동했다.

2. 한국의 공군 보유 반대

　무기 면에서 국군이 북한 인민군과 비교가 안 될 정도로 뒤진 이유는 미국의 군사지원 정책 때문이었다. 국군의 무기는 국방경비대 시절부터 쓰던 구형 무기와 미군이 철수하면서 남기고 간 것이 거의 전부였다. 소총과 경기관총 외에 구식 자주포, 곡사포, 박격포, 로켓포, 경대전차포 정도였다. 이승만 대통령은 1949년 4월 무초 미국 대사를 통해 6만 5,000명의 상비군과 20만 명의 예비군을 무장시킬 수 있는 충분한 무기 지원을 요청했다. 그와 함께 육군항공대를 독립시켜 공군을 창설하기 위해 이에 필요한 전투기, 폭격기, 연락용 정찰기, 수송기 등 100대를 지원해달라고 요구했다.[5] 맥아더의 극동군사령부도 육군부에 이를 승인할 것을 건의했다.[6] 『뉴욕 타임스』는 사설을 통해 미국은 한국의 합리적인 요구를 들어줄 명백한 의무가 있다면서 한국에 대한 무기 지원을 촉구했다.[7]

　그러나 트루먼 행정부는 한국의 공군 창설 자체를 반대하면서 항공기 지원 요구를 거부했다. 한국에 대한 미국의 군사 지원 목적은 1949년 3월 채택된 NSC 8/2에 규정된 것처럼 "정치적 갈등과 무질서 상황에서 내부 질서를 유지하고 국경 경비를 유지하는 데 적합하도록" 한국군을 창설하는 데 있었다. 트루먼 행정부는 현대화되고 잘 무장된 적의 대규모 공격을 막아낼 능력을 갖춘 군을 창설하는 것을 불가능하도록 했다. 한국의 불안감을 씻기 위해 1950년 1월 26일 체결된 한미 상호방위원조 협정은 6만 5,000명의 국군을 유지하는 데 필요한 지원만 하도록 했다.[8] 미국은 한국에 제공하는 무기 품목도 제한했다. 예컨대 한국에는 험한 지형과 불량한 도로망과 교량 때문에 효율적인 작전이 불가능하다는 이유로 탱크를 공급할 필요가 없다고 미 군사고문단은 판단했다. 미 군사고문단 로버츠 단장은 1949년 9월 한국 정부가 요청한 탱크, 탄약 그리고 중포의 지원을 하지 말도록 워싱턴에 건의해 관철시키고 한국 국방부가 요청한 탱크의 제공을 거부했다.[9]

미국은 한국에 주둔한 이래로 6·25전쟁 발발 때까지 모두 4억 9,570억 달러어치의 군사원조를 했다. 그 중 1억 4,100만 달러어치가 한국에 이양된 미군 군사시설이고 나머지가 군사장비였다. † 그러나 미국의 군사 지원은 품목이 한정되었을 뿐만 아니라 집행도 지지부진했다. 예컨대 1950년의 경우 원조 액수는 3월 15일 최종적으로 1,097만 달러로 확정되고 추가 원조 요청은 수용되지 않았다. 그런데 책정된 지원품은 6·25전쟁이 일어날 때까지 한 푼도 도착하지 않았다. 35만 달러에 달하는 통신장비와 부속품 그리고 23만 5,000달러어치의 훈련용 항공기와 한국이 원조 자금으로 구매한 해군 함정용 장비와 무기는 전쟁이 터졌을 무렵 선박에 실려오고 있는 중이었다.[10]

----

† 군사장비 내역은 4만 9,000정의 M-1 카빈 소총, 4만 2,000정의 개런드 소총, 4만 3,000문의 로케트포, 4,500문의 기관총과 반자동총, 1만 7,000개의 수류탄, 곡사포, 자주포, 로케트 발사기 등이며 해안경비대를 위한 20대의 소형 항공기와 25대의 어뢰탐지기 그리고 1만 5,000명의 보병용 소총과 트럭, 트랙터, 트레일러 등이었다. Democratic Party(U.S.), *The Truth about Korea*, ca. 1950, President's Secretary's Files, Harry S. Truman Papers, HSTL, http://www.trumanlibrary.org/ whistlestop/study_collections/koreanwar/documents/index.php?pagenumber=13&documentdate=1950-00-00& documentid=ki-18-4(검색일 2013. 12. 1).

미국의 이 같은 빈약한 무기지원 정책은 트루먼 행정부의 거듭된 정책 변화, 즉 일관성 없는 정책 탓이다. 6·25전쟁이 발발한 지 3일 후인 1950년 6월 28일 미국 의회에서 공화당 출신의 태프트(Robert Taft) 상원의원은 "6·25전쟁은 첫째, 소련의 난폭하고 침략적인 태도와 둘째, 미국 행정부의 서툴고 일관성 없는 외교정책 때문에 일어났다"라고 비난했다. 그는 그 책임을 물어 애치슨 국무장관의 사임을 촉구하면서 그의 정책들이 전쟁 위험성을 증가시켰다고 주장했다.[11] 이승만은 북한의 공군력 증강에 대처하기 위해 항공기를 지원해달라는 그의 거듭된 요청을 트루먼 행정부가 외면하고 있는 것을 비난했다. 드럼라이트 대리대사는 보고서에서 유사시 한국을 도우려는 미국의 결의에 대한 이승만의 믿음이 흔들리는 것 같다고 보고했다. 그러면서 그는 한국이 미국의 극동방어 지역 밖에 있다는 계속적인 논의가 한국 관리들과 일반 국민을 동요시키는 결정적 효과를 발휘하고 있다고 보고했다.[12]

3. 맥아더, "한국군 무기는 경찰 수준"

한국에 대한 트루먼 행정부의 지원 정책을 신랄히 비판한 인물 중에는 맥아더 장군도 있었다. 그는 이렇게 주장했다.

한국군은 전선에 배치된 군 병력이 아니라 경찰대원으로 장비와 조직을 갖추고 있었다. 무기는 경화기뿐이고 공군이나 해군은 아예 없으며 전차, 대포 또는 기타 전투부대에 필수적인 무기는 없었다. 한국군을 이렇게 허술히 무장시키고 조직시키기로 결정한 것은 국무부였다. 국무부가 이런 결정을 내릴 때 내건 주장은 한국이 북한을 공격하는 것을 방지하기 위한 조치라는 것이었다. 그것은 말할 나위 없이 북한군에게 공격의 빌미를 주는 놀랍도록 근시안적인 합리화였다. 그것은 국군으로 하여금 북한의 공격에 대처할 태세를 갖추지 못하도록 한, 결정적이고 치명적인 과오였다. 북한군의 공격 가능성은 그들이 전차, 중포, 전투기 같은, 한국군에는 없는 장비로 무장했다는 사실에 존재하고 있었다. 이 같은 결정은 태평양 지역 특히 한국에 대해 아무 것도 모르는 사람들에 의해 내려진 것이다. 그들은 남한이 군사력으로 통일하는 것을 막으려고 이상주의적으로 행동했지만 불가피하게 북한이 다른 방향으로 나가도록 장려한 결과가 되었다. 그런 근본적인 과오는 외교관이 군사적 판단력을 행사하려고 기도할 때 불가피하다. 한국에서 빚어진 결과는 미국이 훈련시킨 소총 밖에 거의 무기가 없는 10만 명의 한국 경찰부대가 소련에 의해 훈련되고 각종 현대식 무기로 무장된 20만 명의 북한군에 대항해야 하는 상황이었다.[13]

맥아더에 의하면 덜레스가 북한의 남침 직전인 6월 19일 특사 자격으로 서울을 방문해 미국이 한국을 지켜주겠다고 국회에서 연설했을 때 명백히 국무부의 종전 정책을 뒤집으려고 했다는 것이다. 그러나 덜레스는 전방을 시찰하고 한국군이 북한의 공격을 받더라도 충분한 대비 태세가 되어 있는 것으로 판단했다. 전술적 경험 부재와 정보가 부족했던 덜레스는 한국군이 병력 면이나 장비 면에서 열세라는 사실을 몰랐다고 맥아더는 지적했다.[14] 맥아더는 북한이 한국 측에 그들의 공격 준비 사실을 속이기 위해 38선 부근에는 한국군과 거의 같은 정도의 경무장한 병력을 배치했다는 것이다. 이것은 기만술에 불과했다. 최전방 공격부대 배후에는 최신형 소련제 전차를 비롯한 중화기를 갖춘 강력한 타격 병력이 집결하고 있었다. 경장비의 제1선 부대가 국경선을 넘어 남진한 다음 좌우로 방향을 돌리면 그 사이로 중무장한 타격부대가 실질적인 저항을 받지 않고 경무장한 국군을 휩쓸었다는 것이다.[15] 한국으로 하여금 북한의 공격에 대비하도록 하지 못한 것은 중대하고 치명적인 과오였다고 맥아더는 주장했다.

당시 국무부 기획국장이던 닛쩌는 회고록에서 1950년 초 워싱턴에 온 주한 미국대사 무초의 이야기를 적고 있다. 무초가 워싱턴에 온 이유는 국방부 원조담당관들에게 북한의 침투자들을 잡을 전투기와 탄약 그리고 고속초계정을 구입할 1,000만 달러를 한국에 추가 지원해주도록 설득하기 위해서라는 것이었다. 그러나 1947년 이래로 합참은 한국이 미국에 전략적 이해관계가 없기 때문에 한국에 대한 의무와 공약을 제한해야 한다는 입장을 견지하고 있었다는 것이다.

무초가 벌인 교섭 목적은 남한에 대한 원조정책이 특히 남한 공군이나 해군을 창설하는 결과를 가져올 어떤 행동도 금지하는 조치를 시정하려는 것이었다. 닛쩌는 NSC-68이 승인을 받아 실행에 옮겨지기 전에는 계속 단편적인 방법으로 해결할 수밖에 없음을 알고 있었다. 무초는 6월 상원 군사위에서 북한이 남한에 대해 전면적인 남침을 하는 경우 부인할 수 없는 북한 무기와 장비의 우위가 북한에 승리를 안겨줄 것이라고 경고했다. 그는 특히 "소련이 지원했고 또 지원을 계속 하고 있는 보병지원용 중포와 탱크 및 전투기가 북한의 물질적 우위를 제공하고 있다"라고 밝혔다.[16]

무초와 닛쩌는 그럭저럭 고속초계정 문제만 해결을 보았다. 당시로는 그것이 한계였다. 전투기와 탄약을 비롯한 나머지 요구는 거부당했다. 또 북한군에 비해 탱크를 보유하지 못한 국군의 취약점도 시정되지 않았다.

6·25전쟁 발발 15일 전, 미 군사고문단이 제출한 보고서는 한국이 "중국 국민당군을 붕괴시킨 것과 같은 재앙을 맞을 위험에 놓여 있다. 한국군은 너무나 초라한 무기를 지급받고 있기 때문에 15일 이상 방어 작전을 계속할 수 없다"라고 보고했다.[17]

사실 트루먼 행정부가 대한민국을 이토록 외면한 것은 NSC 8의 중대한 위반이다. 1948년 철군을 결정할 때 트루먼이 서명한 NSC 8은 "한국이 어떠한 침략행위에도 자국을 지킬 수 있는 충분한 군사력을 갖지 못하도록 한 채 미군이 철군하는 것은 미국이 극동지역에서 우방과 동맹국을 배신하는 행위로 해석될 수 있다"라고 밝히고 한국군에 대한 무기 지원을 결정했다.

트루먼 행정부가 당초 이승만 대통령의 북진통일을 경계해 국군에 대한 무기 지원을 기피한 것은 이승만 쪽에도 일부 책임이 있는 것도 사실이다. 이승만은 기회가 있을 때마다 북진통일을 주장해 미국을 긴장시켰다. 트루먼 행정부는 한국군이 강해질수록 북침할 가능성이 증대하고 한국에 대한 미국의 공약이 커질수록 미국이 한국을 도울 것이라는 한국 측의 자신감이 미국 측의 의견을 받아들이지 않을 것이라고 생각했다.[18] 당시 미국 측은 이승만 정부에 대해 인플레이션 억제와 정치적 자유화를 강력히 요구했으나 이승만의 반응은 신통치 않았다.

그렇지만 미군 철수 완료 후 상황이 바뀌어 북한 김일성 정권이 남침을 목적으로 소련제 탱크를 공급받는 등 군사력을 급속히 증강한 이상 한국의 방어를 위해 필요 충분한 무기와 장비를 지원하는 것이 미국의 당연한 책무였다. 일부 학자의 지적대로 대전차포, 대전차지뢰, 대항공기포, 연안경비정은 이승만의 북침에는 소용없는 방어용 무기인데도 트루먼 행정부는 이 무기들조차 지원하지 않았다.[19]

2 미국 측의 정보 실패

1. 북한을 과소평가

트루먼 행정부는 북한 김일성 정권을 과소평가해 북의 남침 가능성을 알리는 계속적인 정보 보고에 주의를 기울이지 않았다. 개디스의 지적처럼 당시 북한의 남침 정보는 너무 적어서 문제가 아니라 너무 많아서 문제였다.[1] 그러나 많은 정보에도 불구하고 트루먼 행정부에는 김일성과 스탈린, 마오쩌둥의 전쟁 준비에 관한 정확한 정보가 실제로는 빈약했다. 소련을 항상 가상의 적으로 가정한 3차 세계대전이나 이에 준하는 소련과의 대규모 전쟁만 가상했을 뿐 어느 날 북한군이 밀고 내려올 것은 예상하지 못했다. 로스토우(Walt W. Rostow)가 적절히 분석한 바와 같이 사실 공산주의자의 관점에서 보면 1948년부터 미·영·불 연합군이 점령하고 있던 서독 지역의 통화개혁, 소련의 베를린 봉쇄를 영국과 미국이 무력화한 데 따른 소련의 좌절감 그리고 NATO(북대서양조약기구)의 창설은 냉전기의 소련에 어려운 시기였다.

그러나 이 힘든 기간은 금방 끝나고 소련은 새로운 시기를 맞았다. 소련의 원자탄 개발 성공과 공산주의자들의 중국 대륙 장악이 바로 그것이다. 이런 새로운 상황은 소련이 새로운 국면의 절정에 도달했음을 극적으로 표현한 것이다. 실제로 공산주의자들의 전략적 공격 방향은 이미 1947년 9월 시점부터 아시아로 향했다. 중국에서 공산당이 승리하리라는 더 확실해진 전망을 반영해 소련 공산당 정치국원 즈다노프(Andrey A. Zhdanov)는 공산당 국제조직인 코민포름 창립대회에서 아시아 지역 회원들에게 게릴라전 수행을 권고했다. 이미 1946년 11월부터 인도차이나반도에서는 공개적인 게릴라전이 벌어졌다. 1948년 4월부터는 미얀마, 그해 6월에는 말레, 그해 가을에는 인도네시아와 필리핀에서 게릴라전이 시작되었다. 1948년 인도와 일본 공산당은 게릴라전을 전개할 기회는 없었지만 당의 전투적 태도를 크게 강화시켰다.

이상이 1949년 10월 마오쩌둥이 국공내전에서의 결정적인 승리를 선포할 당시 아시아 각국의 정치적 상황이었다. 스탈린과 마오쩌둥이 1949년 12월 모스크바에서 만나 힘의 상관관계를 평가했을 때 그들은 당시를 아시아에서 명백히 야심적인 행동 계획을 마련하는 데 적절한 시기로 판단했다.[2] 스탈린 사망 후 몇 명을 거쳐 소련 공산당 서기장이 된 흐루시초프(Nikita Khrushchyov)의 회고에 의하면 스탈린과 마오쩌둥이 남한을 침공하려는 김일성의 계획을 도운 것은 이런 정신에 입각해서였다. 흐루시초프에 의하면 스탈린은 자국의 전쟁 협력 책임을 숨기기 위해 북한군의 모든 사단과 연대에 파견되어 있던 소련군 고문관들을 대부분 소련으로 소환했다. 이들이 포로로 잡힐 것을 우려했기 때문이다. 스탈린은 소련이 6·25전쟁에 참전했다는 비난을 듣고 싶지 않았다는 것이다.[3]

2. 소련의 북한군 전력 강화에도 무관심

트루먼 행정부는 스탈린이 남침 직전 김일성에게 항공기, 탱크 등 최신 무기를 지원해 북한 인민군의 전력 증강을 이룬 데 대해서도 별 관심을 갖지 않았다. 서울의 주한 미국대사관과 도쿄의 극동군사령부 정보처는

1949년부터 그런 징후를 탐지하고 1950년 6월까지 북한군의 공격이 임박했음을 알리는 긴급 정보 보고를 워싱턴에 끊임없이 보냈다. 당시 맥아더가 제출한 어떤 보고는 북한이 38선을 넘을 시점이 1950년 6월이 될 가능성이 있다고 시사하기도 했다. 북한 남침설은 1950년 봄부터 벌써 서울과 워싱턴에서 심심찮은 화제 거리가 되었다. 만약 워싱턴 당국이 이 정보들을 신뢰했다면 어떻게 되었을까? 일부 학자는 그럴 경우 한반도 정세가 크게 달라졌을지 여부는 논의해볼 만하다고 말한다. 왜냐하면 트루먼 행정부 수뇌부들에게 '위기 없는 위기관리 결정'이 필요했기 때문이다. 당장 국군을 강화시키는 것은 불가능하므로 대안으로 트루먼 행정부가 북한에 대해 선제적 조치, 즉 미군 병력을 한국에 다시 보낼 수도 있었다는 것이다.[4] 그러나 모두 허사였다. 트루먼 행정부와 합참이 한국에 대한 위협 움직임에 대한 각종 중요 정보에 무관심한 태도를 취한 것은 미국이 한국을 방어 대상에서 제외시켰기 때문이라는 것이다.[5] 트루먼은 회고록에서 다음과 같이 밝혔다.

1950년 봄, 한국으로부터 날아오는 정보 보고는 북한이 지속적으로 군사력을 증강하고 있으며 계속 남한에 게릴라 부대를 보내고 있다는 내용이었다. 38선에서는 계속적인 군사충돌이 있다는 보고도 들어왔다. 그해 봄 내내 CIA 보고는 북한이 언제든지 국지적인 도발을 전면적인 공격으로 전환할 수 있다고 했다. 정보 보고에 의하면 북한군은 언제든지 그런 공격을 할 능력을 갖고 있다고 했다. 그러나 공격이 확실한지 그리고 언제 공격이 있을지 알 수 있는 단서에 대한 정보는 없었다. 그런데 이런 정보는 한국에 국한된 것이 아니었다. 소련이 공격할 수 있는 세계 다른 지점에 대한 같은 보고가 내게 반복적으로 들어왔다.[6]

애치슨도 그의 회고록에서 "소련의 베를린 봉쇄사건 이후 지난 몇 달 동안 다시 긴장이 고조됨에 따라 우리는 소련이 우리의 결의를 새롭게 시험할 만한 위험지역에서 군사연습을 실시했다. 한국도 그런 지역 중 하나였으나 소련이 우선시할 지역에는 포함되지 않은 것으로 판단했다"라고 밝혔다. 그에 의하면 베를린, 터키, 그리스, 이란 – 이 모든 지역은 소련이 편리한 작전을 펼치기에 유리한 지역이었다. 그러나 비록 그들이 다른 지역에 비해 한국에서 갖고 있는 미국의 이해가 적은 것을 시험해볼 수는 있겠지만 한국은 일본에 주둔한 미국의 주요 부대 및 기지와 너무 가까운 거리에 있다. 소련이 탐낼만한 목표로는 너무 먼 거리에 있으므로 북한의 남침을 예상하지 못했다는 것이다.[7]

애치슨의 이 같은 해명에 대해 그것은 결국 아시아가 그에게 귀찮고 골치 아픈 지역으로 인식된 탓이라는 비판이 있다. 그 이유는 뒤에서 설명하는 바와 같이 맥아더가 애치슨의 태평양 방어선 연설을 듣고 그가 아시아에 와 눈으로 직접 확인할 수 있도록 그를 초청했음에도 시간이 없다는 핑계로 아시아 방문을 거부한 사실에서도 알 수 있다고 했다.[8]

이상과 같은 미국과 공산 국가들의 중요한 정보 판단 오류는 미국의 정치지도자들의 성격과 그 나라의 정치적 반응을 공산군 측이 예측하지 못한 데 있었다. 로스토우가 지적한 것처럼 6·25전쟁을 치른 미국과 공산 국가들은 다 같이 자신의 적도 몰랐고 자신에 대해서도 몰랐다.[9] 결국 트루먼 행정부는 어떤 경위에서든 참혹한 전쟁을 예방하지 못한 책임에서 벗어날 수 없게 되었다.

③ 공산군 측의 정보 실패

1. 미국의 참전이 없을 것으로 오판

북한과 소련, 중국 모두 미국이 6·25전쟁에 참전하지 않으리라는 오판으로 전쟁을 시작했다. 스탈린은 애치슨의 플레스클럽 연설 이전에 이미 미국 국무부에 침투한 영국인 스파이를 통해 미국이 한국을 군사력으로 방어해주지 않기로 한 사실을 파악하고 있었다. 스탈린은 1950년 3월 남침 계획을 승인받기 위해 모스크바를 방문한 김일성에게 미군은 참전하지 않을 것이며 일본군이 참전할 가능성은 배제하지 못한다고 단언했다. 그러나 스탈린은 소련이 미국과 직접 충돌하는 것을 피하기 위해 한반도에 군대를 파견하는 대신 김일성에게 무기를 제공해 북한군을 현대식 무기로 무장시키고 전쟁에서 북한군이 불리해질 경우 마오쩌둥으로 하여금 북한을 지원하도록 함으로써 만약의 경우에 대비했다. 이 때문에 웨더스비는 스탈린이 김일성의 남침을 승인한 것은 트루먼 행정부의 의지를 시험해보기 위한 것이 아니지만 그의 행동은 본질적으로 공격적이었다고 분석했다.[1]

1950년 5월 베이징을 찾아온 김일성에게 북한을 지원하기로 약속한 마오쩌둥은 실제로는 미국이 6·25전쟁에 개입하지 않을 것이고 따라서 중국은 대규모 병력을 파견해 북한을 돕는 상황은 없을 것이라고 생각했다.[2]

이와 관련해 미국 상원 외교위원장 코널리의 1950년 5월 5일자 『유에스 뉴스 앤드 월드 리포트』의 인터뷰 내용을 자세히 검토해보자. 그는 이렇게 말했다.

- **질문** – 귀하는 우리가 한국을 포기하리라는 암시가 심각히 고려되고 있다고 생각하십니까?
- **답** – 우리가 원하든 원치 않든 한국 포기가 현실이 될 것 같은 걱정이 들기때문에 나는 그것이 심각하게 고려되고 있는지 걱정됩니다. 나는 한국 편입니다. 우리는 한국을 도우려고 하고 있습니다. – 우리는 지금 한국을 돕기 위해 원조 자금을 배정하고 있습니다. 그러나 남한은 그 선(38선)으로 잘려있습니다 – 그 선 북쪽은 대륙 공산주의자들과 접해 있습니다. – 그리고 대륙 그 너머에는 소련이 있죠. 그래서 중공이 그럴 준비만 갖출 때 타이완을 유린할 수 있듯이 러시아도 생각만 있다면 언제든지 한국을 유린할 수 있습니다. 물론 나는 그러지 않기를 바랍니다만.
- **질문** – 한국은 방위전략상 긴요한 국가가 아닙니까?
- **답** – 물론 아닙니다. 한국과 같은 곳은 약간의 전략적 중요성을 갖고 있기는 하지만 크게 중요하다고는 생각하지 않습니다. 일본, 오키나와, 필리핀은 반드시 필요한 방어선을 친다고 행정부가 우리 앞에서 증언했습니다. 그리고 그 지역의 다른 부가적인 나라도 더 중요할 수 있겠죠. 그러나 절대적으로 필요한 것은 아닙니다.[3]

2. 스탈린의 착각

코낼리의 회견은 미 국무부의 즉각적인 반론에 부딪쳤다. 미리 회견 내용을 보고받은 애치슨 국무장관은 5월 3일 성명을 내고 미국은 한국의 중요성을 계속적으로 강조해왔다고 밝히면서 한국을 독립국가로 유지하기 위해 대규모 경제지원, 군사원조 그리고 조언을 하고 있다고 주장했다. 애치슨은 그러면서 코낼리 의원이 자신과 다른 견해를 갖고 있다는 사실에 대단히 회의적이라고 강조했다. 워싱턴에 체재 중이던 무초 주한대사 역시 한국의 독립을 유지하려는 미국의 진정성에 대한 의문은 있을 수 없다고 주장하면서 미국은 한국의 독립 유지를 위해 군사적, 경제적 지원과 함께 직접적인 정치적 지지와 유엔을 통한 간접적 지지를 보내고 있다고 말했다.[4] 코낼리의 회견에 대해 이승만 대통령은 즉각 반응을 보였다. 이승만은 5월 9일 주한 미국대사관의 드럼라이트 대리대사를 불러 비통하고 빈정대는 어조로 수천 마일 떨어져 있는 사람이 한국과 3,000만 명의 한국인을 전략적으로 또는 다른 면에서 중요성이 없다고 마음대로 배척하는 것은 쉽겠지만 코낼리의 언급은 북한 공산당에게 지금 당장 남침해 한국을 접수하라는 공개 초대장이라고 질책했다. 드럼라이트는 미국 정부는 군사적, 경제적, 도덕적으로 한국을 지원하고 있다고 강조했으나 이승만을 설득시키는 데 실패했다.[5]

국무부 기획국장 닛쩌는 코낼리 의원의 언급보다 더 기막힌 예를 기록으로 남기고 있다. 그는 경제학자이자 은행가인 삭스(Alexander Sachs)의 말을 인용하고 있다. 리투아니아로부터 이민와 컬럼비아대를 졸업한 삭스는 나치 독일이 원자탄을 개발하고 있을지도 모른다는 아인슈타인과 다른 인사들의 우려를 루스벨트 대통령에게 전달하는 중요한 역할을 한 인물이다. 삭스는 1950년 하반기 여름 어느 날 남한에 대한 북한의 침략이 있을 것이라고 예언했다. 삭스의 예측은 닛쩌에게는 논리적 분석으로 생각되어 더 정밀히 검토할 가치가 있는 것으로 보였다.[6]

이런 상황에 대해 일부 학자들은 "미국은 무엇보다도 1950년까지 중국의 공산화를 인정하고 그것이 초래한 거대한 역사적 권력 이동을 받아들이는 것으로 보였다. 그런 미국이 상대적으로 덜 중요한 영토를 공산주의자들이 획득하는 데 반대해 무기와 자원을 소비하겠는가?"라고 물었다. 또 많은 학자들은 1950년 6월 이전의 미국 정부 관리들의 말과 행동이 이성적인 적으로 하여금 고립된 매우 매혹적인 한국에 대한 침략에 미국이 저항하지 않으리라고 추측하는 것은 합리적으로 보였다고 분석했다. 이러한 추측이 정확한 사실이었음은 구 소련과 중국의 공개된 외교 문서에서 드러났다.[7] 스탈린과 김일성의 6·25전쟁 모의 과정에서 나타난 사실은 만약 스탈린이나 마오쩌둥이 미국의 참전 가능성을 예상했더라면 김일성은 남침하지 않았을 것이라는 점이며 최소한 1950년 6월에는 틀림없이 그랬을 것이라는 점이다.[8] 개디스는 한국에 대한 무력개입을 하지 않기로 한 미국 국가안보회의 1급 비밀을 버지스(Guy Burgess) 등 영국인 이중 스파이망을 통해 입수한 스탈린이 만약 애치슨의 프레스클럽 연설 중에 유엔 개입에 대한 대목을 제대로 파악했더라도 김일성에게 남침을 허락하지 않았을 것이라고 분석했다. 그는 스탈린과 마오쩌둥이 애치슨의 완곡한 어법을 이해하는 데 실패했다고 주장했다.[9] 따라서 전쟁 억제 이론가들에게 신비스런 것은 왜 미국이 한국 방어를 공개적으로 밝힘으로써 전쟁 억제 정책을 쓰지 않았는가라는 것이다.[10]

④ 남침 예측과 대책 부재

1. 남침이 기정사실처럼 유포되어도 무대책

서울과 워싱턴에서 북한 남침설이 실제 가능성으로 대대적으로 보도되고 토의되었음에도 북한의 군사행동을 억제하기 위한 진지하고 실질적인 조치가 취해지지 않았다. 6·25전쟁에 관한 수준 높은 책을 쓴 월런(Richard Whelan)의 분석에 의하면 1949년 말에 이르러 대한민국의 운명은 카운트 다운에 들어간 상황이었다. 그러나 이에 대해 아무런 대책을 마련할 수 없었고, 또한 마련하려 하지도 않았다.[1] 1949년 11월 도쿄의 맥아더사령부의 G-2 (정보과)에 배속된 슈나벨(James F. Schnabel) 대위는 신임 장교들에게 행하는 극동 정세 실명회에 참석했는데 브리핑 징교인 힌 소령이 기탄없이 대한민국의 멸망을 예측했다. 나중에 6·25전쟁사를 쓴 슈나벨은 그의 책에 "브리핑 장교는 매우 솔직히 말하기를, G-2의 느낌으로는 내년 여름 북한이 남침해 남한을 정복할 것이라고 설명했다. 그는 이 점을 특별히 강조한 것도 아니었으며 그 사실은 유감스럽지만 불가피한 것으로 받아들여지는 것 같았다"라고 썼다.[2] 1950년 5월 10일 신성모 국방장관은 북한군이 38선을 향해 이동하고 있다는 정보 보고를 근거로 북한의 남침이 임박했다고 경고했다.[3]

그러나 미국은 한국이 침략받을 경우 군사적으로 지원하는 비상계획조차 세우지 않았다. 전쟁 억지 이론가들은 미국 정부가 한국에 대한 직접적인 군사지원을 강화하는 방안, 현행 수준의 제한적인 방위공약을 유지하면서도 간접적인 군사적, 외교적 지원을 강화하는 방안 또는 제한적인 공약을 더 감축하는 방안 그리고 약한 동맹국의 독립을 유지하는 정책이 실패하는 경우 대가를 줄이는 방안 중 하나를 선택할 수 있었으나 아무 조치도 취하지 않았다고 비판했다.[4] 미 육군부에서 편찬한 공식 기록인 주한 미군사고문단 역사에 의하면 당시 북한이 남침하리라는 사실은 한국 측과 미군사고문단 측 모두 의심하는 사람이 별로 없었다. 그러나 북한의 남침 시에도 한국을 군사력으로 지원하지 않기로 결정한 미 육군부는 1950년 4월 로버츠 주한 미 고문단장에게 고문단의 점진적인 감축 계획을 세우라고 지시했다는 것이다.[5]

제임스가 지적한 바와 같이 이런 상황에서 위태로운 한국의 보호 우산으로 유엔을 환기시키려고 한 애치슨의 발언이 모스크바에서는 별 설득력 없는 것으로 보인 것은 당연하다. 애치슨의 이 같은 의도는 코낼리 상원의원의 회견과 널리 홍보된 합참의 태평양 방어선에 대한 보도, 그리고 미국의 국방예산 삭감으로 그 효력이 크게 감소되었다. 공산 국가들의 군사전문가들이 북한의 신속하고도 결정적인 승리를 예측한 것도 결코 무리가 아니었다.

2. 미국의 군사예산 삭감도 한 몫

로스토우에 의하면 NSC 68의 성립은 미국 정부당국이 공산 국가들의 가능한 전략적 반응을 일반적인 방법으로 예측한 것을 표시한 것이다. 그 반응이란 군사력의 상관관계에서 1949년 말의 전환기에 공산 블럭의 국경선에 대한 압력이 증가된 형태로 나타난 것을 지칭한다. 그러나 삭스와 달리 이 전략적 분석은 그 전환기를 활용하려는 스탈린과 마오쩌둥의 충동이 초래한 전술상 중요성을 파악하지 못했다. 그들은 북한의 남침을 공산진영이 일으키는 서방에 대한 최초의 적절한 공세로 만든다는 목적의식을 갖고 1949년 말의 전환기를 활용하려 한 것이다.[6] NSC-68과 1949~50년 초에 걸친 미국의 해외 공약 증가는 소련과의 냉전에 대비해 군사비를 몇 배나 증액하도록 만들었다. 그러나 실제로는 6·25전쟁이 발발하기 전까지는 트루먼 행정부의 긴축재정 정책 때문에 군사비를 늘리지 못했다.

트루먼 행정부는 앞에서 살펴본 바와 같이 대한민국 건국 이후 미군 철수를 단행하기로 한 1948년 4월 NSC 8부터 3차 철군 연기를 결정한 1949년 3월 NSC 8/2에 이르기까지 최소한 약 1년 간은 같은 목표 아래 움직였다. 즉, 한국을 공산주의 팽창을 막을 방파제로 인정해 소련이 한반도 전체를 손 안에 넣는 것을 막는 데 한반도 정책의 기본을 두었다. 트루먼은 한반도를 민주주의와 공산주의 간 이념 대립이 치열한 지역으로 인정해 철군하면서도 각종 지원책을 강구했다. 그럼에도 서유럽우선주의와 한정된 예산 때문에 한국에게 소홀했다.

앞으로 Ⅷ-③-1(애치슨의 응급처방)에서 살펴보는 바와 같이 1950년 1월 하원 본회의가 한국에 대한 예산 지원을 부결시킨 것도 미국의 이런 국내 경제 사정 때문이었다. 결국 한국에 대한 트루먼 행정부의 소홀한 자세가 전쟁 억제를 위한 확고한 의지의 표출을 가로막았다. 이런 상황이다 보니 소련 전문가로 소련 봉쇄정책의 발의자인 케넌조차 북한군의 남침을 사전에 예측하지 못했다. 그는 1950년 5월부터 6월 초 사이에 맥아더 사령부와 국방부로부터 모 공산 국가가 서방에 대해 무력도발을 할 우려가 있으나 그것은 소련이 아닌 위성국 중 하나라는 정보가 올라와 범위가 북한으로 좁혀졌다고 말했다. 그러나 한국군이 잘 무장되고 훈련받았기 때문에 북한군보다 우세하므로 아무 걱정이 없다고 생각했다는 것이다. 따라서 미국의 과제는 오히려 한국 측이 북한 측에 무력행사를 못하도록 하는 것이라는 것이 군부의 판단이어서 자신은 이에 대해 이의를 달 근거가 없었다고 훗날 회고했다.[7]

3. 맥아더도 예방조치에 무관심

맥아더 극동군사령관 역시 1948년 8월 한국 정부 수립 선포식 당시 이승만 대통령의 초청으로 서울을 방문한 것 외에는 6·25전쟁이 일어날 때까지 한국에 가지 않았다. 윌리엄 스툭에 의하면 만약 그가 일본에서라도 휘하 부대에 북한군 남침 때 한국 파견 훈련을 실시했더라면 공산국 측에 확실히 억제 효과가 있었을 것이지만 그렇지 못했다. 국무부의 요청으로 미 해군이 1척의 순양함과 2척의 구축함을 인천항에 보낸 적이 있지만 미 해군이나 공군이 베를린, 발칸, 터키, 이란, 인도차이나, 타이완에 파견된 것에 비하면 한국에는 그만한 관심을 보이지 않았다.[8]

당시 유명한 미국 언론인 휴 베일리(Hugh Baillie, UP통신 사장)는 미국 정보기관은 공산주의자들이 무엇을 획책하고 있는지 알고 있었으며 남한이 1950년 6월 침략 당하리라는 것도 알고 있었다. 그러나 이미 결정된 정책은 한국을 포기하고 다른 곳에 반공 교두보를 만들려고 했다는 것이다.[9] 전쟁 억제 이론에 의하면 전쟁을 일으킬 만한 동기가 존재할 때 도전자는 그의 목표를 달성할 기회가 있는지 알아보기 위해 방어자의 실천 의지, 신뢰성 그리고 능력을 평가한다. 그 3가지 요건 중 하나라도 없으면 억제는 실패하고 공격이 가해진다. 이 이론에 따르면 한국은 자신을 방어하기 위해 이 3가지 요건 중 하나도 갖추지 못했다. 6·25전쟁 연구가들이 적절히 지적한 바와 같이 만약 미국이 전쟁을 억제하려는 실천 의지가 있었더라면 당분간 미군을 한국에 더 주둔시키는 방법, 국군의 무장을 강화하는 방법, 한국과 방위조약을 체결해 방위공약을 공표하는 등 현실적인 방법이 있었으나 트루먼 행정부는 그중 어느 것도 시행하지 않았다.[10]

그 이유는 냉전 초기 전 세계에 걸쳐 확대된 공약에 당면한 합참의 전략적 고충과 악화되는 한국 국내 상황 그리고 의회 군사비 삭감에 있었다는 것이 스툭의 분석이다. 그에 의하면 사정이 그렇더라도 미군의 계속적인 한국 주둔 외의 방안에 대해 제한된 범위에서라도 최선을 다했더라면 사정은 달라질 수 있었다는 것이다. 사정이 이렇게 된 데는 군사비 삭감에 전력을 기울인 존슨 국방장관과 오로지 타이완 문제에만 신경쓴 맥아더 사령부 그리고 미 의회의 타이완 로비세력이 한국에 대한 국무부의 우려를 희석시킨 점과 이승만 정부에 대한 트루먼 행정부의 불신이 원인이라는 것이다.[11] 어쨌든 트루먼 행정부는 한국을 자신의 군사력으로 지킬 의사가 없었고 북한군 전략을 과소평가해 6·25전쟁을 억제하는 데 실패한 것이다.

개디스는 1945년부터 1950년 사이 트루먼 행정부의 대한정책은 2차 세계대전 직후 한국에 군대 파견을 결정하는 과정부터 점령 정책의 수립과 철군 결정 그리고 도서중심 방위선 전략과 6·25전쟁 발발 전의 정보 실패 및 전쟁 발발 이후의 전략과 외교정책의 의도와 결과 사이의 갭에 이르기까지 정책결정자들이 정책의 결과를 정확히 측정하지 못하는 '만성적인 무능'(chronic inability)이 작용했다고 지적했다.[12] 트루먼 행정부는 더글러스 반도우의 지적처럼 한국 방어가 가장 쉬웠던 1949년 6월말 한국이 전략적 가치가 없다고 철군을 완료했다가 한국 방어가 가장 어려운 1950

년 6월 6·25전쟁이 발발하자 한국을 지키겠다고 나서는 모순을 범했다고 할 수 있다. 그 결과 한반도에서 소련의 팽창을 막으려던 트루먼 행정부의 냉전 전략은 실패해 6·25전쟁의 참화를 사전에 막지 못한 책임을 면할 수 없게 된 것이다.[13]

VIII. 6·25전쟁 전
미군 철수의 배경

① 모스크바 협정 폐기

1. 미국에 불리한 신탁통치 방안

1945년 12월 모스크바에서 열린 미·영·소 3개국 외상 회의에서 합의된 한반도 신탁통치 협정은 전체적으로 미국 측이 대폭 양보한 것이었다. 조선 임시 통일정부의 수립과 미소 공동위원회 구성은 당초 미국의 안에는 없던 것이다. 그해 11월 8일 마련된 미국 안에는 신탁통치 기간을 5년으로 하되 필요한 경우 5년을 추가하고, 신탁통치 기간 중 고등판무관을 수장으로 하고 미·소·영·중 4개국 대표로 구성되는 집행이사회(executive council)를 두고 그 아래에 한국인 행정관과 고문을 참여시켜 행정, 입법, 사법 기능을 행사시키기로 한 것이다. 전문 38개 조로 된 이 미국 안은 또한 남·북한 간 통상, 교통 및 화폐 등에 관한 문제를 다루기 위해 미국과 소련군 사령부가 합동행정기구를 설치하는 내용도 담고 있다. 이 기구는 4개국 신탁통치가 시작되면 폐지하도록 했다. 이와 함께 신탁통치의 최고책임자인 고등판무관의 취임과 더불어 남·북한의 군정 종결과 그로부터 1개월 안에 미소 두 연합군은 철수한다는 것이다.[1] 번즈 국무장관의 말을 빌리면 자신은 소련 측과의 합의를 촉진하기 위해 미국 안을 철회하고 소련 안으로 갖고 토론 끝에 이를 약간 수정해(with a few amendments) 타결했다는 것이다.[2] 결과적으로 미국이 당초 구상한 4개국 신탁통치는 이름뿐이고 실제로는 미소 공동위원회가 사실상 최종 권한을 갖도록 함으로써 미소 양국이 한반도를 요리하도록 했다. 2차 세계대전 이후 연합국이 독일과 베를린을 미·영·불·소 4개국 공동관리 아래에 둔 것과는 전혀 다른 방식이었다. 한반도의 경우는 전쟁 종결 전 루스벨트와 스탈린이 합의했던 소련 지분 1/4원칙이 전쟁 종결 후 모스크바 3상회의에서 번즈의 이 같은 양보 때문에 1/2로 바뀌고 말았다. 신탁통치 방식도 변질되었다. 브루스 커밍스의 평가대로 모스크바에서 합의된 것은 "신탁통치라고 하기 어렵게" 그 내용이 바뀌었기 때문이다.[3]

모스크바 협정은 미소 공동위원회가 한국인들과 협의해 먼저 임시정부를 구성하도록 하고 미소 공동위원회의 추천을 받아 행정을 펴도록 함으로써 미국이 말하는 '신탁통치'(trusteeship)라기보다는 소련 측이 사용하기 시작한 용어인 '후견제'(tutelage), 즉 뒤에서 임시정부를 돕는 제도에 가깝게 되었다. † 이로써 결국 소련이 받아들이지 않는 인물들이 구성하는 조선 임시 통일정부의 수립과 행정 실시가 불가능해져 미국의 한반도 전문가들은 남한의 공산화 가능성을 우려하게 되었다.

모스크바 협정은 미소 공동위원회가 임시정부와 협의해 신탁통치 방안을 결정하도록 했기 때문에 만약 미소 양국이 신탁통치 방안을 마련하지 않기로 합의하는 경우는 신탁통치도 생략할 수 있는 여지를 남겼다. 이것은 당초 루스벨트가 구상한 미·소·영·중 4개국에 의한 상당 기간 동안의 신탁통치 방안의 완전한 폐기를 의미하는 것이었다. 실제로 번즈 국무장

---

† 소련군 당국은 '신탁'이라는 용어를 한국어로 '후견'이라고 번역해 이를 홍보했다. 이에 대해 남한 일부 언론매체는 '후견'이라는 용어는 유엔 헌장에 없는 것이라고 지적하면서 소련 측의 의도에 의혹을 표시했다. 미 군정청 역시 소련군 당국이 'trusteeship' 대신 'guardian-ship'이라는 용어를 사용하는 데 대해 경계심을 나타냈다. "탁치와 후견", 『동아일보』 사설, 1946. 1. 11; Political Adviser in Korea (Benninghoff) to the Secretary of State, 1946. 1. 13, *FRUS, 1946, VIII, The Far East*, p. 611.

관은 한국에서 모스크바 합의에 대한 거센 반발이 일자 그해 12월 30일 "미소 공동위원회는 조선임시통일정부와 협력해 신탁통치를 배제할 수도 있다. 우리의 목표는 한국이 국제사회의 독립된 회원이 되는 날을 앞당기는 데 있다"라고 언명했다.[4] 당시 국무차관이던 애치슨은 국무장관 대행 자격으로 1946년 1월 26일 워싱턴에서 기자회견을 갖고 임시 통일정부의 수립 결정은 소련의 제안에 따른 것이며 미국은 신탁통치가 불필요하게 되기를 바란다고 밝혔다.[5]

모스크바 3상회의 결정은 미국에서도 비판의 대상이 되었다. 원자력 문제, 유엔 문제와 불가리아, 루마니아와의 평화협정 체결 문제를 비롯한 유럽 문제에서 소련 측에 너무 많은 양보를 했다는 비판이 나왔다. 번즈 국무장관은 트루먼 대통령과 사전협의 없이 단독으로 러시아에 양보해 트루먼이 나중에 노골적으로 불만을 표시했다. 최고재판소 판사와 상원의원 출신인 번즈는 부통령에서 대통령직을 승계한 중서부 지방 출신의 직업 정치인 트루먼을 무시했다. 트루먼은 번즈의 실수를 계기로 소련을 대하는 자세를 바꿔 강경한 입장으로 돌아섰다. 그는 전임자인 루스벨트의 친소 정책을 버리고 보수적인 정책으로 선회한 것이다. 트루먼 자신의 말에 의하면 그가 소련에 대한 자세를 바꾼 것은 1946년 초라고 했다.[6] 이는 모스크바 협정 직후를 의미한다. 번즈는 모스크바 회의에서 귀국한 직후인 1946년 초부터 그가 사임할 때까지 1년 이상 국무장관으로 레임덕 상태였다. 이때 트루먼이 전적으로 신임한 인물이 애치슨 국무차관이었다.

트루먼의 번즈에 대한 불신은 두 사람의 공개적인 불화로 발전했다. 번즈는 국무장관 퇴임 후인 1948년 대통령선거철을 맞아 버지니아주 워싱턴 앤리대 졸업식 연설에서 인권 등 내정 문제를 거론하면서 트루먼을 공개적으로 비판했다. 이로 인해 번즈에 대해 인간적인 배신감을 느낀 트루먼은 그에게 편지를 보내고 그 말미에 로마시대에 시저(Gaius Julius Caesar)와 브루투스(Decimus Junius Brutus Albinus)의 고사를 들어 "귀하의 연설 이후 나는 시저가 자신을 배신한 브루투스를 향해 '브루투스, 너마저냐' (Et tu, Brute?)라고 외쳤을 때의 기분을 알았다"라고 썼다. 번즈는 트루먼에게 답장을 보내 트루먼의 '불쾌하고 정당하지도 않은 비유'를 비판했다. 번즈는 "나는 귀하가 나를 브루투스로 생각하려고 하지 않기를 바란다. 왜냐하면 나는 브루투스가 아니다. 원컨대 귀하도 자신을 시저로 생각하지 않기를 바란다. 그것은 귀하가 시저가 아니기 때문이다"라고 반박했다.[7] 트루먼은 그후 기자회견에서 번즈의 국무장관으로서의 능력과 판단력과 성격을 비판하면서 "그는 국무장관으로서 비참히 실패했다"라고 주장했다. 트루먼은 이어 번즈가 "공산주의에 대해 지나치게 유화적 (soft)이었다"라고 단언하면서 "번즈는 대통령도 모르게, 또는 동의를 얻지 않고 공산주의자들의 침략에 대해 치명적으로 순진한 일방통행식 유화정책을 썼다"라고 비판했다.[8] 국무부 안에서도 번즈가 회의를 너무 서둘렀다는 비판이 일었다. 당시 미국대표단 일원으로 회의에 참석했던 모스크바 주재 미국대사관의 조지 케넌 참사관은 번즈가 명확하고 확정된 아무런 계획이나 목표 또는 한계를 설정하지 않고 회의에 임했다고 평가했다. 그는 "장관의 약점은 러시아 측을 다루는 데 그의 주요 목표가 합의를 성취하는 데 두고 그것이 어떤 합의인지에는 크게 개의치 않은 데 있었다"라고 비판했다. 케넌은 "모스크바 협정의 배경에 있는 현실은 한국인들, 루마니아인들 그리고 이란인들 같은 특정 민족들에게만 관련되었으나 이들에 대해 아무 것도 모르는 장관에게는 관심거리가 못되었다. 그는 오직 미국 국내에서의 정치적 효과를 위해 협정 체결에만 관심이 있었다. 러시아 측은 이를 알고 있었다. 그가 이 피상적인 성공 때문에 현실에서 값비싼 대가를 치루는 것을 볼 것이다"라고 전망했다.[9] 한민족의 운명이 걸린 신탁통치 문제가 인기를 추구하는 번즈 국무장관의 일방적인 외교적 양보로 이렇게 결정된 것은 미국 정부가 2차 세계대전 종결 이후 저지른 한국 문제와 관련된 최초의 실책이었다. 당초 미소 합의대로 한반도에서의 소련의 발언권을 1/4에서 1/2로 바꾼 것, 한국 임시정부 구성에 소련이 절반의 영향력을 행사하도록 한 것은 소련 측에서 보면 당시 한반도의 정치적 현실, 즉 미소 두 나라에 의한 한반도의 공동점령 상황을 반영한 타당한 방안인지는 몰라도 한반도의 폴란드화, 즉 결과적으로 공산주의자들에게 유리한 정부 구성 방식이었다.

서울 미 군정청의 반응은 한층 더 격렬했다. 남한을 소련 측에 넘길 위험성이 크다는 것이었다. 소련은 모스크바 협정 이후 한국인들이 싫어하는 신탁통치를 제안한 나라가 소련이었다는 소문이 서울에 퍼지고 신문에 보도되자 타스통신을 통해 신탁통치를 주장한 측은 미국이라는 보도를 내게 했다.[10] 모스크바 3상회의 다음 달인 1946년 1월 미소 공동위원회 예비회담에 참석하기 위해 서울에 와 있던 미소 공동위 소련측 수석대표 슈티코프(Terentii F. Shtykov) 장군은 1월 26일 기자회견에서 타스통신의 보도가 정확하다고 확인했다. 그러나 하지 미군사령관은 같은 날 타스통신의 보도를 반박했다.[11] 이에 대해 애치슨 국무장관 직무대행은 워싱턴에서 열린 기자회견에서 소련 측의 주장이 맞다고 슈티코프의 발언을 확인하는 발표를 했다.[12] 하지 장군은 이틀 후인 1946년 1월 28일 맥아더 극동군사령관에게 사의를 표명했다. 그는 신탁통치 문제로 한국의 정치적 상황이 어두워졌으므로 분위기를 쇄신하고 국내적으로나 소련과의 관계에서 정치 상황이 호전될 수 있도록 자신이 '희생양'이 될 용의가 있다고 주장했다.[13] 그는 서울을 방문한 패터슨(Robert Patterson) 전쟁장관에게도 사의를 표명했다.[14] 하지는 패터슨과 주위 만류로 사의를 철회했으나 며칠 후인 2월 2일 국무부를 비난하는 전보를 맥아더 사령관을 통해 합참으로 보냈다. 그는 현지 사령관이 보내는 한국인들의 심리 상태에 관한 정보나 현지 사령관과 국무부에서 파견한 정치고문의 거듭된 긴급 건의에 국무부가 거의 관심을 기울이지 않고 있다고 비판하면서 한국에서 벌어지고 있는 어려운 상황을 설명했다. 하지는 소련 타스통신이 조선임시통일정부가 수립되면 신탁통치가 불필요할 수도 있다고 설명한 성명서를 슈티코프 소련군 측 미소 공위 대표가 발표하자 한국인들은 이번에는 미국이 일본 대신 러시아에 한국을 다시 팔아넘기려는 것으로 느끼고 있다고 말했다. 그러면서 하지는 국무부에 조언하고 안내했을 때 자신의 건의를 무시한 한국 문제 전문가들이 도대체 누구인지 모르겠다고 항의했다.[15]

미 군정청 수뇌들은 번즈가 소련 측에 합의해준 신탁통치 방안으로는 한국이 소련의 영향권에 들어갈 수밖에 없다고 인식했다. 신탁통치 협정에 대한 미 군정청 간부들의 불만은 모스크바에서 말썽이 되었다. 소련 수상 스탈린은 서울의 미국 정부대표들이 신탁통치 협정을 폐기해야 한다고 공개 집회에서 주장해 현지 언론에 보도되었다고 해리먼(W. Averell Harriman) 주소 대사를 만난 자리에서 항의했다. 스탈린은 관련자로 미 군정청 민정장관 러치(Archer L. Lerch) 소장의 이름까지 거명했다.[16] 커밍스에 의하면 하지 등 군정청 수뇌들은 미국인 중 신탁통치를 찬성하는 자는 친소파, 핑코(pinkos, 분홍색파) 그리고 워싱턴에 있는 공산주의 동조자들뿐이라는 인식을 한국인들에게 심어주기 위해 노력했다는 것이다.[17] 이 시기는 헐리(Patrick Hurley) 주중 미국대사가 국무부의 직업외교관 중에 공산주의자와 식민주의자가 있다고 비난한 직후였다. 트루먼 대통령의 측근인 레이히(William D. Leahy) 제독도 이 무렵 번즈 국무장관까지도 "공산주의로 기운 국무부 내부 보좌관들의 영향으로부터 벗어나지 못했다"라고 우려했다.[18]

2. 한국문제특별위원회 보고서

미소 냉전의 격화는 마침내 한반도에서의 두 초강대국 간의 협조 체제에 종지부를 찍기 시작했다. 애치슨은 1947년 2월 국무장관 대행 자격으로 한국 문제 해결을 위해 국무-전쟁-해군의 3부 조정위원회(SWNCC) 산하에 한국 문제 특별합동위원회(Special Interdepartmental Committee on Korea)를 설치해 새로운 상황에 처한 미국의 대한정책 방향을 다루기로 했다.†마셜로부터 한국 정책 입안 책임을 부여받은 애치슨이 주도한 이 위원회는 그해 3월 10일부터 마셜장관이 참석하는 모스크바 4개국 외상 회의 개막에 앞서 2월 25일 서둘러 마셜과 패터슨 전쟁부장관에게 올리는 새로운 대한정책 건의서를 마련했다. 루스벨트식 미소 협조 체제의 종지부이자 조선임시통일정부 수립의 노력 포기 이후의 한반도 정세의 향방을 결정한 이 문서는 본문인 비망록과 이를 자세히 설명한 한국 상황에 관한 장

---

† 일부 학자는 6·25전쟁 이전까지 애치슨의 대한정책 기조를 세 단계로 나눈다. 제1단계 (1946. 9~1947. 6)는 그가 국무차관 자격으로 미소 합의에 따른 한반도 신탁통치를 성공시키기 위해 미소 협조를 추진했으나 실패하고 한반도에서 냉전이 시작된 시기이며 제2단계(1947. 7~1949. 1)는 애치슨이 국무부를 떠나 있던 기간으로 한국에 대한 미국의 공약이 급격히 줄어 한국을 거의 포기하는 수준에 이른다. 제3단계(1949. 1~1950. 6)는 국무장관으로 복귀한 애치슨이 마셜 전임 장관의 대한정책을 뒤집으려고 했으나 실패해 트루먼 행정부가 대책 없는 철군을 단행함으로써 한국전쟁이 일어나게 한 시기이다. 이 학자는 한국전쟁 이후의 과정은 미중 냉전 단계로 분류했다. McGlothlen, 1993. pp. 50~162.

문의 보고서 초안이 자료로 첨부되었다. 본문서인 비망록과 첨부 문서인 보고서 초안은 애치슨의 승인을 받았다.[19] 미소 냉전의 대응전략이기도 한 트루먼 독트린의 한국판이라고 할 이 비망록은 애치슨의 작품이다.

비망록은 한국 문제에 관해 소련과 합의가 이루어지지 않을 경우와 소련과 협력할 경우를 모두 상정한 두 가지 대책을 제시했다. 어느 경우든 미국 정부는 3월 모스크바 회의가 폐막되기 전에 소련 정부에 접근하는 것이 필요하다고 강조했다. 이와 함께 미국 정부는 한국의 경제부흥, 교육 및 행정 개선 그리고 정치적 지도를 위한 적극적인 계획을 추진해야 한다고 지적했다. 또한 비망록은 당시 미국 정부가 한국 문제를 협의하기 위해 소련 정부에 접근하면 미국이 한국에서의 약점을 표시하는 것으로 간주될 수도 있으므로 적절히 계획된 공격적 접근법이 이러한 인상을 최소화할 수 있을 것이라고 지적했다. 이 같은 접근법은 하지 장군으로 하여금 한국의 상황을 완화하는 데 헤아리기 힘든 큰 도움이 될 것이며 한국에서의 의도와 관련된 미국의 입장을 명확히 하고 한국 문제 해결을 위해 모든 가능한 노력을 다했음을 미국 의회에 증명하는 것이 될 것이라고 분석했다. 한국에 대한 적극적인 정치적, 문화적, 경제적 지원 계획은 장차 소련과의 교섭에서 미국의 입장을 강화하는 데도 도움을 줄 것이라고 주장했다.[20]

비망록은 이상의 목표를 달성하기 위해 과감한 경제지원을 건의했다. 즉, 의회가 1948년 회계연도에 한국을 위해 3개년 지원 계획과 별도의 자금 배정을 승인함으로써 대외적으로 표명된 한국에서의 미국의 목표를 강력히 확인시키는 것이 중요하다는 것을 국민들에게 확신시켜줄 것이라고 했다. 그런 방식은 미국 행정부로 하여금 만족스런 해결을 확보할 수 있다는 희망을 줄 수 있는 충분히 강경한 입장에서 소련에 접근하는 데 절대적으로 긴요하다는 점을 알게 한다는 것이다. 이런 전제 아래 이 비망록은 한국에 대한 지원액이 3년 간 대략 6억 달러에 달할 것으로 예상된다고 밝혔다. 그 중 약 2억 5,000만 달러−즉 원래 전쟁부가 책정한 이 해 예산인 1억 3,700만 달러에서 1억 1,300만 달러를 증액한 규모다−의 지원액은 1948년 회계연도에 사용되기를 희망했다.[21] 1948년 회계연도 예산 증액 규모는 빈센트의 비망록이 건의한 증액 액수 5,000만 달러보다 훨씬 더 많은, 당시로서는 대규모라고 할 것이다.

비망록에서 밝힌 한국 문제의 조속한 해결을 위해 가상한 두 가지 경우를 첨부 문서로 하는 보고서 초안은 제4장에서 문제 해결을 위한 두 가지 선택 방안을 상세히 논하고 있다. 먼저 이 보고서 초안의 구성을 살펴보면 제1장 서론, 제2장 한반도의 상황, 제3장 미국에 있어서 한국의 중요성, 제4장 가능한 행동 과정, 제5장 건의사항, 제6장 부록 이렇게 모두 6개 장으로 되어 있다. 이 중 제4장에서 한국 문제의 조속한 해결을 위해 두 가지 경우 즉 소련과 합의가 이루어지지 않을 경우와, 소련과 협력할 경우에 대비한 대책을 상세하게 제시했다.

첫째, 소련과 합의가 이루어지지 않을 경우 미국이 취할 수 있는 행동 방안으로는 ① 현재의 정책과 계획의 유지, ② 남한 독립정부 승인, ③ 한국 문제의 외무장관 회의 또는 유엔 회부, ④ 남한을 위한 공격적이고 적극적인 지원계획의 채택을 제시했다. 이 네 가지 방안에 대해 이 보고서는 각각 다음과 같이 자세한 평가를 내렸다. ①번 안은 모스크바 협정의 조항들이 곧 실천에 옮겨진다는 가정에 근거한 잠정적인 것이지만 이런 제한된 계획조차 재원부족과 한국 측의 협력 결여로 난관에 부딪치게 되어 한국의 현 상황이 개선되기보다는 악화되고 있다. 한국인들은 미 군정과 미국의 목표, 심지어 미국 자체에 대해 더욱 적대적인 입장이 되어 이런 추세가 계속되면 한국에서의 미국의 지위가 유지될 수 없을 정도로 약화될 것이 명백하다. 따라서 현재의 비효율적인 지원 계획에 전적으로 의존하는 것은 명백히 지극히 현명하지 못하다. ②번 안은 주로 이승만 지지자들의 주창에 따라 미국과 한국에서 이를 요구하는 압력이 있는데 피상적으로 보면 미국이 귀찮은 짐을 벗어버릴 수 있는 하나의 단계로 보일 수 있으나 이런 단순한 조치로는 현재의 문제들을 해결할 수 있을지 의문이다. 확실한 것은 남한에 즉각 독립을 부여하는 길이 외국 군대 철수를 동반하든지 그렇지 않든지 새로운 어려운 상황을 조성할 것이다. 정치적 독립승인은 남한이 안고 있는 경제적 문제의 해결을 의미하지 않는다. 미국의 관점에서 보면 남한이 독립하면 재정 원조를 중단할 수 있는 구실이된다. 그러나 그것은 남한에서의 기근과 경제적 공황을 의미한다. 이러한 사태 발전은 미국이 양심상 감당할 수 없을 뿐만 아니라 … (중략) … 세계적인 권력 관계에 미치는 효과는 단지 남한이 미국으로부터 소련의 지배로 넘어간다는 사실을 넘어 미국의 위신과 영향력 상실 그리고 그 결과 발생하는 소련의 지속적인 영향력과 힘이 극동에서의 미국의 이익뿐만 아니라 전 세계에서의 미국의 지위 전반에 불리한 악영향을 줄 것이다. 반면 미국이 미군을 한국에 유지하는 조건으로 남한의 독립을 승인한다면 이에 따르는 반목이 커지는 것을 피하기 어려울 뿐만 아니라 세계적인 지탄을 받을 것이다. ③번 안은 한국 문제를 외상 회의나 유엔에 이관하려는 미국의 일방적인 행동을 규정하는 것이지만 그것은 한국에서의 미국의 실패를 사실상 자인해 미국의 위신을 크게 손상시키는 것이다. 의심의 여지없이 미국은 국제 합의를 지키지 않는다는 소련의 비난에 직면할 것이다. 미국의 일방적 행동이 추가적인 지지자를 얻기 어렵고 한국 문제를 조기에 해결하기 어려울 것이므로 바람직하지 않다. 다만 문제 해결을 위한 다른 모든 시도들이 실패하는 경우 유엔에 이관하는 것이 종국적으로 바람직할지 모른다. 이런 방법은 소련이 고의적으로 문제 해결을 방해하고 있다는 사실을 충분히 증명할 때까지 실시해서는 안 된다. ④번 안은 한국이 소련의 지배 아래에 들어가도록 미국이 허용할 의사가 없음을 소련 측에 명백히 보여주는 것이다. 이 안이 성공하기 위해서는 충분한 자금으로 경제지원 계획이 뒷받침되어야 하며 의회 예산배정 형식이 되어야 한다. 이 계획을 위해 1948년 회계연도에 2억 5,000만 달러를 배정해야 하는 바 현재의 의회 분위기로는 승인을 얻기가 가능하지 않으나 의회 통과 자체만으로 큰 심리적 효과가 있다. 따라서 철도 복구와 다른 절대적으로 필요하고 긴급한 계획을 위한 비용으로 최소 5,000만 달러를 승인하도록 의회를 설득할 수 있을 것이라고 전망했다.

둘째, 소련과 협력할 경우 ① 한국에서의 양측 현지 사령관 사이의 지역 수준의 협상, ② 정부 간 협상 방안을 제시했다. ①의 경우 미국의 표현의 자유라는 기본적 신념을 포기하고 한반도 전체를 소련의 지배 아래에 넣는 위험을 감수하지 않는 한 기대하기 어렵다고 밝혔다. ②의 "정부 간 협상을 현 상황에서 추진하는 경우 … (중략) … 소련 정부에 접근하는 시점은 한국에 적극적인 계획을 실천하겠다는 미국의 단호한 결의를 표명한 후를 대소 접근의 적절한 시기로 하고 … (중략) … 대소 접근의 내용과 방식은 미국이 약하다는 인상을 주지 않고 모스크바 협정의 조문에 충실한 표현으로 해야 한다." 이상이 보고서의 결론이다.

마지막으로 이 보고서 초안은 제5장 건의사항에서 제6장의 부록에 규정한 9개 항의 행동을 실천할 것을 촉구했다. 그것은 ① 한국 원조 법안을 의회에 제출하도록 대통령에게 건의할 것 ② 전쟁부의 1947년 회계연도 잔여분 예산의 적자를 보전할 것 ③ 미 군정청을 점진적으로 민간인으로 충원하는 민간화를 단행하고 고등판무관을 임명해 국무부와 전쟁부가 협력해 그의 참모를 배정할 것 ④ 극동사령관의 한국 행정 책임을 면해줄 것, ⑤ 이와 관련된 주한 미군사령관에 새로운 지령을 하달할 것 ⑥ 한국 행정에 한국인의 참여를 증가시킬 것 ⑦ 하지 장군 귀국에 관한 대통령 담화 등 홍보 실시 ⑧ 한국의 경제부흥에 관한 자문을 위한 고위급 경제 및 산업인 단체를 한국에 파견할 것 ⑨ 정부 공보와 교육 문제 자문을 위한 고위교육가 단체를 한국에 파견할 것이다. 이 보고서 초안은 또한 현재의 미소 양군 간에 협상의 문을 열어둘 것과 모스크바 협정의 이행을 소련이 방해하고 있는 데 대한 미국 정부의 우려를 표하기 위한 정부 차원의 조속한 행동을 취할 것, 한국으로부터 동시 철군을 하자는 소련의 제안은 한국의 정치적, 영토적 보전을 보장하는 안전장치가 마련된 후 원칙적으로 승인할 것 등도 아울러 건의했다.[22]

3. 미국의 국가 이익과 한국

보고서 초안의 6개 장 가운데 제3장(미국에 있어서 한국의 중요성)은 당시 트루먼 행정부가 한국이 미국에게 어떤 위치를 차지하고 있는지를 잘 보여주는 내용이어서 주목을 끈다. 문제의 제3장은 전략적, 정치적, 경제적 측면에서 한국의 중요성을 자세히 평가한 다음 미국이 어떻게 한국에 대처해야 할 것인지를 논하고 있다. 즉, 한국은 군사전략적으로는 별로 가치가 없으므로 군사적으로 중립화하는 것이 가장 바람직하나 정치적으로는 대단히 중요하며 경제적으로는 작은 시장밖에 안되지만 자원과 철도망이 적의 수중에 들어갈 경우를 미국이 우려해야 할 것이라는 결론이다. 보고서 초안이 언급한 3개 측면의 중요성을 설명한 부분의 골자는 다음과 같다.

첫째, 군사전략적 측면에서 한국은 적극적 관점에서 볼 때 미국이 한국에 군대나 기지를 유지해야 할 전략적 이익은 별로 없다. 만일 극동에서 전쟁이 발생하는 경우 현재의 한국 주둔군은 미국에 부담이 될 것이다. 전쟁이 발발하기 전에 상당한 군사력 증강이 없는 한 주한미군은 지탱할 수 없다. 그러한 군사력 증강은 아시아 대륙에서 미국이 공세적 작전을 수행하는 경우 십중팔구 한반도를 우회해 수행해야 하기 때문에 군사적 이점이 없다. 그럼에도 불구하고 미국은 한국에서 순전히 소극적인 전략적 이익을 갖고 있다. 만약 적이 한반도에 강력한 공군기지를 건설해 이를 유지한다면 동중국, 만주, 황해, 동해(원문 일본해로 표기)와 인근 도서에서 수행할 미국의 통신과 작전을 방해할 수 있다. 만약 전쟁이 일어나는 경우 이런 사태는 전략적 공격과 이 적 기지들을 무력화하는 전략적으로 방어적인 작전에 집중해야 할 미 공군력의 분산을 초래할 것이다. 미국은 현재 한국에서 군대를 유지하는 데 소극적인 군사적 이익만 갖고 있다. 소련 또는 소련이 지배하는 세력에 의한 한반도 전체의 지배는 당장은 심각하지 않더라도 극동에서의 미국의 이익에 전략적인 위협이 될 것이다. 따라서 전략적 관점에서 볼 때 한반도의 영구적인 군사적 중립화를 보장하도록 노력하는 것이 미국에 최고의 이익이 될 것으로 보인다.

둘째, (가) 정치적 측면에서 미국은 장기간 예속되고 압박받은 극동지역 인민들의 독립을 위한 진보적 발전에 관심을 가져왔다. 한국에 대한 우리의 책임을 충실히 지키는 데 실패한다면 예속적인 지역에서의 우리의 지위에 즉각적인 손상을 초래할 것이며 이 지역들은 즉각적으로 소련의 압력에 굴복할 것이다. 이는 전 세계에 걸친 우리의 이익에 심각한 악영향을 미치는 사태의 발전이 될 것이다. (나) 한국은 우리가 극히 중요한 정치적 이익을 가진 동북아에서 전략적 위치에 있으며 중국과 일본에 인접해 있다. 한국은 또한 소련 영토에 근접해 소련의 영향력에 취약하다. 한국에서의 사태 발전은 이 이웃 지역들에서 미국의 정치적 이익에 중요한 영향을 미친다. 따라서 진정 자유롭고 독립된 한국의 유지를 위한 적절한 보장을 확립하는 것은 미국에게 정치적 중요성을 지닌다. (다) 현재의 한국은 미국과 소련 단둘이 직접 대치하고 있는 세계에서 유일한 지역이다. 이 지역은 소련의 이데올로기와 비교해 미국적 민주주의 개념의 유효성을 가늠하는 시험장이다. 만약 한국에서 미국 민주주의에 대한 공정한 평가가 나오도록 충분한 지원이 이루어지지 않는다면 전 세계 국민들과 국가들이 미국과 그 정부 형태의 유효성과 역동성에 즉각 의문을 가질 것이다. (라) 미국에 대한 한국 최대의 정치적 중요성은 아마도 이 지역에서의 상황 진전이 미소 관계 전 과정에 미치는 영향일 것이다. 소련을 봉쇄하는 데 미국의 단호한 정책에 약화가 있어서는 안된다는 점이 중요하다. 한국에서 소련에 양보하거나 도망쳐 나오는 것은 독일이나 우리에게 본질적으로 더 중요한 타 지역에서 소련의 태도를 경직시키는 결과가 될 것이다. 반면 한국에서 우리가 단호한 입장을 고수하면 소련과 우리가 다른 흥정을 할 때도 우리의 입장을 강화시켜줄 것이다.

셋째, 경제적 측면에서 한국은 미국에 중요한 경제적 의미를 갖고 있지 않지만 부흥되고 통일된 경제를 가진 독립국으로서는 미국의 작은—특히 면화와 잡화류의—수출시장이 될 수 있을 것이다. 소극적 관점에서 보면 수력발전, 중금속, 화학공업 같은 한국의 일부 자원은 만약 이들이 비우호적 국가의 지배 아래에 들어갈 경우 미국이 우려해야 할 충분한 중요성이 있다. 같은 관점에서 한국, 만주, 소련 극동 지방, 일본을 연결하는 철도망을 이 지역들 중 어느 비우호적 국가든지 보유하고 통제하는 것은 위

험한 부작용을 초래할 것이다.[23]

이상의 둘째 정치적 측면의 (라) 중 "소련을 봉쇄하는 우리의 단호함을 보여주는 정책을 약화시켜서는 안된다"라는 대목은 주목할 가치가 있다. 지금까지 아시아 지역에서 냉전이 언제 시작되었느냐는 점을 둘러싸고 해석이 분분했지만 늦어도 1947년 중반기, 즉 미소 공위 2차 회의가 무기 휴회에 들어가 속개할 가능성이 안보이던 시점에 본격적으로 싹트고 있음을 알 수 있다. 이 비망록과 보고서 초안은 애치슨을 포함한 미국 정부 수뇌부들이 당시 교착 상태에 빠진 한국 문제를 해결하기 위해 얼마나 고심하고 있는지를 잘 보여 준다.

또한 이상의 첫째 군사전략적 측면에서 한국이 가치가 없다고 한 점은 소련과의 전면전, 즉 3차 세계대전을 상정한 전략이라는 점에 주목할 필요가 있다. 당시는 북한의 남침, 특히 스탈린의 지도와 감독에 의한 그들의 남침 또는 다른 형태의 대리전이나 국지전으로 빚어지는 전쟁 가능성은 고려 대상 밖이었다. 이 점은 트루먼 행정부가 한반도에서 소련군의 전면 공격이 있을 경우 상대적으로 열세인 미 지상군을 소련군과 맞서게 하지 않기 위해 즉각 일본으로 철수시킨다는 문라이트 전쟁 계획 등에도 잘 나타나 있다. 미국이 6·25전쟁 개전 초 북한의 공격 배후에 있는 소련의 의도를 탐색하고자 필사적인 노력을 한 것도 이 같은 입장 때문이었다.

4. 한국에 사실상의 트루먼 독트린 적용 추진

애치슨은 소련의 팽창을 막기 위한 미국의 방어 거점의 설치 필요성에 대해 케넌과 의견이 같았다. 다만 애치슨은 한국에 대해서만은 견해가 달랐다. 그는 한국에 대한 지원을 반대하는 케넌과 달리 한국을 적극 지원해야 한다는 입장이었다. 애치슨은 미국의 재정 사정을 감안해 소련 지배 아래에 있는 국가는 제외하고 미국의 지원을 받으면 효과적으로 공산 세력의 확대를 막을 수 있는 지역에는 미국이 지원해야 한다고 주장했다. 애치슨은 1947년 3월 13일 상원 외교위원회에서 트루먼 독트린에 관해 증언하는 가운데 미국이 특정한 전략적 지역에 대한 개입을 제한해야 한다는 언론인 리프만의 신문 칼럼에 대해 논평해보라는 스미스(H. Alexander Smith) 상원의원의 질문을 받고 주목할 만한 발언을 했다. 당시 국무차관이던 그는 리프만의 견해에 찬동한다고 밝히면서 "폴란드, 루마니아, 불가리아에는 미국이 접근할 수 없다"라고 밝혔다. 그는 그런 지역에서 "우리가 효과적인 무슨 일을 할 수 있다고 믿는 것은 어리석다"라고 말했다. 그러면서 그는 이렇게 덧붙였다. "그러나 우리가 효과적인 일을 할 수 있는 다른 지역도 있다. 그 중 하나가 한국이다. 나는 그 곳이 러시아와 우리 사이에 확실한 선을 그어야 할 지역이라고 생각한다."[24] 그는 이로써 한국에도 트루먼 독트린을 적용해 그리스와 터키처럼 긴급 경제지원을 제공하겠다는 의사를 분명히 한 셈이다. 이 날은 트루먼 독트린이 발표된 이튿날이다. 신탁통치 대신 남한에 자주 정부를 세우도록 미국 지도자들을 설득하기 위해 방미 중이던 이승만이 트루먼에게 한국도 트루먼 독트린의 적용 국가에 포함시켜 달라고 요구한 바로 그 날이다.

당시 미국의 여론도 한국에 동정적이었다. 그리스, 터키 그리고 한국에 대한 원조 문제가 의회에서 토의 쟁점이 되자 『뉴욕 타임스』는 상원 청문회에서 애치슨이 한국의 중요성을 언급한 1주일 후 사설에서 한국은 "그리스, 터키, 남동유럽만큼 세계평화에 중요하다"라고 지적하면서 "소련은 자신이 선택하는 한국 정부를 세우지 않을 바에 아예 이를 수립하려 고 하지 않고 있다. 그러나 주로 소련만 비난한다고 … 미국의 책임이 면제되지는 않는다"라고 지적했다. 이 사설은 "한국 진주 이후 미군의 기록은 한국이 줄곧 혼란, 지연, 무시의 대상이어서 매번 맨 마지막 자리를 차지하고 있는바 이론상 일본은 적국이고 한국은 동맹국인 데도 일본의 방직공장은 바쁘게 돌아가고 있는데 한국의 방직공장은 부품이 없어 멈춰섰다. 한국은 서방 민주국가들의 잊혀진 전선이 되고 있다. 한국에 더 많은 관심을 가질 때가 왔다"라고 관심을 촉구했다.[25]

　3부조정위원회는 1947년 3월 미국이 무기지원을 해야 할 대상국의 우선 순위를 정한 건의서를 냈다. 이 건의서는 미국이 무기를 긴급히 지원해야 할 국가를 그리스, 터키, 이탈리아, 이란, 한국, 프랑스 순으로 정했다.[26] 이 국가들 중 프랑스 외에는 모두 동서 냉전의 전초 지역으로 한국은 5위를 차지했다. 그해 4월에는 3부조정위원회 산하 별도 기구인 통합전략조사위원회(Joint Strategic Survey Committee, JSSC)가 이념 전쟁이 일어날 경우 미국의 국가안보에 중요한 지역을 정하는 보고서를 채택했다. 이 보고서는 미국에게 가장 중요한 지역은 영국을 포함한 서유럽이며 그 다음이 중동, 북아프리카, 라틴 아메리카, 극동 순이라고 밝혔다. 이 보고서에 의하면 상대국의 필요 때문에 미국의 원조가 바람직한 국가는 그리스, 터키, 이탈리아, 이란, 한국, 프랑스, 오스트리아, 중국〔국민당 정부〕, 터키, 영국, 벨기에 및 룩셈부르크 순이며 미국의 안보 이익 때문에 미국이 원조하는 것이 바람직한 국가는 영국, 프랑스, 독일, 벨기에, 네덜란드, 오스트리아, 이탈리아, 캐나다, 터키, 그리스, 라틴 아메리카, 스페인, 일본, 중국, 한국, 필리핀 순이다. 당시는 아직 중국 대륙이 공산화되지 않은 상황이어서 일본의 순위는 낮았다. 또한 미국의 안보 이익과 상대국의 긴급 필요성을 합쳐 미국의 원조가 바람직한 국가 순위는 영국, 프랑스, 독일, 이탈리아, 그리스, 터키, 오스트리아, 일본, 벨기에, 네덜란드, 라틴 아메리카, 스페인, 한국, 중국, 필리핀, 캐나다로 나타났다.

이 보고서는 결론적으로 이상의 여러 요소를 감안해 이념 전쟁이 발생할 때 미국이 자국의 안보 이익의 중요성 때문에 원조해야 할 국가는 영국, 프랑스, 독일, 벨기에, 네덜란드, 오스트리아, 이탈리아, 캐나다, 터키, 그리스, 라틴 아메리카, 스페인, 일본, 중국, 한국, 필리핀 순이라고 정했다. 한국은 15위로 꼴찌에서 두 번째다. 이 보고서는 한국에 관한 별도 항목에서 현재의 외교적, 이념적 전쟁이 무력에 의한 전쟁으로 발전한다면 한국은 미국의 국가 안보 유지에 별 도움을 못주거나 전혀 도움을 못줄 수도 있다고 분석했다. 따라서 이런 관점에서 본다면 만약 미국에게 가장 중요한 나라에게 공여하는 미국의 충분한 원조를 받은 후에는 한국이 독립과 미국과의 우호관계 그리고 경제회복을 확보할 수단이 있을 때만 현재의 지원을 제공받아야 한다고 강조했다.[27]

5. 애치슨의 한국 경제지원안 좌초

트루먼은 1947년 3월 12일 '트루먼 독트린'을 발표했다. 그는 이날 상하 양원 합동회의 연설에서 소련의 위협을 받고 있는 그리스와 터키에 4억 달러와 1억 달러씩 도합 5억 달러의 경제 및 군사원조 승인을 요구했다.

이때 미국에 머물고 있던 이승만은 이튿날 트루먼에게 서한을 보내 그의 '역사적인 연설'이 "전 세계의 자유 애호민들에게 새로운 희망을 주었다"라고 치하하면서 "공산주의에 대처하는 이 같은 용감한 입장에서 주한미군 당국자들에게 각하의 정책에 따를 것과 민족주의자들과 공산주의자들의 연합과 협동을 추진하는 작업을 포기하도록 지시해 주시기 바란다"라고 요청했다. 이승만은 이어 "한국은 그리스와 같은 전략적 위치에 있다"라고 강조하면서 간접적으로 트루먼 독트린의 한국 적용을 요구했다. 그는 이어 "미군 주둔 지역에서 즉시 수립되는 '임시 독립정부'(an interim independent government)는 밀려드는 공산주의를 막는 보루 역할을 하고 남·북한 통일을 가져오는 것"이라고 덧붙였다. [28]

백악관은 국무부의 건의에 따라 그에게 답신을 보내지 않았다. 그 이유는 국무부가 아직 미소 공동위원회에 미련을 완전히 버리지 않은 탓도 있지만 이승만이 개인 자격인 것 때문으로 보인다. 이승만은 3월 22일 기자회견을 갖고 향후 30~60일 안에 미 군정을 대체하는 임시 독립정부가 들어설 것이라고 예언했다. †

마셜 국무장관의 모스크바 출장으로 국무장관 대행을 맡은 애치슨은 한국 문제 특별위원회의 2월 25일자 보고서에 따라 3월 28일 전쟁장관 패터슨에게 서한을 보냈다. 애치슨은 이 서한에서 미국이 1950년 6월 30일까지 한국의 경제적 자립이 가능하도록 돕기 위해 3년 간 5억 4,000만 달러 이내의 자금 지출이 요청되며 우선 1948년 회계연도에 2억 1,500만 달러를 의회 입법을 통해 승인받는 것이 필요하다는 의견을 갖고 있다고 밝혔다.

이 '한국 지원 3개년 계획'은 국무-국방부 고위관리들로 구성된 한국

---

† 미 국무부는 언론에 보도된 이승만의 주장을 비판한 국무부 대변인의 비판적인 논평을 하지 장군의 정치고문에게 보냈다. 그 내용은 이승만의 주장이 추측에 불과하며 미국의 대한정책 목표와 프로그램을 더 효율적으로 실현하기 위한 계획을 고려하고 있다는 것이다. 또한 한국을 통일, 자치, 독립의 나라로 만드는 준비 작업으로 한국경제를 강화하고 한국인들에게 더 많은 행정 책임을 맡는 자리에 오르도록 하려는 것이 미국 정부 관계 부처의 의도라는 것이다. 또한 미국은 계속 소련과의 협력을 추구하고 있다고 강조했다. The Acting Secretary of State to the Political Adviser in Korea(Langdon), 1947. 3. 12, *FRUS, 1947, VI, The Far East*, pp. 620~621, 621, footnote 42.

문제 특별합동위원회가 건의한 3년 간 6억 달러보다 6,000만 달러가 적지만 트루먼 독트린의 대상국인 그리스와 터키에 대한 지원액에 버금가는 상당한 금액이었다. 애치슨이 밝힌 한국에서의 당면 과제는 ① 한국에 대한 군정을 개편해 맥아더 장군이 맡고 있는 한국에서의 정치적 책임을 면제해주고 민간 행정활동을 책임지고 장차 소련과의 교섭도 담당할 대사급 문관인 출신 정치고문을 두며 군정청 직위를 점차 민간인으로 교체하고 ② 기업 및 산업계 고위급 대표들을 한국에 파견해 산업 실태 조사와 경제적, 재정적, 산업적 회복 문제에 관해 권고하고 한국의 언론 및 교육 프로그램의 확대를 강조했다.[29]

그러나 패터슨 장관은 이에 대해 4월 4일 장문의 회답을 보내 한국에 대한 대규모 경제원조에 의회가 동의할지 의문이라는 비관적인 견해를 표했다. 그는 5억 4,000만 달러에 이르는 거액 요청은 자칫 역작용을 초래해 전 세계에 걸쳐 미국의 정책을 뒷받침하고 있는 전쟁부와 다른 부처에 배당된 예산을 삭감하자는 논의로 번질 가능성이 있다고 전망했다. 따라서 미국 국민과 의회를 설득할 조치가 준비되지 않은 상태에서 그런 요구를 하면 역작용이 일어날 것이 확실한 만큼 ① 38선으로 인해 한국에서 빚어진 경제적 병폐를 개선하려는 국제적 수준의 모든 노력이 행해졌고 ② 조속한 시일 내 한국에 대한 공약을 이행하는 데 필요한 비용의 감액을 확실히 하는 계획을 정부가 결정하고 조치할 결의가 되어 있고 ③ 소련과 합의에 도달하지 못할 경우에 대비해 이 계획들은 조심스럽게 고려된 대안들, 예를 들어 한국 문제의 유엔 이관이나 남한 독립정부의 수립 또는 두 가지 방안 모두 예상해 경제원조의 근거로 제시해야 한다고 권했다. 그는 이러한 대안들에 미국이 의존하기 위해서는 소련이 모스크바 협정을 파기했다는 사실을 미국 국민들이 인정해야 한다고 덧붙였다.

패터슨은 이어서 한국의 현 상황은 잠재적으로 폭발적이며 내부적 상황 때문에 미군이 강요된 급작스러운 철수를 행하지 않을 수 없는 위험이 있다고 지적하고 한국은 미국의 점령지 중 점령군의 비슷한 능력에 비할 때 가장 유지하기 어려운 지역이라고 지적했다. 그는 이어서 한국은 미국 안보의 관점에서 볼 때 장기적, 보상적 결과의 가능성은 매우 낮으며 특히 소련과의 해결책이 강구되지 않는 경우 그렇다고 지적하면서 가까운 장래에 소련은 한국을 통일하려고 시도할 것이라고 전망했다. 그는 한국을 소련에 넘기지 않는 방식으로 한국 문제를 해결하고 가능한 한 빠른 시일 내에 군대를 철수할 수 있는 방식을 찾는 것이 중요하다는 견해를 평가하고 있다고 했다. 그러나 그는 미국의 안보라는 관점에서 판단한다면 극동정책을 개별적으로 볼 것이 아니라 논리적으로 만주와 중국을 포함한 통합된 전체 중 일부로 간주해야 한다고 강조했다. 한정된 인적자원과 재원을 보유한 전쟁부로서는 전략적 가치가 없는 지역의 점령을 계속 하는 것은 부담일 뿐이라는 것이다. 패터슨은 한국에 임시정부를 수립하고 민사 업무를 맡을 문관 출신 판무관을 임명하는 데 찬성한다고 밝혔다.[30]

국무부 극동국장 빈센트†는 4월 8일 패터슨 장관의 회답과 관련해 애치슨에게 비망록을 올리고 "우리는 국방장관이 말한 권고에 대부분 동의할 수 있다"라고 건의했다. 한국에 대한 대규모 지원을 반대하는 패터

---

† 빈센트(John Carter Vincent, 1900~1972)는 매카시 선풍 때, 본인은 부인했지만 미국공산당 당원이었다는 의심을 받아 트루먼 대통령이 설치한 백악관 공무원 충성심 재심위원회로부터 국가에 대한 그의 불충(不忠) 혐의가 합리적 의심을 살 만하다는 의결에 따라 권고사직 당했다. 애치슨의 신임을 받은 그는 20년 간 중국 주재 미국대사관에서 근무하면서 중국 공산당에 동정적이었다. 그가 국무부 극동국장(1945~47) 재임 당시 반공노선의 이승만이 영향력을 행사하지 못하도록 하기 위해 그를 계속 견제한 것으로 유명하다.

슨의 입장을 지지하는 빈센트의 분명한 태도가 드러나 있다.[31] 애치슨의 과감한 한국 지원안은 사실상 벽에 부딪치고 말았다.

이때도 한국 원조에 대해 미국 언론은 호의적이었다. 『뉴욕 타임스』는 이 무렵 사설에서 소련이 신탁통치에 반대했다고 남한 지도자들을 통일 임시정부에서 배제하려고 하지만 그런 논리라면 남한의 공산주의자들 역시 제외해야 한다고 비판하면서 현 시점에서 남북연합은 남한 지도자들이 분열되어 있어 남한에게 상당한 손해를 미칠 것이므로 38선 이북의 공산주의에 대처하기 위해서는 이남 지역에서 민주주의를 증진해 남쪽의 민주사회가 북쪽의 전체주의 사회보다 생명, 자유, 행복을 더 잘 추구하고 있다는 것을 보여주는 것이 최선의 길이라고 강조했다.[32] OSS(Office of Strategic Services, 전략사무국)의 전 책임자인 도노반 소장은 국내 문제와 국제 문제가 분리될 수 없는 나라에서는 지금까지와 '다른 종류의 전쟁'이 발발할 수 있다는 사실에 대해 미국 대중에게 경각심을 심어주어야 한다고 주장했다.[33] 애치슨은 상원 외교위원장인 공화당의 반덴버그(Arthur H. Vandenberg) 의원에게 협조를 요청했다. 그러나 현 상황에서 더 이상의 외국 원조 법안을 내는 것은 곤란하다는 그의 답변은 애치슨을 크게 실망시켰다.[34]

1947년 1월 개원된 80회 의회는 공화당이 상하 양원을 지배한 마지막 의회였으나 1932년 대공황 이래 재정적으로 가장 어려운 시기였다. 공화당 원내 지도부는 트루먼에게 1948년도 예산안을 375억 달러에서 315억 달러로 삭감할 것을 요구했다. 삭감된 예산은 주로 군사비였다. 국방부의 예산 요구액이 236억 달러에서 169억 달러로 깎였다. 실제로 국회에서 통과된 액수를 기준으로 국방 예산은 1945년 816억 달러에서 1947년 131억 달러로 삭감되었다. 이로 인해 육군 총 병력 수가 79만 명에서 66만 7,000명으로 감축되었다. 합참은 1948년 2월 트루먼에게 한국 점령군을 빼내 필요한 다른 지역에 배치할 것을 건의하기에 이른다.[35] 애치슨이 추진한 한국에 대한 대규모 경제원조 계획을 반대한 측은 국방부와 의회뿐만이 아니다. 국무부의 케넌도 반대 입장이었다. 케넌은 애치슨이 입안한 트루먼 독트린의 모호한 표현 방식에 이의가 있었을 뿐만 아니라 트루먼 독트린의 한국 적용을 강력 반대했다(케넌의 입장에 대해서는 본 장의 다음 절, VIII-[2](철군을 둘러싼 정책 혼선)에서 자세히 살펴보기로 한다). 결국 애치슨이 추진한 한국 지원 3개년 계획은 그가 1947년 6월말 국무차관직에서 물러난 후 철회되었다.[36] 비록 그의 야심적인 이 계획이 주변 반대로 좌절되었지만 트루먼 독트린에 준하는 경제원조로 한국의 자립국가 기초를 만들려던 그의 노력만큼은 평가할 만하다. †

6. 유엔의 한국 총선 결의 배경

서울과 평양에서 번갈아가면서 열린 2차 미소 공위는 1947년 5월 21일 서울 덕수궁에서 막을 올렸다. 그러나 서울과 평양에서 번갈아 개최된 회의는 휴회를 거듭하면서 난항을 보였다.[37] 2차 미소 공위 역시 7월 10일 평양에서 열린 41차 본회의를 계기로 교착 상태에 빠졌다. 소련 측은

---

† 민주당은 6·25전쟁 발발을 계기로 공화당으로부터 외교정책 실패라는 공격을 받자 1950년 11월 상원의원 선거를 앞두고, 1947년 애치슨의 한국 원조안을 공화당이 지배하던 80회 의회가 그 중요성을 인식하지 못하고 심의를 하지 않은 것을 맹렬히 비난하는 *The Truth about Korea*라는 책자를 발행해 공화당을 역공했다. http://www.trumanlibrary. org/whistlestop/study_collections/ koreanwar/documents/index.php?documentdate=1950-00-00&documentid=ki-18-4&pagenumber=1(검색일 2013. 12. 1).

통일 임시정부 수립을 위한 협의 대상에서 비정치적 조직, 비사회적 조직, 지방단위 조직, 반탁위원회 소속 조직의 배제를 계속 고집했다. 미국 측은 1945년 모스크바 3상회의 때 사회단체에 대한 정의가 없었고 반탁 문제는 의사표현의 자유이므로 받아들일 수 없다고 거부했다.[38]

마셜 국무장관은 2차 미소공위가 교착 상태에 빠진 데 대해 미국으로서는 대응 계획이 없다고 밝히면서도 언론에 보도된 교섭중지설에 대해서는 정확하지 않다고 부인했다.[39] 이에 따라 서울에서 다시 열린 44차 본회의에서 미국 측은 소련의 태도를 비난하는 강경한 입장을 보인 반면 소련 측은 아무 발언 없이 침묵으로 일관하면서 회의가 끝났다.[40] 이어 7월 25일 열린 47차 본 회의에서는 소련 측에서 통일 임시정부 수립에 관한 협의 대상에서 반탁 단체의 제외를 주장하고 있는 데 맞서 미국 측이 북한의 반민주 정당의 제외를 주장함으로써 맞불을 놓았다.[41]

이 같은 2차 미소 공위의 교착 상태는 7월말에 이르러 더 큰 파열음을 냈다. 미소 공위의 미국 측 공보관은 기자간담회에서 소련의 반탁단체 제외 주장은 한반도를 '제2의 헝가리'로 만들려는 몽상이라고 비난했다. 미국의 UP통신 얼 존슨(Earl Johnson) 부사장도 한국을 시찰한 다음 소련이 한국을 위성국가화하려고 한다고 비판하는 시찰 기사를 썼다.[42] 7월 29일 미소 공위의 미국 측 대표 브라운(Albert E. Brown) 소장은 군정청 부처장회의에서 미소 공위 회의 경과를 보고하면서 미소 양측이 끝내 합의를 보지 못하면 마셜 장관과 몰로토프 소련 외상 간의 협의로 옮아갈 것이며 거기서도 합의를 보지 못하면 유엔에 회부할 것이라고 밝혔다.[43] 미소 양측의 대립은 8월 상순에 이르러 더욱 노골화한다. 브라운 소장과 소련 측 슈티코프 상장이 서로 회담 결렬의 책임을 상대방에게 떠넘기는 비난 성명을 발표했다.[44]

이에 앞서 3부조정위원회(SWNCC)는 7월 23일 한국 문제 임시위원회(Ad Hoc Committee on Korea)를 새로 구성했다. 한국 문제 임시위원회는 국무부 동북아과 차장 앨리슨(John M. Allison)과 전쟁부 듀푸이(Trevor N. Dupuy) 중령, 해군부 허머(H. R. Hummer) 대령으로 구성되었다. 앨리슨은 7월 29일 한국 문제 처리 방안을 정리한 비망록을 한국 문제 임시위원회에 제출했다. 그 내용은 (가) 소련이 8월 5일 이전에 미소 공위를 파탄시키는 경우 ① 즉시 모스크바 협정에 규정된 4대국으로 하여금 ② 미소 양국 점령 지역에서 각각 선거를 통해 임시 입법기관을 구성하고 ③ 인구 비례에 따라 선출된 양측 입법기관의 대표들이 만나 통일 임시정부의 수립을 논의한다. ④ 통일 임시정부는 통일 한국의 확고한 경제적 기초를 마련하기 위한 원조 문제를 4대국 대표와 협의하도록 하며 별도의 결정이 없는 한 통일 임시정부와 4대국의 합의에 따라 외국 군대는 철수한다는 것이다. 이상 ①~③단계에서는 유엔 참관단을 초청하고 만약 이런 절차를 위한 신속한 합의가 이루어지지 않으면 미국 정부는 가능한 한 최단 시일 내에 유엔에 이 문제를 보고한다. (나) 만약 소련이 미소 공위 협상을 지연시키는 경우 ① 미국 정부는 통일된 독립 한국을 수립하기 위해 8월 6일 몰로토프 소련 외상에게 서한을 보내 이런 사태를 개탄하고 8월 10일까지 미소 공위가 통일 임시정부 수립을 위해 어떤 다음 행동을 하겠다는 보고서 제출을 요구할 것이라고 밝혔다. 그리고 보고서가 접수된 후 8월 12일 미국 정부가 관련 4개국 정부에 통고하며 8월 25일 워싱턴에서 열리는 4개국 회의 첫날 미국 정부가 공식 발표문을 발표하며 9월 10일까지 회의에 진전이 없을 경우 미국 정부는 이 문제를 유엔에 제기할 의사를 발표한다. (다) 만약 소련이 이상의 회의에 참석을 거부하는 경우 미국 정부가 이를 공표하고 차기 유엔 총회에 이 문제를 제기한다. (라) 유엔에 문제를 회부할 경우 국무부는 즉시 실무 작업팀을 구성하고 (마) 곧바로 남한 지역에 대한 무상원조 계획의 승인과 민간인 행정업무 이양을 준비할 문관 출신 판무관을 임명한다.[45]

이 비망록은 8월 4일 SWNCC에서 그대로 채택되었다. 다만 앨리슨이 제시한 미국 정부의 단계별 행동 일정이 조금씩 조정되었다. 비망록의 명칭은 '한국 문제 임시위원회 보고서: 한국에서의 미국의 정책'(SWNCC 176/30)이었다. 이 보고서는 한국 문제를 유엔에 이관할 것을 공식화한 중요한 문서인 동시에 '명예롭게' 미군을 철수시키기 위한 다시 말하면 미국이 한국에서 빠져나오기 위한 구체적 실행 방안이었다. 당시 애치슨 차관이 국무부를 사직(6월 30일)하고 개인 법률사무소로 가, 후임으로 라벳(Robert A. Lovett)이 임명되어 있었다. 지금까지 살펴본 바와 같이 이 보고서가 유엔 결의에 따라 한국 정부가 수립될 때까지 한국에 대한 경제적 지원을 한다고 규정한 점 외 정치적 일정만은 애치슨 재임 시인 그해 봄 결정된 정책이 그대로 수행되었다. 그렇지만 애치슨이 추진한 트루먼 독트린의 한국 적용과 구체적인 대규모 경제원조 계획은 그의 사임으로 실종된 상태였다. 이와 같은 트루먼 행정부의 모호한 입장은 훗날 남침 억제 실패의 원인으로 작용하게 된다. 트루먼 행정부는 SWNCC 176/30를 실천에 옮기기 위해 국무장관 명의로 소련 몰로토프에게 서한을 보내 양국이 미소 공동위원회의 결과 보고를 받아보기로 하자고 제의했다(1947. 8. 12). 예상대로 소련 측이 이에 불응하자 미국은 다시 4개국 외상회의 소집을 제의했다(8. 26). 소련은 이에 또다시 불응했으며(9. 4) 미국은 드디어 한국 문제의 유엔 회부를 통고했다(9. 16). 미국은 유엔 사무총장 트리그브 리에게 한국 문제의 상정을 요구하고(9. 17) 유엔은 이에 따라 한국 문제의 정치위원회 상정과 심의를 결의했다(9. 23). 드디어 한국 문제는 유엔으로 넘어간 것이다.

　미소 공위는 그해 10월 미국이 유엔에 한국 총선거 방안을 제안할 때 까지 이론상 휴회 상태였다. 그러다가 10월 18일 미국 유엔대표 일원인 존 포스터 덜레스가 유엔 정치위원회에서 한국 총선거에 관한 미국 안을 설명하면서 신탁통치 계획을 포기한다고 밝힘에 따라 마침내 파국을 맞았다. 미소 공위 미국 대표는 유엔에서 한국 문제 토의가 끝날 때까지 휴회할 것과 양측 대표단은 각각 점령군 본부에서 대기할 것을 제안했다. 이에 따라 사흘 후 소련대표단이 철수함으로써[46] 미소 공위는 해체되었다. 미국이 낸 한국 문제 결의안은 유엔에서 소련의 반대에 부딪쳐 우여곡절을 겪은 끝에 총회에서 한국 총선거 실시를 결의하게 된다(11. 14). 그러나 소련 측이 유엔 한국 임시위원회의 북한 입국을 불허하자 유엔 소총회는 그 대안으로 선거가 가능한 지역에서만 총선을 실시하도록 결의했다(1948. 2. 26). 미국은 비록 반쪽 정부이지만 애치슨이 말한 대로 남한에 '유엔의 정부'(a U.N. government in Korea)를 수립했다. 그리고 철군 이후 제기되는 한국 문제는 미국의 문제가 아닌 '유엔의 문제'(a U.N. problem)로 만들기로 했다.[47] 모스크바 3상회의에서 한국 신탁통치 협정을 서명한 지 2년 2개월 만의 일이었다. 애치슨은 퇴임 후 프린스턴대 세미나에서 과거 루스벨트의 한반도 신탁통치 결정이 "진지했지만 어딘가 경솔하게 언급되었다"(spoken sincerely but somewhat lightly)라고 지적하면서 다음과 같이 말했다.

　카이로에서 본 의제에서 벗어나 〔특별 조항으로〕"한반도는 적절한 절차를 거쳐 자유 독립국가가 될 것이다"라고 선언했죠. 이 말은 매우 근사한 표현입니다. 그러나 내 생각으로는 진지했지만 어딘가 경솔하게 언급되었습니다. 한반도에서 일어난 오랜 분쟁의 역사나 그런 약속이 장차 어떤 결과를 가져올 지에 대한 현실적인 개념이 없었기 때문입니다.[48]

　한국 문제의 유엔 회부는 애치슨이 국무부를 떠나 있을 때 실행되었지만 그는 이상과 같은 견해에 따라 신탁통치 협정을 폐기하고 한국 문제를 유엔으로 넘긴 조치를 찬성했다. 루스벨트가 주도했던 한반도의 미소 협조 체제는 결국 파탄을 맞았다.

② 철군을 둘러싼 정책 혼선

1. 점령군 철수 시기와 정책 표류

1) '명예로운 철군'과 철군 시기 혼선

1948년 8월 15일 대한민국 수립 이후 1950년 6월 25일 6·25전쟁 발발 때까지 약 1년 10개월 동안 미 국무부와 국방부, 합참 등 정책결정 주체들은 미 점령군의 철수 문제와 그 사후 대책을 둘러싸고 대립과 갈등을 거듭했다. 군정이 종식된 이상 점령군의 철수는 당연한 수순이었으나 철군 일정이 3차례나 연기되는 등 혼선을 빚었다. 이 같은 트루먼 행정부의 정책 표류가 빚은 부작용은 결국 북한의 남침을 불러왔다. 본 절에서는 우선 철군 결정과 연기 과정을 살펴보기로 한다.

(1) 합참의 비상전쟁 계획과 한국

미국 합동참모본부는 2차 세계대전 종결 직후부터 소련과의 전면전을 가상한 비상전쟁계획(Emergency War Plan) 마련에 착수했다. 비상전쟁계획 수립 작업은 합참 산하 합동전쟁계획위원회(Joint War Plans Committee, JWPC)에서 맡았다. 주목할 점은 JWPC가 6·25전쟁 이전까지 입안한 비상전쟁계획들은 예외 없이 소련과의 전면전이 일어날 경우 한국은 전략적 관점에서 중요하지 않다고 규정하고 일단 유사시 한국에 있는 미 지상군 병력을 일본으로 철수하도록 한 사실이다. 그만큼 한국의 전략적 가치를 낮게 평가한 것이다.

최초의 전쟁계획인 핀처 작전 개념(Concept of Operations Pincher) 시리즈는 소련과의 전면전이 일어날 경우 극동에서는 미군이 공군력으로 아시아 대륙의 적 목표물을 공격하기 위해 일본, 특히 오키나와를 중심으로 기지를 건설하기로 했다. 이 같은 전략은 소련군에 비해 유라시아 지역에 충분한 지상 병력을 주둔시킬 수 없는 미국이 공군력으로 전쟁을 수행해야 하기 때문이다. 극동지역 미군의 임무는 알류산 열도-일본 열도-류큐 열도(오키나와)-필리핀을 잇는 도서 사슬을 방어선으로 확보하는 것이 골자였다. 이 섬들을 잇는 이른바 도서연쇄선은 1950년 1월 6·25전쟁 발발 5개월 전에 애치슨 장관이 내셔널 프레스 클럽에서 언급한 바로 그 태평양 방어선이다. 극동지역 미군은 이 방어선을 지키는 대신 남한에 주둔 중인 2개 사단의 병력을 포함한 약 5만 7,000명은 소련과의 전면전의 경우 손실을 막기 위해 일본으로 신속히 사전 이동하도록 했다.[1]

핀처 작전 개념 시리즈는 이미 설명한 바와 같이 정식 작전계획으로 합참의 승인을 받지 못해 JWPC가 입안한 작전을 위한 '개념'에 머물고 말았지만 그 골자는 변함없이 훗날 합참이 승인한 비상전쟁계획의 기초가 되었다. 그 대표적인 예가 미군의 한반도 철수 문제다. 핀처 작전 개념이 완성된 8개월 후인 1946년 11월 극동군 최고사령관 맥아더 장군은 소련과 전면전을 벌일 경우 남한에 주둔 중인 하지(John R. Hodge) 장군 휘하 24군단 소속 2개 전투사단은 일본 방어를 위해 철수해야 한다고 밝혔는데[2] 이 발언은 핀처 계획의 내용과 같다.

핀처 계획의 극동지역 전략을 자세히 정하기 위해 1947년 8월 29일 입안한 문라이즈(Moonrise) 작전 계획은 소련군이 공격을 개시하는 즉시 미군이 한국에서 철수할 것을 건의했다. 한국에서 철수한 병력은 일본으로 건너가 일본 본토를 방어하는 임무를 수행하도록 했다. 문라이즈 전쟁 계획은 핀처 작전 개념과 마찬가지로 계획 초안(JWPC 476/1)단계부터 대소 전쟁에서 베링해협-동해-황해를 잇는 도서방어선을 우선 확보하도록 했다. 이것은 소련이 극동 지방을 아시아 지역 공산세력의 정치적 목표를 실현하는 데 필요한 근거지로 간주하는 것으로 미국이 판단했기 때문이다.[3] 문라이즈 전쟁 계획의 기본 개념은 1947년 9월 합참이 3부합동회의 요청을 받고 입안한 보완 계획(SWN-5694)에도 그대로 반영되었다. 9월 26일 마련된 이 새로운 계획은 "군사적 안보 관점에서 미국이 한국에 군대를 주둔시키거나 기지를 유지할 전략적 이해관계가 거의 없다"라고 밝혔다. 같은 날짜로 전쟁장관의 비망록 형식으로 국무장관에게 그 내용이 통보된 이 새 계획은 미군이 아시아 대륙에서 소련군에 반격 작전을 펼 경우 한반도를 우회하도록 했다. 한반도에 설치되는 적 진지는 미군의 공중 공격에 취약할 것이므로 미국은 한국에 진주군을 유지하기보다 전략적 가치가 더 큰 다른 지역으로 이동 배치함으로써 미국의 국가안보에 더 효과적으로 기여할 것이라고 건의했다. 이 새 계획은 한국에 대한 대규모 사회적, 정치적, 경제적 복구계획을 수립하지 않을 경우 야기될 한국의 무질서와 불안이 미국의 입장을 위태롭게 할 것이라고 경고했다. 이 새 계획은 자발적인 불개입정책에 따른 한국으로부터의 미군 철수가 아닌 부득의한 상황으로 인한 강요된 미군 철수는 불명예스러운 일이며 미국의 국제적 위신에 심대한 타격을 줄 것이라고 경고했다.[4] 이 계획은 이듬해 봄 맥아더의 극동군사령부에 의해 '건파우더 계획'(Plan Gunpowder)으로 수정, 보완되었다. 극동에서도 전략 공군에 의한 대소 반격작전을 계획한 것이 특징이다.[5]

6·25전쟁이 일어난 후에도 합참은 아시아를 여전히 2차 방어지역으로

1 1950년 12월 8일 경기도 금촌에서 38선을 넘어 남쪽으로 철수하는 미군들.(사진 NARA 제공)

2 1950년 12월 12일 중공군에 밀려 한강 부교를 통해 남하하는 유엔군 차량들.(사진 NARA 제공)

1 1950년 1월 4일 독립문 쪽으로 서울에 들어오는 중공군 병사들.(사진 tieba.baidu.com)

2 중공군에게 밀려 경기도 평택 선까지 후퇴했던 미군이 1951년 2월 7일 다시 북진하는 모습.
  (사진 트루먼도서관 제공)

1 1951년 1월 8일 강릉 교외의 피란민 대열.(사진 트루먼도서관 소장)

2 동생을 엎고 있는 소녀가 고장 난 탱크 옆에 서 있는 모습─1951년 6월 9일 행주에서 미 공군의
R. V. 스펜서 소령이 찍은 것이다.(사진 NARA 제공)

1

2

3

4

Marguerite Higgins

5

6

◀ 6·25전쟁 때 싸운 미군 지휘관들
과 히긴스 기자

1 이승만(우)과 밴플리트 8군사령관
(좌).
2 워커 8군사령관.
3 스미스 해병1사단장(좌)과 1950년
12월 24일 마지막 흥남 철수작전
때 1만4,000명의 피난민 승선을
허가한 아몬드 10군단장(우).
4 리지웨이 제 2대 유엔군사령관
5 미국의 전설적인 6·25전쟁 여성
종군기자 히긴스 기념우표-그녀는
전세계에서 6·25에 관한 최초의
책인 『한국에서의 전쟁』(War in
Korea)에서 소련의 배후설을 강
조해 "3차 대전이 한국에서 일어났
다"고 썼다.
6 클라크 제 3대 유엔군 사령관.

▶ 1950년 12월 24일 흥남 피난민
철수작전의 영웅들

1 미 10군단장 부참모장 에드워드 포
니 대령.
2 미 10군단 문관 현봉학 박사-그는
포니 대령의 협조 아래 아몬드 군
단장을 설득하는데 성공했다.
3 피난민 1만4,000명을 태워 기네스
북에 등재된 미국 화물선 메러디스
빅토리 호의 레너드 라루 선장.

1 트루먼 대통령이 원자탄 사용 가능성을 시사하자 급거 방미한 애틀리 영국 수상이 1950년 12월 4일 백악관에서 그와 만나고 있다.(사진 트루먼도서관 제공)

2 미국 대통령 당선자 아이젠하워(왼쪽에서 두번 째)가 방한해 1952년 12월 4일 미 3보병사단 15보병연대 B중대원들과 함께 식사하고 있다.(사진 NARA 제공)

1 이승만 대통령과 맥아더 장군.(1948. 8. 15, 김포 기지)(사진 NARA 소장)

2 1949년 3월 정부 대표단을 이끌고 모스크바를 방문해 도착성명을 낭독하는 북한 수상 김일성 –
   좌측에 한 사람 건너 부수상 겸 외상 박헌영이 보인다.

1 1953년 7월 27일 판문점에서 유엔군 측 윌리엄 해리슨 수석대표와 공산군 측 남일 수석대표 사이에 휴전협정이 조인되는 모습.(사진 미 국방부 소장)

2 1953년 8월 8일 오전 10시 경무대에서 한미상호방위조약이 변영태 외무장관(좌)과 덜레스 국무부장관(우)에 의해 가조인되었다. 이날 이승만 대통령(뒷줄 중앙)은 특별담화를 통해 "우리는 앞으로 여러 세대에 걸쳐 혜택을 받게 될 것이다. 이 조약이 있기 때문에 우리는 앞으로 번영을 누릴 것이며 … 우리의 안보를 확보해 줄 것이다"라고 밝혔다.(사진 연세대 이승만연구원 제공)

간주했다. 소련 역시 마찬가지 입장임이 합참 종합정보위원회의 분석이 었다. 소련은 전쟁이 일어나면 연합군 부대가 유럽에 전개되는 것을 막기 위해 아시아로 유도하려고 할 것으로 정보위원회가 분석했다. 1950년 6월 29일 미국은 한국에 지상군까지 투입해 참전하기로 결정한 다음에도 소련군이 만약 6·25전쟁에 개입하면 유엔군은 즉시 공산군에 대한 공격을 중지하고 방어 태세에 들어갈 것을 지시한 것도 1949년 5월 26일 결정된 오프태클 작전 개념(Plan Off-Tackle)에 따른 것이다. 이 계획이 이전 전쟁 계획과 크게 다른 것은 앞에서 살펴본 대로 케넌 주도로 채택한 NSC 20/4를 이 계획의 전략 지침으로 포함시키고 있는 점이다. NSC 20/4는 이전 전략 지침에 비해 소련의 군사적 능력을 축소 강조하고 새로운 동맹국과의 협력을 강조하고 있는 점이 특징이다. 오프태클 계획은 소련이나 그 위성국이 미국이나 서방 강대국에서 그들의 현재의 팽창정책을 저지하려 하고 있지만 그들은 세계 곳곳에서 세력을 확장할 능력이 있다는 오판 때문에 언제든지 전쟁이 일어날 수 있다고 보았다. 따라서 소련은 유럽, 중동 및 중국과 한국에서 공격작전을 동시에 일으킬 병력을 보유하고 있다고 판단했다. 이럴 경우 이 지역의 많은 국가들이 소련의 침략 대상이 되는데 한국도 여기에 포함된다. 나중에 설명하는 대로 6·25전쟁 상황이 유엔군에게 극도로 불리해진 1951년 1월 유엔군이 평택 부근의 방어선을 지키기 어렵다고 판단되면 즉시 한국을 포기하고 일본으로 철수하라고 합참이 맥아더에게 지시한 깃도 오프태클 작전 계획에 따른 것이다.[6]

(2) 철군을 둘러싼 논란

미군의 조기철군론은 대한민국 건국 이전부터 강력히 대두했다. 로버트 P. 패터슨 전쟁장관은 한국에서 미소 공위가 교착 상태에 빠지고 반탁 운동으로 한국 정세가 시끄러워지자 1947년 4월 4일 애치슨 국무장관대행에게 비밀 서한을 보냈다. 그는 이 서한에서 한국의 현 상황은 폭발적이며 극동과 세계에서 미국의 위상에 해를 미칠 미군의 다급한 철수를 강요할 국내 사정의 발전 위험성이 있다고 말했다. 그리고 미국은 한국을 소련에 넘겨주는 외의 방식이라면 하루 빨리 한국으로부터 철수해야 한다고 주장했다.[7]

그러나 전쟁부의 미군 조기철수 움직임에 대해 미국 정계의 유력인사들과 외교전문가들은 미군의 성급한 철수가 필연적으로 한반도의 공산화를 초래할 것이라고 우려했다. 일부 군사전문가들 사이에서는 남한이 북한의 군사력에 정복되는 것을 막기 위해 철수 이전에 최소한 1년 동안 한국군 6개 사단을 훈련시키고 무장시켜야 한다는 의견을 내기도 했다. 국무부 동유럽국 부국장인 스티븐스(Francis Stevens)는 한국인들을 그들의 운명에 맡기기로 만장일치 합의를 해서는 안 된다면서 "남한이 우리에게 전략적 가치가 없다는 군부의 의견을 받아들이는 것과 우리가 그 곳에 남아 있어야 할 하등의 정치적 이유(단기적 관점에서)도 없다는, 더 논쟁의 여지가 있는 판단은 실제로 하나의 전략적 과오다. 대한정책의 최종 결정에 이르는 과정에서 중요한, 이념적인 불가시적 요소를 간과해서는 안 된다는 것이 본인의 의견이다"라고 강조했다.[8] 주한미군사령부 정치고문인 제이콥스(Joseph E. Jacobs)는 국무장관 앞으로 장문의 전보를 보내 한국은 소련에 대한 전반적인 봉쇄정책에 긴요한 국가이므로 이 나라를 〔자유의〕방어에 필요한 요새로 유지해야 한다는 전략전문가들의 견해를 인용해 주둔군의 조기철수를 반대했다.[9]

트루먼의 지시에 따라 중국과 한국을 시찰한 워드마이어(A.C. Wedemeyer)

사절단은 1947년 8월 26일부터 9월 3일까지 한국에 머물면서 현지조사를 마친 9월 19일 트루먼에게 보고서를 제출했다. 사절단은 주한미군을 조기철수하는 데 단호히 반대한다는 입장을 분명히 밝혔다. 그 골자는 다음과 같다.

미국의 모든 경제지원이 중단되는 경우 점령군은 더이상 한국에 주둔할 수 없을 것이다. 경제원조 중단은 미군 주둔 지역에서의 조기 경제 붕괴와 폭동 및 무질서를 유발할 것이며 한국으로부터의 군대 철수는 소련군 또는 북한에서 소련 주관으로 훈련받은 북한 군사조직에 의해 한국이 점령 당하는 사태로 발전할 것이다. 그 결과는 한반도 전역에서 소련의 위성국인 공산 정권의 수립을 가져올 것이며 모든 미국 원조의 취소는 아시아인들 사이에서 미국의 엄청난 도덕적 위신의 손상을 초래할 것이다. 이런 사태는 일본에 심각한 영향을 줄 것이며 공산주의자들의 일본 침투를 용이하게 하고 소련과 국경선을 접한 변경 지역에서 특히 중요한 아시아에서 소련의 위신을 높이는 데 기여할 것이다. 이에 따라 소련에 근접한 지역에서 소련이 한층 더 팽창할 기회가 만들어질 것이다.

현재 미소 간 대립으로 모스크바 협정의 실시가 불가능한 상황이어서 이 문제를 4개국 외상회의에 회부하고 그것이 불가능할 경우 유엔에 회부하고 유엔에서도 합의에 도달하는 것이 불가능할 경우 미국은 한국에서의 장래 행동 방향에 관한 결정을 해야 한다. 즉, 한국에서 철수하느냐 남한 정부를 조직하고 어떤 조건에서 그리고 경제지원과 군사지원을 공여할지 여부를 결정해야 한다. 현재와 같은 미국 정책 지속은 소련과 극동 지역 다른 나라에 미국이 소련의 비타협적인 태도에도 불구하고 한국을 포기하지 않을 것이라는 점과 미국은 계속 모스크바 협정의 이행을 바라고 있다는 점을 알릴 것이다. 현재의 미국 정책의 지속은 한반도 전체에 대한 소련의 직접 또는 간접적인 지배를 부인하고 남한의 부동항을 포함한 군사기지로서 국가 전체를 자유롭게 이용하는 것을 방지하는 데 도움을 줄 것이다.[10]

2) 군부의 철군 주장

그러나 군부 측은 한국 주둔 미군의 조기철군 추진 방침에 조금도 변화를 보이지 않았다. 1947년 9월 22일 합참 기획국이 합참 수뇌부들에게 올린 보고서는 군사적 관점에서 한국이 중요성이 없으므로 조속한 철군이 필요하다는 건의를 했다. 앞 절에서 설명한 바와 같이 트루먼 독트린의 한국 적용을 반대하고 미군의 조기철수를 지론으로 삼고 있던 케넌은 조기철군에 반대하는 신임 극동국장 버터워드(William Walton Butterworth)에게 비망록을 보냈다. 케넌은 "한국이 군사적으로 미국에 필수적인 국가가 아니라는 주장이 정확하다면 우리의 정책은 우리의 손실을 줄이는 데 목적을 두어야 하고 가능한 한 명예롭게 그러나 신속히 그곳으로부터 빠져나오는 것이 되어야 한다"라고 강조했다.[11] 이때는 애치슨이 국무차관직에서 물러난 후였다. 반면 케넌은 마셜이 무척 신임하는 국무부 정책기획국장이었다. 그의 후원자였던 신임 포레스털(James V. Forrestal) 국방장관(1947년 9월 17일자 신설된 직책)과도 가까운 사이였다.

미군 철수 여부를 둘러싼 찬반 양론이 분분해지자 1947년 9월 26일 마셜 국무장관의 요구에 따라 국무-전쟁-해군 3부조정위원회(SWNCC)가 한국 문제의 토의에 들어갔다. 회의 결과는 역시 철군 쪽으로 결론났다. 포레스털 국방장관은 그 내용을 마셜 국무장관에게 비망록 형식으로 통고했다. 포레스털은 그의 비망록에서 현재의 군 인력자원의 심각한 부족 상황을 감안할 때 남한에 주둔 중인 4만 5,000명에 달하는 2개 사단을 빼내 다른 곳에서 유용하게 사용할 수 있을 것이라고 설명했다. 그는 소련이 일본에 대한 공격을 감행할 정도의 군사력을 남한에 구축하지 않는 한 한국으로부터의 미군 철수는 극동군사령부의 군사적 입장을 위태롭게 하지 않을 것이라고 주장했다.[12] 포레스털의 입장에서는 2차 세계대전 종결과 함께 급격히 감축된 군 병력의 효율적인 재배치가 급선무였다. 태평양전쟁이 끝나자 군부는 앞에서 설명한 바와 같이 병력을 전시 인력의 1/6 수준으로 감축했다.†

케넌은 이날의 회의 내용을 요약해 "오늘의 결론이 소련의 미소 양군 동시 철수 결의안을 유엔에서 기각시키지는 못하겠지만 한국인들이 국가 독립을 위해 군대가 철수하기 전에 무엇을 해야 할지와 관련된 우리의 권고와 함께 소련의 결의안을 유엔에 회부하도록 할 것"이라고 평했다.[13] 소련은 9월 26일, 1948년 초까지 미소 양국 점령군을 동시에 철수하자고 다시 제안했다. 미국으로서는 매우 다행한 일이었다. 마셜 장관은 "소련의 제안이 다행스럽게도 미국으로 하여금 체면을 구기지 않고 한국에서 빠져나올 길을 열어주었다"라고 기뻐했다.[14]

9월 29일 마셜 장관이 개최한 국무부 임시 간부회의는 "한국에서의 미국의 입장은 상당한 액수의 돈과 노력을 지불하더라도 궁극적으로 옹호

---

† 1945년 8월 현재 미육군 병력은 610만명에 90개 사단, 해군은 350만명에 함정 8,100척, 공군은 230만명에 항공기 68,400대, 해병대는 486,000명에 6개 사단이었던 것이 5년간 계속 감축되어 1950년에는 육군 592,000명에 10개 사단, 해군 401,000명에 함정 238척, 공군 411,000명에 항공기 4,700대, 해병대 49,00명에 2개 사단으로 줄어들었다. 태평양 지역 미군의 경우에는 1945년 10월 현재 육군 및 공군 병력 170만명이던 것이 1946년 6월에는 40만명으로 급감했다. James, 1993, pp. 137~138.

될 수 없고" "극동 지역과 나아가 전 세계에서 미국의 위신과 정치적 입지에 손상을 입으면서 한국으로부터 허둥지둥 철수해서는 안 된다"고 전제하고 "최소한의 악영향을 각오하고 가능한 한 빨리 미국이 철수 해결책을 찾기로" 결정했다.[15] 이날 회의에는 마셜과 라벳 차관, 딘 러스크 차관보, 케넌, 버터월드 등이 참석했다. 케넌은 마셜에 의해 국무부 기획국장에 발탁된 후에는 국무부 안에서 가장 강력한 한국 주둔 미 점령군의 철수 주창자가 되었다. 이에 대해 하지 사령관은 9월말 현지 시찰차 서울을 방문한 신임 육군장관 로열(Kenneth C. Royall)에게 9개월에 걸친 단계별 철군을 건의하면서 한국을 '아시아 대륙의 이데올로기 교두보'로 만들기 위해 5개년 부흥계획을 수립해 10억 달러의 원조를 제공하고 철군할 것을 건의했다.[16]

1948년으로 접어들자 한국 총선거 실시를 앞두고 국무부에서는 미군 철수 일정 신축론이 제기되었다. 전년 9월에 빈센트에 이어 국무부 극동국장이 된 버터워드는 1948년 3월 초 육군부(전쟁부의 후신)가 한국 정세 전개 결과를 봐가면서 철군 일정에 신축성을 둘 것, 육군부는 한국 국방경비대의 훈련과 장비 계획을 최대한 지원할 것, 철군 후 남한의 인도적 구호사업과 경제회생을 위해 육군부의 재원을 계속 사용할 것을 건의했다. 그는 남한 경제가 붕괴하는 것을 막기 위해 뭔가 하지 않으면 안 되도록 미국은 도의적으로 지원을 약속했다고 주장했다.[17] 버터워드의 건의를 계기로 국무부는 바로 이튿날 마셜 장관 주재로 관계국장 참석 하에 철군 문제를 논의하는 대책회의를 가졌다. 이 자리에서 유엔 임시총회 회원국 대표들 사이에서 미국이 철군을 너무 서둔다는 개인적 의사 표명이 있었다는 보고가 있었다. 이날 상당수 회의 참석자들은 육군부의 철군 계획이 진정 우려된다고 지적했다. 회의는 철군은 한국 정부 고유의 매우 적절한 군대가 조직되고 신생 정부에 최소한 생존할 기회가 주어지는 상황 아래서만 가능할 것이므로 육군부는 철군 계획에 신축을 기해야 한다는 결론을 내렸다. 회의가 폐회되었을 때 마셜은 육군부에 철군 일정에 신축성을 갖도록 요청하자는 데 전적으로 동감이며 한국 병사들에게 장비를 제공하고 한국 병사들을 미군과 합동훈련을 시키는 가능성을 탐색할 것이라고 밝혔다.[18]

이에 따라 SWNCC의 후신인 국무-육군-해군-공군 4부조정위원회(SANACC)는 3월부터 철군 문제를 논의한 끝에 마셜 국무장관의 제의로 산하에 한국 문제 임시특별위원회를 만들어 방안을 내기로 했다. 그 결과 3월 22일 미국은 가능한 한 철군할 수 있도록 모든 적절한 수단을 통해 한국 문제의 해결을 위한 노력을 기울이되 한국 군대를 창설해 북한이나 다른 세력의 침략으로부터 한국의 안전을 확보하고 경제적 붕괴를 막기 위해 GARIOA(Government and Relief in Occupied Areas) 원조를 통해 한국의 재건을 돕기로 결정했다.[19] 이 결정에 대해서는 나중에 마셜 국무장관의 제의로 SANACC 산하 한국 문제 임시 특별위원회가 재론하기로 했다.[20]

2. 철군 시기 확정 경위

1) NSC 8와 철군 시기 확정

드디어 국가안보회의(NSC)는 1948년 4월 2일 SANACC 보고서를 기초로 '국가안보회의가 대통령에게 올리는 보고서-한국에 대한 미국의 입장'(NSC 8)이라는 지침서를 채택했다. 그 내용은 한국 정부 수립 4개월 후인 1948년 말까지 철군 일정을 완료한다는 것이다. NSC 8은 "한반도에서 소련이 미국과의 성실한 협력을 계속 거부하는 태도는 한반도 전역에 대한 소련의 지배가 궁극적인 목표라는 결론을 불가피하게 만들었다"라고 밝혔다. 이 지침은 이어서 "한국이 공공연한 외부 침략 외의 어떠한 위협에도 자신을 지킬 충분한 군사력을 갖도록 하지 않은 채 미국이 철군하는 것은 극동 지역에서 미국이 우방과 동맹국을 배신하는 행위로 해석될 수 있다"라고 지적했다. 여기서 '공공연한 외부 침략'이란 소련의 직접적인 군사적 행동을 의미하는 것으로 보인다. 미군 철수 후 만약 소련이 남한에 대해 군사행동을 한다면 이는 불가항력으로 간주하는 듯한 느낌을 준다. 지침서는 그러한 사태는 이 지역에서 소련에 유리한 방향인 근본적인 힘의 재편으로 이어질 수도 있다고 경고했다. 보고서는 이어서 북한을 의식한 듯 "유엔의 후원으로 남한에 성립된 정권을 소련 지배 하의 세력이 전복하는 것은 유엔의 위신과 영향력에 심각한 타격을 준다. 이 점에서 미국의 이해가 유엔의 이해와 동일하지는 않더라도 병행한다"라고 경고했다.[21]

지침서는 결론으로 "악영향을 최소화시키면서 가능한 한 조기에 철군이 이루어지도록 한국 문제의 해결을 가능하게 할 모든 적절한 수단을 강구하기로 노력해야 한다"라고 선언했다. 지침서는 이에 대한 대책으로 "남한 경찰대의 충원, 훈련, 장비 조달을 조속히 완료해 북한이나 다른 국가의 공공연한 침략 행위가 아닌 국내적 전복 활동으로부터 남한의 안전을 지키기 위한 실제적이고 효과적인 방어 활동을 할 수 있도록 한다. 이같은 방법은 미군 철수 이후 남한에 대한 계속적인 군사적, 경제적 지원이 바람직하다고 인정되는 경우 이들을 계속 제공할 가능성을 배제하지 않는다"라고 덧붙였다. 남한 경제의 붕괴를 예방하기 위해 1949년 회계연도에 책정된 미국 정부 지원금과 점령지 지원금 및 경제회복 예산을 집행하도록 노력해 1948년 12월 31일까지 점령군의 철수가 완료되도록 모든 노력을 기울인다. 다만 미국은 한국의 국내 사정에 돌이킬 수 없는 정도로 개입해서는 안 되며, 한국 내의 어떤 당파(faction)나 세력 집단(force)이 취한 어떤 행동도 미국에 개전 사유(casus belli)로 간주될 수 없다고 못 박았다.[22]

트루먼은 1948년 4월 8일자로 NSC 8을 승인했다.[23] 이 지침서 중 미국의 한국 국내 문제 과잉 개입 금지와 국내 세력의 무장행동, 즉 무장봉기나 반란 또는 내란의 경우 미국의 무력 개입을 금지한 조항은 사실상 한국에 대한 미국의 군사개입을 어렵게 한 것이다. 바로 이 조항은 스탈린으로 하여금 미국이 한국에 대한 군사적 개입을 하지 않을 것이라는 판단을 하도록 만들고 김일성의 남침을 지원하도록 했다는 것이 개디스의 분석이다.[24]

육군부는 NSC 8에 따라 대한민국 건국일에 철군을 개시해 그해 12월 15일 완료하는 미 점령군 철수 작전(Operation Crabapple, 야생능금 작전)의 준비 작업에 착수했다. 트루먼 행정부는 정확히 대한민국 건국일을 기해 철군을 개시해 연말 내에 완료하기로 한 것이다. 트루먼 행정부는 미군 철수에 대비해 남한에 수립되는 대한민국 정부를 내팽개치지 않고 그 독립과 영토 보전과 미국의 위신을 유지하기 위해 의회 승인을 얻어 1948년 회계연도에 1억 1,300만 달러, 1949년 회계연도에 1억 8,500만 달러의 재정 지원도 공여하기로 했다.[25] 합참이 NSC 8을 채택한 4월 2일은 공교롭게도 유엔 결의에 따라 실시되는 5·10 선거를 방해할 목적으로 남로당이 조종한 제주 4·3사태가 일어나기 바로 전날이었다. 소련 외무성도 북한 정권 수립 직후인 1948년 9월 19일, 북한 주둔 소련군을 1948년 12월말까지 철수한다고 모스크바 주재 미국대사관에 통고해왔다. 미소 양국이 철군 일정에 대해 사전에 상호 약속한 것은 아니지만 미국과 소련은 행동

으로 한반도에 두 개의 국가가 수립된 해의 연말까지 철군을 실시하기로
한 것이다.

2) 철군 결정과 애치슨의 역할

만약 미국의 한국 철수가 확정된 이 시기에 애치슨이 국무부에 계속 머
물러 있었다면 상황이 달라졌을까? 다시 말하면 미군 철수 결정이 이처
럼 서둘러 내려지고 한국에 대한 미국의 군사개입을 제한하는 NSC 8을
채택했을까? 애치슨은 이때 개인법률사무소로 돌아가 변호사 업무를 하
면서 2차 세계대전 전에 있었던 '연합국을 도와 미국을 지키는 위원회' 와
성격이 비슷한 '마셜 플랜을 위한 시민위원회'(Citizens' Committee for the
Marshall Plan, CCMP) 창립회원으로 들어가 활동하고 있었다. 1947년 10월
출범한 이 위원회에서 애치슨은 스타 연사가 되어 대중연설, 기자회견,
방송 출연, 의회 증언 등을 통해 마셜 플랜의 채택을 위한 대 국민홍보와
의회를 상대로 한 섭외활동을 벌였다. 그는 이때 벌써 유럽의 부흥을
위해서는 독일의 복구가 필수적이라고 솔직하게 주장했다. 미 의회는
1948년 4월 압도적인 지지로 마셜 계획 법안을 통과시켰다. 법안이 통과
된 이튿날 트루먼은 애치슨을 불러 경제협력처(Economic Cooperation
Administration, ECA) 처장에 임명하겠다고 통고했다. 그러나 애치슨은 정
치적 색채가 너무 지나친 자신보다 정치색이 없는 인사를 그 자리에 앉
히라면서 사양했다.[26]

애치슨 전기를 쓴 제임스 체이스에 의하면 애치슨이 변호사로 일하는
동안 국무부는 가능하면 조속히 주한미군을 철수시키려는 국방부에 양보
할 태세가 되어 있었다는 것이다. 아이젠하워가 의장이던 합참본부는 미

국이 한국에서 현재의 병력과 기지를 유지할 전략적 이해관계가 별로 없다는 데 확고한 입장이었다.[27] 체이스는 이렇게 썼다. "애치슨이 국무부를 떠나 있는 기간(1947. 6. 30~1949. 1. 20)동안 한국에 군사적, 경제적 지원을 제공하는 문제에 대해 트루먼 행정부의 관심은 시들해졌다. 국방부는 한반도에서 일어나는 어떤 분쟁에도 미국이 개입해서는 안 된다고 결론짓고 있었다. 미국의 원조와 지지는 더 큰 전략적 중요성이 있는 나라로 옮겨가야 한다고 주장했다."[28] 앞에서 살펴본 대로 애치슨이 국무차관으로 재직 당시 의회에 제출한 한국에 대한 원조 안이 철회된 것도 같은 맥락이었다. 그런데 미군 철수 방침 확정 후의 한반도 정세에 대한 전망은 어둡기만 했다. 1949년 초 중앙정보국(CIA)이 철군 후의 한국 정세를 분석한 보고서를 트루먼에게 올린 바에 의하면 북한 정권은 남한 내 공산세력 봉기에 호응해 그해 봄 남침할 것이라고 했다. 이 보고서는 대한민국은 장차는 몰라도 당장 1949년 봄에는 북한의 남침을 막을 수 없을 것이라고 전망했다.[29]

트루먼 행정부가 철군을 서두른 배경 중에는 원만한 성격의 마셜 국무장관 탓도 없지 않았다. 그는 군의 원로로 국무부 입장만 고집하지 않고 군부의 의견도 수용하는 입장이었다. 그는 1948년 4월 NSC 8이 확정된 후, 그가 1949년 1월 국무장관직에서 물러날 때까지 한국 주둔군 철수 작업을 지휘했다.† 애치슨의 또다른 전기를 쓴 맥글로슬런(Ronald A.

---

† 마셜은 미군 철수 이전에 한국군이 북한군의 침공에 저항하는 데 충분한 훈련을 받을 수 있을지 의문을 갖고 있으면서도 미군 철수에 동의했다고 비판하는 학자도 있다. James I. Matray, "Fighting the Problem: George C. Marshall and Korea" in Charles F. Brower, ed., *George Marshall: Servant of the American Nation*(New York: Palgrave Macmillan, 2011), p. 95.

McGlothlen)에 의하면 트루먼은 마셜을 애인처럼 총애해 NSC 8이 당초 한국을 지키려고 한 자신의 생각에 어긋났지만 그가 신뢰하는 마셜이 지지하는 새로운 정책이었기 때문에 이를 승인했다는 것이다. 국무부 동북아 과장이던 비숍(Max Bishop)은 맥글로선과의 인터뷰에서 "말할 필요 없이 마셜은 트루먼 대통령의 애인이었죠. 트루먼의 눈에 마셜은 성 베드로에 한 단계 못 미치는 인물이었습니다. 마셜은 잘못을 할 수가 없었고 모든 일에 옳았습니다"라고 말했다.[30] 당시는 마셜이 국무부에 정책기획국을 만들어 초대국장으로 발탁한 조지 케넌의 영향력이 최고조에 달한 때였다. 국무부 안에서 미 점령군의 철수를 선두에서 주창해 극동국과 충돌했던 케넌의 한국 문제에 대한 영향은 막강했다.

주한 미군 철수 문제는 초기에는 진원지가 합동참모본부 등 군부였다. 그 후 역대 전쟁장관–육군장관–국방장관들은 모두 합참의 판단에 따라 움직였다. 트루먼은 한국으로부터의 미군 철수가 합참과 웨드마이어 사절단장의 건의에 따라 결정했다고 밝혔다. 애치슨 자신은 이 점에 대해 다음과 같이 쓰고 있다. "거의 2년 동안 미소 공동위원회를 통해 모스크바 협정을 실현하려던 우리의 노력이 좌절되자 내가 국무차관에서 물러나기 직전 패터슨 전쟁장관이 우리의 제한된 군사적 자원을 세계 다른 지역의 더 많은 수요에 응하기 위해 한국으로부터의 철군을 건의했다. 제한된 자원과 그에 대한 수요가 늘어난 것은 명백한 사실이었고 유엔을 통해 이란의 통일을 성공시킨 예를 한국에서도 재연시킬 수 있으리라는 희망—당시는 희망이 넘치던 시기였다—의 근거가 눈앞에 보이는 것 같았다. 대통령의 승인이 떨어지자 한국의 독립과 외국 군대의 철수 문제를 유엔 총회에 회부해 외국 군대 철수와 한국 선거를 실시하는 결의안이 통과되었다."[31]

1947년 봄 국무–전쟁 양부 대표로 구성된 한국 문제 특별위원회가 주한미군 철수를 최초로 결정한 지 5년 후, 그리고 6·25전쟁 발발 2년 후인 1952년 실시된 대통령 선거에 공화당 후보로 나온 아이젠하워는 그해 10월 당시의 철군 결정은 군사전문가들이 반대했음에도 불구하고 국무부가 주동이 되어 추진되었다는 듯한 발언을 했다.[32] 트루먼은 이에 격분해 장문의 반박 성명을 냈다. 그는 반박 성명에 이어 원래 철군 안이 당시 전쟁장관이던 패터슨에 의해 제기되었다고 밝히면서 아이젠하워가 국민들을 속일 목적으로 철군의 책임을 당시 합참의장이던 자신으로부터 국무부에 전가하려고 한다고 비난했다.[33] 아이젠하워와 트루먼의 이 같은 논쟁은 1950년 6·25전쟁 발발을 계기로 한국으로부터의 조기 철군이 전쟁 발발에 책임이 있다는 논란을 불러일으킴으로써 철군에 대한 부정적 견해가 상당히 많았음을 반영하는 것이었다.

3. 철군 연기 결정의 배경

1) 1차 철군 연기

1948년 8월 15일 개시되어 그해 12월 15일 완료하기로 한 미군 철수 계획은 개시 3개월을 앞두고 제동이 걸렸다. 트루먼 대통령이 그해 4월 주한미군 철수 결정을 재가한 지 1개월도 채 안된 시점이었다. 국무부와 서울 미군사령부가 1948년 여름 들어 전년 가을의 미군 조기 철수 결정을 재검토해야 한다는 주장을 하고 나섰기 때문이다. 주한미군사령부에 정치고문으로 파견되어 있던 국무부대표이자 종전부터 철군 신중론자인 제이콥스는 1948년 5월 국무장관 마셜에게 보낸 보고서에서 미국이 한국을 소련이나 공산주의자들에게 버리면 세계 다른 지역에서 소련의 침략과 전복활동에 대항하는 미국의 결의와 조치들을 조롱거리로 만드는 것이라고 주장했다. 그는 1947년과 1948년의 한국 상황을 비교하면서 1947년에는 미국이 좌절과 패배주의의 분위기에 맴돌면서 미국 군사전문가들이 미국의 대거 감축된 병력으로는 모든 지역에서 정치적 긴급 상황에 대처할 수 없으므로 한국은 희생시켜도 좋은 나라로 간주했지만 1948년에는 분위기가 바뀌었다고 주장했다. 즉, 위험에 대처할 만한 정신과 의지가 미국의 힘과 위신 그리고 미국과 함께 가려는 다른 나라 국민들의 희망에 부응해 되살아났다고 주장했다. 제이콥스는 프랑스, 이탈리아 그리고 한국에서 진정한 민주주의적 요소가 생겨나기 시작했으며 싸움은 이제 막 시작했다고 주장했다. 그는 따라서 전년 가을 좌절과 패배주의 속에서 결정한 대로 한국이 망하게 둘 수는 없다고 강조했다. 제이콥스는 이어 유엔 한국임시위원회(UNTCOCK)의 영향력 있는 일부 위원들이 미국이 한국을 버리는 도구로 유엔을 이용하려고 하고 있어 자신들은 그렇게 이용당하고 싶지 않으므로 발을 빼고 있다는 말을 한다고 전했다. 그리고 그는 한국인들은 이제 막 독립하려는 바로 그 시간에 미국이 자신들을 버릴 것으로 판단해 공포에 떨기 시작했다고 말했다.[34]

하지 사령관은 6월 20일자로 마셜 국무장관에게 올린 보고서에서 유엔 한국 임시위원회는 한반도 두 지역을 통합하는 협정이 이루어지기 전에 미군이 남한에서 철수하면 그 결과는 한국을 소련의 영향권 아래로 넘기는 것이라고 보고 있다고 덧붙였다. 그는 이 위원회 위원들 사이에 늘어나는 화제의 내용이 미국의 대한정책과 행동이 한국을 독립국가로 통일시키려는 미국의 목표를 달성하는 데 실패하고 한국에서 발을 빼는 데 유엔을 이용하려고 시도하고 있으며 공산주의자들에게 한국을 포기할 완전한 준비가 되어 있음을 보여주는 것이라고 설명했다.[35]

이에 따라 국무부에서는 조기 미군 철수가 한국을 위험에 빠뜨릴 것이며 세계 여론으로부터 미국의 주도로 유엔이 세운 한국 정부를 포기했다는 비난을 받을 것이라는 우려가 일었다. 국무장관 마셜은 6월 23일 육군장관 로열(Kenneth Royall)에게 철군은 하되 철수 실시에 '유연성'을 두라는 공문을 보냈다. 이에 대해 로열은 5월 19일 시작된 철군 준비 작업을 연기하겠으므로 7월 1일 이전에 국무부의 동의 여부를 통고해줄 것을 요청했다. 로열은 철군과 관련된 적절한 병참 및 행정지원 업무에 최소 45일이 필요하다고 설명했다.[36] 이 같은 국방부 방침에 따라 육군부는 8월 15일로 정해진 철수 개시일(W-Day)을 9월 15일로 연기했다. 철수 완료일(C-Day)도 당초 12월 15일에서 이듬해 1월말로 수정했다.[37]

2) 2차 철군 연기

국무부는 1차 연기에 만족하지 않았다. 제이콥스는 3개월 후 다시 마셜 국무장관에게 보고서를 내고 "한미 관계에 관련된 모든 연쇄적 사안들이 유엔 총회 결의에 근거한 만큼 유엔 총회가 한국 문제〔대한민국 승인 문제〕를 토의해 어떤 결정에 이르기 전에 미국이 공개리에 철군을 선도하는 경우 그동안 미국이 한국에서 얻은 모든 것을 잃을 수도 있다"라고 말했다.[38] 제이콥스는 이 보고서에서 장차 미소 관계에 중요한 영향을 미칠 차기 유엔 총회에서는 다른 많은 문제들도 결정되거나 최소한 토의될 것이 분명한 만큼 다음 총회에서 소련이 어떤 행동을 취할지 그리고 현재 진행 중인 베를린과 독일의 여타 지역과 관련된 소련과의 협상이 어떤 결과를 낼지 미국이 더 명확히 알게 될 때까지 한국을 포함한 소련의 모든 주변 지역에서 미국은 확고한 입장을 취해야 한다고 강조했다. 그는 또한 한국에서는 이미 미 육군 당국이 일부 산하 물품창고를 철수시켰거나 철수를 위해 부대 재편 작업에 착수한 바 가장 우려되는 것은 유엔 총회가 한국 문제를 처리하기 전에 철수 일자를 확정적으로 발표하는 것이라고 지적하면서 국무부가 육군부와 이 문제를 다시 논의해달라고 건의했다.[39] 하지 사령관도 8월 14일 별도 보고서를 통해 철군 타이밍을 주의 깊게 처리하지 않을 경우 철군을 며칠 앞당기는 것이 한국에서 공산주의 대체물[즉 민주주의]을 발전시키기 위해 3년 간의 작업과 수백만 달러 투자를 필요로 하는 사태를 초래할 수 있다고 경고했다.[40]

국무부 극동국장 버터워드는 제이콥스의 의견에 찬성해 이왕 9월 15일로 결정한 철군 개시일의 타이밍에 의문을 제기했다. 그는 당장의 문제는 9월 21일 열리는 유엔 총회 개회 이전에 철군 절차를 개시하는 것이 과연 미국의 국가 이익에 부합하는지 여부라고 문제를 제기했다. 버터워드는 철군 일자를 정한 것은 계획 수립상 편의를 위한 것이지 목표일로서 결정한 것은 아니라는 점은 육군부에서도 수용했다고 지적하면서 유엔 총회에서 한국을 승인하기 이전에 철군 일자를 발표하지 말 것, 이 기간 동안 실제로 철군을 중단할 것 그리고 비공개적인 철군 편의를 위한 간편한 수비대 설립 등 부대 재편을 건의했다.[41] 마셜 장관은 8월 20일 로열 육군 장관에게 철수 실행에 충분한 융통성을 가지라고 재차 요청했다.[42]

그러나 육군부는 이번에는 동요하지 않았다. 육군부는 1948년 8월 15일 대한민국 건국이 선포되자 예정대로 철군을 단행하기 위한 준비 작업에 착수했다. 조기 철군에 반대해온 하지 사령관이 본국으로 전임되고 후임으로 쿨터(John B. Coulter) 장군이 임명되었다. 한미 간 외교 업무는 대한민국이 수립되었으므로 육군부가 손을 떼고 국무부 무초(John Muccio)가 1949년 1월 미국의 한국 승인과 양국 국교 수립 때까지 주한 미국대표부 특별대표라는 직책을 맡았다. 한국에 대한 지원 업무도 육군부로부터 1948년 발족한 경제협력처(Economic Cooperation Administration, ECA)로 이

관되었다. 호프만(Paul G. Hoffman)이 이끈 ECA는 원래 그해 3월부터 업무를 개시할 예정이었으나 부서 간 사전협조 부족으로 미군 철수 완료예정일인 1949년 1월부터 업무를 시작하도록 했다.[43] 트루먼 행정부는 이때 미군 철수에 대비해 한국을 안정시키기 위한 경제 원조를 결정하고 1948년 12월 11일 한국 정부와 협정을 체결했다. 합의된 내용은 3년 간 3억 달러를 지원한다는 것이었다. 애치슨이 차관 시절인 1947년 추진하다가 의회의 반대로 좌절된 대한원조 규모의 절반 정도였으나 트루먼 행정부가 철군을 단행하면서 다시 추진한 것이다. 이 협정의 체결로 한국은 사실상 마셜 플랜의 혜택을 받는 18번째 국가가 되었다.[44] 트루먼 행정부는 미군 철수에 따른 한국 정부의 불안감을 줄이기 위해 한국에 대한 군사장비 지원을 결정했다. 미국 국가안보회의(NSC)는 소련의 오판으로 인한 공격에 대비하기 위해 동맹국들의 방어력을 강화시키는 NSC 20/2를 채택했다.[45] 이런 상황에서 1948년 9월 15일 예정대로 철군이 개시되었다.

그러나 ECA가 미군 철수가 완료되는 1949년에 미국의 경제지원 업무를 개시하는 경우 실제 1차 연도인 1950년도의 경제지원이 회계연도 개시일인 1949년 7월에 시작되기 때문에 한국은 미국의 지원 없이 반 년 이상을 버텨야 한다는 것이 밝혀졌다. 때마침 철군이 시작된 직후인 1948년 10월 여수·순천 반란사건이 일어나 그 일대가 순식간에 공산반란군에 의해 점령되었다. 이승만 대통령은 계속 미군이 주둔하든지 한국군 5만 명의 증강을 지원해줄 것을 요청했다. 무초 주한 미국특별대표는 신임 미 8군사령관 쿨터 장군의 의견서를 첨부해 한국 군대가 북한군의 남침을 막을 능력이 없다고 지적하고 철군 완료 시점을 몇 달 더 연기할 것을 건의했다.[46] 당시 소련은 유럽에서 6만 명에 달하는 동독의 준군사적 경찰조

직을 창설해 미소 갈등이 더욱 고조되었다.[47)

이 때문에 미국이 한국과 독일에서 소극적인 정책을 쓰면 두 지역을 소
련에게 잃을 우려가 있다는 논란이 미국 내에서 일었다. 육군부는 1949년
1월 15일로 예정된 철수 완료일에 대해 국무부의 의견을 구했다. 국무부
는 유엔이 한국에 대한 결론을 내리기 전에 철수를 완료하는 것은 미국의
국가이익 차원에서 '조급하고 불리한' 결정이라는 회답을 보냈다.[48)] 이에
따라 육군부는 1948년 11월 15일 철군 작전(작전명 Twinborn)을 계속 진행
하되 7,500명을 초과하지 않는 규모의 1개 연대를 당분간 한국에 무기
한 주둔시키기로 결정해 극동군사령관 맥아더에게 통보했다.[49)]

3) 3차 철군 연기 제안과 애치슨의 국무장관 취임

2차 철군 연기 결정 1개월 만에 국무부에서는 다시 철군 시기 재조정론
이 대두되었다. 버터워드 극동국장은 1948년 12월 국무장관 권한대행에
게 올리는 비망록에서 그해 4월 트루먼이 확정한 NSC 8의 재검토를 주장
하면서 철군을 또다시 연기할 것을 건의했다. 그는 그러한 재검토에 다음
과 같은 점이 긴요하다고 밝혔다. 즉 미국의 대한정책은 전체로서의 동북
아시아에 있어서의 미국의 기본적인 국가 목표와 함께 안보상 필요성에
근거한 전반적인 태평양정책의 한 부분으로 검토되어야 한다는 것이다.[50)]
이것은 사실상 한국의 전략적 가치에 대한 근본적인 재검토를 요구하는
것이었다. 이 무렵 이승만 대통령도 당분간 미국이 한국에 군대를 유지하
고 가능한 한 빠른 시기에 한국군에 장비 지원을 해달라는 메시지를 무초
대사를 통해 트루먼에게 보냈다.[51)]

그러나 유엔이 1948년 12월 12일 한국 정부를 승인하자 국무부와 한국
정부의 철군 연기 주장이 별 호응을 얻지 못한 채 트루먼 행정부는 국방

부를 중심으로 주한미군 철수 재개 문제를 논의하게 되었다. 국방부가 전체 국방비 지출 삭감을 결정한 이상 어차피 주한미군 철군은 예정대로 단행할 수밖에 없다는 분위기였다. 드레이퍼(William Draper) 육군차관은 12월 22일 유엔의 미소 양국군 동시 철수 결의에 따라 미군 철수 완료를 위한 조치를 조속히 취해야 한다고 주장하면서 중단되었던 철군을 이듬해인 1949년 2월 1일 재개해 3월 31일 완료하는 방안에 대한 국무부의 동의를 구했다.[52] 당시 한국에 남아 있던 잔류 미군은 1만 6,000명이었다. 미군에 비해 소련은 1948년 12월 30일 철군을 완료했다고 타스통신을 통해 발표하면서 미군이 아직 한국에 그대로 남아 있다고 지적했다.[53]

1차와 2차 철군 연기 때와 달리 3차 철군 연기 문제는 국방부 측에서 쉽게 양보하지 않았다. 결국 해를 넘기면서 시일을 끌던 끝에 1949년 1월 애치슨이 국무장관으로 트루먼 행정부에 복귀하는 것을 계기로 새로운 국면을 맞았다. 1949년 들면서 국방부와 국무부는 자신의 주장을 굽히지 않았다. 그 결과 2월 들어 트루먼이 로열 국방장관과 웨드마이어 장군을 한국에 보내 현지조사를 시킨 끝에 3월 중순 최종 결론이 났다. 이 기간 국방부와 국무부는 치열한 대립을 보였다. 우선 국방부는 철군 문제에 대한 맥아더 극동사령관의 의견을 요청했다. 맥아더는 1949년 1월 19일 심리적 이유를 들어 한국의 국회의원 총선거 1주년이 되는 1949년 5월 10일을 철군 완료일로 하자고 제안했다. 그는 "미군이 한국에 오래 머물러 있을수록 자발적 행동보다 직접적인 압력에 이르는 조건들 아래에서 단행되는 철군을 할 수 밖에 없는 입장에 처할 위험이 커진다"라고 주장했다. 맥아더는 한국의 장기적인 방어 능력에 대해 회의적인 태도를 보이면서 만약 한반도에서 전면전이 일어난다면 만주 지방의 공산군이 참전할 것이므로 한국군은 버틸 수 없을 것으로 보았다. 그는 "한국군을 공산주의 자들의 선동에 의한 국내 소요에 동반되는 외부의 전면적 침략에 대응할 수 있도록 훈련시키고 장비를 제공할 능력이 미국에 없다. 만약 심각한 위협이 가해지면 미국은 대한민국에 대한 적극적인 군사적 지원을 중단해야 할 것"이라고 밝혔다. 그는 그 대신 한국군 증강을 돕기 위해 물질적 지원을 함으로써 미국의 책임을 다할 것을 주장했다.[54]

맥아더는 2차 세계대전 당시 남서태평양 최고사령관 재임 시절 일본군의 결사적인 저항에 부딪치자 1945년 2월 마셜 육군참모총장에게 보낸 서한을 통해, 그리고 워싱턴에서 파견나온 실무자와의 면담에서 소련의 태평양전쟁 참전이 중요하다고 말하면서 소련이 참전 대가로 "만주 전체, 한반도 및 어쩌면 중국 허베이(河北) 지방 일부를 원할 것이다. 영토의 점령은 불가피하다. 미국은 그 대신 소련으로 하여금 가능한 한 최단 시일 안에 만주를 공격하도록 해야 할 것"이라고 워싱턴에 건의했다.[55] 그는 그만큼 한반도의 가치를 낮게 보았다. 그러나 맥아더도 대한민국이 건국된 다음에는 한국을 대하는 태도에 변화가 생겼다.

그런데 1949년은 한미 관계에서 특별한 해였다. 전해에 남한에서 대한민국이 수립되어 점령지 지위를 벗어난 데 이어 이해 초 대한민국은 미국과 국교를 수립했다. 1910년 대한제국이 일본의 강제합병으로 지구상에서 소멸되어 두 나라의 국교 관계가 해소된 지 39년 만에 다시 외교 관계를 부활시킨 것이다. 미국은 이해 1월 1일 자로 한국 정부를 정식으로 승인한 후 5일 트루먼 대통령이 한국의 정치적, 경제적 안정 유지를 위해 미국의 계속적인 지원을 제공한다는 행정명령 10026-A호를 공포했다. 이 행정명령에 따라 ECA가 1945년부터 육군부에서 관장해오던 구제 및 복구 업무를 이어받게 되었다. 또 당시까지 육군부에서 처리하던 정보 및 교

육의 상호교환 업무를 국무장관이 맡기로 했다.[56)]

소련 역시 이 해에 북한에 대한 원조를 강화했다. 북한과 소련은 1949년 3월 17일 경제 및 문화를 위한 10개 협정을 모스크바에서 조인했다. 스탈린은 이와 별도로 김일성이 요구한 대량 무기와 장비의 90%를 제공하기로 동의해 그해 6월 4일 양국 사이에 특별의정서가 체결되었다. 김일성은 그해 9월까지 1개 공군사단을 갖춘 공군 창설을 완료하겠다고 제의했다. 스탈린은 또한 김일성에게 2개 전차연대로 구성되는 1개 기계화여단, 1개 독립전차연대, 각 사단에 포병부대 배치, 1개 공병대대, 1개 포병연대의 창설에 필요한 무기와 장비를 지원하기로 약속했다.† 이러한 소련의 움직임은 한국의 안보를 우려하는 목소리를 가중시켰다.

이에 대해 애치슨은 1949년 1월 국무장관에 취임하자마자 한국의 중요성을 강조하는 정책 성명을 발표했다. 대형책자 크기로 9페이지에 달하는 이 장문의 성명서는 한반도 전체를 직접 또는 간접으로 소련의 지배 아래에 들어가도록 할지도 모르는 철군의 전략적 의미와 함께 극동 지역에 미칠 정치적, 심리적 영향을 고려할 것을 강조했다. 이 성명은 다른 한편으로 미군의 계속적인 한국 주둔을 요구할지 모르는 군사적 개입의 위험성도 고려해야 한다고 밝혔다.[57)] 애치슨은 국무부 주도로 철군 시기 결정 관련 문건인 NSC 8의 재검토에도 착수했다. 원래 NSC 8은 애치슨의 전임자인 마셜 장관 시절 국무부가 마련한 것이다.

---

† 스탈린이 김일성에게 제공하기로 한 주요 무기와 장비를 보면 공군 장비로는 Il-10 30기, Wil-10 4기, Yak-9 30기, PO-2 4기, Yak-18 24기, Yak-11 6기이며 탱크 기갑차량 대수는 T-34 87대, BA-64 장갑차 57대, SU-76 자주포 102문, M-72 모터사이클 122대이다. 그 후 6·25전쟁 때까지 소련 군사장비 지원은 대폭 늘어났다. 바자노프·바자노바, 1998, pp. 69~71.

이런 상황에서 트루먼이 한국에 파견한 로열 국방장관과 웨드마이어 장군은 한국 정부와 접촉했다. 이승만 대통령과 이범석 국무총리는 미군 철수 중단과 군사 원조를 요구했다. 로열은 무초 대사와 로버츠(William L. Roberts) 군사고문단장과의 면담에서 이들로부터 강력한 철수 반대 주장을 들었다. 무초는 로열의 철군 방침에 동의하지 않으면서 미국이 신생 한국을 버리지 않을 것이라는 점을 한국에 이해시킬 때까지 철군을 재개해서는 안 된다고 주장했다. 그는 한국 정부가 안정과 자신감을 갖게 되면 경제적 자립과 대중의 정치적 지지를 얻게 될 것이라고 강조했다. 로버츠 준장 역시 무초의 견해에 동의하면서 한국 군대는 정부에 충성스러우며 국가 방어를 위해 싸울 태세가 되어 있어 미국의 원조를 받을 자격이 있다고 주장했다. 그는 한국이 탱크나 해군을 보유하는 데는 찬성하지 않았으나 대규모 군사 원조를 제공하는 데는 찬성했다. 결국 로열은 한국에 파견되어 있는 미국 정부의 가장 중요한 이 두 인물도 설득시키는 데 실패했다. 무초는 로열과 함께 워싱턴에 일시 귀국해 철군을 반대하는 주장을 계속 폈다.[58]

4) NSC 8/2 확정

트루먼 대통령은 국방부와 국무부의 견해차가 좁혀지지 않는 가운데 결단을 내려야 했다. 그는 3월 22일 국가안보회의 36차 회의를 소집해 논의를 시작했다. 이미 애치슨은 이에 대비해 1주일 전인 3월 16일 NSC 8을 보완한 NSC 8/1을 마련했다. 이 보고서는 한국에 계속적인 외교적 지지와 경제 기술 및 군사 원조를 제공할 것을 건의했다. 국가안보회의는 NSC 8/1을 보충한 NSC 8/2를 마련해 이튿날 자로 트루먼의 승인을 받았다. 이로써 한국 점령군의 철수 문제는 최종적으로 매듭지어졌다.[59]

NSC 8/2는 철군 완료일을 육군부의 의견대로 6월 30일로 확정했다. NSC 8/2에서 소련의 궁극적인 목표가 한반도 전역의 지배라고 지적한 것은 종전의 NSC 8과 같다. 주목을 끄는 대목은 "소련 정책의 파생적인 한 가지 목표가 한반도 전역의 지배를 연장하기 위해 이용될 수 있는 도구로 자신의 점령지역에 소련에 의존적인 괴뢰정권을 수립한 사실"을 새로 추가한 점이다. 그리고 이 문건은 "이 괴뢰정권이 소련에서 훈련받고 소련제 무기로 무장된 '인민군'에 의해 유지되며 소련은 자신이 세운 북한 정권을 전형적인 소련식 조직으로 만들어 아무리 사소한 문제라도 소련이 바라는 것에서 전혀 이탈할 수 없는 환경을 조성했다"라고 지적했다. 이 문건은 또한 당시 북한군 병력이 보안군을 합쳐 7만 5,000~9만 5,000명이며 경찰 철도경비대와 다른 보안요원을 합쳐 최소 3만 명이 있고 만주에는 중공군에 배속된 한인부대가 북한 육군과 경찰을 합친 수보다 많다고 추정했다. 이 문건은 유엔의 보호 아래 남한에 수립된 정부가 소련이 지배하는 군사력에 의해 전복되는 것은 유엔의 위신과 영향력에 심각한 타격을 주는 것이며 이런 점에서 미국의 이익은 "유엔의 그것과 동일하지 않다면 유사한 것으로 간주되어야 한다"라고 천명했다. 마치 1년 3개월 후에 북한이 일으킨 6·25전쟁을 예언이라도 하는 듯한 이 대목은 주목할 만하다.

NSC 8/2의 특징은 미국이 한국에 대해 경제 원조와 군사장비 원조를 제공하기로 결정한 점이다. NSC 8/2는 NSC 8처럼 미국이 한국에 직접 군대를 주둔시켜 방어하거나 반대로 한국을 포기해 소련에 넘어가도록 방치하는 양극단의 방법이 아닌 중도적 방법(middle course)으로 한국을 도울 것이라고 선언했다. 즉, 미국은 대한민국 정부에 대해 실용적이며 실천 가능한 범위 내에서 지원 여건을 조성하는 동시에 미군 병력의 철수 결과 남한이 공산주의자들의 지배 아래에 들어갈 위험을 최대한 실제 범위 내에서 '최소화'(minimizing)한다는 것이다. NSC 8/2의 중요한 결론은 다음과 같다.

첫째, 잔여 미 점령군 철수를 위한 준비를 하되 1949년 6월 30일 이전에 철수가 완료되어야 한다. 최종적인 철수 이전에 비상용 예비품과 함께 6개월 간의 대체품과 소모품 수요량을 조달하는 데 충분한 보안병력(육군, 해안경비대, 경찰)용 장비와 유지관리용 비품의 비축분을 한국 정부에 이관해야 한다.

둘째, 한국의 육군 해안경비대와 경찰의 훈련을 책임지고 미국의 군사 지원의 효과적인 사용을 책임질 미국 군사고문단을 즉시 설립하되 미국이 한국 해군을 지원한다는 암시를 한국 국민들에게 주어서는 안 된다.

셋째, 1950년 회계연도 및 그 이후 한국 정부에 군사 지원을 계속 하기 위해 입법부의 승인을 받도록 노력해야 한다. 그 목적은 항공대를 포함한 6만 5,000명의 잘 훈련되고 장비를 잘 갖춘 육군, 4,000명의 해안경비대 그리고 3만 5,000명의 경찰을 양성하는 데 있다.

넷째, 1950년 회계연도의 ECA(경제협력처) 계획과 1950년 이후의 한국에 대한 경제 및 기술지원을 위해 입법부의 승인을 받도록 노력한다.[60]

이상이 3차에 걸친 미군의 철수 연기 경과다. 트루먼 행정부가 한반도를 둘러싼 소련과의 냉전 과정에서 한반도 정책을 계속 바꿈으로써 시행착오를 거듭했음을 알 수 있다. 다만 트루먼 행정부 수뇌부들 특히 애치슨은 한반도의 정치적 중요성과 군부의 낮은 군사적 평가 사이의 갈등 속에서도 군사력 외의 방법으로 한국을 지키고 미국의 영향권에 남겨 두려고 철군 완료일 및 철군 완료 후의 기본적인 대한정책을 담은 NSC 8/2을 마련한 것이다.

4. 이승만의 대미 공개 비판

1) 조미수호통상조약과 이승만

　조급하고 준비 안 된 트루먼 행정부의 최종적인 철군 결정은 한국 측을 극도로 불안하게 했다. 이승만 대통령은 1949년 4월 조병옥을 미국에 특사로 보내 군사원조 문제를 협의하도록 했다. 조병옥은 4월 11일 워싱턴에서 장면 대사를 대동하고 국무부를 방문해 버터월드 극동국장을 만났다. 그는 한국 정부는 미군 철수와 한국에 대한 군사적, 경제적 지원이 불가분의 관계에 있는 것으로 간주하고 있다고 강조하고 두 문제는 같은 전체의 한 부분이고 그 중 하나가 이루어지지 않으면 다른 것도 이루어질 수 없는 것이라고 주장했다. 이에 대해 버터월드는 미국은 전 세계 국가들을 상대로 군사 지원을 하고 있는 만큼 한국도 그에 상응하는 지원액이 책정될 것이라고 답했다. 그는 또한 한국 정부가 공산주의와의 투쟁에서 국민들의 지지를 얻기 위해서는 시대에 뒤떨어지거나 반진보적인 정책을 써서는 안 될 것이라고 충고했다. †

---

† 워싱턴발 AP통신 보도(1949. 4. 15일 자)에 의하면 한국 측은 ① 한국은 현재 5만 명의 군대를 보유하고 있으나 군대 증원에 필요한 무기와 장비가 충분하지 않다. ② 한국은 주로 물질적인 원조를 원하고 있을 뿐이며 장래에는 단 한 명의 미군도 필요하지 않게 될 것이라고 생각한다. 필요하다면 우리는 우리의 힘으로 싸울 것이다. 우리는 충분한 무기와 장비를 원하고 있다. ③ 한국군은 약 10만 명의 현역으로 구성되는 6개 보병사단과 5만 명의 예비 민병과 약 5만 명의 경찰을 확보하기 위한 충분한 무기와 장비를 원하고 있다. 내란을 피하기 위해서는 북한에 비해 우세하지는 않더라도 군사적인 동등세력만큼은 유지하지 않으면 안 된다. ④ 한국은 주로 전투기로 구성된 각종 항공기 약 100대와 3,000명의 조종사에 필요한 장비를 요청한다. 우리는 훈련을 받을 조종사를 충분히 갖고 있으나 비행기가 없다. ⑤ 해군에 관해서는 잠수함 2척을 포함한 각종 함선 50척 이상과 1만 명의 해군에 대한 무기와 장비가 필요하다고 요청했다. "현역민병 20만명의 장비와 항공기 100대 등 요구 – 미 국·육 양성, 한국의 제안을 검토 – 조병옥 특사의 요청 내용," 『조선일보』, 1949. 4. 15.

그러나 이승만의 이 같은 호소에도 불구하고 트루먼 행정부의 경제적, 군사적 지원은 지지부진했다. 이에 화가 난 이승만은 4월 14일 무초 대사에게 미리 보낸 서한 초안에서 "국가적 명예와 위신을 지켜야 한다는 높은 의식을 가진 미국 국민들은 국가적 의무를 결코 저버리지 않을 것"이라고 지적하면서 한국의 안보 전망이 보일 때까지 철군해서는 안 된다는 『뉴욕 타임스』의 사설[61]을 인용해 철군 반대 의사를 분명히 했다. 그는 이 서한 초안에서 1882년 조선 왕조와 미국이 체결한 조미수호통상조약 제1조에 규정된 우호 조항(amity clause)에 규정된 약속을 미국 정부가 공개적으로 재확인할 것을 요구했다. 서한 초안은 워싱턴에 보고되었다.[62] 이 조항은 두 체약국 중 어느 한 나라에 대해 제3국이 부당하게 행동할 경우 다른 나라 정부가 분쟁의 원만한 타결을 위해 주선한다는 내용이다. 그러나 무초가 16일 경무대로 이승만을 방문해 철군과는 별도로 신생 대한민국의 경제적, 정치적 안정에 긴요한 것으로 간주되는 경제적, 기술적, 군사적 또는 다른 종류의 지원을 계속 하겠다는 것이 미국의 의도라는 공식 서한을 전달하자 이승만은 우호 조항에 관련된 그의 서한 초안을 정식 서한으로 만들어 공식적으로 보내는 것을 중단했다.[63]

애치슨은 이승만의 조미수호통상조약 거론에 의외로 상당히 유연한 반응을 보였다. 종래의 국무부 공식 입장과 달랐다. 애치슨은 무초에게 국무부는 이 조항들이 일본 정부와 한국[대한제국] 정부 사이에 1904년부터 1910년까지 맺어진 협정들로 인해 적용불가능하며 따라서 그 조약은 더 이상 유효하지 않다는 입장을 취해왔다고 한국 측에 전하라고 지시했다. 그러면서 애치슨은 이런 해석이 정당하다고 할 때 조약의 부활은 상원 인준을 요한다고 덧붙였다. 애치슨은 그러면서도 "만약 이승만 대통령이 이 점에 대해 비호의적인 반응을 보인다고 귀관이 판단하는 경우 미국 정부가 새로운 우호통상조약의 체결을 교섭하는 것이 적절한 것으로 믿고 있다고 그에게 전하고 귀관의 판단에 따라 미국이 1882년 조약의 제1조에 선언된 원칙들을 준수하고 있다는 점을 그에게 통보해도 좋다"라고 밝혔다.[64]

그러나 대한원조 문제에 대한 트루먼 행정부의 미온적인 태도에 실망한 이승만 대통령은 그해 5월 8일 공보처를 통해 다시 트루먼 행정부의 철군 방침을 공개적으로 비판하는 특별성명을 발표했다. 이승만은 "외부 세력에 의한 공격이 있을 때 대한민국은 미국의 전면적인 군사적 지원에 의존할 수 있을 것인가? 이 문제는 현재 잔류 미군이 한국에 주둔하느냐 안 하느냐의 단순한 문제보다 훨씬 중요한 것이다"라고 미국 측을 압박했다. 그는 미국이 소련과의 협정으로 한반도를 분단했다고 비난하고 그 후 미국은 공산당을 타협적으로 대하려고 노력했기 때문에 남한에서 공산당이 큰 힘을 얻어 강성해졌다고 주장했다.[65] 공보처장 김동성(金東成)도 이승만의 담화를 발표하면서 자신의 별도 담화를 내놓았다. 그는 남한에 미 군정청이 설치되었던 3년 동안 한국의 민족주의 지도자들은 공산주의를 공공연히 비난하는 것을 금지당했을 뿐만 아니라 이승만 박사와 여타 지도자들의 방송 연설 원고 중 공산주의를 비평, 비난하는 대목을 삭제하기 위해 빠짐없이 엄격한 검열을 받았다고 주장했다. 그는 또 "미국은 공산당이 38선을 침범해 우리를 공격해온다면 우리를 지원하기 위해 무엇을 할 것인가에 대한 우리의 질문에 답변할 때까지 잔류 주둔군을 철수하지 못할 것이며 철수하지도 않을 것으로 믿는 바"라고 강조했다.[66]

2) 이승만과 미국 언론

국무부는 당황했고 특히 애치슨은 격분했다. 무초는 그날 오후 로버츠 미국 군사사절단장과 드럼라이트(Everett F. Drumright) 공사를 대동하고 경무대로 이승만을 방문했다. 그는 자신이 이 성명을 보고 혼란스러웠고 충격을 받았다고 항의했다. 무초는 이승만의 성명이 한미 간에 상호신뢰와 선의보다 오해를 불러일으킬 소지가 있으며 미국 국민들을 겨냥한 자극적인 언론 캠페인은 특히 이 시점에서 위험하다고 주장했다. 미국 정부는 현재 한국에 대한 추가적인 경제 및 군사 지원 문제를 고려 중인데 이런 단계에서 이 대통령의 지속적인 공개 언급은 난처하고 좋은 결과를 가져오는 데 도움이 안 된다고 주장했다. 이에 대해 이승만은 이 성명은 자신의 승인 없이 발표되었다고 해명하면서도 성명의 주지만큼은 옹호했다. 그는 자신이 미군 철수 이후 한국을 방어하는 문제에서 한국 국민을 이해시키는 데 어려운 입장에 있으며 미국의 명확한 이해를 필요로 한다고 말했다. 이 문제에 대해 이승만과 무초 사이의 대화는 결론없이 끝났지만 무초는 추후 발표에는 더 조심해달라고 이승만에게 요청했다.[67]

애치슨은 5월 9일 무초에게 강경한 어조의 지시를 내렸다. 이 대통령에게 즉각 면회를 요청해 그가 미국에 강요하기 위해 공개적인 언론 발표에 의존하는 것은 정상적인 외교의례의 중대한 침범일 뿐만 아니라 한미 양국 관계가 바탕하고 있는 상호우호와 신뢰정신과 첨예하게 불일치하는 것이라고 통고하라고 훈령했다. 애치슨은 또한 이 불행한 공개 발언은 오로지 한국에 불이익만 줄 것이며 현재 한국에 대한 경제적, 군사적 지원 문제가 현안이 된 상황에서 심각하게 부정적인 결과를 가져올 수 있음을 경고하라고 지시했다.[68] 애치슨의 이 훈령에 대해 무초가 별도로 회답을 올린 기록이 없는 점으로 미루어 무초는 이미 이승만을 면회해 항의한 만큼 이 문제로 다시 그를 만나지는 않은 것으로 보인다. 무초는 이틀 후 무기 지원 문제를 이승만과 협의하는 과정에서 이승만이 발표한 성명에 관한

미국 측 입장을 온건히 전달했다.[69]

이 무렵 워싱턴에서는 국무부 극동국장 버터워드가 5월 11일 국무부를 방문한 조병옥 특사와 장면 한국대사에게 이승만의 성명을 거론했다. 버드워드는 미국 의회가 한국에 대한 경제 지원 안을 심의하려는 상황에서 문제의 성명이 나와 워싱턴의 반응이 상당히 호의적이지 않다고 지적했다. 버터워드는 특히 이승만의 성명 중 미국이 소련을 한반도에 불러들였다는 대목에 강한 거부감을 표시했다.[70] 일부 미국 전문가들은 이 무렵의 한미 간 감정적인 마찰이 훗날 트루먼 행정부로 하여금 북한이 남침할 경우 한국 방어 의지를 확고히 밝히지 않게 함으로써 김일성의 침략을 억제하지 못한 배경이 되었다고 주장했다.[71] 그러나 감정 문제가 6·25전쟁이라는 엄청난 사건의 방지에 악영향을 주었다는 이 같은 분석은 그후 트루먼 행정부가 6·25전쟁에 즉각 참전한 사실에 비추어볼 때 사안의 경중을 혼동한 분석이라고 할 수밖에 없다.

이승만 대통령과 애치슨이 이끄는 미 국무부가 감정싸움으로 발전할 정도로 첨예한 대립을 보이는 가운데 『뉴욕 타임스』는 한국 편을 드는 사설을 실었다. 이 신문은 이 대통령이 특별 성명을 발표한 바로 이튿날(미국시간 같은 5월 8일) 사설을 통해 한국이 외부 세력의 공격을 받을 경우 미국의 전면적인 군사 지원에 의존할 수 있는가라는 이승만의 질문을 신속히 소개한 다음 "이것은 공정한 질문이며 이중적 둔사가 아닌 명확한 답변을 들을 가치가 있다"라고 논평했다. 이 사설은 트루먼 행정부가 이미 가까운 장래에 한국으로부터 미군을 철수시키겠다고 발표했으나 이 대통령은 "공산 세력이 38선을 넘어 (한국을) 공격해오는 경우 미국이 어떤 조치를 할 것인가에 대한 질문에 답하기 전에는 미국은 잔존 미군 병력을 철수시킬 수 있거나 철수하려고 할 것으로 믿지 않는다고 말했다"라고 지적하면서 이승만이 주장하는 태평양방위 동맹조약 체결 문제를 거론했다. 이 사설은 안보를 위협받고 있는 태평양 국가들은 정치적, 문화적 성장 단계가 서로 다르고 서유럽국가들의 특징인 상대적 동질성은 보이지 않지만 태평양 안보 문제의 토의를 시작하는 데 가장 큰 단일 장애물은 미국 측에서 자신의 의도와 목표에 관한 명확한 설명이 없는 점이라고 지적했다. 트루먼 행정부는 예컨대 공산 세력의 위협을 받은 그리스에 대해서는 지원할 의사를 명백히 밝히면서 중국에 대해서는 이에 상응한 조치를 취하지 않고 1946년부터 1948년까지 중국(타이완 정부)에 대한 무기 지원 금지 조치를 단행해 실제적으로 아시아에 공격적인 공산 세력이 확대되는 것을 도왔다면서 다음과 같이 주장했다.

그런데 지금 이승만 박사는 이 문제를 이론 영역으로부터 실제 영역으로 옮겨왔다. 그는 미국이 이 문제들을 진지하게 생각할 것을 요구했다. 우리는 지금까지 신생 대한민국의 주요 후원국 중의 하나였다. 이제 한국이 멸망의 위협을 받는다면 '기다리며 지켜보라' 는 식의 정책(a wait and see policy)의 채택을 제의한다는 말인가? 이 문제는 우리의 태평양 정책을 현실주의적 입장에서 재검토를 시도하는 수단이 되는 것이 좋을 것이다. 그것은 지금까지 중국에 관해 회피해왔던 문제들 - 즉 "우리는 태평양 지역 국가들에 대한 의무를 인정하고 있는가? 만약 그렇다면 그 의무를 이행할 것을 제의해야 하는가"라는 문제들을 우리에게 제기했다. 이 문제에 대한 회답이 극동 지역 국가들과의 안보 조약의 기초를 마련할 수 있을 것이다.[72]

3) 상호방위조약 체결 주장과 애치슨

이승만 대통령은 트루먼 행정부의 최종 철군 결정을 보면서 더이상 철군 연기가 불가능하다는 결론을 내리고 자구책을 강구하기 시작했다. 그는 1949년 5월 공개적으로 한국 방어를 위한 세 가지 안을 미국 측에 제시했다. 그는 ① 북대서양조약기구(NATO) 같은, 동맹을 바탕으로 하는 태평양 방위 기구의 설치 ② 한미 간 한정된 또는 여타 국가도 포함한 침략국에 대한 상호방위 조약, ③ 공산군의 침략에 대한 트루먼 대통령의 정책에 의거해 재통일된 민주·독립 한국을 방위한다는 서약을 미국이 공개적으로 선언할 것 중 한 가지를 들어줄 것을 미국 측에 제의했다.[73] 트루먼 행정부는 이 방안들에 대해 모두 부정적이었으나[74] 나름대로 한국을 안심시키기 위한 조치를 취하려고 노력했다. 즉 5월 15일 무초 대사는 한국에서 전쟁이 일어난다는 소문은 신경과민에서 나온 것이며 전쟁이 일어나는 경우에도 한국 군대는 충분히 방어할 수 있다고 발표했다.[75]

그러나 이 같은 미국 측의 '말로 하는 위로'는 별 효력이 없었다. 5월 19일 임병직 외무장관과 신성모 국방장관이 공동성명을 통해 미국이 38선을 만들었으므로 소련이 지원하는 북한과 한국이 군사적 균형을 이루도록 할 도덕적 의무가 있다고 미국을 비판하면서 철군 전에 한국에 충분한 국방을 보장하라고 요구했다. 이 공동성명은 이어 "믿을 만한 정보에 의하면 소련은 북한과 협의해 보병 6개 사단과 기갑부대 3개 사단을 완전 무장시키고 정찰선 20척, 전투기 100대, 폭격기 20대, 정찰기 100대를 제공하며 전 내무서원(경찰)을 충분히 무장시킨다고 한다. 미국은 적어도 여기에 대비하는 방책을 세워야 한다"라고 강조했다. 두 장관의 공동성명 발표는 곧 한미 간 눈물겨운 해프닝으로 발전했다. 이승만은 항의하러 경무대를 방문한 무초 대사의 면전에서 두 장관을 불러들여 해명하라고 지시했다. 그러나 임 장관은 무초에게 자신의 성명에 무엇이 잘못되었는지 물은 다음 날카로운 목소리로 미국이 중국을 [공산당에게] 팔아넘겼다고 소리쳤다. 그는 이어서 한국 지도자들은 한국에서 똑같은 과오를 범하는 미국의 결정을 공표할 권리가 있다고 목성을 높였다. 이승만과 신성모 국방장관은 임병직의 외침에 크게 당황하고 무초도 화가 나서 만약 대통령께서도 이 말에 찬성한다면 자신은 미국대사관 문을 닫고 한국을 떠날 수밖에 없다고 차분한 목소리로 응수했다. 임병직의 언동이 지나쳤다는 것을 깨달은 이승만은 그에게 조용하라고 타일렀다. 신성모는 이튿날 대사관으로 무초를 찾아가 이 대통령의 유감의 뜻을 전했다. 이승만은 신성모에게 공동성명 건과 임병직의 행동에 대해 두 장관이 무초에게 사과하라고 지시했던 것이다.[76]

미군 철수 완료 직전인 6월 27일 장면 주미대사는 백악관으로 트루먼 대통령을 방문하고 한국군이 충분한 무기와 탄약을 보유할 때까지 주한미군 철수를 반대한다는 정부 방침을 전달하면서 철군 연기를 간청했다.[77] 그러나 주한미군은 트루먼 행정부의 더이상의 조치가 없기 때문에 기존 철군 계획을 진행시켰다. 6월 15일과 21일 전투부대의 대부분이 철수하고 마지막 잔류 병력 1,600명은 6월 29일 오전 8시 인천항에서 주한미군 참모장 콜리어(William A. Collier) 준장의 인솔 아래 미 육군 수송선 편으로 일본으로 떠났다.[78] 이로써 일본 항복 이후 남한에 상륙했던 7만명가량의 미 육군 24군단은 4년 만에 군사고문단 500명만 남기고 철수를 완료했다. 7월 1일자로 설치된 주한미군 군사고문단 단장에 내정된 로버츠 군사사절단장은 6월 16일 미군이 철수할 때 95%의 무기를 한국군에게 이양할 것이라는 성명을 발표했다.[79] 미군 철수를 앞두고 38선에서는 크고 작은 무력충돌이 빚어졌다. 1949년 5월 3일 북한군의 대규모 개성 지구 공격으로 빚어진 4일 간의 전투로 북한군 400명과 한국군 17명이 사망하는 사태가 일어났다. 38선에서의 남북간 충돌은 미군 철수 기간에도 계속되었다. 게다가 6월 26일 김구가 경교장에서 테러리스트에게 피살되는 등 국내 정세는 혼란에 빠졌다.[80]

③ 한국판 마셜 계획과 유엔군 편성 안

1. 애치슨의 응급 처방

이승만은 미군 철수 후인 7월 들어 철군에 따른 안보 공백을 메우기 위해 조병옥을 미국에 특사로 다시 파견했다. 조병옥은 1949년 7월 11일 장면 주미대사를 대동하고 국무부를 방문해 애치슨 국무장관과 만난 자리에서 이승만의 지시라면서 3가지를 제안했다. 조병옥은 먼저 미군 철수 이후 국방력 미비로 한국 국민이 몹시 불안해하고 있다고 애치슨에게 말하고 한국 육군을 당시의 6만 5,000명에서 10만 명으로 증원하고 예비 병력을 5만 명으로 늘리는 문제를 웨드마이어 장군과 토의해 그의 이해를 얻었다고 말했다(웨드마이어는 그가 찬성했다는 주장을 부인했다). 두 번째로 조병옥은 유사시 미국 정부가 한국을 지원하겠다는 공개 보장을 해줄 것을 요청했다. 이에 대해 애치슨 측은 6월 8일의 국무부 성명이 한국 정부의 그러한 요구에 응해 나간 것이며 당시 시점에서 더이상의 성명은 고려되지 않고 있다고 답변했다. 그러자 조병옥은 그 같은 미국 성명은 감사하지만 한국 정부가 진정 원하는 것은 한국에 대한 무력 공격이 있을 경우 즉시 미국이 대한민국 방어에 나서겠다는 구체적인 보장이라고 설명했다. 그러나 애치슨은 특정 국가를 대상으로 하는 구체적인 군사 공약은 생각할 수 없는 문제라고 거부했다. 조병옥은 세 번째로 북대서양조약과 유사한 태평양동맹조약을 체결하는 데 대한 미국 정부의 동의를 요구했다. 애치슨은 이에 대한 그의 견해가 이미 한 차례 이상 기자회견에서 표명되었다고 말한 다음 요컨대 미국은 '현시점에서는' 북대서양조약에 내포된 것과 같은 일을 확대하는 것을 더이상 고려하지 않고 있다고 답변했다.[1]

애치슨과 달리 『뉴욕 타임스』는 이 무렵 사설을 통해 태평양동맹조약은 도덕적 중요성을 갖고 있으며 미국이 무시할 수 없는 신념과 목표가 있다고 옹호했다. 이 사설은 주한미군 철군 개시 일정이 8월에서 9월로 연기되었으나 위협은 감소되지 않은 채 한국은 임박한 침략 위협에 당면해 있다고 지적하고 태평양동맹조약을 외면하는 미국의 아시아 정책은 옳지 않다고 주장했다.[2]

트루먼 행정부의 부정적인 태도에도 불구하고 이승만은 당초의 뜻을 굽히지 않고 1949년 8월 들어 아시아판 집단동맹 체제, 즉 태평양동맹을 추진하기 위해 타이완 국민당 정부의 장제스 총통을 진해로 초청해 회담을 가졌다. 이승만은 진해항을 미국 해군 기지로 제공하는 것을 제의하기도 했다. 그 해 7월 장제스와 필리핀 키리노(Elpidio Quirino) 대통령은 회담을 갖고 태평양동맹 체제를 결성하기 위한 움직임을 최초로 공식화했다. 이때 이 같은 움직임을 지지하는 노블(Harold Noble)과 폴링(Daniel Poling)의 평론이 미국 언론매체에 나오기도 했다(각각 *Saturday Review Post* 및 *Look Magazine*). 인도의 네루(Jawaharlal Nehru) 수상은 처음에는 태평양동맹을 반대했으나 아시아판 마셜 계획에는 찬성했다. 태평양동맹 체제 구상은 6·25전쟁 발발 때까지 추진되었으나 유럽 중심의 외교에 몰입해 있던 트루먼과 애치슨은 이에 냉담했다.[3]

애치슨은 NSC 8/2에 따라 한국에 대한 원조 법안을 의회에 냈다. 당초 미 의회는 1950년 회계연도에 한국에 대해 6,000만 달러 원조를 배정해 놓았으나 이 돈은 1950년 2월 15일까지 집행하면 없어지도록 되어 있었다. 이 때문에 트루먼 행정부는 1950년 회계연도 잔여 기간, 즉 6월말까지 집행할 한국에 대한 추가 원조 자금 1억 5,000만 달러를 포함한 대규모의 군사 지원을 NATO 가맹국, 그리스와 터키, 이란 그리고 필리핀에 제공하기 위한 법안을 의회에 제출했다. 트루먼은 이날 추가 원조법안을 설명하는 메시지에서 대한민국은 미국의 원조를 받으면 공산 세력의 지배에 항거하는 동북아시아 국가의 핵으로 성장할 수 있지만 그렇지 못할 경우 '필연적이고 즉각적으로' 붕괴할 것이라고 말했다.[4] 애치슨은 증언을 통해 미국이 움직이지 않으면 한국의 모든 정세가 붕괴되어 한국은 3개월 안에 공산주의 지역으로 떨어져 동아시아에 '공포의 전율'을 불러 일으킬 것이라고 경고하면서 "우리를 믿는 사람들에게 생존 기회를 제공하지 않는 것은 미국인의 행동이 아니다"라고 역설했다.[5]

그러나 야당인 공화당은 트루먼 행정부의 '중국 상실' – 즉 장제스 정부를 제대로 지원하지 않아 중공군에게 패하도록 방관한 미국의 책임 –을 집중적으로 추궁했다. 공화당 의원들은 한국 원조 안에 대해 '너무 적고 너무 늦었다'라고 공격했다.[6] 하원 외교위원회는 9일 동안 애치슨 국무장관과 케넌 전 국무부 정책기획국장 등 정부 관계자들을 불러 청문회를 가졌다. 하원 외교위원들은 애치슨에게 미국 자금으로 집행되는 한국에서의 투자가 미국 군사력에 의해 보호받느냐고 따져 물었다. 이에 대해 애치슨은 "우리는 아마도 미국의 군사력으로 한국인들에게 그들의 독립을 보장하지 못할 것"이라고 답했다.[7] 청문회 자리에 있던 ECA 한국 책임자인 존슨(E. A. J. Johnson) 박사의 관찰에 의하면 하원 외교위 소속 위원들은 애치슨으로부터 한국 안보에 대한 군사적 보장을 다짐하는 언질을 받으려고 했다는 것이다. 그러나 애치슨은 끝내 "우리는 한국이 모든 압력에도 일어설 것이라고 의원님들에게 말할 수는 없으나 한국인들이 자신들을 돌보기 위해 싸울 좋은 기회가 있다"라고 당당한 자신감을 갖고 말해 일부 의원은 크게 화를 내고 실망했다고 회고했다. 존슨은 외교위 소속 의원들의 국무부에 대한 노기어린 비난에도 놀랐지만 애치슨과 그의 참모들의 '차갑고 겸손한 척하는 오만'(cold and condescending hauteur)에도 똑같이 놀랐다고 회고록에서 밝혔다. 존슨은 의원들을 가장 혼란시키고 짜증나게 한 것은 합참 육·해·공군 대표들이 미군 전술부대가 한국에서 왜 그리 서둘러 철수해야 했는지 납득이 가도록 설명하지 못하는 무능 내지 회피적인 태도였다고 말했다.[8]

이 같은 곡절을 거치기는 했으나 하원 외교위원회는 6월 28일 원안대로 1억 5,000만 달러의 한국 원조 법안을 통과시켰다. 『뉴욕 타임스』는 이때 사설에서 이 법안이 반공적이라는 점이 아니라 친남한적이라는 점이 중요하다고 지적하고 "남한의 착한 국민들을 도와야 한다"면서 한국 지원은 긴급한 문제라고 의회에 촉구했다. 상원 외교위원회도 7월 12일 이 법안을 통과시켰다.[9] 그런데 7월 12일은 이미 미군이 한국에서 완전히 철수를 끝낸 뒤여서 당초 6월말까지 긴급히 필요하다고 해 트루먼 행정부가 부랴부랴 이 원조 자금을 요구한 취지가 일부 무색해진 것이다.

2. 의회의 반대로 용두사미화

그러나 더 한심한 것은 이 법안이 이듬해인 1950년 1월 초 미국 하원 본회의 심의 단계에서 원조 액수가 1억 5,000만 달러에서 그 반도 안 되는 6,000만 달러로 삭감되더니 막상 1월 19일 표결에서는 그마저 1표 차로 부결되었다는 사실이다. 그 배경은 국무부의 중국 정책 실패에 반감을 품은 공화당 의원들과 외국 원조에 무조건 거부하는 고립주의적 경향의 민주당 의원들이 대거 반대표를 던진 데 있다. 한국을 군사 보장보다는 경제 지원으로 지켜주겠다던 애치슨의 공언은 완전히 무색해졌다. 미국 행정부뿐만 아니라 의회와 다수당인 공화당의 무책임도 다시 드러난 셈이다. 이해가 안가는 점은 하원이 이때 어떤 ECA 자금도 한국에서 안보에 사용될 수 없다고 결의한 사실이다. 이것은 미국 의회가 여야 할 것 없이 대한민국의 안보에 관심이 없었음을 보여주는 충격적인 사건이다. 애치슨은 당초 이 법안이 여야 간 논란의 소지가 없었고 다른 대외 문제에 비해 상대적으로 중요하지 않았고 비교적 적은 액수의 원조 법안이어서 법안 통과에 낙관적이었다가 크게 실망했다. †

이 무렵 애치슨의 프레스 클럽 연설로 한국에 대한 미국의 소극적인 태도가 공개적으로 표명된 상황이어서 이날의 하원 결정도 영국인 학자 마이클 F. 홉킨스가 지적한 것처럼 별로 놀랄 일이 못되었다.[10)]

트루먼은 의회가 한국 원조 법안을 부결시킨 사태에 '우려와 실망'을 표하면서 조속한 시정 조치를 요청했다. 의회 지도자들 역시 하원에서 일어난 의외의 사태 발전에 당황해 대책을 세우지 않을 수 없었다. 이에 따라 하원은 '극동의 일부 지역에 대한 경제원조 공여 법안'이라는 새로운 이름의 원조 법안을 만들어 2월 14일 통과시켰다. 액수는 그해 6월말 끝나는 1950년 회계연도 분으로 원안보다 3,000만 달러 삭감된 1억 2,000만 달러와 1951년 6월 30일에 끝나는 1951년 회계연도 분으로는 1억 달러,

---

† 애치슨은 이 날을 회고해 "오늘은 일을 추진하는 방법 때문이 아니라 분규가 일어난 방식 때문에 힘든 하루였다. 우리는 하원에서 한국 문제로 패했다. 이렇게 된 것은 우리 잘못이다. 1표 차(193 대 192)로 패해서는 안 될 일이었다. 우리는 너무 낙관했고 비효율적이었다. 결과적으로 우리는 크게 후퇴했다"라고 딸에게 편지를 썼다. Dean Acheson, *The Korean War*(New York: W. W. Norton & Company, 1969/ 1971), p. 3.

도합 2억 2,000만 달러를 배정했다. 이 법안에는 의원들을 안심시키는 조항을 넣었다. 즉, "이 법안을 운영하는 당국자는 대한민국에 1인 또는 1인 이상의 공산당원 또는 현재 북한을 지배하는 정당의 당원이 연립정권에 포함되는 경우 이 법에 의한 원조를 즉각 중단한다"라는 규정을 넣어 한국에 공산당원이 포함되는 연립정권이 들어서는 경우 원조를 못하도록 했다.[11]

애치슨이 미군 철수의 보완 조치로 1947년 시도했다가 실패하고 3년 후 뒤늦게 통과된 이 원조 계획도 6·25전쟁이 터지는 바람에 제대로 집행할 수 없었다. 결국 트루먼 행정부가 한국을 경제적으로 강화시켜 한국에 대한 안보 위협에 대처하도록 한 전략은 더그 반도우가 정확히 지적한 것처럼 결과적으로 실패한 것이다.[12]

3. 유엔군 편성 안

1) 비관적인 한국 정세와 육군부의 대응

한국 정부가 요구하는 한국군 증강 조치가 실행되지 않은 채 미군 철수 작전이 계획대로 추진되자 무초 주한대사는 철수 완료 1개월 전인 1949년 5월 31일자로 애치슨에게 비관적인 한국 상황을 보고했다. 무초는 미국이 철수함에 따라 자신의 예상을 훨씬 능가하는 아우성과 공포가 한국에서 일고 있다고 설명했다. 한국 정부 고위층에 만연한 위기감이 일반 국민에게도 확산되어 공황 단계로 접어드는 것 같다고 밝혔다. 무초는 그 책임은 미군의 계속적인 주둔을 목표로 하는 한국 정부의 선전과 최근 한국군과 해군 소해정의 월북 사건 그리고 중국 국민당 정부의 패주에 기인하고 있는 것 같다고 보고했다.

무초는 이에 대한 대책으로 미국 정부가 한국 정부와 일반 국민 대중의 신뢰를 증진시키기 위해 주한 미 군사고문단의 존치와 미국의 지속적인 지원 약속, ECA 원조 계획의 공개, 한국 정부의 해안경비정과 항공기 제공 요구에 대한 성의 있는 대응, 풀브라이트협정 협상 개시, 미 해군의 한국 방문 계획 등을 널리 알려야 할 필요가 있다고 건의했다.[13]

육군부는 한국으로부터 최종 병력이 철수하기 직전인 1949년 6월 27일자로 '미군 철수에 이은 북한의 전면적인 침략 가능성에 관한 연구'라는 보고서를 마무리했다. 육군 장관의 지시로 작성되어 합참본부에 제출된 이 계획서는 비망록 형식으로 국무부에도 보내졌다. 비망록에는 합참의 검토 의견이 첨부되어 있었다. 이 계획서는 북한이 중국과 소련의 지원을 얻어 한국을 침략하는 경우 미국이 남침을 저지하는 행동을 취하지 않는다면 한국 정부는 전복되고 한반도는 공산 세력 지배 아래에 들어갈 것이라고 예상했다.

이에 따라 북한이 전면전을 일으키고 남한이 이를 격퇴할 능력이 없을 경우 그 대책으로 중기 행동 방안과 최종 행동 방안을 마련하고 각각 그 장·단점도 지적했다. 중기 행동 방안으로는 ① 이승만 정부로 하여금 북한 정권과의 직접 교섭을 통한 평화적 통일을 시도하고 ② 이런 노력이 실패할 경우 북한에 지하 활동을 펼 남한의 특별군사부대의 조직을 계획하고 ③ 해군 병력으로 하여금 수시로 남한 항구를 방문하도록 한다는 것이다.

최종 행동 방안으로는 ① 남한에 체류 중인 미국인들과 군사고문단원을 한국으로부터 긴급 철수시키고 ② 북한의 남침을 세계 평화에 대한 위협으로 긴급 토의하기 위해 유엔 안전보장이사회에 제소하고 ③ 미군과 다른 회원국들의 군 병력으로 구성된 군사특별임무단을 한국에 파견함으로써 유엔 제재를 위한 경찰 활동을 개시하며 ④ 긴급 상황에 비추어 한국 국회의 특별요구에 따라 남한에서 한미 합동 특별임무군을 재구성하고 ⑤ 트루먼 독트린을 한국에 적용한다는 것이다. 앞에서 살펴본 바와 같이 트루먼 독트린의 한국 적용은 이승만이 이미 1947년에 강력 요구했었다.

이 방안들 중 주목할 점은 중기 방안 중 ①의 남북 교섭과 ③의 미 해군의 한국 방문 그리고 이승만 정부가 무력에 의존하지 않고 진지하고 성의 있는 평화통일 노력을 시도해도 남북한 직접 교섭이 실패하는 경우에 한해 ②의 북한에서의 지하활동을 선택하도록 한 점이다. ③의 미 해군의 수시 한국 항구 방문은 무초 대사도 건의한 방안이라고 계획서는 지적했다. 최종 행동 방안 중 주목할 만한 점은 북한의 전면적인 침략이 현실이 되고 한국 정부가 성공적으로 대처하지 못할 경우 ①의 긴급 철수와 ②의 유엔 제소를 택한다는 점이다.

이 계획서가 제기한 각 방안들 중 중요한 것은 유엔 안보리 제소 방안이다. 이 계획서는 한국 문제의 유엔 안보리 제소 방안에 대해 유엔이 대한민국의 탄생과 승인에 결정적인 역할을 했기 때문에 미국은 북한의 남침을 국제 문제로 규정하고 있음을 보여줄 것이라고 전망했다. 이 계획서는 또한 소련의 태도가 어느 쪽인지 분명히 정하도록 하고 그들이 협력적 또는 비협력적 의도를 가졌는지 시험하며 미국의 일방적인 책임과 행동의 부담을 덜어주는 장점이 있다고 했다.

반면 안보리 제소는 유엔으로 하여금 그 결정을 강제할 적절히 조직된 기구 없이 행동을 취하도록 해 중재 능력을 약화시키고 사태가 계속 악화되는 상황임에도 토의 과정에서 의사진행 지연, 토론, 비난을 일으킬 단점이 있다고 지적했다. 이 계획서는 그럼에도 불구하고 한국 사태가 감내

하기 어려운 상황이 되는 경우 미국 정부는 유엔에 제소할 필요가 있으며 어떤 다른 행동 방안을 시행하더라도 유엔 제소 방안은 논리적이고 필요한 조치라고 강조했다.

이 계획서는 또한 소련이 거부권을 행사할 경우 이 문제를 신속히 처리하는 데 안보리의 효율을 방해할 것이며 소련이 기권할 경우 무책임한 행동이지만 유엔의 경찰 활동과 제재를 가능하게 할 것이라고 전망했다. 그렇게 되면 유엔의 지시와 결의를 군사적으로 실천하는 능력은 국제경찰 병력이 없는 마당에 유엔의 위신을 높이고 평화를 강제하는 잠재력을 신장할 것이며 다른 국제분쟁들, 예컨대 그리스, 이스라엘, 카슈미르, 인도네시아 사태의 장기화와 대조적으로 효과적이고 조속한 원상 회복에 이르도록 할 수 있다고 예측했다.[14]

2) 유엔군 파견 방안과 NSC 48/2 채택

이 계획서에 대한 합참의 의견은 "미국은 정치적 고려를 근거로 이 방안들을 필요하다고 간주할 수 있지만, 일부 방안은 타당하지 않다"라는 것이었다. 예컨대 트루먼 독트린의 적용은 한국에는 ECA 자금을 통한 지원 방안이 계획되어 있었고 별로 전략적 가치가 없는 한국과 2차 세계대전 당시 연합군이 싸운 전쟁터이자 군사적으로 중요한 그리스는 유사성이 없다고 논평했다. 따라서 육군부가 건의한 트루먼 독트린의 적용 대신 ECA 방식의 한국 지원이 타당하다는 것이다.

또한 육군부가 올린 최종 행동 방안 중 ③의 유엔 제재를 위해 미군과 다른 회원국들의 부대로 편성된 군사특별임무단의 파견과 ④의 한미합동 특별임무군의 재편은 군사적으로 적절치 않다는 것이다. 유엔 제재를 위해서는 유엔 헌장 43조에 근거한 유엔군을 편성해야 한다고 밝히면서 한미 합동특별임무군의 재편은 한국의 재점령을 초래하는 심각한 문제로 미국의 일방적인 군사행동이 상황을 종결시키지 못하고 세계대전을 유발할 수도 있다고 언급했다.[15] 이 계획서는 국가안보회의까지는 올라가지 않았기 때문에 합참의 검토로 끝나고 말았지만 한국이 침략당할 경우 유엔군을 파견하는 방안을 합참이 채택해두었기 때문에 트루먼 행정부는 1년 후 6·25전쟁이 발발하자 즉시 유엔 안보리에 한국 문제를 제기할 수 있었다.

국가안보회의는 1949년 12월 들어 한국에 대한 정치적 지원과 경제원조 강화를 규정한 중국 대륙 적화 이후의 대아시아 정책보고서를 트루먼에게 제출했다. NSC 48/1(12. 23)로 명명된 이 보고서는 아시아에서 소련의 팽창정책을 저지하기 위해 마련된 것으로, 트루먼 대통령의 승인 단계에서 내용이 보완되어 NSC 48/2(12. 30)로 확정되었다.

'아시아에 관한 미국의 입장'이라는 제목의 NSC 48/2는 미국이 안보를 강화할 지역으로 일본, 류큐 열도, 필리핀만 들고 한국은 제외하는 대신 한국 항목에서 ① 미국은 민주적으로 선출된 한국 정부에 정치적 지지와 경제, 기술, 군사 및 기타 지원을 확대하고 ② 미국은 이에 따라 ECA, MDAP(Mutual Defense Assistance Pact), USIE(United States Information and Educational Exchange Program)의 기능 수행을 앞당기며 한국을 위한 관련 계획을 추진하며 유엔 테두리 안팎에서 대한민국에 대한 정치적 지지를 계속해야 한다고 규정했다.[16]

주한 미 군사고문단의 설치에 관한 한국 정부와 미국 정부의 협정은 1950년 1월 26일 체결되어 1949년 7월 1일로 소급해 효력을 갖는 것으로 양해되었다. 기회가 있을 때마다 북진통일 방침을 밝힌 이승만 대통령은 1949년 6월에도 주한미군의 철수를 앞두고 높은 목소리로 북진통일을 역설했다. 그는 북한 주둔 소련군의 철수 발표에 고무되어 그해 2월에도 북진통일을 주장했다. 이승만은 소련의 핵실험과 중국 공산당 정권수립 그리고 북한의 옹진반도 공격이 있자 9월부터는 목소리를 더 높였다. 이에 대해 로버츠 미 군사고문단장은 1950년 1월 미국 정부는 한국 정부가 북한을 공격한다면 한국에 대한 경제, 군사원조를 모두 중단할 것이라고 한국 측에 통고했다고 유엔한국위원단 소속 국가들에 알렸다. 아울러 미점령군 철수 당시 한국군에 이양한 무기는 탱크와 비행기를 제외하면 소구경 대포를 비롯한 방어용 무기들이며 이것은 남한이 무력통일을 위한 전쟁을 일으키는 것을 검토조차 못하도록 하기 위해서였다고 밝혔다.[17]

④ 애치슨 연설의 교훈

1. 미국의 태평양 방어선과 한국

1950년 1월 12일 애치슨이 워싱턴의 내셔널 프레스 클럽에서 행한 연설은 당시는 물론 그 후에도 학자들 간 중요한 쟁점이 되었다. 이 연설이 김일성의 남침을 초래했다는 비판과 반대로 김일성에게 남침을 유도한 음모였다는 상반된 주장이 제기되었다. 제3의 주장으로는 스탈린은 애치슨 연설 이전에 이미 간첩망을 통해 미국이 6·25전쟁에 개입하지 않을 것이라는 정보를 입수하고 있었기 때문에 애치슨 연설이 그의 김일성 남침 결정에 영향을 주지 않았다는 이론도 있다. 어느 주장이 맞는지 규명하기 위해 우선 애치슨 연설 내용부터 살펴보자.

애치슨은 이날 연설에서 "미국의 태평양방어선은 알류산 열도로부터 일본을 거쳐 류큐 열도에서 필리핀까지 이어진다"라고 말했다.[1] 이것은 한국과 타이완이 미국의 태평양방어선에서 제외된다는 것을 암시하는 것으로 해석되었다. '아시아의 위기—미국 외교정책의 한 시험대'(Crisis in Asia-An Examination of United States Foreign Policy)라는 제목[†]의 연설에서 그는

[†] "Crisis in Asia-An Examination of U.S. Foreign Policy: Remark by the Secretary of State"(1950. 1. 12), *Department of State Bulletin*, Vol. 22, No. 551(1950. 1. 23), pp. 111~118; 애치슨은 그의 회고록에서 연설 제목을 "Crisis in China-An Examination of United States Policy"로 고쳤다. Acheson, 1969, p. 355.

이 지역의 다른 국가들에 관해서는 다음과 같이 언급했다.

태평양 다른 지역의 군사 안보에 관한 한 어느 누구도 군사 공격으로부터 이 지역의 안보를 보장할 수 없음을 분명히 밝히지 않으면 안 됩니다. 그러나 그러한 보장은 실제적인 문제의 영역에서는 별 의미가 없거나 불필요하다는 점도 분명히 말하지 않으면 안 됩니다. 그러한 무력 공격이 어디서 있을지 말하는 것은 망설여지지만 만약 그런 공격이 일어난다면 거기에 저항하는 1차적 책임은 공격 받은 국민들에 있으며 그 이후에는 유엔 헌장을 존중하는 전체 문명세계의 책무에 의존해야 할 것입니다. 유엔은 최소한 현재까지는 외부 침략자에 맞서 독립을 지키기로 결의한 국민들이 의지하는데는 약한 갈대가 아니었음을 증명하고 있습니다. 그러나 내가 생각하기에는 태평양과 극동 지역 문제들을 판단함에 군사적 고려에 사로잡히는 것은 잘못입니다. 중요한 것은 이 지역에는 긴박한 다른 문제들, 즉 군사적 수단으로 해결이 불가능한 문제들이 있습니다. 그런 문제들은 태평양 지역의 여러 영역 그리고 여러 나라에서 국내 전복활동과 외부로부터의 침투 활동에 취약한 상황에서 발생합니다.[2]

애치슨의 프레스 클럽 연설 이후, 미국 국내에서는 서서히 찬반 양론이 일고 한국에서는 곧 비난하는 목소리가 드세게 터져 나왔다. 그의 연설이 미국에서 당장 논란을 불러일으키지 않은 것은 한국 문제가 연설의 초점이 아니었기 때문이다. 미국 여당인 민주당 코넬리(Tom Connally) 상원 외교위원장은 약 4개월 후인 5월 5일자 한 시사주간지(*U.S. News and World Report*)에 실린 '세계 정책과 초당 외교'라는 제목의 회견에서 애치슨의 견해에 동감을 표하고 한국은 전략적 중요성을 지닌 지역이 아니기 때문에 미국이 한국을 포기하는 것을 신중히 고려하고 있다고 생각한다고 밝혔다.[3]

당시 저명한 국제정치학자인 한스 모겐소 시카고대 교수는 애치슨의 프레스 클럽 연설 얼마 후 특강에서 이 연설이 애치슨의 '역사적 업적'이라고 높이 평가했다. 그는 공산주의 위협에 처한 각국에 일률적으로 군사원조와 경제원조를 제공하도록 규정한 트루먼 독트린을 애치슨이 미국의 국가 이익과 자원 한도에 상응하도록 축소한 것이라고 주장했다. 그는 애치슨이 소련의 위협에 대항하는 방법으로 어떤 곳은 무력으로 어떤 곳은 경제적 또는 정치적 개혁으로 또 어떤 곳은 기술지원으로 해야 하며 소련의 위협을 방어하는 데도 어떤 곳에서는 미국의 군사력으로 어떤 곳에서는 유엔의 일치된 노력으로 어떤 곳에서는 미국이 방어할 수 없는 대상으로 재정의했다고 말했다. 모겐소의 주장은 원론적으로는 타당한 이론이지만 다만 그 시점에 이미 김일성과 스탈린이 비밀리에 남침 계획을 짜고 있는 줄은 모르고 있었다.[4]

그러나 야당인 공화당은 5개월여 후 6·25전쟁이 발발하자 애치슨 연설을 맹비난하고 나섬으로써 2년 후의 대통령선거에서 최대 선거 쟁점이 되었다. 공화당 소속 태프트(Robert A. Taft) 상원의원은 한반도 분단과 한국군 무장 실패 그리고 중국의 적화는 트루먼 행정부에 전적으로 책임이 있다고 주장하면서 애치슨의 프레스 클럽 연설이 북한의 남침을 초래했다고 공격했다.[5] 공화당 스미스(Howard A. Smith) 상원의원은 맥아더 해임 관련 청문회에서 애치슨의 발언이 초당적으로 다루어야 할 문제를 일방적으로 언급함으로써 의회를 무시했다고 비난했다.[6] 웨리(Kenneth S. Wherry) 상원의원은 애치슨 해임 요구를 트루먼이 거부하자 애치슨의 사임을 요청한 다음 "6·25전쟁에서 미국 청년들이 피를 흘리고 있는 것은 애치슨의 책임이다"라고 주장했다. [7] 같은 시기 공화당 소속 상원 외교위원 5명중 4명이 "트루먼과 애치슨이 6·25전쟁을 유발했다. 특히 애치슨의 연설은 공산주의자들로 하여금 한국전쟁 발발을 결심하도록 만들었다"라고 비난했다. [8]

애치슨 연설은 매카시 선풍이 일자 좋은 표적이 되었다. 매카시(Joseph R. McCarthy) 상원의원은 국무부 안에 많은 공산주의자들이 있으며 이들은 애치슨의 비호를 받고 있다고 공개적으로 비난했다. 매카시의 비난을 계기로 애치슨 연설이 타이딩스(Millard Tydings) 상원의원을 위원장으로 하는 특별조사위원회 청문회에서 비난의 대상으로 등장했다. [9] 1952년 실시된 대통령선거에서는 아이젠하워(Dwight D. Eisenhower) 공화당 후보가 선거 유세에서 "애치슨이 극동방위선에서 한국과 같은 아시아 대륙을 제외시켜 공산군의 침략을 불러들였다"라고 비난했다. [10]

2. 심각한 한국의 반응

당사국인 한국의 반응은 곧바로 나왔다. 한국 정부는 당초 언론보도만 보고 대한민국이 애치슨 방어선에서 제외된 것을 모르고 있다가 얼마 후 알게 되었다. 애치슨 연설 하루 전 장면(張勉) 주미대사가 미국 정부가 대한민국에 긍정적인 새로운 아시아 정책을 수립하고 있다는 부정확한 보고를 했기 때문이다. 장면은 이 보고에서 한국은 미국의 반공정책에서 중요한 역할을 할 것이며 이를 위해 미국 정부가 한국군에 군사원조와 무장 계획을 추진한다는 것이었다. 공교롭게도 『뉴욕 타임스』역시 처음에는 한국이 태평양방어선 안에 포함된 것처럼 보도했다. [11] 희극적인 이야기이지만 이승만 대통령은 애치슨에게 반공 투쟁에 총력을 기울이고 있는 한국 국민을 고무시키는 데 큰 도움이 되었다는 전문을 연설 이틀 후인 1월 14일 미국으로 보냈다.

그러나 곧 진상을 알게 된 이승만은 1주일 후 장면 주미대사에게 긴급 훈령을 내려 애치슨 면담을 지시했다. 장면은 국무부에 애치슨과 5분 간만 만나겠다고 요청했지만 거부당하고 극동담당 차관보 대행인 버터워드와 만났다. 장면은 그에게 한국 원조 법안이 미 의회에서 부결된 사실에 대해 문의하고 재고를 요청한 다음 자신은 애치슨 연설에 크게 당황했다고 밝히면서 미국의 방어선에서 한국이 제외된 것에 항의했다. 장면은 애치슨 회견과 의회의 원조 법안 부결로 한국 내에서 미국이 대한민국을 버렸다는 심각한 의문이 제기되었다고 말했다. 이에 대해 버터워드는 장면의 견해에 찬성하지 않는다고 말하면서 미국은 유엔의 다른 회원국들과 함께 대한민국의 입장을 지지하기 때문에 방위선을 어떻게 긋더라도 그것을 초월한다고 답변했다. 납득이 안간 장면은 밖에서 기다리고 있는 기자들에게 의회의 법안 부결에 대해 국무부가 뭔가 조치를 취할 것이라고 말해도 괜찮은지 버터워드에게 물었으나 그것은 안 된다고 거부했다.[12]

이승만은 3월 8일자로 다시 애치슨에게 장문의 비망록을 보냈다. 그는 한국의 빈약한 군사장비 상황을 자세히 설명하면서 언제든지 북한군이 밀고 내려올 긴박한 사정을 호소하고 "미국 국무부는 미국의 방위선에 대한 해석을 수정해 대한민국을 포함시켜야 한다"라고 요구했다.[13] 국무부는 이에 대해 이미 장면에게 입장을 전달한 것으로 충분하다고 생각했기 때문인지 아무 답변도 하지 않았다. 장면은 4월 3일 러스크 신임 극동담당 국무차관보를 찾아가 이승만이 요청한 대한민국의 태평양 방위선 내 포함을 요구했으나 거절당했다. 러스크는 소위 방위선은 실제로 일본 점령군의 책임과 과거 미국 영토였던 필리핀에 대한 미국의 특별한 이익이 관련된 서태평양상의 한 구역을 열거한 데 지나지 않으며 미국의 한국 포기설은 한국에 대한 미국의 물질적 원조와 정치적 지원에 비추어 성립할 수 없는 주장이라고 답변했다.[14] 주한 미국대사 무초도 워싱턴에서 가진 한국 원조 관련 부서 책임자들과의 모임에서 한국은 아시아에서의 미국 국익의 상징이며 한국인들이 그들의 자유와 독립을 유지할 수 있도록 지원하는 것이 중요하다고 강조했다. 그는 5월 4일 트루먼을 방문한 자리에서 미국이 한국의 독립을 유지하려는 진정성에 대한 의문은 한국에서 있을 수 없다고 보고했다.[15]

애치슨 자신은 침묵을 지키다가 5월 3일 기자들과 만난 자리에서 코낼리 상원의원의 기자회견에 관한 논평을 요청받고 한국의 중요성을 계속 강조하고 있다고 환기시키는 선에서 그의 프레스 클럽 발언을 해명했다. 그는 국무부가 한국을 독립국가로 일으켜 세우려는 노력을 강화해왔고 대규모 경제지원과 군사원조를 제공해왔으며 현재도 제공하고 있다고 말했다. 그는 자신의 견해와 다른 언급을 했다는 코낼리의 발언이 사실인지 의문스럽다고 말했다.[16] 그런데 코낼리의 발언은 서울에서 거센 반발을 일으켰다. 한국 언론에 대대적으로 보도되어 애치슨의 발언이 공개적인 문제가 되면서 이승만은 미국 대리대사 드럼라이트를 불러 매우 침통하고 비꼬는 말투로 이 발언이 "공산주의자들에게 남한으로 쳐들어와 점령해버리라는 공개 초대장으로 본다"라고 질책했다.[17]

그러면 애치슨은 문제의 프레스 클럽 연설에서 도대체 한국에 대해 뭐라고 말했는가? 그의 발언의 진의를 알아보기 위해 약간 길지만 이 대목 전체를 인용한다. 그는 한국에 대한 미국의 정책에 대해 다음과 밝혔다.

한국에서 우리는 군사 점령을 끝내는 큰 진전을 이루고 유엔의 협력 아래 거의 전 세계가 승인한 독립된 주권국가를 수립했습니다. 우리는 이 나라가 건국하는 데 큰 도움을 주었습니다. 우리는 한국이 확고한 기반을 잡을 때까지 미 의회가 지원을 계속하도록 요청했습니다. 그 법안은 지금 의회에서 심의 중에 있습니다. 이런 모든 노력을 걷어치우자는 생각, 즉 이 나라의 건국을 성취하는 도중에 그런 노력을 중단해야 한다는 생각은 내가 보기에 아시아에 대한 우리의 이익 측면에서 최악의 패배주의이자 미친 짓입니다. 그러나 한국에서 우리의 책임은 더 직접적이며 우리의 기회는 더 확실합니다. [서태평양] 남쪽으로 내려가면 우리의 기회는 훨씬 사소하며 필리핀을 제외하면 우리의 책임은 간접적이며 매우 적습니다. 이 문제들은 매우 혼란스럽습니다.[18]

애치슨은 한국의 안정적인 발전을 위한 기반 마련을 미국이 포기하는 것은 패배주의이자 미친 짓이라고 규정했다. 그는 한국 안보에 대한 미국의 책임이 없다는 것일까? 그는 이렇게 밝혔다.

우리가 지적할 것은 태평양 북부와 남부 지역에서 우리가 맡은 책임과 우리에게 주어진 기회 사이에 큰 차이가 있다는 사실입니다. 북부 지역에서 우리는 일본에서 직접적인 책임이 있고 행동할 직접적인 기회가 있습니다. 상대적으로 정도는 덜 하지만 한국에서도 이 점은 사실입니다. 한국에서 우리는 직접적인 책임이 있었고 이에 따라 행동했습니다. 따라서 현재 [태평양] 남부 지역보다 행동하는 데 더 효과적인 기회가 있습니다.[19]

약간 애매하지만 그는 일본에 대해서는 태평양방어선의 필수 부분이고 그 약속이 반드시 지켜질 것이라고 분명히 한 것과 달리 한국에 대해서는 경제지원을 할 것이며 침략받는 경우 유엔 지원이 있을 것이라고 시사함으로써 한 단계 낮은 공약을 한 셈이다. 당시 김일성 정권의 군사력을 과소평가한 애치슨은 한국에서는 북한의 군사적 침략보다 내부의 공산폭동이나 북한과 연결된 전복 활동의 위험이 있으므로 경제지원으로 문제를 극복하기를 희망했다. 그러면서도 애치슨은 끝내 유사시 미국이 군대를 파견할 것이라는 약속은 피했다. 그는 그해 5월 3일 기자회견에서도 한국에 대한 애정을 표했으나 한국이 침략당할 경우 군사적으로 지원하겠다는 말은 하지 않았다.[20] 그러나 막상 6·25전쟁이 발발하자 애치슨은 프레스 클럽 연설에서 밝힌 대로 유엔이 개입하도록 신속한 조치를 취하는 데 성공했다. 그렇지만 만약 안보리에 소련이 참석해 거부권을 행사했더라면 어떻게 되었을까? 소련의 거부권 행사 기회는 안보리가 북한의 남침을 규탄하고 철수를 요구한 6월 25일과 파병을 결정한 27일 두 차례 있었다. 안보리가 두 차례 모두 신속한 결정을 내리지 못하고 토론으로 시간을 보냈을 경우 파죽지세로 밀고 내려온 북한군이 남한의 전부나 대부분을 점령했을 가능성을 배제할 수 없다.

애치슨은 훗날 회고록에서 당시 연설 중 태평양방어선에 대해서는 전혀 새로운 내용이 없었다고 해명했다. 하기야 극동지역 주둔 미군의 임무를 알류산 열도-일본-류큐 열도(오키나와)-필리핀을 잇는 도서사슬을 방어선으로 한다는 전략은 이미 Ⅷ-②-1-1)-(1)(합참의 비상전쟁 계획과 한국)에서 설명한 바와 같이 1946년의 공식 비상전쟁계획 개념인 핀처 전쟁 개념에도 명시되어 있다. 또한 오프태클 계획에도 같은 내용이 있다. 핀처 계획보다 3년 뒤인 1949년 나온 오프태클 계획은 태평양 지역의 분명한 방어선을 명시하지는 않았지만 3차 세계대전이 일어날 경우 한국을 소련군이나 그 동맹군에 유린될 나라로 상정했다. 합참이 나토 발족과 악화일로의 중국 내전에 대비해 1949년 4월 산하 합동전략계획위원회(Joint Strategic Plans Committee, JSPC)에 지시해 5월 26일 기초를 마친 이 계획의 전략 개념은 미국이 "동맹국과 협력해 서부 유라시아에서의 전략적 공격과 극동에서의 전략적 방어를 통해 소련의 저항 의지와 능력을 파괴함으로써 미국의 전쟁 목표를 소련이 받아들이도록 강제하는 데" 있었다.[21] 오프태클 계획은 소련과 그의 동맹국들의 공격에 의해 미소 간 전면전이 일어날 경우 한국을 포함한 7개 지역에 대해 다음과 같이 언급했다.

다음의 국가들은 영미 세력권과의 동맹을 원하겠지만 그들 국가의 정치적 또는 전략적 상황이 너무 불안정하기 때문에 그들에 의존할 수 없다. 아마도 그들은 소련에게 쉽게 유린될 가능성이 있다. 이 국가들은 오스트리아, 그리스, 이란, 핀란드, 서독, 남중국, 남한이다.[22]

한국은 일단 포기한 나라로 분류되었다. 그러나 이 전쟁계획도 앞에서 살펴본 다른 전쟁계획처럼 대소전쟁의 마지막 단계에서는 미국의 최후 승리를 가정하고 있다. 이 계획에서는 전쟁 3단계에 들면서 서유럽에서 동맹군들과 함께 소련을 패배시키고 4단계에서 최후의 승리를 쟁취한다는 것인데 전쟁 기간을 최장 2년으로 예상하고 있다.[23]

맥아더 장군 역시 이와 내용이 같은 태평양방어선을 밝혔다. 그는 1949년 1월 아시아 대륙을 둘러싼 주요 도서들에 미국의 방어 거점을 설치해야 한다고 주장했다. 심지어 그는 한반도 전체를 소련이 지배하는 것을 불가피하게 받아들이더라도 미국이 아시아에서 안보 이익을 보존할 수 있다고 믿었다.[24] 그는 그해 3월 1일 『뉴욕 타임스』가 전재(轉載)한 UP통신 기사에서 영국 기자 프라이스(G. Ward Price)에게 대한민국과 타이완을 제외한 태평양 방어선의 내용을 밝혔다. 이 같은 방침은 이미 앞에서 살펴본 1946년 이후 합참의 비상전쟁계획인 핀처 작전 개념 시리즈에 규정된 서태평양 도서 사슬 방어선과 같다. 맥아더의 기자회견 내용은 다음과 같다.

아시아에 대한 우리의 방위력 배치 계획은 미국 대륙 서부 해안을 근거지로 했다. 태평양은 과거에 적이 〔미국을〕침입하는 접근 통로로 간주되었다. 그러나 현재 태평양은 앵글로색슨 민족의 호수가 되었으며 우리의 방어선은 아시아 대륙 해안선을 둘러싼 섬들의 사슬을 지나간다. 이 방어선은 필리핀에서 출발해 주요 요새인 오키나와를 포함한 류큐 열도를 지난다. 그리고 일본과 알류산 열도를 거쳐 알래스카에 이른다. 중국 홍군(紅軍)의 전진 배치로 이 지역들이 그들의 측면에 놓일지라도 아시아 대륙에서 우리의 유일한 적이 될 가능성이 있는 중국군이 상륙작전 병력을 제공하기에 충분히 가까운 산업기지를 보유하지 못한 사실에는 변함이 없다.[25]

3. 애치슨 발언 평가

애치슨의 프레스 클럽 연설의 주 목적은 중국 대륙 공산화로 국내에서 정치적으로 궁지에 몰린 트루먼 행정부가 미국 국민들에게 향후 아시아 정책을 설명하고 대외적으로는 마오쩌둥과의 관계개선을 겨냥한 것이다. 트루먼은 가까운 장래에 중국 공산당 군대가 타이완을 침공해 잔존 국민당군을 소탕할 것으로 예상하고 1950년 1월 5일 성명을 통해 미국은 중국의 내전에 개입하지 않을 것이라고 밝혔다.[26] 애치슨은 프레스 클럽 연설에서 트루먼의 성명을 보충해 과거 국민당 정부를 지지하던 미국의 정책을 완전히 청산했다고 밝히고 "아시아에서의 낡은 동서관계는 끝났다"라고 언명했다. 그는 새롭고 유익한 관계가 낡은 관계를 계승하려면 상호존중과 협력에 근거해야 한다고 말한 다음 공산중국과의 관계개선을 시사했다. 그러면서 애치슨은 소련이 중국 지배를 노려 영향력을 행사하고 있다면서 외몽골, 내몽골, 신장 및 만주가 소련권에 들어갔다고 지적했다. 이는 나중에 키신저(Henry Kissinger)가 지적한 바와 같이 트루먼 행정부가 공산중국을 소련으로부터 분리해 유고화하려는 의도에서 나온 연설이었다.[27]

이 때문에 애치슨은 자신의 프레스 클럽 연설에서 한국을 제외시켜 북한의 남침에 청신호를 주었다고 훗날 비판이 일어난 데 대해 회고록에서 "이런 주장은 그럴 듯하지만 오스트레일리아와 뉴질랜드도 〔태평양〕방어선 안에 들어 있지 않았으며 무엇보다 한국과는 상호방위원조협정을 체결했다"라고 주장하면서 이를 일축했다.[28] 애치슨은 프레스 클럽 연설을 전후해 그해 1월 10일과 13일 열린 '세계정세 평가'를 위한 상원 외교위원회 청문회에 출석해 의원들의 질문에 답변하면서 한국 문제를 다시 언급했다. 그는 13일 2일째 청문회에서 소련이 남한을 공격할 경우 미국의 입장을 묻는 질문에 답변했다. 이 청문회의 문답 내용은 중요하므로 당시 속기록을 살펴보자.

- **놀랜드**(William F. Knowland) **의원** : 내가 그곳(한국)에 갔을 때 대체적

인 인상은 남한 정부가 북한으로부터의 독자적인 공격에는 저항할 수 있을 것이라는 점입니다. 그러나 더 큰 위험은 중국 국민당 정부가 중국 대륙에서 최종적으로 섬멸되었기 때문에 중국 공산당 세력이 그들의 침략군 병력 일부와 물자를 북한으로 이동시켜 남한 정부에 대한 침략에 사용할 것이라는 점입니다. 유사시 대한민국은 그런 형태의 침략에 맞서 유엔과 미국의 지원을 받을 수 있다는 것이 국무부의 의견입니까?

- **스미스**(Howard A. Smith) **의원** : … 생략(의사진행에 관한 발언) …
- **코낼리**(Tom Conally) **위원장** : 좋습니다. 국무장관, 답변하시죠.
- **애치슨 장관** : 놀랜드 의원의 지적은 전적으로 옳습니다. 우리의 판단으로는 나는 군사적 가치로 보아 남한은 북한이 오직 단독으로 시작하는 분란에는 대처할 수 있다고 생각합니다. 그러나 중공이 시작하는 침략이나 중공 또는 소련이 강력히 지원하는 침략에는 남한이 감당할 수 없을 것으로 봅니다. 그것은 명백합니다. 그럴 경우 우리가 유엔에서 가능한 모든 행동을 취할 것이라는 점 역시 분명합니다. 〔그 대신 나는〕우리(미국)가 〔홀로 나서〕군사력으로 침략에 저항하는 역할을 맡을 것으로 믿지 않습니다.
- **반덴버그**(Arthur H. Vandenberg) **의원** : 미국 독자적으로 말이죠?
- **애치슨 장관** : 독자적으로는 말입니다. 물론 유엔 헌장 아래 행동이 취해진다면 우리는 거기에 참여할 것입니다. 그러나 아마도 그들〔소련〕이 거부권을 행사할 것이므로 유엔의 행동은 취해지지 않을 것입니다.[29]

애치슨의 이날 발언은 바로 전날 내셔널 프레스 클럽 발언과 궤를 함께 한다. 유사시 한국에서 미국은 단독으로 참전하는 대신 이 사태를 유엔에 제소할 것이라는 트루먼 행정부의 방침을 재확인한 셈이다. 그러나 그 다음이 문제다. 소련이 거부권을 행사할 지도 모른다는 점이다. 애치슨은 프레스 클럽 연설 후에도 한국에 대한 군사적 보장을 계속 회피했다. 그는 그해 5월 3일 기자회견에서 한국에 대한 애착을 표하면서도 한국이 침략당할 경우 군사적으로 지원하겠다는 공약은 끝내 하지 않았다.[30] 애치슨은 훗날 한국이 게릴라전과 심리전 또는 두 가지를 결합한 전투로 철의 장막 뒤로 사라질 위험이 있으나 이를 막을 방도가 별로 없을 것이라는 믿음에 동감이라고 말하기도 했다.[31] 트루먼 행정부가 한국에 대한 군사적 공약을 피한 것은 3가지 요인 때문이라는 분석이 있다. 첫째, 중국에서의 값비싼 패배 경험, 둘째, 서유럽과 세계 전역의 미군 기지와 미국 본토에 배치할 예비병력을 확보하려면 미국이 보유한 전제 병력이 필요하다는 육군의 입장 그리고 셋째, 한국을 군사적으로 지원하면 공화당 지지 세력이 중국 국민당 정부를 원조하라는 요구를 강화할 가능성이 크므로 타이완을 둘러싼 또 다른 깊은 수렁에 트루먼 행정부가 빠지는 것을 염려했다.[32] 문제는 애치슨이 유엔에서 소련이 거부권을 행사하는 경우 유엔군 파견이 불가능할 것이며 미국의 유엔군 참여도 없을 것이라는 발언이다. 이 증언이 실언이 아니고 일부 수정주의자들이 주장하듯이 그의 프레스 클럽 발언처럼 북한의 남침을 유도하기 위한 애치슨의 의도적인 거짓말이 아니라면 그것은 상당한 의미가 있다. 즉 트루먼 행정부는 한국이 침략당했을 경우 유엔에 제소하되 안보리에서 소련의 거부권 행사로 유엔군 파견이 불가능해지면 기존 방침을 재고하겠다는 의미가 되기 때문이다. 이것이 사실이라면 그것은 상당히 무책임한 태도가 아닐 수 없다. 다만 앞에서 살펴본 바와 같이 트루먼 행정부는 1950년 10월 유엔군의 북진작전 때 유엔 안보리가 아닌 총회에서 '평화를 위한 단결'(Uniting for Peace)이라는 결의안을 통과시킨 것처럼 북한의 남침 때 유엔 안보리에서 소련이 거부권을 행사해도 가만히 있지는 않았을 것이다. 트루먼 행정부는 유엔 총회에서 파병 결의안을 채택하거나 유엔과 관련 없는 서방연합군을 파견하려고 시도할 수도 있을 것이다. 또한 북한을 비호하는 소련에 대한 비난결의안을 안보리에 제안할 수도 있다.[33] 그러나 그런 경우 시일의 지체 등 많은 어려움이 따를 것은 말할 것도 없다. 한국에는 정말 다행하게도, 소련이 중국의 유엔대표권을 국민당 정부로부터 중공 정부에 넘기지 않는데 대한 불만으로 유엔 안보리를 보이코트 해오다가 1950년 6월 북한의 남침을 다룬 두 차례의 안보리 회의에도 출석하지 않았다. 미국에서는 선전포고권이 헌법상 행정부가 아닌 의회에 있는 관계로 트루먼이 미국 단독으로 한국 파병을 위해 의회에 선전포고를 요구하는 경우 갑론을박 하느라 시일을 끌었을 가능성도 있었다. 1952년 9월 대선운동 때 공화당 후보인 아이젠하워가 미국의 태평양 방어선에서 한국을 제외한 애치슨의 프레스 클럽 연설이 북한의 남침을 초래했다고 공격하자 애치슨 측에서 아이젠하워의 발언이 유엔 지원 부분을 고의로 누락해 사실을 왜곡했다고 반박했을 때 언론은 흥미로운 지적을 했다. 즉, 애치슨은 연설 당시 소련 대표의 유엔 안보리 출석 여부를 모르지 않았느냐고 언론이 지적한 것이다.[34]

이제 애치슨의 연설이 실제로 6·25전쟁 발발에 어떤 영향을 주었는지 분석해보자. 첫째, 그의 연설은 북한의 남침을 유도하기 위해 고의로 미국의 태평양 방어선에서 한국을 제외시켰다는 주장이 있다. 브루스 커밍스는 애치슨이 그의 연설에서 유엔 부분을 고의로 애매하게 언급한 것은 미국의 한국 방어 공약을 숨기기 위해서였다고 주장했다. 그는 또 이승만 대통령의 북진통일을 막기 위한 의도도 있었다고 말했다.[35] 그러나 이런 주장은 루스벨트 대통령이 태평양전쟁을 일으키기 위해 일본의 진주만 기습을 고의로 유도했다는 주장만큼 설득력이 약한 해석이다.

둘째, 애치슨의 연설이 스탈린의 판단에 영향을 주지 않았다는 해석은 어떤가? 그 근거는 스탈린이 이미 국무부에 침투한 영국인 이중간첩(Donald McLean으로 추정)을 통해 미국이 한국을 무력으로 방어하지 않는다는 NSC 48/2를 입수, 미국이 한국 사태에 다시 개입하지 않을 것임을 파악하고 있었으며 스탈린은 미국 지도자의 공개 발언을 잘 믿지 않았다는 점이다.[36] 그러나 설사 그렇더라도 애치슨의 연설은 기존 정보를 재확인하는 효과가 있으므로 전혀 영향을 주지 않았다는 주장은 경험법칙상 무리한 주장이다.

셋째, 애치슨의 연설이 스탈린의 판단에 영향을 주었다는 곤차로프, 스툭, 웨더스비 등 학자들의 해석을 보자. 이들의 주장은 문서보다 통역사의 증언 등을 근거로 한 해석이다. 곤차로프는 소련 공산당 중앙위 한국과장을 지낸 트카첸코(V. P. Tkachenko)의 증언을 근거로 애치슨의 연설이 모스크바로 긴급 보고되어 이를 정밀 검토한 스탈린에게 큰 영향을 주었다고 주장했다. 또한 천지앤(Chen Jian, 陳兼)은 중국 측 통역가의 증언을 근거로 마오쩌둥이 당시 스탈린과의 면담에서 미국은 한국 내부 문제에 관여하기 위해 다시 오지 않을 것이지만 조선의 동지는 이를 경계할 필요가 있다고 스탈린에게 말했다고 썼다.[37]

이상의 3가지 주장을 종합적으로 판단하면 애치슨의 연설이 남침을 준비 중인 공산군 측에 청신호를 보내지는 않았더라도 황신호나 적신호를 보낸 것은 아니었다는 주장에 일리가 있다. 중국 문제에 지나치게 몰입한 탓이기는 했지만 한국에 대한 그의 무배려가 현명한 태도는 아니었다고 할 것이다.

자존심 강한 애치슨은 자신의 프레스 클럽 연설을 모두에게 선물 보따리를 주는 '크리스마스 트리 연설'에 비유하면서 공식적으로 이를 끝까지 옹호했다. 그는 그 근거로 오스트레일리아와 뉴질랜드도 그의 태평양 방어선에서 제외되지 않았느냐고 반문했다.[38]

그러나 애치슨은 세월이 흐른 다음 비공식 석상에서 이 발언이 군부와의 협의가 없었다고 밝히고 "아마도 적절한 생각 없이 그 말을 한 것 같다"라고 시인했다. †

애치슨의 이런 언급을 감안해 그의 연설을 종합적으로 평가하면 애치슨의 프레스 클럽 연설은 비록 본인의 동기나 의도와 무관하게 여러 갈래로 해석되어 혼선이 빚어졌지만 결정적으로 예민한 시기에 정책당국자의 발언은 관련 당사국뿐만 아니라 발언한 본인에게도 엄청난 부작용을 미친다는 사실을 잘 보여주었다. 아마도 근래에 미국에서 애치슨의 프레스 클럽 연설만큼 고위 정책결정자에게 좋은 교훈이 되는 발언도 많지 않을 것이다.

애치슨 연설 몇 달 후 그 내용에 문제가 있다고 판단한 인물 중 한 명이 국무부 고문 덜레스(John Foster Dulles)였다. 그는 그해 6월 일본과의 강화 문제를 협의하기 위해 워싱턴에서 일본으로 떠나기 전 애치슨 연설의 문제점을 지적한 비망록을 딘 러스크 극동담당 차관보와 폴 닛쩌 정책기획 국장에게 전달했다.[39] 그 결과 덜레스와 이 두 명이 협의해 유사시 미국

---

† 애치슨은 프린스턴대 세미나에서 토론자인 카네기평화재단 이사장 존슨(Joseph E. Johnson)으로부터 태평양 방어선 문제에 대해 군 당국과 협의했느냐는 질문을 받고 "아니다"라고 답변한 후, 정확히 이렇게 말했다. "It was my decision, and I did it perhaps without adequate thought," Reel 1, Track 2, p. 6, 1954. 2. 13, Dean Acheson Princeton Seminar Files, 1953-1970, Box 81, *op. cit.*

이 유엔과 협의해 한국을 지키겠다는 문구를 연설에 넣기로 합의했다.[40] 닛쩨에 의하면 덜레스의 성명은 미국의 입장을 매우 정확히 묘사한 것이었다. 그것은 자신을 포함한 국무부의 모든 사람들이 미국 정부가 당연히 해야 할 것으로 요구받은 것으로 생각한 것을 어느 누구보다 먼저 확인한 것이라고 닛쩨는 논평했다.[41] 덜레스는 서울에서 행한 자신의 국회연설에 관해 "그것이 한국을 완전히 만족시키지는 못하겠지만 한국이 노력하는 한 미국의 계속적인 지원을 보장하는 것"이라고 설명했다고 AP가 보도했다.[42]

방한 기간 중 38선을 시찰한 덜레스는 한국을 떠나기 전 기자회견을 갖고 미국이 한국과 타이완을 포기할 지 모른다는 설에 대한 질문을 받고 "한국을 포기하겠다고 말하고 있지 않으니 그러한 것을 가정적으로 말할 필요는 없다고 본다"라고 답변해 한국 국민들을 안심시켰다.[43] 구체적으로 한국을 어떻게 돕겠다는 내용이 없는 일반론적인 그의 이 발언들은 좌절감에 빠진 한국 국민을 우선 안심시키려는 목적의 발언이었다.[44] 덜레스가 한국인들을 안심시키고 한국을 떠난 날은 북한이 남침하기 불과 나흘 전이었다. 이 때문만은 아니지만 6·25전쟁 발발 직후 미국의 참전을 앞장서 주장한 사람이 그였다.

그는 도쿄로 돌아가 북한군의 남침 소식을 듣자마자 "한국군이 침략을 막지 못할 것 같으므로 설사 소련군의 반격 위험이 있더라도 미군이 개입해야 한다"라는 강경한 전문을 애치슨 국무장관에게 보냈다. 덜레스는 자신의 한국방문 때 수행한 국무부 동북아과장 존 M. 앨리슨과 연명으로 된 이 전문에서 "한국의 상황을 좌시하면 틀림없이 세계대전으로 발전하는 재앙적인 연쇄작용이 일어날 것"이라고 강조하면서 이 문제를 즉시 유엔 안보리에 회부하라고 건의했다.[45]

The Korean War and the United States

IX. 결어

6·25전쟁은 20세기 인류문명사의 일대 사건인 동서냉전이 빚은 특이한 전쟁이었다. 미국 트루먼 행정부는 미소냉전에서 밀리지 않기 위해 신속한 참전 결정을 내려 결국 한국을 방어하는 데 성공했다. 560만 명의 인명손실을 초래한 6·25전쟁의 값비싼 교훈 중 최대의 가르침은 아마도 두 번 다시 이 같은 끔찍한 전쟁이 일어나서는 안 된다는 점일 것이다. 이런 민족적인 비극을 되풀이하지 않기 위해 우리는 6·25전쟁을 올바로 알아야 하고 그것이 남긴 교훈들을 제대로 배울 줄 아는 충분한 지식과 고차원의 통찰력을 요구받고 있다. 앞 장에서 살펴본 여러 사실들에 입각해 다음의 결론을 얻을 수 있을 것이다.

첫 번째, 6·25전쟁은 무력통일을 꿈꾼 북한 김일성의 계획과 발의에 의해 비롯되었지만 남침 계획부터 소련이 개입한 동서냉전의 열전화(熱戰化)이자 그 산물이다. 동서냉전이 없었더라면 미국은 참전하지 않았을 것이며 미국이 참전하지 않았다면 그 후 실제로 전개된 모습의 6·25전쟁은 없었을 것이다. 트루먼과 애치슨이 김일성의 배후에서 스탈린이 북한군을 무장시키고 작전계획을 짰다는 사실을 제대로 알지 못하고 참전을 망설였다면 전쟁은 아마도 몇 주 이상 끌지 못했을 것이다. 대한민국은 사실상 지구상에서 소멸했을 가능성이 크다. 아마도 광복 5주년인 1950년 8월

15일 김일성의 계획대로 서울에서 통일된 공산 한국의 수립이 선포되고 대한민국 정부는 제주도나 해외에 망명 정권을 세웠을지도 모른다. 그런 점에서 대한민국은 동서냉전의 피해자이자 수혜자이기도 하다.

두 번째, 6·25전쟁을 억제하지 못한 원인은 1차적으로는 이승만 대통령 등 대한민국 위정자에게 있지만 실제로는 미국에 있다. 미국의 세계전략상 주변부에 위치한 한반도의 군사전략적 가치를 낮게 평가한 트루먼 행정부가 정치적, 경제적, 군사적으로 대한민국이 제대로 서기도 전에 8·15해방 때 진주했던 미군을 서둘러 철수시킨 데서 비롯되었다. 미 국무부는 동서냉전의 최전선인 한국의 정치적 중요성을 감안해 조기 철군을 반대했으나 트루먼 행정부의 국방예산 삭감과 병력감축이라는 국내 요인 때문에 철군은 불가피했다. 그러나 철군 방침이 확정된 다음에도 일정이 세 차례나 변경되는 등 정책의 표류를 겪었다.

세 번째, 6·25전쟁은 외견상 같은 민족끼리의 내전이지만 – 또한 그렇게 위장하고 선전을 반복했지만 – 실제로는 소련과 중국의 국가 이익 옹호와 동북아에서의 국제 공산주의혁명 투쟁의 일환으로 스탈린, 마오쩌둥 그리고 김일성이 합의해 일으킨 전쟁이다. 스탈린은 김일성을 지원한 정도가 아니라 6·25전쟁의 계획과 작전은 물론 휴전협상까지 사실상 지휘해 이 전쟁을 '스탈린의 전쟁'으로 부르는 전문가도 있다. 이에 대해 공산주의 세력 팽창을 봉쇄하기 위해 참전한 미국 등 서방국가들의 입장에서는 좋은 의미이든 나쁜 의미이든 십자군 전쟁과 같은 요소도 있었다. 이 때문에 6·25전쟁을 순수한 내전으로 보는 시각이나 내전이 미국의 참전으로 국제전으로 변했다고 보는 단계별 시각은 국제 공산주의혁명 투쟁을 민족국가 중심으로 파악하려는 데서 비롯된 비현실적인 시각이다.

네 번째, 대한민국은 6·25전쟁 발발 당시 트루먼의 결단과 애치슨의 신속한 대처능력과 맥아더의 적극적인 활동으로 유엔을 통한 미국의 참전 덕분에 생존할 수 있었다. 만약 소련이 유엔 안보리에 출석해 거부권을 행사했더라면 트루먼 행정부가 어떻게 대처했을지 의문이다. 소련의 반대로 유엔군 파견이 불가능해져 미국 단독으로 파병하려고 했다면 아무리 트루먼 행정부의 의지가 확고하고 당시 미국 내 반공 여론이 강했다고 하더라도 참전이 과연 순조롭게 되었을지 의문이다.

다섯 번째, 6·25전쟁은 2차 세계대전 종결 이후 지금까지 거의 70년 간 지속된, 개디스가 말하는 '긴 평화'를 유지하는 데 크게 기여한 것이 사실이다. 자칫 3차 세계대전으로 갈 뻔했던 동서 양 진영의 전면적 대결 위험을 6·25전쟁으로 막을 수 있었다. 그런 의미에서 6·25전쟁은 3차 세계대전의 대체물인 소규모 세계대전이었다고 할 수 있다. 그러나 '긴 평화'는 미소 두 초강대국 중심의 관점이고 많은 약소국들 특히 분단국들에게는 숨 막히는 '긴 고통'의 기간이었다.

여섯 번째, 6·25전쟁은 트루먼 행정부 특히 애치슨 국무장관의 철저한 제한전쟁 방침에 따라 맥아더의 확전 전략을 억누르고 소련의 직접 개입을 막은 외교의 새로운 역할과 그 힘을 증명해보였다. 한스 모겐소는 "전쟁은 다른 수단에 의한 외교의 지속이라는 클라우제비츠의 고전적 정의에 따르면 외교기술은 전쟁기술의 다양성으로 변모한다. 즉 이 말은 우리가 당분간 폭력적 수단이 아닌 다른 방법에 의한 전쟁의 목적 달성을 추구하고 있는 냉전의 시기에 살고 있다는 뜻이다"라고 말했다. 그러나 6·25전쟁은 남북한 간에는 제한전쟁이 아니라 국가 운명을 건 총력전이어서 그 피해는 막대했다. 따라서 6·25전쟁은 우리에게 평화통일의 당위성을 일깨워주는 값비싼 교훈임을 잊어서는 안 된다.

일곱 번째, 6·25전쟁은 미국 내에서는 트루먼 행정부와 맥아더의 대결이기도 했다. "전쟁에 승리 외의 대안은 없다"라고 굳게 믿은 맥아더는 신속한 전쟁 수행을 위한 전술 차원의 과도한 간섭에 대한 반발을 보이면서 만주 폭격, 중국 대륙 봉쇄, 본국으로부터의 병력 증강을 주장했다. 그는 또 군 지휘관의 본분을 잊고 트루먼 행정부의 외교 정책에 정면으로 도전하다가 해임되었다. 맥아더의 패배는 그의 아시아 중시주의에 대한 트루먼과 애치슨의 유럽 중시주의의 승리이며 군부 실력자에 대한 문민통제의 전형을 보여주었다.

여덟 번째, 유엔군의 38선 돌파 북진작전으로 한국 통일을 이루려던 서방진영은 맥아더의 크리스마스 공세 참패로 통일 목표를 사실상 폐기하지 않을 수 없었다. 6·25전쟁의 가장 큰 실패였던 그의 크리스마스 공세 참패는 무엇보다 압록강 부근 산악지대에 30만 명 이상의 중공군이 몰래 들어와 숨어 있다는 사실을 미리 알아내지 못하고 무모한 북진작전을 감행한 그의 정보 실패에 최대 원인이 있었다. 크리스마스 공세 실패는 훗날 결국 맥아더 해임으로 발전했지만 그가 해임됨으로써 한국 통일의 기대는 사실상 사라지고 말았다. 한국 통일 노력이 수포로 돌아감에 따라 당초 유엔군이 평양―원산선에서 진격을 멈추지 못한 점을 트루먼 행정부와 군부 인사들 그리고 많은 전문가들이 아쉬워했다.

아홉 번째, 6·25전쟁은 3년을 끌면서 실제 전투를 벌인 기간은 전반부 1년에 지나지 않았다. 나머지 2년 간은 휴전협상을 진행하면서 전투를 계속하는 기형적인 전쟁이었다. 이로 인해 막대한 인명피해가 휴전협상 기간 중에 일어났다. 휴전협정의 최대 난제는 유엔군 측이 끝까지 주장한 자유의사에 의한 포로송환 문제였다. 소련 붕괴 후 밝혀진 바에 의하면 스탈린은 포로송환 문제를 빌미로 6·25전쟁을 장기간 끌었다. 그 이유는 미국을 6·25전쟁에 묶어두는 것이었다. 이것은 강대국 간 권력정치에 약소국이 희생된 전형적인 예다.

열 번째, 6·25전쟁은 불완전한 형태로나마 유엔의 집단안보 체제가 실험된 최초의 예다. 당시 애치슨은 집단안보의 비효율성이 증명되지 않은 것을 다행으로 생각한다고 말했지만 한반도에서의 집단안보 문제는 앞으로도 동북아 평화체제 수립 과정에서 우리에게 중요한 시사점을 준다. 더이상 고전적 세력균형이론으로는 민족의 활로가 트이기 어려울 것이다.

주석

머리말

1 1990년대 초 이전에 발간되었음에도 6·25전쟁이 스탈린의 지원 또는 사주에 의해 발발했다고 올바로 판단한 전통주의 이론의 대표적인 학자는 달린(David J, Dallin, *Soviet Foreign Policy after Stalin*, Philadelphia: Lippincott, 1961), 리스(David Rees, *Korea: The Limited War*, New York: Natraj Publishers, 1964), 울람(Adam B., Ulam, *Expansion and Coexistence: The History of Soviet Foreign Policy, 1917-1967*, New York: Praeger Publishers, 1968), 헤이스팅스(Max Hastings, *The Korean War*, London: Michael Joseph Ltd., 1987) 등이다. 반면 6·25전쟁을 수정주의적 입장에서 서술한 대표적인 좌편향 저자는 스톤(I. F. Stone, *The Hidden History of the Korean War*, New York: Monthly Review Press, 1952), 조이스 콜코와 가브리얼 콜코(Joyce Kolko & Gabriel Kolko, *The Limits of Power: The World and United States Foreign Policy, 1945-1954*, New York: Harper and Row, 1972), 커밍스(Bruce Cumings, *The Origins of the Korean War, Vol. I, 1945-1947, Liberation and the Emergence of Seperate Regimes*, Princeton, New Jersey: Princeton University Press, 1981; ──, *The Origins of the Korean War, Vol. II, 1947-1950, The Roaring of the Cataract*, Princeton, New Jersey: Princeton University Press, 1990); 풋(Rosemary Foot, *The Wrong War: American Policy and the Dimensions of the Korean Conflict, 1950-1953*, Ithacha, N.Y.: Cornell University Press, 1985) 등이다.

제1부 시련의 3년

Ⅰ. 운명의 날

Ⅰ-① 1950년 4월 모스크바

1 Ciphered Telegram from Shtykov to Vyshinsky, 1950. 1. 19, Cold War International History Project *Bulletin (CWIHP Bulletin)*, No. 5(Spring 1995), Woodrow Wilson International Center for Scholars(WWICS), p. 8; 바자노프, 에프게니·나딸리아 바자노바, 김광린 역, 『소련의 자료로 본 한국전쟁의 전말』(서울: 열림, 1998), pp. 45, 52, 55, 65.

2 Ciphered Telegram from Stalin to Shtykov, 1950. 1. 30, *CWIHP Bulletin*, No. 5, (Spring 1995), WWICS, p. 9; 바자노프·바자노바, 1998, p. 47.

3 바자노프·바자노바, 1998, pp. 47~48.

4 Evgueni Bajanov, "Assessing the Politics of the Korean War, 1949–51," *CWIHP Bulletin*, No. 6~7(Winter 1995/1996), WWICS, pp. 87~88; 바자노프·바자노바,

1998, pp. 52~55.

5 바자노프·바자노바, 1998, pp. 53~55. Bajanov, 1995/1996, pp. 87~88.

6 국방군사연구소, 『한국전쟁 상』(서울: 국방군사연구소, 1995), p. 201.

7 *Ibid.*

8 바자노프·바자노바, 1998, pp. 54~55.

9 Shen Zhihua, trans. by Neil Silver, *Mao, Stalin and the Korean War: Trilateral Communist Relations in the 1950's* (London: Routledge, 2012), p. 105~108; 션즈화 저, 최만원 역, 『마오쩌뚱, 스탈린과 조선전쟁』(서울: 선인, 2010). pp. 197~217.

10 Sergei Goncharov, John Lewis and Litai Xue, *Uncertain Partners : Stalin, Mao, and the Korean War*(Stanford, California: Stanford University Press, 1993), p.149; 바자노프·바자노바, 1998, pp. 53~55.

Ⅰ-② 1950년 5월 베이징

1 Bajanov, 1995/1996, pp. 87~88.

2 Chen Jian, *China's Road to the Korean War: The Making of the Sino-American Confrontation* (New York: Columbia University Press, 1994), p. 88; 데이빗 쑤이, 한국전략문제연구소 역, 『중국의 6·25전쟁 참전』(서울: 한국전략문제연구소, 2011), pp. 103~105, 110; Goncharov, Lewis and Xue, 1993, p. 131.

3 Roshchin's Cable to Moscow, 1950. 5. 14. in Bajanov, 1995/1996, pp. 87~88, 91; 바자노프·바자노바, 1998, pp. 52~67.

4 Bajanov, 1995/1996, p. 88; 바자노프·바자노바, 1998, pp. 67~68.

5 Kathryn Weathersby, "New Findings on the Korean War," *CWIHP Bulletin*, No. 3(Fall 1993), WWICS, p. 16.

6 Frank Dikotter, *The Tragedy of Liberation: A History of the Chinese Revolution, 1945-1957*(London: Bloomsbury Press, 2015), p. 226.

7 바자노프·바자노바, 1998, pp. 67~68.

8 "쉬띠꼬프 대사가 외상 빅신스끼에게 보낸 보고서," 1949. 5. 15, 박종효, 편역, 『러시아연방 외무성 대한정책 자료 Ⅰ』, (서울: 선인, 2010), pp. 320~322.

9 데이빗 쑤이, 2011, pp. 109~110.

10 데이빗 쑤이, 2011, p. 33; 션즈화, "극동에서 소련의 전략적 이익보장: 한국전쟁의 기원과 스탈린의 정책결정 동기,"『한국과 국제정치』(경남대학교 극동문제연구소), 제30권, 제2호(2014년 여름, 통권 85호), p. 30.

Ⅰ-③ 1950년 6월 평양

1 바자노프·바자노바, 1998, p. 74; Bajanov, 1995/1996, p. 88; "조선 주재 소련 대사 쉬띠꼬프가 외무성에 보낸 암호전문," 1950. 6. 16, 박종효, 2010, p. 401.

2 바자노프·바자노바, 1998, pp. 72~75; "북한제안 해부,"『동아일보』, 1950. 6. 11; "조만식씨를 김달삼 이주하 양인과 교환,"『동아일보』, 1950. 6. 17.

3 바자노프·바자노바, 1998, pp. 69~71.

4 국방군사연구소, 1995, pp. 78~79; 국방부군사편찬연구소, 『6·25전쟁사 [I]-전쟁의 배경과 원인』(서울: 국방부군사편찬연구소, 2004), p. 627.

5 국방군사연구소, 1995, 1995, pp. 85~86.

6 *Ibid.*, pp. 88~89.

7 Telegram from Shtykov to Stalin, 1950. 6. 21, Telegram from Stalin to Shtykov, 1950. 6. 21., *CWIHP Bulletin*, No. 5(Spring 1995), WWICS, pp. 59~60; 바자노프·바자노바, 1998. p. 54, 75~76; "1950년 6월 21일 쉬띠꼬프가 김일성에게 보낸 편지와 함께 스탈린에게 보낸 극비전문," 박종효, 2010, p. 402.

I - ④ 1950년 6월 서울

1 국방군사연구소, 1995, p. 107.

2 국방군사연구소, 1995, pp. 107~110.

3 "6·25와 이승만 대통령①-프란체스카 여사, 비망록 33년 만에 처음 공개하다," 『중앙일보』, 1983. 6. 24.

4 국방군사연구소, 1995, p. 110.

5 김준봉, 『한국전쟁의 진실 상』(서울: 이담, 2010). p. 52.

6 국방군사연구소, 1995, p. 107.

7 현재 국가기록원에는 1950년 6월 25일 열린 임시 국무회의 기록이 어떤 이유에서인지 보존되어 있지 않다. http://theme.archives.go.kr/next/cabinet/roundClassSearchResult. do; 다만 그날 육군본부가 작성한 것으로 표시된 제6사단의 반격 작전명령 제31호 사본 등 일반기록물은 볼 수 있다. http://www.archives.go.kr/next/search/viewArchive do?rfile_no=200300798738.

8 김행복, 『6·25전쟁과 채병덕 장군』(서울: 국방부군사편찬연구소, 2002), pp. 209~210.

9 김행복, 2002, pp. 228~229: 안용현, 1992, p. 247.

10 The Ambassador in Korea(Muccio) to the Secretary of State, 1950. 12. 25, *FRUS 1950, VI, Korea*, pp. 129~131.

11 국방군사연구소, 1995, pp. 111~112.

12 *Ibid.*

II. 미국의 참전

II - ① 심야의 워싱턴

1 한표욱, 『이승만과 한미외교』(서울: 중앙일보사, 1996), p. 88.

2 Harry S. Truman, *Memoirs, II, 1946-52, Years of Trial and Hope*(New York: Time, Inc., 1955), pp. 331~332.

3 James I. Matray, *The Reluctant Crusade: American Foreign Policy in Korea, 1941-1950*(University of Hawaii Press, 1985), p. 238; Trigve Lie, *In the Cause of Peace: Seven Years with the United Nations*(New York: Macmillan, 1954), pp. 327~328; Secretary of State to the Embassy in Korea, 1950. 6. 25, *FRUS, 1950, VI, Korea,*

p. 128, Editorial Note.

4 Robert L. Beisner, *Dean Acheson: A Life in the Cold War*(New York: Oxford University Press, 2006), p. 340.

5 Truman, 1955, pp. 332~333.

6 Robert Jervis, *Perception and Misperception in International Politics*(Princeton: Princeton University Press, 1976), pp. 218~220.

7 Truman, 1955, pp. 378~379.

8 Notes on Meeting in Secretary's Office on MacArthur Testimony, 1951. 5. 16, Box 64, Dean G. Acheson Papers, Harry S. Truman Presidential Library and Museum(HSTL); Dean Acheson, *Present at the Creation: My Years in the State Department*(New York: Norton & Company, 1969), p. 405.

9 Intelligence Estimate by Office of Intelligence Research, 1950. 6. 25, *FRUS, 1950, VII, Korea*, pp. 148~154.

10 David McCullough, *Truman*(New York: Simon & Schuster, 1992). p. 776; D. Clayton James, with Anne Sharp Wells, *Refighting the Last War: Command and Crisis in Korea* (NewYork: The Free Press, 1993), p. 11.

11 Beisner, 2006. p. 340.

12 Acheson, 1969, p. 405; Dean Acheson, *The Korean War*(New York: Norton & Company, 1969/1971), pp. 19~20.

13 Memorandum of Conversation, by the Ambassador at Large(Jessup), 1950. 6. 25, *FRUS 1950, VII, Korea*, p. 157~158.

14 Glenn D. Paige, *The Korean Decision, June 24-30, 1950*(New York: The Free Press, 1968), p. 127.

15 Paige, 1968, p. 128.

16 U.S. Congress, Committee on Armed Services, *Military Situation in the Far East, Hearing before the Committee on Armed Services and the Committee on Foreign Relations, 82nd Cong., 1st Sess., to Conduct an Inquiry into the Military Situation in the Far East and the Fact Surrounding the Relief of General of the Army Douglas MacArthur from His Assignment in That Area, Part IV*(Washington D.C.: Government Printing Office, 1951), pp. 2580~2584, 2671~2674; "Johnson Testifies Acheson Inspired Korea Intervention," *New York Times*, 1951.6.15.

17 Memorandum of Conversation, by the Ambassador at Large(Jessup), 1950. 6. 25, *FRUS, 1950, VII, Korea*, p. 158~161.

18 *Ibid.*; Truman, 1955, p. 335; Paige, 1968, pp. 127~141.

19 Memorandum of Conversation at the White House, 1950. 6. 26, *FRUS, 1950, VII, Korea*, pp. 178~183.

20 Memorandum of Conversation, by the Ambassador at Large(Jessup), 1950. 6. 26., *FRUS, 1950, VII, Korea*, pp. 178~183.

21 Statement Issued by the President, 1950. 6. 27, *FRUS, 1950, VII, Korea*, pp. 202–

203; Dean Acheson Princeton Seminar Files, 1954. 2. 13, Reel 1, Track 2, p. 6, Box 81, *op. cit.*; Acheson, 1969, p. 22; DA to CINCFE, Operational Immediate, 1950. 6. 27, Box 116, RG(Record Group) 554, National Archives and Records Administration(NARA).

Ⅱ-②맥아더의 출진

1 Douglas MacArthur, *Reminiscences*(New York: McGraw–Hill Book Co., 1964), pp. 327~328.
2 MacArthur, 1964, p. 331; 국방군사연구소, 1995, p. 171; The Ambassador in Korea(Muccio) to the Secretary of State, 1950. 6. 28, *FRUS, 1950, VII, Korea*, pp. 210~211.
3 MacArthur, 1964, pp. 331~332.
4 MacArthur, 1964, pp. 332~334.
5 정일권, 『정일권 회고록: 6·25비록-전쟁과 휴전』(동아일보사, 1986), pp. 31~34.
6 The Chargé in Korea(Drumright) to the Secretary of State, 1950. 6. 29, *FRUS 1950, VII Korea*, pp. 227~228.
7 MacArthur, 1964, pp. 332~334; James F. Schnabel and Robert J. Watson, *History of the Joint Chiefs of Staff-The Joint Chiefs of Staff and National Policy, Volume III, 1950-1951: The Korean War, Part One*(Washington, D.C.: Office of History, Office of the Chairman of the Joint Chiefs of Staff, 1986/1998), p. 50.
8 The Joint Chiefs of Staff to the Commander in Chief, Far East(MacArthur), 1950. 6. 30, *FRUS, 1950, VII, Korea*, p. 263.

Ⅱ-③유엔군 파견 결의

1 Resolution Adopted by the United Nations Security Council, 1950. 6. 27, *FRUS, 1950, VII, Korea*, p. 211.
2 James F. Schnabel, *United States Army in the Korean War: Policy and Directions: The First Year*(Washington, D.C.: Office of the Chief of Military History, United States Army, 1972), p. 76; Truman, 1955. p. 341.
3 The Joint Chiefs in Staff to the Commander in Chief, Far East(MacArthur), 1950. 6. 29, *FRUS, 1950, VII, Korea*, pp. 240~241.
4 DA to CINCFE, JCS 6468, 1950. 6. 30., Box 45, RG 9, MacArthur Memorial Archives and Library(MMAL); DA to CINCFE, JCS 84718, 1950. 7. 1, ibid.; Editorial Notes, *FRUS, 1950, VII, Korea*, p. 255; Editorial Notes, *FRUS, 1950, VII, Korea*, p. 257; James(1993). p. 144.
5 Truman, 1955. p. 341.
6 Editorial Note, *FRUS, 1950, VII, Korea*, pp. 238~239.
7 Kathryn Weathersby, "Should We Fear This?: Stalin and the Danger of War with America," CWIHP Working Paper No. 39, 2002, WWICS, p. 16.

8   Alexandre Mansoulov, "Stalin, Mao, Kim and China's Decision to Enter to Korean War, 16 September–15 October 1950: New Evidence from the Russian Archives," *CWIHP Bulletin*, No. 6~7(1995/1996), WWICS, p. 95.

9   Mansoulov, *op. cit.*, pp. 95~96.

10 Mansoulov, *op. cit.*, pp. 96~97.

11 Mansoulov, *op. cit.*, p. 100.

Ⅲ. 유엔군의 북진작전

Ⅲ- ① 미국의 롤백전략

1   The Secretary of State to the Embassy in the Soviet Union, 1950. 6. 25, *FRUS, 1950, VII, Korea*, p. 148.

2   The Ambassador in the Soviet Union(Kirk) to the Secretary of State, 1950. 6. 27, *FRUS 1950, VII, Korea*, p. 204.

3   Notes of Meeting, 1950. 6. 27, Record of the Policy Planning Staff, 1947–1953, RG 59, NARA.

4   The Ambassador in the Soviet Union(Kirk) to the Secretary of State, 1950. 6. 29, *FRUS, 1950, VII, Korea*, pp. 229~230.

5   JCS to CINCFE, JCS 93885, 1950. 10. 12, Box 45, RG 9, MMAL.

6   Acheson, 1969/1971, p. 64.

7   Draft Policy Statement Prepared by the Secretary of State, 1950. 6. 28, *FRUS, 1950, VII, Korea*, p. 217.

8   The Secretary of State to the Embassy in the Soviet Union, 1950. 6. 26, *FRUS, 1950, VII, Korea*, p. 176.

9   Memorandum by the Joint Chiefs of Staff to the Secretary of Defense(Johnson), 1950. 7. 10, *FRUS, 1950, VII, Korea*, p. 346.

10 Memorandum by the Executive Secretary of the National Security Council(Lay), NSC 76/1, 1950. 7. 25 및 (Enclosure) State Department Consultant's Comment with Respect to NSC 76, *FRUS, 1950, VII, Korea*, pp. 475~477; *NSC Index to the Documents of the National Security Council*(Bethesda, MD: University Publications of America, 1994). pp. 61~62.

11 Memorandum by the Director of the Office of Northeast Asian Affairs(Allison) to the Assistant Secretary of State for Far Eastern Affairs(Rusk), 1950. 7. 1, *FRUS, 1950, VII, Korea*, p. 272; Dulles to Nitze, Decimal File 1950–54, from 795.90/7-1850, Box 4265, RG 59, NARA.

12 Schnabel and Watson, 1989/1998, p. 95.

13 U.S. Courses of Action in Korea, Defense Draft, 1950. 7. 31., Decimal File 1950–54, 795.90/7-3150, Box 4266. RG 59, NARA; Foot, 1990, p. 25.

14 Memorandum, George F. Kennan to Dean Acheson, 1950. 8. 23, Secretary

of State File, Acheson Papers. The Korean War and Its Origins, Online Documents, HSTL, http://www.trumanlibrary.org/whistlestop/study_collections/koreanwar/ documents/index.php?pagenumber=4&documentdate=1950-08-23&documentid=ki-14-7(검색일 2014. 2.1); Charles E. Bohlen, *Witness to History, 1929-1969*(London, Weidenfeld and Nicolson, 1973). p. 292.

15 Draft Memorandum Prepared by the Policy Planning Staff, 1950. 7. 22, *FRUS, 1950, VII, Korea*, pp. 449~454; Draft Memorandum Prepared by the Policy Planning Staff, 1950. 7. 25, *ibid.*, pp. 469~473; 앨리슨 동북아과장은 이 두 비망록을 조목조목 반박하는 비망록을 24일과 27일 두 차례에 걸쳐 제출했다. Memorandum by the Director of the Office of Northeast Asian Affairs(Allison) to the Director of the Policy Planning Staff(Nitze), 1950. 7. 24, *FRUS, 1950, VII, Korea*, pp. 458~461; Memorandum by the Director of the Office of Northeast Asian Affairs(Allison) to the Assistant Secretary of State for Far Eastern Affairs(Rusk), 1950. 7. 27., *FRUS, 1950, VII, Korea*, pp. 480~481.

16 Clubb to Rusk, Relationship of Chinese Communists to Korean Affairs, 1950. 7. 14., Decimal File 1950-54, from 795.90/7-1050 to 795.00/7-1850, Box 4265, RG 59, NARA.

17 Acheson, 1969, pp. 445, 450~451.

18 The Secretary of State to the Embassy in Korea, *FRUS, 1950, VII, Korea*, p. 387, footnote 1; Public Papers of the Presidents of the United States, Harry S. Truman, 1945-1953(Washington, D.C.: United States Government Printing Office, 1966), p. 523.

19 Draft Memorandum Prepared in the Department of Defense, 1950. 7. 31, *FRUS, 1950, VII, Korea*, pp. 502~510.

20 *op. cit.*, pp. 534~535.

21 William Whitney Stueck, Jr., *The Road to Confrontation : American Policy toward China and Korea, 1947-1950*(University of North Carolina Press, 1981). pp. 207-208; Editorial Note, *FRUS, 1950, VII, Korea*, p. 533.

22 Draft Report by the National Security Council on United States Course of Action With Respect to Korea(NSC 81), *FRUS, 1950, VII, Korea*, pp. 688~689.

23 Report by the National Security Council to the President(NSC 81/1), 1950. 9. 9, *FRUS, 1950, VII, Korea* , pp. 716~718.

24 "Fleet to Quit Formosa at End of Korea War, Says Truman; President Also Voices Hope That China's Red Regime Will Not Intrude in Effort of United Nations to Establish Peace," *New York Times*, 1950. 9. 1.

25 The Text of an Address by Secretary of State, Department of State, 1950. 9. 20, Box 64, Dean G. Acheson Papers, HSTL; "The Peace the World Wants: Address by Secretary Acheson"(1950. 9. 20.), *Department of State Bulletin*, Vol.

23, No. 587, 1950. 10. 2, pp. 523~529; *Ibid.*, 1950. 10. 2, pp. 523~529; Acheson, 1969, p. 450; 유엔 한국복구위원단 구성 제안은 11월 3일 최종 승인을 받았다, *ibid.*, 1950. 11. 13, p. 791.

26 The United States Representative at the United Nations(Austin) to the Secretary of State, 1950. 9. 29, *FRUS, 1950, VII, Korea*, pp. 826~828.

27 "Bevin Would Eradicate 38th Parallel, Unify Country as Solution for Korea," *New York Times*, 1950. 9. 30.

28 "The United States in the United Nations," Department of State Bulletin, Vol. 23, No. 588, 1950. 10. 9, p. 597; Resolution 376(V), Adopted by the United Nations General Assembly, 1950. 10. 7, *FRUS, 1950, VII, Korea*, pp. 904~906.

29 377(V), "Uniting for Peace," 1950. 11. 3, General Assembly—Fifth Session, United Nations, http://www.un.org/depts/dhl/landmark/pdf/ares377e.pdf; "U.N. Assembly Gets Action Plan Today," *New York Times*, 1950. 11. 1; McGeorge Bundy, ed.. The *Pattern of Responsibility*(Clifton, NJ: Augustus M. Kelley Publishers, 1972). p. 255.

Ⅲ- ② 중국의 개입

1 Ciphered Telegram from Shtykov to Vyshinsky, 1950. 1. 19, CWIHP Bulletin, No. 5, WWICS, p. 8; 바자노프·바자노바, 1998, pp. 45, 55, 65; 데이빗 추이, 2011, pp. 76, 156~192; 김동길, "한국전쟁 초기 중국군 조기 파병을 둘러싼 스탈린, 마오쩌둥, 김일성의 동상이몽," 『한국과 국제정치』30권 2호(2014년 여름), pp. 59~60.

2 Mao Telegram to Kim Il Sung re China's Entry in the War, 1950. 10. 8, Goncharov, Lewis and Xue, 1993, Appendix, p. 279; 션즈화, 2010, pp. 267~268; Mao Telegram to Stalin re the Decision to Send Troops to Korea, 1950. 10. 2, Goncharov, Lewis and Xue, *op. cit.*, pp. 275~276(이 전보는 실제로는 발송되지 않았다); 마오쩌둥은 10월 8일 동북변방군의 명칭을 '중국 인민지원군' 으로 바꾸었다. 데이빗 쑤이, 2011, pp. 79, 210.

3 와다 하루끼, 서동만 역, 『한국전쟁』(서울: 창작과 비평사, 1999/2003), p. 49; 데이빗 쑤이, 2011, p. 209.

4 신욱희, "중국의 한국전쟁 참전: 중국 대북정책의 역사적 형성과 지속,"『한국과 국제정치』(경남대학교 극동문제연구소), 제30권 제2호(2014 여름, 통권 85호), p. 97; Goncharov, Lewis, and Xue, Appendix, 1993, p. 284; 김경일, 홍명기 역, 『중국의 한국전쟁 참전 기원』(서울: 논형, 2005); 데이빗 쑤이, 2011, pp. 216~219, 337; 바자노프·바자노바, 1998. p. 124; Mansoulov, 1995/1996, pp. 118~119; John Lewis Gaddis, *We Now Know: Rethinking Cold War History*(Oxford: Clarendom Press, 1997), pp. 59~60.

5 Minutes of the Conference to Examine and Discuss the Preparations of the Northeast Border Defense Army, 5:00 pm, 1950. 8. 26, Chinese Central Archives in Chen Jian, 1994, pp. 149~150; 데이빗 쑤이, 2011, pp. 184~185.

6   션즈화, 2010, p. 261; Doc. 62. Excerpt from Zhou Enlai's Report to the Chinese People's Political Consultative Conference, 1950. 9. 30. in Goncharov, Lewis and Xue, 1993, p. 274.

7   "Chou Says Peiping Won't Stand Aside," *New York Times*, 1950. 10. 2

8   The Consul General at Hong Kong(Wilkinson) to the Secretary of State, 1950. 9. 5&12; *FRUS, 1950, VII, Korea*, p. 698, pp. 724~725.

9   "Fleet to Quit Formosa at End of Korea War, Says Truman; President Also Voices Hope That China's Red Regime Will Not Intrude in Effort of United Nations to Establish Peace," *New York Times*, 1950. 9. 1.

10 "Acheson Doubts Peiping War Entry, Holds Move in Korea," *New York Times*, 1950. 9. 11; David Rees, *Korea: The Limited War*(New York: Natraj Publishers, 1964), p. 112.

11 Burton Kaufman, The Korean War: Challengers in Crisis, Credibility, and Command(New York: Knopf, 1986), pp. 92~93.

12 Joint Chiefs of Staff to Douglas MacArthur, 1950. 11. 6, Naval Aide File, Truman Papers, HSTL, http://www.trumanlibrary.org/whistlestop/study_collections/koreanwar/documents/index.php?documentdate=1950-11-06&documentid=ki-22-14&pagenumber=1(검색일 2014. 2. 1); Kaufman, 1986, p. 95.

13 Kaufman, 1986, p. 100.

14 Acheson, 1969, p. 452.

15 Chen, 1994, p. 164.

16 The Ambassador in India(Henderson) to the Secretary of State, 1950. 9. 29., *FRUS, 1950, VII, Korea*, p. 823.

17 Directive to the Commander of the United Nations Forces in Korea, 1950. 9. 27, President's Secretary's Files, Papers of Harry S. Truman, Box 208, HSTL.

18 Schnabel and Watson, 1989/1998, p. 100; MacArthur, 1964, p. 358.

19 MacArthur, 1964, p. 358.

20 데이빗 쑤이, 2011, p. 183.

21 Chargé in the United Kingdom(Holes) to the Secretary of State, 1950. 10. 3, *FRUS, 1950, VII, Korea*, p. 839.

22 Memorandum of Conversation, by the Ambassador at Large(Jessup), 1950. 10. 12 및 Message from Mr. Bevin to Sir Oliver Franks, 1950. 10. 11, *FRUS, 1950, VII, Korea*, pp. 930 ~932.

23 Peter N. Farrar, "Britain's Proposal for a Buffer Zone South of the Yalu in November 1950: Was It a Neglected Opportunity to End the Fighting in Korea?," *Journal of Contemporary History*, Vol. 18, No. 2(1989.4), p. 330.

24 The Ambassador in India(Henderson) to the Secretary of State, 1950. 9. 29,

FRUS, 1950, VII, Korea, pp. 823~824.

25 Acheson, 1969, p. 452; Truman, 1955, p. 362; Memorandum by the Deputy Assistant Secretary of State for Far Eastern Affairs(Merchant) to the Assistant Secretary of State for Far Eastern Affairs(Rusk), 1950. 10. 3, *FRUS, 1950, VII, Korea*, p. 848; Memorandum by the Deputy Director of the Office of North East Asian Affairs(Johnson) to the Assistant Secretary of State for Far Eastern Affairs(Rusk), 1950. 10. 3, *ibid.*, p. 849.

26 Foot, 1985, p. 103; Alexander I. George, *Bridging the Gap between Theory and Practice in Foreign Policy*(Washington D.C.: U.S. Institute for Peace Press, 1993), pp. 75, 127.

27 Tang Tsou, *America's Failure in China*(Chicago: University of Chicago Press, 1963), pp. 221~226; Orme, 1998, p. 80.

28 The Secretary of Defense(Marshall) to the Commander in Chief, Far East(MacArthur), 1950.9.20, *FRUS, 1950, VII, Korea*, p. 826,

29 The Secretary of State to the Embassy in Korea, 1950. 10. 28, *FRUS, 1950, VII, Korea*, pp. 1007~1010.

30 Farrar, 1983, p. 331.

31 데이빗 쑤이, 2011, p. 230.

32 데이빗 쑤이, 2011, pp. 230~238; 홍학지, 홍인표 역, 『중국이 본 한국전쟁』(서울: 한국학술정보, 2008), pp. 82~84.

33 데이빗 쑤이, 2011, p. 242.

34 데이빗 쑤이, 2011, p. 239.

35 CINCFE to DA, 1950. 11. 28., Box 45, RG 9, MMAL; The Commander in Chief, Far East(MacArthur) to the Joint Chiefs of Staff, 1950. 11. 28, *FRUS, 1950, VII, Korea*, pp. 1237~1238; MacArthur, 1964, p. 375.

36 Memorandum of Conversation, by the Ambassador at Large(Jessup): Notes on NSC Meeting, 1950. 11. 28, *FRUS, 1950, VII, Korea*, pp. 1242~1249.

37 Acheson, 1969/1971, p. 76.

38 Beisner, 2006, p. 446.

39 CINCFE to DA, 1950. 11. 29., Box 45, RG 9, MMAL; DA to CINCFE, 1950. 11. 30, Box 45, RG 9, MMAL.

40 MacArthur, 1964, p. 377.

41 The President's News Conference, No. 5, 1950. 11. 30, Public Papers, 1945–1953, Harry S. Truman Papers, HSTL,http://www.trumanlibrary.org/publicpapers/index.php?pid=985&st=atomic+bomb&st1=Korea (검색일 2013. 11. 21).

42 "Truman Gives Aim: Truman Repeats Statement to Press," *New York Times*, 1950. 12. 1; "Truman Statement on Korea," *ibid.*

III- ③ 숨 가빴던 3주간

1 Acheson, 1969/1971, p. 72.

2 Memorandum of Conversation, by the Ambassador at Large(Jessup), 1950. 12. 1, *FRUS, 1950, VII, Korea*, pp. 1276~1281; Memorandum of the Conversation, by the Ambassador at Large(Jessup), 1950. 12. 3, *FRUS, 1950, VII, Korea*, Pp. 1324~1326; Acheson, 1969, p. 476.

3 "The President Proclaims a National Emergency⋯," *New York Times*, 1950. 12. 16.

4 "그로미코가 주중 소련대사에게 보낸 전문," 1950. 12. 7, 문서번호 69, 기본문헌목록, 『옐친문서』, 외교사료관; 데이빗 쑤이, 2011, p. 243; 션즈화, 2010, p. 334; Chen Jian, 1994, p. 212.

5 Schnabel and Watson, 1986/1998, pp. 179~181.

6 JCS to CINCFE, JCS 99935, 1950. 12. 29, Box 45, RG 9, MMAL; MacArthur, 1964, p. 377~378; Schnabel and Watson, 1986/1998, p. 181; J. Lawton Collins, *War in Peace Time: The History and Lessons of Korea*(Boston: Houghton Mifflin Company, 1969). pp. 247~248.

7 MacArthur, 1964, pp. 377~378; Courtney Whitney, *MacArthur: His Rendevous with the History*(Westport, Conn.: Greenwood Press, Publishers, 1955), pp. 430~432.

8 (U) Msg, CINCFE C 52391 to DA for JCS, 1950. 12. 30, Box 45, RG 9, MMAL; Schnabel and Watson, 1986/1998, p. 310, note 74; MacArthur, 1964, p. 378; Collins, 1969, p. 248.

9 (U) Msgs, JCS 80680 to CINCFE, 1951. 1. 9, Box 45, RG 9, MMAL; Schnabel and Watson, 1986/1998, p. 186, 311 note 86; MacArthur, 1964, pp. 378~380.

10 (U) Msg, CINCFE C 53167 to DA, 1951. 1. 10, Box 45, RG 9, MMAL; Schnabel and Watson, 1989/1998, p. 187, 310, note 88; Collins, 1979, p. 248.

11 Message from the President to General MacArthur, 1951. 1. 14., President's Secretary's Files, Papers of Harry S. Truman, Box 159, HSTL, http://www.trumanlibrary.org/whistlestop/study_collections/koreanwar/documents/index.php?documentdate=1951-01-13&documentid=ci-2-10&pagenumber=1(검색일 2014. 2. 5).

12 MacArthur, 1964, pp. 380~382.

III- ④ 사라진 통일의 꿈

1 국방군사연구소, 『한국전쟁 중』(서울: 국방군사연구소, 1996), p. 366~368.

2 Schnabel, 1972. p. 326.

3 "MacArthur, in Korea, Says We Won't Be Driven Into Sea," *New York Times*, 1951. 1. 20.

4   Courses of Action Relative to Communist China and Korea: Memorandum for the Executive Secretary, National Security Council, 1951. 1. 12, Box. 208, Korean War File, 1946-1953 Harry S. Truman Papers, HSTL.

5   "Collins Says Line in Korea is Strong; Chief of Staff Bluntly…" *New York Times*, 1951. 1. 22.

6   Schnabel and Watson, 1986/1998, p. 199; 션즈화, 2010, p. 338.

7   당시 미군 희생자는 7,000명에 불과했다. James, p. 72.

8   James, 1993, p. 73.

9   "Victory Is the Only Solution In Korea, Van Fleet Testifies," *New York Times*, 1953. 3. 5.; "Van Fleet Urges Victory," New York Times, 1953. 4. 11.

10 "Truce Talk Halted His Victory March, Van Fleet Asserted," *New York Times*, 1953. 3. 23; James, 1993, p. 226.

11 "Van Fleet Asserts Ridgway Barred Tactic to Rout Foe," *New York Times*, 1953. 4. 2; James, 1993, pp. 73~74. 이에 대해 리지웨이는 당시 밴 플리트 자신이 작전의 어려움을 이유로 북진작전을 꺼렸다고 해명했다. Matthew B. Ridgway, *The Korean War*(New York: Doubleday & Co., 1967). pp. 181~182.

12 Acheson, 1968/1971, p. 116.

13 James, 1993, p. 72.

14 NSC 48/4 A: II: 0134, 1951. 5. 4, *NSC Index to the Documents of the National Security Council*(Bethesda, MD: University Publications of America, 1994), p. 43; 국방군사연구소, 1997, p. 23.

15 Memorandum Containing the Section Dealing With Korea From NSC 48/5, 1951. 5. 17(from A Report to the National Security Council on United States Objectives, Policies and Courses of Action in Asia, 1950. 5. 17), *FRUS, 1950, VII, Korea and China*, Part 1, pp. 439~442; 국방군사연구소, 1997, p. 24~25.

16 *Ibid.*

Ⅳ. 세 주역들의 협력과 갈등

Ⅳ-① 제한전쟁의 한계

1   Memorandum by the Executive Secretary of the National Security Council(Lay), NSC 76/1, 1950. 7. 25 및 (Enclosure)State Department Consultant's Comment with Respect to NSC 76, *FRUS, 1950, VII, Korea*, pp. 475~477; NSC 81, "United States Courses of Action With Respect to Korea," 1950. 9. 1, Korean War, Online Documents, HSTL, http://www.trumanlibrary.org/whistlestop/study_collections/koreanwar/documents/index.php?documentdate=1950-09-01&documentid=ki-17-1&pagenumber=1(검색일, 2013. 12. 11).

2   MacArthur, 1964, p. 365.

3   *Ibid.*

4   Record of the Actions Taken by the Joint Chiefs of Staff Relative to the United Nations Operations in Korea from 25 June, 1950 to 11 April, 1951, President Harry Truman's Office Files 1945-1953, Korean War Files, p. 56, HSTL; MacArthur, 1964, p. 368.

5   MacArthur, 1964, p. 369.

6   "Acheson Implies MacArthur Is Extremist Who Risks War," *New York Times*, 1951. 4. 19.

7   MacArthur, 1964, p. 363.

8   MacArthur, 1964, p. 322.

9   Acheson, 1969, p. 456.

10 "Taft Demands U.S. End Fear of Russia, Go All-out in Korea," *New York Times*, 1951. 4. 28.

11 JCS to CINCFE, JCS 92329, 1950. 9. 23., Box 45, RG 9, MMAL.

12 CINCFE to DA(JCS), C 64159, 1950. 9. 23, Box 9, RG 6, MMAL; MacArthur, 1964, pp. 354~355.

13 Schnabel, 1972. p. 184.

14 DA to CINCFE, JCS 98608, 1950. 9. 26., Box 45. RG 9, MMAL; Schnabel and Watson, 1989/1998, p. 99.

15 George C. Marshall to Harry S. Truman, With Attached Directives to Commander of United Nations Forces in Korea, 1950. 9. 27. President's Secretary's Files, Online Documents, HSTL,http://www.trumanlibrary.org/whistlestop/study_collections/koreanwar/documents/ index.php?documentdate=1950-09-27&documentid=ki-18-3&pagenumber=1(검색일, 2014. 1. 15)

16 Schnabel and Watson, 1989/1998, p. 117; 국방부 군사편찬연구소 편, 『한미군사관계사: 1871~2002』(서울: 국방부, 2002), p. 482.

17 Editorial Note, *FRUS, 1950, VII, Korea*, pp. 995~996; Schnabel, 1972, p. 218; Collins, p. 180.

18 The Secretary of Defense(Marshall) to the Commander in Chief, Far East(MacArthur), 1950. 9. 29, FRUS, 1950, VII, Korea, p. 826.

IV-② 크리스마스 공세 실패의 원인과 책임

1   MacArthur, 1964, pp. 374~375.

2   Whitney, 1955, p. 400.

3   MacArthur, 1964, p. 374.

4   CINCUNC to DA, Operational Immediate, 1950. 11. 18, Box 45, RG 9, MMAL.

5   Memorandum of Conversation, by the Ambassador at Large(Jessup), 1950. 11. 21, *FRUS, 1950, VII, Korea*, pp. 1204~1208; James, 1993, p. 199.

6 JCS to CINCFE, JCS, 96060, 1950. 11. 9, Box 45, RG 9, MMAL.

7 Acheson, 1969/1971, p. 68.

8 Acheson, 1969, p. 456.

9 DA to CINCFE, JCS, 93709, 1950. 10. 30, Box 45, RG 9, MMAL; MacArthur, 1964, pp. 366~367.

10 David S. McLellan, "Dean Acheson and the Korean War," *Political Science Quarterly*, Vol. 83, No. 1 (Mar, 1968), pp. 16~39.

11 Charles M. Province, *General Walton H. Walker: Forgotten Hero-The Man Who Saved Korea*(Edison, NJ: Create Space Independent Publishing Platform, 2008/2013), pp. 118~119.

12 John W. Spanier, *The Truman-MacArthur Controversy and the Korean War*(New York: W. W. Norton, 1965), p. 129.

13 MacArthur, 1964, p. 337.

IV-③ 맥아더 전략에 대한 평가

1 The Secretary of State to the Embassy in the Soviet Union, 1950. 6. 25, *FRUS, 1950, VII, Korea*, p. 148.

2 Bohlen, 1973, pp. 298~299.

3 "Veterans Demand Freeing M'Arthur," *New York Times*, 1950. 12. 8.

4 Schnabel and Watson, 1989/1998, p. 246.

5 The Joint Chiefs of Staff to the Commander in Chief, Far East(Ridgway), 1951. 4. 28, *FRUS, 1950, VII, Korea and China*, Part 1, p. 386; James(1993), p. 72.

6 Report to the National Security Council by the Executive Secretary(Loy). NSC 48/5, United States Objectives, Policies and Courses of Action in Asia, 1951. 5. 17, *FRUS, 1951 VI, Asia and the Pacific, Part 1*, p 37.

7 "State of the Union; President Sees No 'Logic or Sense' in Sea Patrol Helping Chinese Reds," *New York Times*, 1953. 2. 3.

8 James, 1993, p. 120; Harry Middleton, *Compact History of the Korean War*(New York: Hawthorn Books, 1965), p. 223.

9 국방부전사편찬위원회, "맥아더의 만주폭격론에 대하여", 『군사』, 2(1981. 8), pp. 236~247.

10 U.S. Congress, Committee on Armed Services, *Military Situation in the Far East, Hearing before the Committee on Armed Services and the Committee on Foreign Relations, 82nd Cong., 1st Sess., to Conduct an Inquiry into the Military Situation in the Far East and the Fact Surrounding the Relief of General of the Army Douglas MacArthur from His Assignment in That Area, Part II* (Washington D.C.: Government Printing Office, 1951), p. 732.

11 James, 1993, p. 197.

12 MacArthur, 1964, p. 387.

13 John Lewis Gaddis, *The Long Peace: Inquiries into the History of the Cold War*(New York: Oxford University Press, 1987), p. 101.

14 Collins, 1969, pp. 230~232.

15 James, 1993, p. 111.

16 *Ibid.*, pp. 110~111.

17 Memorandum of Discussion at a Special Meeting of the National Security Council, 1953. 3. 31, *FRUS, 1952-1954, XV-1, Korea, 1*, p. 826; "U.N. Circle Wary on Atom Bomb Use: After Learning of Truman's Statement on Atom Bomb," *New York Times*, 1950. 12. 1; James, 1993, pp. 116~117; Richard Whelan, *Drawing the Line: The Korean War, 1950-1953*(Boston: Little, Brown, 1990), p. 358.

18 U.S. Congress, Committee on Foreign Relations, *Military Situation in Far East: Hearings before the Committee on Foreign Relations, U.S. Senate 82 Congress, 1st Session, Part 1*, pp. 41~45, 135~137, 211~212; James, 1993, pp. 50~51, 197.

19 Beisner, 2006, p. 440.

IV-④ 상반된 세계전략

1 James, 1993, p. 197.Douglas MacArthur, *A Soldier Speaks: Public Papers and Speeches of General of the Army Douglas MacArthur*(New York: Frederick A. Praeger, 1965), pp. 266~267.

2 *American Foreign Policy 1950-1955, Basic Documents, II-X/XX*(Washington D.C.: Government Printing Office, 1957), p. 2316.

3 Draft Report by the National Security Council on United States Policy Toward China, NSC 34/2, 1949. 2. 28, *FRUS, 1949, IX, The Far East; China*, pp. 492~495.

4 *American Foreign Policy 1950-1955, Basic Documents, II-X/XX, 1957*, p. 2317.

5 John Lewis Gaddis, *The Cold War : A New History*(Penguin, 2005), pp. 37~38.

6 MacArthur, 1965, pp. 243~252; Transcript of General Douglas MacArthur's Address to Congress, 1951. 4. 19, Online Documents: Korean War, HSTL,http://www.trumanlibrary.org/whistlestop/study_collections/korean-war/index.php(검색일 2013. 9. 25).

7 James, 1993, pp. 23~51.

8 MacArthur, 1964, p. 361.

9 Michael D. Pearlman, *Truman and MacArthur: Policy, Politics, and Hunger for Honor and Renown*(Bloomington, IN: Indiana University Press, 2008), p. 272.

10 Schnabel and Watson, 1989/1998. pp. 235~238.

11 McCullough, 1992. pp. 796~797.

12 MacArthur, 1964, p. 393.

13 The Joint Chiefs of Staff to the Commander in Chief, Far East(MacArthur),

1951. 3. 20, *FRUS, 1951, VII, Korea and China, Part 1*, p. 251; The Commander in Chief, Far East (MacArthur) to the Joint Chiefs of Staff, 1951. 3. 21, *ibid*, pp. 255~256; MacArthur(1964), pp. 386~387.

14 MacArthur, 1964, pp. 387~388.

15 MacArthur, 1964, p. 388.

16 JCS to CINCFE, JCS 89276, 1951. 3. 21., Box 45, RG 9, MMAL.

17 Acheson, 1969/1971, p. 103.

18 Acheson, 1971, p. 103.

19 Acheson, 1969/1971, p. 111.

20 Hudson, 2007, pp. 65~141.

21 Charles A. Willoughby and John Chamberlin, *MacArthur, 1941-1951*(New York: McGraw-Hill Book Company, Inc., 1954), p. 409.

22 MacArthur, 1964, pp. 392, 389~390.

23 James, 1993, pp. 18~19.

24 MacArthur, 1964, pp. 404~405.

25 로스토우가 아이작슨-토마스와의 인터뷰에서 밝힌 사실이다. Walter Isaacson & Evan Thomas, *The Wise Men: Six Friends and the World They Made*(New York: Simon and Schuster, 1986), p. 507.

26 Pearlman, 2008. p. 137.

27 William Whitney Stueck Jr., *Rethinking the Korean War: A New Diplomatic and Strategic History*(New Jersey: Princeton University Press, 2002/2004), p. 8.

28 Rees, 1964, p. 16.

29 Stueck, 2002/2004, p. 8.

30 James, 1993, p. 24, p. 52.

IV-⑤ 세 주역들의 특징

1 Valerie M. Hudson, with Christopher S. Vore, "Foreign Policy Analysis Yesterday, Today, and Tomorrow," *Mershon International Studies Review*(1995), No. 39, p. 209.

2 James, 1993, p. 52.

3 McCullough, 1992, p. 37.

4 McCullough, 1992, p. 38.

5 Robert H. Ferrell, ed., *The Autobiography of Harry S. Truman*(Boulder, CO: Colorado Associated University Press, 1980), p. 17.

6 Robert H. Ferrell, *Harry S. Truman: A Life*(Newton, CT: American Political Biography Press, 1994/2008), p. 6.

7 Ferrell, 1994/2008, pp. 18~20.

8 Ferrell, 1980, pp. 17~19.

9 "This Day in Truman History, June 14, 1905, Harry Truman joins Battery B

of the Missouri National Guard," HSTL, http://www.trumanlibrary.org/anniver-saries/nationalguard.htm.

10 Ferrell, 1980, p. 27.

11 Chronologies & Timelines of Truman, More information about President Truman, HSTL, http://www.trumanlibrary.org/truman-c.htm.

12 Ferrell, 1980, p. 41.

13 Ferrell, 1994/2008, p. 58; Chronologies & Timelines of Truman, *op. cit*; McCullough, 1992, p. 103.

14 Ferrell, 1980, p. 66.

15 McCullough, 1992, pp. 128~130.

16 Ferrell, 1994/2008, pp. 50~51.

17 McCullough, 1992, pp. 105~110, 130, 531.

18 Chronologies & Timelines of Truman, op. cit.

19 McCullough, 1992, pp. 63~64, 68; Alonzo Hamby, ed., *Harry S. Truman and the Fair Deal*(Lexington, Mass.: 1974), pp. 410~412.

20 Hamby, 1974, pp. 17~18, 135

21 Ferrell, 1980, p. 64; Chronologies & Timelines of Truman, op. cit.

22 McCullough, 1992, p. 68; Hamby, 1974, pp. 17~18, 135; Ferrell, 1994/2008, p. 87.

23 Ferrell, 1980, pp. 74~78.

24 Ferrell, 1994/2008, pp. 177~178; Ferrell, 1980, pp. 99~100.

25 Ferrell, 1994/2008, pp. 178~179.

26 Paige, 1968, pp. 22~23.

27 Pearlman, 2008, p. 25.

28 James, 1993, pp. 135~136.

29 Ferrell, 1980, p. 102.

30 Truman, 1955, p. 429.

31 Truman to Acheson, 1950. 7. 19, Acheson-Truman Correspondence 1947-1952, Box 161, Dean G. Acheson Papers, HSTL; Acheson, 1969, p. 415.

32 Henry Kissinger, *White House Years*(Boston: Little, Brown and Company, 1979), p. 943.

33 Historical Rankings of Presidents of the United States, *Wikipedia*, http://en.wikipedia.org/ wiki/Historical_rankings_of_Presidents_of_the_United_States.

34 David S. McLellan, *Dean Acheson: The State Department Years*(New York: Dodd, Mead & Company, 1976), p. 8.

35 McLellan, 1976, pp. 11~16.

36 Jonathan Zasloff, "More Realism about Realism: Dean Acheson and the Jurisprudence of Cold War Diplomacy," UCLA School of Law, Public Law

& Legal Theory Research Paper Series, 2007. 1. 5.

37 Beisner, 2006, p. 9.

38 McLellan, 1976, p. 11.

39 *Ibid.*, pp. 17~18.

40 Beisner, 2006. pp. 11~12.

41 McLellan, 1976, p. 12.

42 *Ibid.*, pp. 31~32.

43 Beisner, 2006, p. 14.

44 Dean Acheson, "New Deal's Hostage," Letter to the Editor, *Baltimore Sun*, 1936. 10. 21, http://pqasb.pqarchiver.com/baltsun/doc/543219470.html?FMT= ABS&FMTS=ABS:&FMTS=ABS:AI&type=historic&date=Oct+21%2C+1936&autho r=&pub=The+Sun+%281837-1988%29&edition=&startpage=&desc= NEW+DEAL%27S+ HOSTAGE(검색일 2014. 2. 16); McLellan, 1976, p. 29.

45 Gaddis Smith, *Dean Acheson, The American Secretaries of State and Their Diplomacy Vol. X VI*(New York: Cooper Square Publishers, 1972), 1972, pp 12~13.

46 Isaacson & Thomas, 1986. pp. 25~35, 738~741; Herring, 2008, pp. 543, 612~613; Bruce Kuklick, "History as a Way of Learning," *American Quarterly*, Vol. 22, No. 3(Autumn, 1970), pp. 614~615.

47 Henry R. Luce, "The American Century," *Life*, 1941. 2. 17, pp. 61~65, http://books.google. com/books?id=l0kEAAAAMBAJ&pg&source=gbs_toc_r&cad=2#v=onepage &q&f=false(검색일 2014. 5. 10).

48 Richard H. Pells, *The Liberal Mind in a Conservative Age: American Intellectuals in the 1940's and 1950's*(Middletown, CT: Wesleyan University Press, 1989), pp. 12~13.

49 Smith, 1972, p. 13; Dean Acheson, *Morning and Noon: A Memoir*(Boston: Houghton Mifflin Company, 1965). pp. 267~278, 218~222.

50 Acheson, 1965, pp. 216~217, 267~275.

51 Dean Acheson, "The Illusion of Disengagement," *Foreign Affairs*, April 1958 Issue, http://www.foreignaffairs.com/articles/71393/dean-acheson/the-illu- sion-of- disengagement(검색일 2014. 9. 30); Dean Acheson, *Power and Diplomacy*(Cambridge, Mass.: Harvard University Press, 1958), pp. 3~28, 69~104.

52 Acheson, 1965, p. 217, pp. 267~275.

53 Acheson, 1965, p. 218.

54 Joel H. Rosenthal, *Righteous Realists: Political Realism, Responsible Power, And American Culture In The Nuclear Age*(Baton Rouge, La: Louisiana State University Press, 1991), pp. 1~36.

55 McLellan, 1971, p. 62.

56 Henry A. Kissinger, "The Age of Kennan," *New York Times*, Sunday Book Review, 2011. 10. 10,

57 Fouskas & Stoeva, 2011, http://www.richmond.ac.uk/n/1235.aspx(검색일 2014. 3. 13).

58 Acheson, *A Democrat Looks at His Party*(New York: Harper & Brothers, 1955), pp. 2~3; Hans Morgenthau, *In Defense of the National Interest*(New York: Alfred A. Knopf, 1951), p. ix; Perlmutter, "The 'Neo-Realism' of Dean Acheson," *op. cit.*, pp. 109~110, http://www. jstor.org.eproxy.sejong.ac.kr/stable/1405869?seq=3(검색일 2014. 1. 2).

59 John T. McNay, *Acheson and Empire: The British Accent in American Foreign Policy*(Columbia, MO: University of Missouri Press, 2001). pp. 3~10.

60 Morgenthau, 1951, p. 121; McNay, 2001. p. 7.

61 George F. Kennan, *Memoirs, 1925-1950*(Boston: Little, Brown and Company, 1967), p. 320; McNay, 2001. pp. 7.

62 Michael Cox, "Hans J. Morgenthau, Realism, and The Rise and Fall of the Cold War" in Michael C. Williams, ed., *Realism Reconsidered: The Legacy of Hans Morgenthau in International Relations*(Oxford, Oxford University Press, 2007), p. 173.

63 The Editors of Army Times(EAT), *The Banners and the Glory: The Story of General Douglas MacArthur*(New York: G.F. Putnam's Sons, 1965), pp. 7~8.

64 EAT, 1965, pp. 14~17.

65 MacArthur, 1964, p. 30; EAT, 1965, pp. 18~24; William Manchester, *American Caesar: Douglas MacArthur, 1880-1964*(Boston: Little Brown, 1978). pp. 66~67.

66 EAT, 1965, pp. 27~34; D. Clayton James, *The Years of MacArthur, 1941-1945*(Boston: Houghton Mifflin, 1970), pp. 239~240.

67 EAT, 1965, pp. 27~53; Leary, William M., ed., *MacArthur and the American Century: A Reader*(Lincoln: University of Nebraska Press, 2001). pp. 11, 24~25; James, 1970, p. 262.

68 EAT, 1965, pp. 57~66; James, 1970, p. 329; "The New Chief of Staff," *New York Times*, 1950. 8. 7.

69 EAT, 1965, pp. 57~62; Manchester, 1978, p. 145.

70 EAT, 1965, pp. 65~75; James, 1970, pp. 389~392, 397, 415~420, 445~420.

71 Gunther, 1950/1951, pp. 9~11.

72 EAT, 1965, pp. 75~84; James, 1970, pp. 445~447, MacArthur, 1964. p. 101.

73 EAT, 1965, pp. 85~120; James, 1970, pp. 445~447; MacArthur, 1964, pp. 102~103.

74 John Gunther, *The Riddle of MacArthur: Japan, Korea and the Far East*(New York: Harper & Brothers, 1950/1951), p. xiii.

75 James, 1993, p. 36.

76 James, 1993, pp. 34~35.

77 Gunther, 1950/1951, pp. 6~8

78 "As U.N. General, M'Arthur Faces New Tasks …," *New York Times*, 1950. 7. 9.

79 Philip LaFollette, ed. by Donald Young, *Adventure in Politics: The Memoirs of Philip La Follette*(New York: Holt, Rhinehart and Winston, 1970), p. 891; James, 1993, p. 40.

80 James, 1993, pp. 33, 39.

Ⅴ. 기나긴 휴전협상

Ⅴ-① 휴전협상의 조건들

1 The Ambassador in Soviet Union(Kirk) to the Secretary of State, 1950. 7. 6, *FRUS, 1950, VII, Korea*, pp. 312~313; The British Embassy to the Secretary of State, 1950. 7. 7, *ibid.*, pp. 329~331; Rosemary Foot, *A Substitute for Victory: The Politics of Peacemaking at The Korean Armistice Talks*(Ithaca, N.Y.: Cornell University Press, 1990), pp. 21~22.

2 The British Prime Minister(Attlee) to President Truman, 1950. 7. 6, *FRUS, 1950, VII, Korea*, pp. 314~315; The Secretary of State to the Embassy in the United Kingdom, 1950. 7. 10, *FRUS, 1950, VII, Korea*, pp. 351~352;

3 Acheson, 1969, p. 418.

4 The Secretary of State to the Embassy in the United Kingdom 1950. 7. 10, *FRUS, 1950, VII, Korea*, p. 348.

5 Kennan, 1967, pp. 601~692.

6 The Ambassador in the Soviet Union(Kirk) to the Secretary of State, 1950. 7. 10, *FRUS, 1950, VII, Korea*, p. 340; Foot, 1990, p. 22.

7 Memorandum by the Assistant Secretary of State for Near Eastern, South Asian, and African Affairs(McGhe) to the Secretary of State, 1950.7.13, *FRUS, 1950, VII, Korea*, pp. 372~373; The Ambassador in India(Henderson) to the Secretary of State, 1950. 7. 16, *ibid.*, p. 401.

8 Acheson, 1969, p. 419; Burton Kaufman, *The Korean War: Challenges in Crisis, Credibility and Command*(Philadelphia: Temple University Press, 1986), p. 56.

9 Kennan, 1967, pp. 491~492

10 Memorandum, by Mr. James N. Hyde of the United States Mission at the United Nations. 1950. 8. 11, *FRUS, 1950, VII, Korea*, pp. 555–556; The Secretary of State to the United States Mission at the United Nations, 1950. 8. 15, *ibid.*, pp. 586~587.

11 Schnabel and Watson, 1989/1998, p. 104.

12 Kathryn Weathersby, "Stalin, Mao, and the End of the Korean War" in Odd Arne Wested, ed., *Brothers in Arms: The Rise and Fall of the Sino-Soviet*

Alliance, 1945-1963(Washington and Stanford, California: Woodrow Wilson Center Press and Stanford University Press, 1998), p. 92; Andrei Gromyko, Deputy Minister of Foreign Affairs to Andrei Vishinskii in New York, Archive of the President of the Russian Federation(APRF), fond(f) 3, opis(op) 65, delo(d) 827, p. 97.

13 Foot, 1990, p. 26.

14 Minutes of the Eleventh Meeting of the United States Delegation to the United Nations General Assembly, 1950. 10. 2, *FRUS, 1950, VII, Korea*, pp. 388 ~389; Editorial Note, *ibid.*, pp. 384~385; The Secretary of State to the Acting Secretary of State, 1950. 10. 2, *ibid.*, pp. 388~389.

15 Foot, 1990, p. 25; The United States Representative at the United Nations(Austin) to the Secretary of State, 1950. 9. 28/Ambassador in India(Henderson) to the Secretary of State, 1950. 9. 30/ The Secretary of State to the Acting Secretary of State, 1950. 10. 5, *FRUS, 1950, VII, Korea*, pp. 831, 838, 878, 824~825.

16 Foot, 1990, p. 27.

17 CINCFE to JCS, 1950. 10. 25, Box 2, RG 6, MMAL.

18 JCS to CINCFE, JCS 94651, 1950. 10. 21, Box 45, RG 9, MMAL.

19 The British Embassy to the Department of State: Message From Mr. Bevin to Sir Oliver Franks, 1950. 11. 13, *FRUS, 1950, VII, Korea*, pp. 1138~1140.

20 The United State Representative at the United Nations(Austin) to the Secretary of State, 1950. 11. 6, *FRUS, 1950, VII, Korea*, p. 1074.

21 Farrar, 1983, p. 332.

22 Truman, 1955, pp. 378~380. 이 대목은 애치슨의 회고록과 *FRUS*에는 나오지 않으나 *FRUS, 1950, VII, Korea*, p. 1122, note 1은 Truman의 회고록에 기록되어 있다고 밝히고 있다. Farrar(1983), p. 333.

23 Memorandum by the Director of the Office of Chinese Affairs(Clubb) to the Assistant Secretary of State for Far Eastern Affairs(Rusk), 1950. 11. 10, *FRUS, 1950, VII, Korea*, pp. 1123~1124.

24 Memorandum of Conversation, by the Deputy Director of the Office of Northeast Asian Affairs(Johnson), 1950. 11. 16., *FRUS, 1950, VII, Korea*, p. 1162 note no. 2.

25 Memorandum by Mr. John P. Davies of the Policy Planning Staff, 1950. 11. 17, *FRUS, 1950, VII, Korea*, pp. 1178~1183.

26 Memorandum by the Ambassador at Large(Jessup) to the Secretary of State, 1950. 11. 20., *op. cit.*, pp. 1193~1196.

27 Memorandum by the Planning Adviser, Bureau of Far Eastern Affairs(Emmerson), to the Assistant Secretary of State for Far Eastern Affairs(Rusk), 1950. 11. 20., *op. cit.*, pp. 1197~1198; Farrar, 1983, p. 339; 완

충지대안에 대한 중국 측 입장은 당시 영국의 *Manchester Guardian*(1950. 11. 18)과 *The Times*(1950. 11. 21)에도 보도되었다. Farrar(1983), p. 339.

28 The British Secretary of State for Foreign Affairs(Bevin) to the British Ambassador(Franks), 1950. 11. 23, FRUS 1950 VII, Korea, pp. 1217~1218.

29 Memorandum of Conversation, by the Officer in Charge of United Kingdom and Ireland Affairs(Jackson), 1950. 11. 24., *op. cit.*, pp, 1225~1227; The Secretary of State to the Embassy in the United Kingdom, 1950. 12. 24, *op. cit.*, pp. 1228~1229.

30 Foot, 1990, pp. 26~28; The United States Representative at the United Nations(Austin) to the Secretary of State, 1950. 12. 11, *FRUS, 1950, VII, Korea*, p. 1524~1525.

31 Schnabel and Watson, 1989/1998, p. 300.

32 Stueck, 2010, p. 224.

33 The Secretary of State(Acheson) to the Embassy in the United Kingdom. 1950. 11. 13, *FRUS, 1950, VII, Korea*, pp. 1144~1145.

34 The Commander in Chief, The Far East(MacArthur) to the Joint Chiefs of Staff, 1950. 11. 9, *FRUS, 1950, VII, Korea*, pp. 1107~1110.

35 The Assistant Secretary(Rusk) to the Secretary, 1950. 11. 16, 795. 00/10- 2050, Decimal File 1950-54, 795.00/11-2050, Box 4269, RG 59, NARA; Memorandum by the National Security Council Staff, NSC 81/2, 1950. 11. 14, *FRUS, 1950, VII, Korea*, p. 1150.

36 MacArthur, 1964, p. 371.

37 Province, 2008, p. 127; Memo, General Walker for General of the Army MacArthur, 1950. 11. 6.(Schnabel, 1972, pp. 235~236에 인용됨).

38 백선엽, "6·25전쟁 60주년-적유령 산맥의 중공군 ⑬," 『중앙일보』 2010. 1. 18.

39 Gaddis, 1997, p. 81.

40 Bandow, 2010, p. 82.

41 James, 1993, p. 179.

42 Bandow, 2010, p. 83.

43 Hastings, 1987, p. 160.

44 Mao Telegram to Zhou Enlai in Moscow re the Plan of Attack, 1950. 10. 14, Appendix, in Goncharov, Lewis, Xue, 1993, pp. 283~284,

45 Memorandum on the Substance of Discussions at a Department of State- JCS Meeting, 1951. 3. 15, *FRUS, 1950, VII, Korea and China, Part 1* , pp. 232~234.

46 Henry Kissinger, *Diplomacy*(New York: Simon and Schuster, 1994), pp. 480~481.

47 Henry Kissinger, *On China*(New York: The Penguin Press, 2011), pp. 142~144.

1 "Truman Gives Aim; Truman Repeats Statement to Press," *New York Times*, 1950. 12. 1; "Attlee to Visit Truman Soon on Korean and Other Crises," *ibid.*

2 Foot, 1990, p. 29; Truman, 1955, pp. 396~413; United States Delegation Minutes of the First Meeting of President Truman and Prime Minister Attlee, 1950. 12. 4, *FRUS, 1950, VII, Korea*, pp. 1361~1374; 이밖에 그 다음 세 차례 회담의 회의록은 pp. 1392~1408(2차 회담), pp. 1449~1461(5차 회담), pp. 1468~1479(6차 회담).

3 Acheson, 1969, p. 478.

4 Schnabel and Watson, 1989/1998, p. 172; "13 Nations in Plea; Urge Peiping to Declare Red Forces Won't …," *New York Times*, 1950. 12. 6; "'Volunteers' Act—UN Unit Ignores His Argument," *ibid.*, 1950. 12. 7.

5 The United States Representative at the United Nations(Austin) to the Secretary of State, 1950. 12. 11, *FRUS, 1950, VII, Korea*, pp. 1524~1525.

6 The United States Representative at the United Nations(Austin) to the Secretary of States, 1950. 12. 24, *FRUS, 1950, VII, Korea*, pp. 1594~1598; "그로미코가 주중 소련대사에게 보낸 전문," 1950. 12. 7, 문서번호 69, 기본문헌목록, 『옐친문서』, 외교사료관.

7 Editorial Note, *FRUS, 1950, VII, Korea and China, Part 1*, p. 64, 91~92; Foot, 1998, p. 29.

8 Acheson, 1969/1971, p. 93.

9 U.S. Position Regarding A Cease-Fire in Korea(Note by The Executive Secretary to the National Security Council), NSC 95, 1950. 12. 13, Policy Papers 95, Entry 1, Box 13, RG 273, NARA.

10 Acheson, 1969, p. 513.

11 Resolution 498(V), Adopted by the United Nations General Assembly, 1951. 2. 1, *FRUS, 1950, VII, Korea and China, Part 1*, p. 150.

12 Foot, 1989, p. 36; Memorandum by the Director of the Office of Eastern European Affairs(Reinhardt) to the Secretary of State, 1951. 3. 17, *FRUS, 1950, VII, Korea and China, Part 1*, pp. 241~243.

13 George F. Kennan to the Deputy Under Secretary of State(Matthews), 1951. 6. 5, *FRUS, 1950, VII, Korea and China, Part 1*, pp. 507~508; 국방군사연구소, 1997, p. 27.

14 "Lie Makes New Bid for Truce in Korea," *New York Times*, 1951. 6. 2; Schnabel and Watson, 1979, p. 556; 국방군사연구소, 1997, p. 34.

15 James, 1993, p. 72.

16 "김일성과 고강 모스크바 방문," 1951. 6. 7, 박효동 편역, 『러시아연방 외무성 대한정책 자료 I』(선인, 2010), pp. 511~521.

17 The United States Deputy Representative at the United Nations(Gross) to the Secretary of State, 1951. 6. 22, *FRUS, 1950, VII, Korea and China, Part 1*, pp. 546~547.

18 "그로미코의 커크 주소미국대사 면담 보고," 1951. 6. 27, 기본문헌목록 문서번호 76, 『옐친문서』; 국방전사연구소, 1997, pp. 32~33.

19 Schnabel, 1972, p. 403; 국방전사연구소, 1997, p. 34.

20 "김일성이 모택동에게 보낸 전문을 모택동이 다시 스딸린에게 보낸 암호 전문," No. 21336, 1951. 6. 29., 박종효 편역, 『러시아 연방 외무성 대한정책 자료 I』(서울: 선인, 2010), pp. 520~521; 국방군사연구소, 1997, p. 39.

21 "모택동이 필립뽀프에게 보낸 암호전문," No. 21340, 1951. 6. 30., 박종효, 2010, p. 521; "필립뽀프가 모택동에게 보낸 비밀전문," No. 3917, 1951. 7. 1, *ibid*, pp. 522~523; 국방군사연구소, 1997, p. 41

22 The Commander in Chief, Far East(Ridgway) to Joint Chiefs of Staff, 1951. 7. 2, *FRUS, 1950, VII, Korea and China, Part 1*, p. 609; 국방군사연구소, 1997, p. 42.

23 Commander in Chief, United Nations Command(Ridgway) to the Joint Chiefs of Staff, 1951. 7. 11, *FRUS, 1950, VII, Korea and China, Part 1*, pp. 660~663; 국방군사연구소, 1997, p. 50.

24 The Joint Chiefs of Staff to the Commander in Chief, United Nations Command(Ridgway), 1951. 7. 19, *FRUS, 1950, VII, Korea and China, Part 1*, p. 706; "Acheson Against Evacuation Prior to Real Korean Peace," *New York Times*, 1951. 7. 20; 국방군사연구소, 1997, pp. 56~57.

25 *Ibid.*, p. 59.

26 *Ibid.*, pp. 305~84.

27 *Ibid.*, pp. 215~294.

28 김준봉, 『한국전쟁의 진실 상(권)』(이담, 2010), pp. 270~271.

29 국방군사연구소, 1997, pp. 305~307.

30 *Ibid.*, p. 294.

V-③ 한국의 휴전 반대와 설득 작업

1 Press Release-Statement by Minister Shin Sung Mo, 1951. 2. 4., PDF우남B-103-004, All Ministries, 건국이후 재임기 문서, 이승만연구원.

2 Instruction Letter (to Han Pyo Wook), 1951. 2. 8, PDF우남B-204-052, The Korean Embassy in Washington D.C., 건국이후 재임기 문서, 이승만연구원.

3 국방군사연구소, 1997, p. 61.

4 Ambassador in Korea(Muccio) to the Secretary of State, 1951. 6. 30, *FRUS, 1950, VII, Korea and China, Part 1*, pp. 604~605; (Paper that)Government of Korea Submits 5 Minimum Requirements as the Basis for Any Peace Negotiations, PDF우남B-021-043, Official Correspondence, 건국이후 재임기 문서, 이승만연구원,

5   국방군사연구소, 1997, p. 61.

6   Ambassador in Korea(Muccio) to the Secretary of State, 1951. 6. 30, *op. cit.*, pp. 606~607; Memorandum of Conversation, by the Officer in Charge of Korean Officer(Emmons), 1951. 6. 30., *ibid.*, pp. 601~604.

7   Ambassador in Korea(Muccio) to the Secretary of State, 1951. 7. 17, *FRUS, 1950, VII, Korea and China, Part 1*, pp. 694~696.

8   The Ambassador in Korea(Muccio) to the Secretary of State, 1950. 7. 28, *FRUS, 1950, VII, Korea and China, Part 1*, pp. 745~747; The Secretary of State to the Embassy in Korea, 1951. 8. 3, pp. 774~776.

9   President Truman to the President of the Republic of Korea(Rhee), 1952. 3. 4, *FRUS, 1952-1954, XV, Korea and China, Part 1*, pp. 74~76; The President of the Republic of Korea(Rhee) to President Truman, 1950. 3. 21, *op. cit.*, pp. 114~116.

10 Memorandum by the Secretary of State to the President, 1952. 4. 30, *FRUS, 1952-1954, XV, Korea and China, Part 1*, pp. 185~186.

11 Report to the National Security Council by the Executive Secretary(Lay), NSC 48/5, 1951. 5. 17, *FRUS, 1951, VI, East Asia-Pacific Area, Part 1*, pp. 33~63.

12 Schnabel and Watson, 1979, pp. 1045~1049.

V-④ 부산 정치파동과 미국 정부

1   Schnabel and Watson, 1979, p. 785.

2   The Acting Secretary of State to the Embassy in Korea, 1952. 5. 29, *FRUS, 1952-1954, XV, Korea, Part 1*, pp. 264~265.

3   The Chargé in Korea(Lightner) to the Department of State, 1952. 5. 30, *FRUS, 1952-1954, XV, Korea, Part 1*, pp. 268~269.

4   The Commander in Chief, United Natons Command(Clark) to the Chief of Staff, United States Army(Collins), 1952. 5. 31, *FRUS, 1952-1954, XV, Korea, Part 1*, pp. 274~276.

5   Memorandum by the Deputy Assistant Secretary of State for Far Eastern Affairs(Johnson) to the Secretary of State, 1952. 6. 2, FRUS, 1952–1954, XV, Korea, Part 1, pp. 281~284.

6   President Truman to the President of the Republic of Korea(Rhee), 1952. 6. 2, *FRUS, 1952-1954, XV, Korea, Part 1*, pp. 286~286; The Chargé in Korea (Lightner) to the Department of State, 1952. 6. 3, ibid., pp. 290~293.

7   The President of the Republic of Korea(Rhee) to President Truman, 1952. 6. 5, *FRUS, 1952-1954, XV, Korea, Part 1*, pp. 316~317.

8   Memorandum of the Substance of Discussion at a Department of State–Joint Chiefs of Staff Meeting, 1952. 6. 4, *FRUS, 1952-1954, XV, Korea, Part 1*, pp. 295 ~301

9　Secretary of State to the Embassy in Korea, 1952. 6. 4, *FRUS, 1952-1954, XV, Korea, Part 1*, pp. 302~305.

10　창랑장택상기념사업회, 『상록의 자유혼: 창랑 장택상 일대기』(서울: 창랑장택상기념사업회, 1992), p. 125.

11　Memorandum of the Substance of Discussion at a Department of State-Joint Chiefs of Staff Meeting, 1952. 6. 25, *FRUS, 1952-1954, XV, Korea, Part 1*, pp. 356 ~358; The Joint Chiefs of Staff to the Commander in Chief, Far East(Clark), 1952. 6. 25, *ibid.*, pp. 358~360.

12　The Commander in Chief, United Nations Command(Clark) to the Joint Chiefs of Staff, 1952. 7. 5, *op. cit.*, pp. 377~379.

V- 5 휴전협상과 스탈린

1　국방군사연구소, 1997, p. 459.

2　Dean Acheson, *Sketches from Life of Men I Have Known*(New York: Harper & Brothers, 1959). p. 100.

3　Memorandum by the Secretary of State to the President, 1952. 2. 8, *FRUS, 1952-1954, XV, Korea, Part 1*, pp. 44~45.

4　*Ibid.*, pp. 43~44.

5　Statement of the President on General Ridgway's Korean Armistice Proposal, 1952. 5. 7, Public Papers of Presidents, HSTL, http://www.trumanlibrary.org/publicpapers/index.php?pid=1288&st=Prisoners+of+war&st1 =(검색일 2014. 3. 2); "Truman Statement," *New York Times*, 1952. 5. 8.

6　Walter G. Hermes, *Truce Tent and Fighting Front: U.S. Army in the Korean War*(Washington D.C.: Center of Military History, United States Army, 1992), p. 135.

7　Paper Prepared in the Department of State: Outline for Secretary's Use in Briefing General Eisenhower, 1952. 11. 18, *FRUS, 1952-1954, I, General: Economic and Political Matters, Part I*, pp. 6~7.

8　Hermes, 1992, p. 171.

9　Stueck, 2002/2004, p. 167; Hermes, 1992, p. 271.

10　국방군사연구소, 1997, p. 355.

11　"필리포프(스탈린)가 크라소프스키에게 보낸 모택동 앞 전문," 문서번호 91, 1952. 7. 17, 외무부, 『옐친문서』; 국방군사연구소, 1997, p. 356.

12　Summary of the Armistice Negotiations, 1951. 6-1953. 7: Special Report of the United Nations Command to the Secretary-General of the United Nations, 1953. 8. 7/Suspension of the Armistice Negotiation: Statement of Secretary of State, 1952. 10. 8, Department of State, *American Foreign Policy 1950-1955, Basic Documents, II* (Washington D.C.: Government Printing Office, 1957), p. 2632, 2649~2650; CINCFE(Clark) to JCS, Z 23092, 1952. 9.

28/CINCUNC(Clark) to JCS Z 24663,1952. 10. 8, *FRUS, 1952-1954, XV, Korea, Part 1*, pp. 545~548, 554~557; 국방군사연구소, 1997, pp. 358~359.

13 The Text of American Proposal, 1952. 10. 22, Draft Resolution on Korea, U.S. Department of State Bulletin, Vol. 27, p. 680; 국방군사연구소, 1997, pp. 361~362.

14 "UN에서 포로문제에 대한 인도의 결의안," 1952. 11. 26, 박종효 편역, 『러시아연방 외무성 대한정책 자료 Ⅰ』(서울: 선인, 2010), p. 625; Summary of the Armistice Negotiations, 1951. 6~1954, *op. cit.*, p. 2629; 국방군사연구소, 1997, pp. 361~366.

15 *Ibid.*, Foot, 1990, p. 156.

16 "Dodd Advises Army to Hold Off Action to Free Him On⋯," *New York Times*, 1952. 5. 10.; "General Dodd Is Freed by Koje Captives Unhurt and Happy," *ibid.*, 1952. 5. 11.; 국방군사연구소, 1997, pp. 365~366.

17 Foot, 1990, p. 108; Zhang Shu Guang, *Mao's Military Romanticism: China and the Korean War, 1950-1953*(Lawrence, KS: University Press of Kansas, 1995).

18 Weathersby, 2004, p. 79.

19 *Ibid.*, p. 80.

20 *Ibid.*, p. 80; Weathersby, 1998, pp. 90~116.

21 Weathersby, 1998, p. 101.

22 CC Politburo Decision with Approved Message from Stalin to Mao Zedong, 1951. 8. 28, WWICS Digital Archive, http://digitalarchive.wilsoncenter.org/document/113009(검색일 2014. 2. 6.); Weathersby, 1998, pp. 101~102.

23 Acheson, 1969/1971, pp. 19, 25.

24 "Letter from Filipov (Stalin) to Soviet Ambassador in Prague, Conveying Message to CSSR Leader(Klement Gottwald)," 1950. 8. 27, translated by Gary Goldberg for North Korea International Documentation Project(NKIDP), WWICS, http://digitalarchive.wilsoncenter.org/document/112225(검색일 2013. 6. 1); Kathryn Weathersby, 2004, p. 71.

25 Weathersby, 2004, p. 82.

26 Weathersby, 2004, pp. 82~83; David Holloway, *Stalin and the Bomb*(New Haven: Yale University Press, 1994); Sergei Khrushchev, "The Cold War Through the Looking Glass," *American Heritage*(October 1999), p. 36; Vojtrech Mastny, "Stalin as Cold War-Lord," A Paper Prepared for the Conference "Stalin and the Cold War," Yale University, 23~26 September, 1999.

27 Weathersby, 1998, pp. 109~110.

28 Weathersby, 2004, p. 81.

29 션즈화, 2010, p. 457.

30 Record of Conversation between Comrade I. V. Stalin and Zhou Enlai, 1952. 8. 20, Cold War in Asia, Draft Version, *CWIHP Bulletin*, No. 6-7(Winter 1995/1996), WWICS Digital Archive, pp. 12~14, http://digitalarchive.wilson-

center. org/document/111244 (검색일 2014. 2. 6).

31 *Ibid.*

32 *Ibid.*

33 Dean Acheson, "Serving the Cause of Peace"(delivered at the Sixth Session of General Assembly of the United Nations, Paris, 1951. 11. 8), *Vital Speeches of the Day*, 1951. 12. 1, Vol. 18, Issue 4, pp. 100~103.

34 Record of Conversation between Comrade I. V. Stalin and Zhou Enlai, 1952. 8. 20, Cold War in Asia, Draft Version, *CWIHP Bulletin*, No. 6~7(Winter 1995/1996), WWICS Digital Archive, pp. 12~14, op. cit.

35 "소련공산당 정치국이 라주바예프에게 보낸 암호전문, 제334199호," 1952. 11. 20, 바자노프·바자노바, 1998. p. 218.

36 *Ibid.*, pp. 219~221.

37 Halberstam, 2007, p. 71.

38 국방군사연구소, 1997, p. 449.

39 Weathersby, 2004, pp. 84~85.

40 *Ibid.*, pp. 84~95.

41 국방군사연구소, 1997, p. 451.

42 *Ibid.*, pp. 451~461.

43 Charles E. Bohlen, *Witness to History, 1929-1969*(London: Weidenfeld and Nicolson, 1973), pp. 291~292.

44 Harry S. Truman, "Farewell Address to the American People," 1953. 1. 15, Online Documents, HSTL, http://trumanlibrary.org/calendar/viewpapers. php?pid=2059(검색일 2013. 9. 23); "President on Air: Takes Pride in His Record…" *New York Times*, 1953. 1. 16.

45 James A. Van Fleet, "The Truth About Korea: From a Man Now Free to Speak," *Life*, 1953. 5. 11(34), pp. 127, 177, http://books.google.com/books?id= mEYEAAAAMBAJ&pg=PA126&hl=ko&source=gbs_toc_r&cad=2#v=onepage&q &f=false(검색일 2014. 5. 10); James, 1993, p. 227

46 Hermes, 1966/1992. pp. 566~567.

47 Mark W. Clark, *From the Danube to the Yalu*(New York; Harper and Brothers. 1954), pp. 1~2; Pearlman, 2008, p. xv.

48 Acheson, 1969/1971, p. 150.

제2부 회고와 성찰

Ⅵ. 6·25전쟁의 성격

Ⅵ-① 스탈린의 역할

1 Notes on Meeting in Secretary's Office on MacArthur Testimony, 1951. 5. 16, Box 64, Dean G. Acheson Papers, HSTL; Acheson, 1969, p. 405.

2 William Stueck, *Rethinking the Korean War: A New Diplomatic and Strategic History*(New Jersey: Princeton University Press, 2002), pp. 82~83; James I. Matray, "Civil War of a Sort: The International Origins of the Korean Conflict" in Daniel J. Meador and James Monroe, eds, *The Korean War in Retrospect: Lessons for the Future*(New York: University Press of America, Inc., 1998), pp. 29~30.

3 "김일성이 지휘하는 북한 정부 대표단과 스탈린 간의 대화록," 1949. 3. 7, pp. 3~4, 바자노프·바자노바, 1998, pp 27~28.

4 "슈티코프 대사와 김일성과 박헌영 간 대화를 수록한 비망록," 1949. 8. 12, pp. 4~7, 러시아 대통령 문서고 소장, 바자노프·바자노바, 1998, pp. 23~24.

5 "전 연방 공산당 중앙위원회 정치국 결의 P71/191호, 질문 N 191," 1949. 9. 24, 바자노프·바자노바, 1998, pp. 23~24.

6 앞 결의안 초안, 1949. 9. 23, 바자노프·바자노바, 1998, p. 42.

7 "슈티코프가 스탈린에게 보낸 전문," 1949. 5. 15, 러시아 대통령실 문서고, 바자노프·바자노바, 1998, pp 56~58.

8 중국 주재 소련 대표 코발레프가 스탈린에게 보낸 전문, 1949. 5. 18, 러시아 대통령실 문서고, 바자노프·바자노바, 1998, pp 58~59.

9 바자노프·바자노바, 1998, pp. 5~7; 이 책의 한국어 번역판 제목은 『20세기의 가장 신비스러운 전쟁—소련문헌에 근거한 한국전쟁 1950-1953』이며, 영역본의 제목은 *The Korean Conflict, 1950-1953: The Most Mysterious War of the 20th Century*이다.

10 Anders Åslund, "Russia's Road from Communism," *Daedalus*, Vol. 121~122(Spring, 1992), p. 83.

11 와다 하루끼 저, 서동만 역, 『한국전쟁』(서울: 창작과 비평사, 1999/2003), p. 41; 션즈화, 2010, p. 356.

12 서대숙 저, 서주석 역, 『북한의 지도자 김일성』(서울: 청계연구소, 1989), pp. 14~27; 중국 정부가 2014년 9월 3일 제69주년 항일전쟁 승리기념일을 맞아 발표한 항일 영웅 열사 300명에는 동북항일연군 지휘관 허형식(許亨植) 이학복(李學福) 이홍광(李紅光) 등 한국인 5명이 포함되어 있다. 『동아일보』 2014. 9. 3.

13 데이빗 쑤이, 2011, pp. 48~49,

14 션즈화, 2010, p. 360.

15 션즈화, 2010, pp. 362~363; 와다, 1999/2003, pp. 36~37.

16 션즈화, 2010, p. 362~365; 데이빗 쑤이, 2011, p. 49, 66, 327; 와다, 1999/2003, pp. 36~38, p. 95; "슈티코프가 비신스키에 보낸 전문," 1949. 5. 15, 외무부, 『한국전쟁관련 러시아문서: 기본문헌, 1949~53』(일명 『옐친문서』), pp. 47~48. "소련외무성이 쉬띠꼬프애 보낸 암호전문, 1950. 1. 8," 박종효, 2010, p. 390; 국방군사연구소, 1995, p. 71; 국방부전사편찬위원회, 『한국전쟁사 제1권』(서울: 국방부전사편찬위원회, 1967), pp. 689~690.

17 김준봉, 2010, pp. 34~35.

18 와다, 1999/2003, pp. 39~41. 션즈화, 2010, pp. 358~359.

19 션즈화, 2010, pp. 373~374; 김동길, "한국전쟁 초기 중국군 조기파병을 둘러싼 스탈린, 마오쩌둥, 김일성의 동상이몽,"『한국과 국제정치』, 제30권, 제2호(2014년 여름, 통권 85호), pp. 60~66.

20 김경일, 홍명기 역,『중국의 한국전쟁 참전 기원』(서울: 논형, 2005). p. 405.

21 *Ibid.*

VI-② 20세기형 십자군 전쟁

1 Beatrice Heuser, "NSC 68 and the Soviet Threat: A New Perspective on Western Threat Perception and Policy Making," *Review of International Studies*, Vol. XVII, No. 1(1991), p. 27; James I. Matray, *The Reluctant Crusade: American Foreign Policy in Korea, 1941-1950* (University of Hawaii Press, 1985). p. 258.

2 Gaddis, 1977, p. 279.

3 Department of State Bulletin 16, p. 391; David R. McCann and Barry S., Strauss, eds, *War and Democracy: A Comparative Study of the Korean War and the Peloponnesian War*(New York: M. E. Sharpe, Inc., 2001); 커밍스는 북한은 스파르타였으나 남한은 아테네가 아니었다고 주장했다. Bruce Cumings, "When Sparta Is Sparta, but Athens Isn't Athens: Democracy and the Korean War" in *ibid*, pp. 57~84.

4 Bohlen, 1973, pp. 291~292.

5 McCullough, 1992, pp. 874~875.

6 Hans J. Morgenthau, "The Containment Policy and the Rationale of the Alliance System" in Stephen D. Kertesz ed., *American Diplomacy in a New Era*(Notre Dame University Press, 1961), pp. 69~70.

7 Hans J. Morgenthau, revised by Kenneth Thompson, *Politics Among Nations: The Struggle For Power and Peace*, 6th ed.(New York: Alfred A. Knopf, 1985), pp. 458~461.

8 Kennan, 1967, pp. 487~488.

VII. 왜 6·25전쟁을 막지 못했는가

VII-① 무방비 상태의 한국

1 Paul K. Huth, "Extended Deterrence and the Outbreak of War," *American Political Science Review*, Vol. 82. No. 2(1988. 7), pp. 423~443.

2 Alexander George and Richard Smoke, *Deterrence in American Foreign Policy*(New York: Columbia University Press, 1974), p. 187; John Orme, "The Good Theory and Bad Practice of Deterrence in Korea" in Daniel J. Meador and James Monroe, eds., *The Korean War in Retrospect*(New York: University Press of America, 1998), p. 65.

3 Orme, 1998, p. 76.

4 국방군사연구소, 1995, pp. 91~94.

5 Draft Letter From the President of the Republic of Korea(Rhee) to the Special Representative in Korea(Muccio), 1949. 4. 14, *FRUS 1949, VII-2, The Far East and Australasia*, pp. 990~991; Memorandum of Conversation between Rhee and Muccio, 1949. 4. 13, DS Records, 740.00119 Control(Korea)/ 4-1549, Box 3931A, RG 59, NARA.

6 Aircraft for Korean Air Force, CINCFE Memo for Record, 1950. 3. 13, Box 118, RG 554, NARA.

7 "Arms for Korea," *New York Times*, 1949. 4. 3.

8 국방군사연구소, 1995, pp. 29~34, 55~59.

9 Schnabel, 1972. p. 36; Schnabel and Watson, 1986/1998, p. 20; Orme, 1998, p. 73.

10 Schnabel and Watson, 1986/1998, p. 20.

11 Congressional Record, 81st Congress, Senate, 2nd Session, 1950, pp. 9319~9323; Burton J. Bernstein and Alan J. Matusov, eds., *The Truman Administration: A Documentary History*(New York: Harper & Row, 1966), pp. 439~442; Michael F. Hopkins, "Dean Acheson and the Place of Korea in American Foreign and Security Policy, 1945-1950," 『미국학』, 35권 2호(2012. 11), p. 90.

12 Memorandum of Conversation, by the Chargé in Korea(Drumright), 1950. 5. 9., *FRUS, 1950, VII, Korea*, pp. 77~78.

13 MacArthur, 1964, pp. 328~330.

14 *Ibid.*, pp. 323~324.

15 *Ibid.*, p. 330.

16 Goulden, 1983, p. 33; The Ambassador in Korea(Muccio) to The Secretary of State, 1950. 6. 14, *FRUS 1950, VII, Korea*, p. 105; Orme, 1998, p. 67.

17 Robert K. Sawyer, *Military Advisers in Korea: KMAG in Peace and War*(Washington D.C.: Government Printing Office, 1962), p. 104; Schnabel and Watson, 1989/1998, p. 275, note 101.

18 Orme, 1998, p. 75.

19 Richard C. Thornton, *Odd Man Out: Truman, Stalin, Mao, and the Origins of the Korean War*(Washington, D.C.: Brassy's, 2000). p. 149.

VII-② 미국 측의 정보 실패

1 Gaddis, 1977, p. 286.

2 Walt W. Rostow, "The Korean War: A Case of Failed Deterrence?" in Meador and Monroe, eds, 1998, pp. 54~55.

3 Nikita Khrushchev with Introduction, Commentary and Notes by Edward Crankshaw, *Khrushchev Remembers*(Boston: Little Brown, 1970), p. 370.

4 Allan R. Millett, *The War for Korea, 1950-1951: They Came from the North*(Lawrence, Kansas: University Press of Kansas, 2010), p. 37.

5 MacArthur, 1964, pp. 323~324.

6 Truman, 1955, p. 331.

7 Acheson, 1969, p. 405.

8 Walter and Thomas, 1986, p. 507.

9 Rostow, 1998, pp. 56~57.

Ⅶ-③ 공산 측의 정보 실패

1 Weathersby, 2004, p. 69.

2 데이빗 쑤이, 2011, p. 77.

3 Excerpt From U.S. News & World Report, May 5, 1950, Article-"World Policy and Bipartisanship: An Interview With Senator Tom Connally"(Annex), *FRUS, 1950, Ⅶ, Korea*, pp. 65~66.

4 The Chargé in Korea(Drumright) to the Secretary of State, 1950. 5. 5, *FRUS, 1950, Ⅶ, Korea*, p. 67, note 1.

5 The Memorandum of Conversation, by the Chargé in Korea(Drumright), 1950. 5. 9, *FRUS, 1950, Ⅶ, Korea*, pp. 77~78.

6 Rostow, 1998, p. 52.

7 Ulam, 1974, p. 410; Orme, 1998, p. 68.

8 Whelan, 1990, p. 52.

9 Gaddis, 1997, p. 72; 스파이망에는 George Blake, Kim Philby, Donald MacLean 도 들어 있다.

10 Orme, 1998, p. 70.

Ⅶ-④ 남침 예측과 대책 부재

1 Whelan, 1990, p. 90.

2 Schnabel, 1972, p. 63, footnote 3.

3 "South Koreans Warned," *New York Times*, 1950. 5. 11.

4 George and Smoke, 1974, pp. 163~165.

5 Sawyer, 1988. p. 112.

6 Rostow, 1998, pp. 56~57.

7 Kennan, 1967. pp. 484~485.

8 Stueck, 2010, p. 9.

9 Willoughby and Chamberlin, 1954, p. 356.

10 Rostow, 1998, pp. 56~57; Orme, 1998, pp. 70~80.

11 Stueck, 2010, pp. 14~15.

12 Gaddis, 1977, p. 292.

13 Bandow, 2010, p. 82.

1 Memorandum by the United States Delegation at the Moscow Conference of Foreign Ministers, 1945. 12. 17, *FRUS, 1945, II, General: Political and Economic Matters*, p. 641.

2 James F. Byrnes, *Speaking Frankly*(New York: Harper & Brothers Publishers, 1947), p. 222; Memorandum by the Soviet Delegation at the Moscow Conference of Foreign Ministers, 1945. 12. 18, *FRUS, 1945, II, General: Political and Economic Matters*, pp. 699~700.

3 Cumings, 1981/2002, pp. 217~219.

4 Byrnes, 1947, p. 222.

5 "Acheson Says Soviet Offered Korean Plan," *New York Times*, 1946. 1. 26.

6 트루먼은 이 말을 1949년 8월 30일 블레어하우스에서 가진 인터뷰에서 했다. Robert L. Messer, *The End of an Alliance: James F Byrnes, Roosevelt, Truman, and the Origins of the Cold War* (Chapel Hill: The University of North Carolina Press, 1982), pp. 223~224, p. 271, Note 15.

7 Messer, 1982, p. 223.

8 Messer, 1982, pp. 223~224.

9 Kennan, 1967, pp. 287~288.

10 "Tass Upbraids U.S. on Korean Events(AP)," *New York Times*, 1946. 1. 23.

11 Special Staff, U.S. Army Historical Division(1948), *History of the United States Armed Forces in Korea*(미발간 원고, 돌베개 영인본, 1989 발행, 이하 HUSAFIK로 표시). Part II, Ch. 4, p. 55 f.

12 "Acheson Says Soviet Offered Korean Plan"," *New York Times*, 1946. 1. 26.

13 HUSAFIK, Part II, Ch. 2, pp. 30~31.

14 Millett, 2005, p. 71.

15 General of the Army Douglas MacArthur to the Joint Chiefs of Staff, 1946. 2. 2, *FRUS, 1946, VIII, The Far East*, pp. 628~630; Cumings, 1981/2002, pp. 227~228.

16 The Ambassador to the Soviet Union(Harriman) to the Secretary of State, 1946. 1. 25, *FRUS, 1946, VIII, Far East*, p. 622.

17 Cumings, 1981/2002, p. 220.

18 Daniel Yergin, *Shattered Peace: The Origins of the Cold War and the National Security State* (Boston: Houghton Mifflin Co., 1978), pp. 154~155.

19 이 위원회에는 예산국의 존스(J. Weldon Jones), 국무부 극동국 부국장 펜필드(J. K. Penfield), 미소공위 수석대표였던 아놀드(A. V. Arnold) 장군으로 구성되었다. 회의에는 전 국무차관 그루(Joseph C. Grew)도 참석했다. The Secretary of State to the General of the Army Douglas MacArthur at Tokyo, 1947. 2. 7, *FRUS, 1947, VI,*

Far East, pp. 605~606.

20 "Memorandum by the Special Inter–Departmental Committee on Korea," 1947, 2. 25, *FRUS, 1947, VI, Far East*, pp. 608~610.

21 *Ibid.*

22 Draft Report of the Special Interdepartmental Committee on Korea, 1947.2.25., *FRUS, 1947, VI, Far East*, pp. 610~618.

23 Draft Report of Special Interdepartmental Committee on Korea: Formation of Korea Government, 1947. 2. 25, Records of the U.S. Department of State Relating to Internal Affairs of Korea, 1945–1949, 895. 01/1–147–12–3047, RG 59, NARA.

24 *Hearings Held in Executive Session before the Committee on Foreign Relations, United States Senate, 80th Congress, 1st Session, on S. 938, A Bill to Provide for Assistance to Greece and Turkey, Historical Series* (U.S. Government Printing Office, 1973), pp. 21~22.

25 "Help for Korea," *New York Times*, 1947. 3. 19.

26 Report by the Special Ad Hoc Committee to the State–War–Navy Coordinating Committee, 1947. 4. 21, *FRUS, 1947, I, General; The United Nations*, pp. 725~734.

27 United States Assistance to Other Countries from the Standpoint of National Security: Report by the Joint Strategic Survey Committee, 1947. 4. 29, *FRUS, 1947, I, General; The United Nations*, pp. 736~750.

28 Dr. Syngman Rhee to President Truman, 1947. 3. 13, *FRUS, 1947, VI, Far East*, p. 620.

29 Acting Secretary of State to the Secretary of War(Patterson), 1947. 3. 28, *FRUS, 1947, VI, The Far East*, pp. 621~623.

30 The Secretary of War(Patterson) to the Acting Secretary of State, 1947. 4. 4, *FRUS, 1947, VI, Far East*, pp. 625~628.

31 *Op. cit.*, p. 626, note 47.

32 "Korean Impasse," *New York Times*, 1947. 4. 13.

33 "Speech to the Reserve Officers Association, Albany, N.Y.," *New York Times*, 1947. 5. 4.

34 Dean Acheson to Marshall, 1947. 6. 27, State Department, Central Decimal Files, 1945–1949, 740.0119 Control Korea/6–2747, RG 59, NARA; Matray, 1985, p. 116.

35 John Orme, "The Good Theory and Bad Practice of Deterrence in Korea" in Meador and Monroe, eds, 1989, p. 33.

36 Ronald L. McGlothlen, *Controlling the Waves: Dean Acheson and U.S. Foreign Policy in Asia* (New York: Norton & Company, 1993), p. 33; F. Hopkins, 2012. 11, p. 103.

37 "미소공위 21일 재개-국제공약을 실천하는 통일임정의 태동, 미소대표 참집(參集)하 덕수궁 회담," 『동아일보』 1947. 5. 22.

38 "공동성명안을 심의후 양측 대립내용 발표-공위 브 소장 담," 『동아일보』 1947. 7. 12.

39 "공위정돈상태에 대응계획 없다-마 장관 언명", "교섭중지설 마 장관 부인," 『동아일보』 1947. 7. 18.

40 "미국측은 강경태도 표명, 소련측은 침묵으로 일관-작일 공위," 『동아일보』 1947. 7. 19.

41 "북조선 반민주정당 제외를 미측도 주장-공위결론 전개," 『동아일보』 1947. 7. 27.

42 "소의 반탁 제외 고집은 조선을 제2의 흥국화(興國化)몽상," "양사상대립의 초점-소련은 조선을 위성국화 기도," 『동아일보』 1947. 7. 30.

43 "공위 불합의면 유엔 상정-브 소장 부처장회서 답변," 『동아일보』 1947. 7. 31.

44 "자주독립 위해 반탁은 당연, 공사 불문코 의사 발표 자유-소 주장은 기본협정에 배치, 정부수립에 정당한 참가를 거부-브 소장 반박성명을 발표," "반탁진의 제외를 슈 장군 의연 고집-슈 장군과 일문일답," 『동아일보』 1947. 8. 10; "슈 장군 9일 성명-불합의의 책임 미에 전가," 『동아일보』 1947. 8. 12.

45 Memorandum by the Assistant Chief of the Division of Northeastern Asia Affairs(Allison), 1947. 7. 29, *FRUS 1947, VI, Far East*, pp. 734~736.

46 "유엔 토의 종료까지 공위 휴회를 미 제의," 『동아일보』, 1947. 10. 19; "소련대표단 이경," 『동아일보』, 1947. 10. 22.

47 Dean Acheson Princeton Seminar Files, Reel 1, Track 1, p. 7, 1954. 2. 13, Box 81, Dean G. Acheson Papers, HSTL.

48 Dean Acheson Princeton Seminar Files, Reel 1, Track 1, p. 1, 1954. 2. 13, Box 81, Dean G. Acheson Papers, HSTL.

Ⅷ-② 철군을 둘러싼 정책 혼선

1 JWPC 432/4, 1946. 5. 30, Box 60, CCS 381 USSR(3-2-46), Sec. 1, RG 218, NARA.

2 "Conference with General MacArthur," 1946. 11. 26, Records of Army Staff, Box 73, P&O 337, TS, RG 319, NARA.

3 JWPC 476/1, The Soviet Threat in the Far East and the Means to Oppose It("Moonrise"), 1947. 6. 16, JCS Records, 381 USSR(3-2-46), Sec. 5, Box 71, RG 218. NARA.

4 Memorandum by the Secretary of Defense(Forrestal) to The Secretary of State(Marshall), 1947. 9. 26., FRUS, 1947, VI, Far East, pp. 817~818.

5 Staff Study, Operation "Gunpowder," 2nd ed., 1949. 4. 12, Reel 703, Box 101, Folder 2, RG-6: Records of General Headquarters Far East Command(FECOM) 1947-1951, MMAL.

6 "Brief of Joint Outline Emergency War Plan(Offtackle)," JSPC 877/59, 1949. 5. 26 in Thomas H. Etzold and John Lewis Gaddis eds, *Containment: Documents on American Policy and Strategy 1945-1950*(New York: Columbia

University Press, 1978), pp. 324~334; Steven T. Ross, *American War Plans, 1945-1950: Strategies for Defeating the Soviet Union* (London: Frank Cass, 1996), pp. 103~123, 140~141.

7   Secretary of War(Patterson) to the Acting Secretary of State, 1947. 4. 4, *FRUS, 1947, VI, Far East*, pp. 625~628.

8   Memorandum by the Assistant Chief of the Division of Eastern European Affairs(Stevens), 1947. 9. 9, *FRUS, 1947, VI, Far East*, pp. 784~785.

9   The Political Adviser in Korea(Jacobs) to the Secretary of State, 1947. 9. 19, *FRUS, 1947, Far East*, pp. 803~807.

10   Report to the President on China—Korea, September 1947, Submitted by Lieutenant General A. C. Wedemeyer, 1947. 9. 19, *FRUS, 1947, VI, Far East*, pp. 796~808.

11   Joint Chiefs of Staff Memorandum, JCS 1483/44, Report by the Joint Chiefs of Staff Planners(In Collaboration with the Joint Strategic Survey Committee) to the Joint Chiefs of Staff on Military Importance of Korea, 1947. 9. 22., Geographic File 1946—47, Box 39, 383.21 Korea(3/19/45), Sec. 13—14, RG 218. NARA; Memorandum by the Director of the Policy Planning Staff(Kennan) to the Director of the Office of Far Eastern Affairs(Butterworth), 1947. 9. 24, *FRUS, 1947, VI, Far East*, p. 814.

12   Memorandum by the Secretary of Defense(Forrestal) to the Secretary of State, 1947.9.26(29), 1947, *FRUS, 1947, VI, Far East*, pp. 817~818.

13   Memorandum by the Secretary of Defense(Forrestal) to the Secretary of State, 1947. 9. 26(29), 1947, *FRUS, 1947, VI, Far East*, p. 818, footnote no. 27.

14   Walter Millis, ed., *The Forrestal Diaries*(New York; Viking Press, 1951), p. 321.

15   Memorandum by the Director of the Office of Far Eastern Affairs(Butterworth) to the Under Secretary of State(Lovett), 1947. 10. 1, *FRUS, 1947, VI, Far East*, pp. 820~821.

16   Dupuy to Norstad, 1947.10.2., Department of Army Records, P&O 091, Korea, Case 106, Box 89, RG 319, NARA; Matray, 1985, pp. 129~130.

17   Memorandum by the Director of the Office of Far Eastern Affairs(Butterworth) to the Secretary of State, 1948. 3. 4, *FRUS, 1948, VI, The Far East and Australasia*, pp. 1137~1139.

18   Memorandum of Conversation, by the Chief of the Division of Northeast Asian Affairs(Allison), 1948. 3. 4, *FRUS, 1948, VI, The Far East and Australasia*, pp. 1139~1141.

19   State—Army—Navy—Air Force Cooperation Committee, United States Policy in Korea(SANACC 176/39), 1948. 3. 22, Geographic File 1948—1950, 303.21, Korea(3-19-45) Sec 15, Box 36, RG 218, NARA.

20 Decision Amending, SANACC 176/39, 1948. 3. 25, *op. cit.*

21 Report by the National Security Council on the Position of the United States with Respect to Korea, NSC 8, 1948. 4. 2, *FRUS, 1948, VI, The Far East and Australasia*, pp. 1164~1169.

22 *Ibid.*

23 *Ibid.*

24 John Lewis Gaddis, "Korea in American Politics, Strategy and Diplomacy, 1945-1950" in Yonosuke Nagai and Akira Iriye, eds, *The Origins of Cold War in Asia*(New York: Columbia University Press, 1977), pp. 285~286.

25 Report by the National Security Council on the Position of the United States with Respect to Korea, NSC 8, 1948. 4. 2, *FRUS 1948 VI, The Far East and Australasia*, pp. 1164~1169. McGlothlen, 1988, p. 36.

26 McMahon, 2009, pp. 62~64, 66.

27 James Chace, Acheson: *The Secretary of State Who Created the American World*(New York: Simon & Schuster, 1998), p. 269; McGlothlen, 1993, p. 60.

28 Chace, 1998, p. 269; McGlothlen, 1993, p. 63.

29 Consequences of U.S. Troop Withdrawal From Korea in Spring, 1949, 1949. 2. 28. Intelligence Publication Files, 1946-1950, ORE 3-49, RG 263, NARA, http://research. archives.gov/description/6924333(검색일 2014. 2. 1); Chace, 1998, p. 269; McGlothlen, 1993, p. 63.

30 McGlothlen, 1993, p. 228, note 20.

31 Truman, 1955, pp. 325~330; Acheson, 1969, p. 449.

32 "Text of General Eisenhower's Speech in Detroit on Ending the War in Korea," *New York Times*, 1952. 10. 25.

33 "President Says Eisenhower Is Dishonest About Korea," *New York Times*, 1952. 10. 28.

34 Political Adviser in Korea(Jacobs) to the Secretary of State, 1948. 5. 26, *FRUS, 1948, VI, The Far East and Australasia*, pp. 1207~1210.

35 Lieutenant General John R. Hodge to the Secretary of State, 1948. 6. 20, *FRUS, 1948, VI, The Far East and Australasia*, pp. 1219~1222.

36 The Secretary of State to the Secretary of the Army(Royall), 1948. 6. 23, *FRUS, 1948, VI, The Far East and Australasia*, pp 1224~1226.

37 Ibid.

38 The Political Adviser in Korea(Jacobs) to Secretary of State 1948. 8. 12, *FRUS, 1948, VI, The Far East and Australasia*, p. 1272.

39 *Ibid.*

40 Memorandum by the Director of Far Eastern Affairs(Butterworth), 1948. 8. 17, *op. cit.*, p. 1277.

41 *Ibid.*, pp. 1276~1279.

42 Marshall to Royall, 1948. 8. 20, DS Records, 740.00119 Control(Korea)/ 8-2048, Box 3831, RG 59, NARA.

43 Memorandum by President Truman to the Secretary of State, 1948. 8. 25, *FRUS, 1948, VI, The Far East and Australasia*, pp. 1288~1289: "ECA Takes Over Aid of Korea from Army," New York Times, 1949. 1. 6.

44 "U.S., South Korea Sign ECA Aid Pact for $3,000,000: 3-Year Assistance Goes…" *New York Times*, 1948. 12. 11; "ECA Plans to Spend $300 Million in Korea," *New York Times*, 1949. 1. 7.

45 Report to the National Security Council by the Department of State, NSC 20/2, 1948. 8. 25, *FRUS, 1948, I-2, General; The United Nations*, pp. 615~624; NSC 20/4, *ibid.*, pp. 662~669.

46 The Special Representative in Korea(Muccio) to the Secretary of State, 1948. 11. 12, *FRUS, 1948, VI, The Far East and Australasia*, pp. 1325~1327.

47 Acheson, 1969, p. 436, 483.

48 The Assistant Secretary of State for Occupied Areas(Saltzman) to the Director of Plans and Operations, Department of the Army(Wedemeyer), 1948. 11. 9, *FRUS, 1948, VI, The Far East and Australasia*, p. 1324.

49 Extension of C-Day(Operation Twinborn), JCS to CINCFE(MacArthur), 1948. 11. 15, CCS 383.21, Korea(3-19-45), Box 37, Sec. 15-19, Geographic File 1948-1950, RG 218, NARA.

50 Memorandum by the Chief of the Division of Northeast Asian Affairs(Bishop) to the Director of the Office of Far Eastern Affairs(Butterworth), 1948. 12. 17 및 그 부록 Draft Memorandum Submitted by the Director of the Office of Far Eastern Affairs(Butterworth), *FRUS, 1948, VI, The Far East and Australasia*, pp. 1338~1340.

51 The Special Representative in Korea(Muccio) to the Secretary of State, 1948. 11. 19, *op. cit.*, pp. 1331~1332.

52 The Under Secretary of the Army(Draper) to the Assistant Secretary of State for Occupied Areas(Saltzman), 1948. 12. 22, *FRUS, 1948, VI, The Far East and Australasia*, pp. 1341~1343.

53 "Soviet Say Troops Are Out of Korea," *New York Times*, 1948. 12. 31.

54 The Secretary of the Army(Royall) to the Secretary of State, 1949. 1. 25, *FRUS, 1949, VII, The Far East and Australasia, Part 2*, pp. 945~946, 945, footnote 2: CINCFE to JCS, CX 67198, 1949. 1. 19, DA Records, P&O 091 Korea TS, Sec, V, Case 31, Box 22, RG 319, NARA.

55 United States Department of Defense, The Entry of the Soviet Union into the War Against Japan: Military Plans, 1941-1945(1956. 3), pp. 50~52, NARA Library.

56 Editorial Note, *FRUS, 1949, VII, The Far East and Australasia, Part 2*, pp. 945~946,

945.

57 Policy Statement, "Korea", Department of State, 1949. 1. 31, Central Decimal File, 1945–1949, From 711.94115 p/1–145 To 711.96/12–3149, Box 3441, RG 59, NARA.

58 Matray, 1985, pp. 182~183.

59 Report by the National Security Council to the President(NSC 8/2, Position of the United States with Respect to Korea), 1949. 3. 22., *FRUS, 1949, VII, The Far East and Australasia, Part 2*, pp. 969~978.

60 *Ibid*.

61 "Arms for Korea," *New York Times*, 1949. 4. 3.

62 Draft Letter From the President of the Republic of Korea(Rhee) to the Special Representative in Korea(Muccio), 1949. 4. 14, *FRUS, 1949, VII, The Far East and Australasia, Part 2*, pp. 990~991.

63 The Special Representative in Korea(Muccio) to the President of the Republic of Korea(Rhee), 1949.4.14, *op. cit.*, pp. 989~990.

64 The Secretary of State to the American Mission in Korea, 1949. 4. 15, *op. cit.*, p. 992.

65 "국토분단은 미소책임– 이대통령 성명발표," 『동아일보』, 1949. 5. 8.

66 "공산위협 제거책 강구 후에 철퇴(撤退)가 당연–김 공보처장 담," *op. cit.*

67 The Ambassador in Korea(Muccio) to the Secretary of State, 1949. 5. 9, *FRUS, 1949, VII, The Far East and Australasia, Part 2*, p. 1013.

68 The Secretary of State to the Embassy in Korea, 1949. 5. 9, *op. cit.*, p. 1014.

69 The Ambassador in Korea(Muccio) to the Secretary of State, 1949. 5. 12, *op. cit.*, pp. 1021~1022.

70 Memorandum of Conversation, by the Director of the Office of Far Eastern Affairs(Butterworth), 1949. 5. 11, *op. cit.*, pp. 1019~1021.

71 그 대표적인 미국 학자가 William Stueck이다. "The United States and the Origins of the Korean War: The Failure of Deterrence," *International Journal of Korean Studies*, Vol. XIV, No. 2(Fall, 2010), pp. 10~11.

72 "A Question from Korea," *New York Times*, 1949. 5. 8.

73 "한국방위 서약 요구: 침략방지에 3안을 제시/ 이 대통령, 미국 태도에 재질문," 『동아일보』, 1949. 5. 18.

74 "미, 한국보전책 강구–한미군사동맹은 난항: 화부(華府) 관변측 견해," 『동아일보』, 1949. 5. 16.

75 "전쟁설은 신경과민: 남한방위능력 충분하다–무초미대사 부산서 언명," 『동아일보』, 1949. 5. 15.

76 "미 남한방위에 유책, 안전보장 후 철병이 당연–외무 국방 양 장관 철퇴승인 의미 천명," 『동아일보』, 1949. 5. 20; The Ambassador in Korea(Muccio) to the Secretary of State, 1950. 5. 19/20, *FRUS, 1949, VII, The Far East and Australasia, Part 2*,

pp. 1030~1031, 1033~1034; Matray, 1985, p. 193.

77 "장 대사, 트 대통령 회담—군원(軍援) 보장을 요청: 이 대통령의 대미 謝意도 전달," 『조선 일보』, 1949. 6. 30.

78 "남한 점령 수(遂) 종지부: 4년간의 주둔업적 지대/ 500명 군고문단만 잔류코/ 미군 철퇴 작일 완료," 『동아일보』, 1949. 6. 30.

79 "대한군원 계획 이외에 현유(現有) 무기를 양도—로버쓰 사절단장," 『동아일보』, 1949. 6. 16.

80 "김구 씨 피습 절명: 26일 오후 1시 경교장에서/ 범인은 현장에서 체포," 『조선일보』, 1949. 6. 27; "38선에서 격전: 한위(韓委), 국련(國聯) 본부에 보고," 『조선일보』, 1949. 6. 30.

Ⅷ-③ 한국판 마셜계획과 유엔군 편성 안

1 Memorandum of Conversation, by the Secretary of State, 1949. 7. 11, *FRUS 1949, VII, The Far East and Australasia, Part 2*, pp. 1058~1059.

2 "Toward a Pacific Pact," *New York Times*, 1949. 7. 17.

3 Oliver, 1978, pp. 255~256.

4 *The United States and the Korean Problem: Documents 1943-1953*(Washington D.C.: U.S. Government Printing Office, 1953), pp. 29~32; Message of the President to the Congress(1949. 6. 8), *Department of State Bulletin*, Vol. 20, No. 519, 1949. 6. 19, pp. 781~783.

5 "Vote Aid or Korea Will Fall In 3 Months, Acheson Says," *New York Times*, 1949. 7. 2.

6 "Korea Aid Program Draws GOP Attack," *New York Times*, 1949. 6. 9; "$150,000,000 Aid to South Korea Gets Backing of House Committee," *ibid.*, 1949. 6. 25.

7 *Hearing before the Committee on Foreign Affairs, House of Representatives, 81st Congress, 1st Session, on H. R. 5330: A Bill to Promote World Peace and the General Welfare in Department of State, National Interest, and Foreign Policy of the United States by Foreign Aid to the Republic of Korea*(Washington D.C.: Government Printing Office, 1949), p. 127.

8 E. A. J. Johnson, *American Imperialism in the Image of Peer Gynt: Memoirs of a Professor-Bureaucrat*(Minneapolis: University of Minnesota Press, 1971), p. 193.

9 "Korea's Need Urgent," *New York Times*, 1949. 7. 3.

10 Hopkins, 2012, p. 111.

11 Hopkins, 2012, p. 111; "반공조항 추가: 용공정권 수립시 원조는 즉시 중지/ 대한원조 안 하원 外交 가결," 『동아일보』, 1949. 7. 2.

12 Bandow, 2010, p. 79.

13 The Ambassador in Korea(Muccio) to The Secretary of State, 1949. 5. 31, *FRUS, 1949, VII, The Far East and Australasia, Part 2*, pp. 1035~1036.

14 Memorandum by the Department of Army to the Department of State, 1949. 6. 27, *FRUS, 1949, VII, The Far East and Australasia, Part 2*, pp. 1047~1053.

15 *Ibid.*, pp. 1054~1057,

16 The Position of the United States with Respect to Asia(NSC 48/1), 1949. 12. 23 in Etzold and Gaddis, 1978, pp. 252~276; A Report to the President by the National Security Council(NSC 48/2), 1949. 12. 30, *FRUS, 1949, VII, The Far East and Australasia, Part 2*, pp. 1215~1220,

17 Report of the United Nations Commission on Korea: Covering the Period from 15 December, 1949 to 4 September, 1950, General Assembly Official Records, 5th Session Supplement No. 16, A/1350(Lake Success, New York, 1950), p. 10, http://daccess-dds-ny.un.org/doc/UNDOC/GEN/NL5/011/76/PDF/ NL501176.pdf?OpenElement.

VIII-4 애치슨 연설의 교훈

1 *American Foreign Policy 1950-1955, II-X/XX* (Washington D.C.: Department of State, 1957), pp. 2317~2318.

2 *Ibid.*, p. 2320.

3 "World Policy and Bipartisanship," U.S. News and World Report, 1950. 5. 5; Stueck, 1981, p. 153; Orme, 1998, pp. 67~68; Memorandum by the Assistant Secretary of State for Far Eastern Affairs(Rusk) to the Under Secretary of State(Webb), 1950. 5. 2, *FRUS, 1950, VII, Korea*, pp. 64~66.

4 Hans J. Morgenthau, *In Defense of National Interest*(New York: Alfred Knopf, 1951), pp. 120~121.

5 Acheson, 1969, p. 410.

6 *Senator Smith's Testimony, Military Situation in the Far East: Hearing before the U.S. Senate*(Washington D.C.: GPO, 1951), p. 469.

7 Acheson, 1969, p. 365.

8 *Ibid.*

9 *Ibid.*

10 "Eisenhower Scores Acheson 'Mistake'," *New York Times*, 1952. 9. 23; Acheson, 1969, p. 691.

11 "Four Areas Listed…," *New York Times*, 1950. 1. 13.

12 Memorandum of Conversation by John Z. Williams of the Office of Northeast Asian Affairs, 1950. 1. 20, *FRUS, 1950, VII, Korea*, pp. 11~14.

13 Robert Oliver, *Syngman Rhee: The Man behind the Myth*(New York: Dodd Mead & Co., 1960), pp. 298~299.

14 Memorandum of Conversation by the Officer in Charge of Korean Affairs(Bond), 1950. 4. 3, *FRUS, 1950, VII, Korea*, pp. 40~43.

15 Memorandum by Mr. W. G. Hacker of the Bureau of Far Eastern Affairs,

1950.4.27, *FRUS, 1950, VII,, Korea*, pp. 48~52, 67, footnote 2.

16 The Chargé in Korea(Drumright) to the Secretary of State, 1950. 5. 5, *FRUS, 1950, VII, Korea*, p. 67, footnote 1.

17 Memorandum of Conversation, by the Chargé in Korea(Drumright), 1950. 5. 9, *FRUS, 1950, VII, Korea*, pp. 77~78.

18 *Ibid.*, p. 2320.

19 *Ibid.*

20 Acheson Press Conference, 1950. 5. 3, *FRUS, 1950, VII, Korea*, p. 67, footnote 1.

21 Etzold and Gaddis, 1978, p. 324.

22 *Ibid.*, p. 325.

23 *Ibid.*, p. 333.

24 MacArthur to JCS, 1949. 1. 19, Dept. of the Army Records, P&O 091 Korea TS, Sec. V, Case 31, Box 22, RG 319, NARA; Army Department Memorandum, 1949. 1. 10, *ibid.*, P&O 091 Korea TS, Sec. I, Case 5-16, Box 162, RG 319, NARA.

25 "MacArthur Pledges Defense of Japan(Tokyo March 1-UP Copyright)," *New York Times*, 1949. 3. 2.

26 "Pacts Recalled; President Cites Cairo, Potsdam Agreements on China Territory," *New York Times*, 1950. 1. 6; "Text of Statement on Formosa(AP)," ibid., 1950. 1. 7.

27 Henry Kissinger, On China(New York: The Penguin Press, 2011), pp. 118~122.

28 Acheson, 1969, p. 358; 한미간 상호방위원조협정(Mutual Defense Assistance Agreement)은 1950년 1월 26일 체결되어 같은 날짜로 발효되었다.

29 *Review of the World Situation-continued*, 1950. 1. 13, *Hearings held in Executive Session before Senate Committee on Foreign Relations, Eighty First Congress, First and Second Sessions on the World Situation, 1949-1950, Historical Series*(Washington D.C.: Government Printing Office, 1974), p. 191; Acheson. 1969, p. 764; Hopkins, 2012, pp. 110~111.

30 Acheson Press Conference, 1950. 5. 3, *FRUS, 1950, VII, Korea*, p. 67, footnote.

31 Hopkins, 2012, p. 112; Ferrell, 1994/2008, p. 319.

32 Hopkins, 2012, p. 112; Ferrell, 1994/2008, p. 318.

33 Milliken, 2001, pp. 179~189.

34 "The Dispute over the Quotes from Acheson," *New York Times*, 1952. 9. 26.

35 Cumings, 2010, pp. 72~74.

36 Matray, 2002, http://journals.hil.unb.ca/index.php/jcs/article/view/366/578; 데이빗 쑤이, 2011, pp. 70~71; 沈志華, 『毛澤東, 斯大林與朝鮮戰爭, 第三版』(廣州; 廣

東人民出版社, 2013), pp. 216~217, 230~231.

37 Goncharov, Lewis and Litai Xue, 1993, pp. 101~102. p. 142; Stueck, 2002, p. 73; Chen Jian, 1994, p. 89; Kathryn Weathersby, "The Soviet Role in the Korean War: The State of Historical Knowledge" in William Stueck, ed, *Korean War in World History*(Lexington: The University Press of Kentucky, 2004), p. 68.

38 Acheson, 1969, p. 358.

39 "반공의 최전선 유엔의 일원으로 간주―덜레스 씨 축사", 『동아일보』, 1950. 6. 20, p. 1; Paul H. Nitze, *From Hiroshima to Glasnost*(New York: Grove Weidenfeld, 1989), pp. 99~100.

40 이 사실은 휴전 후 1954년 2월 애치슨이 참석한 프린스턴대 세미나에서 닛쩨가 밝힌 것이다. Dean Acheson Princeton Seminar Files, Reel 1, Track 1, p. 6, 1954. 2. 13, 1953-1970, Box 81, Dean G. Acheson Papers, HSTL.

41 Nitze, 1989, pp. 99~100.

42 "Dulles at Border," *New York Times*, 1950. 6. 19.

43 "太盟(태평양동맹) 결성은 불필요―덜레스 씨 이한 앞서 기자회견 담," 『동아일보』, 1950. 6. 22, p. 1,

44 Nitze, 1989, p. 100.

45 The Acting Political Adviser in Japan(Sebald) to Secretary of State(Acheson), 1950. 6. 25, *FRUS, 1950, VII, Korea*, p. 140.

참고문헌

〈1차 자료〉

미간행 문서

<National Archives and Records Administration>
- Record Group 43, Records of U.S.-U.S.S.R. Joint Conference on Korea
- Record Group 59, State Department Records: Central File, Office Files, or "Lot Files", Acheson Records(Lot Files 1 and 56 D 419), Foreign Service Post Files, Other Record Groups(for specialized topics)
- Record Group 84, Post File of the State Department
- Record Group 218, Records of the U.S. Joint Chief of Staff
- Record Group 273, Records of National Security Council
- Record Group 319, Records of Army Staff
- Record Group 338, Far East Command
- Record Group 353, Records of Interdepartmental and Intradepartmental Committee
  <Harry S. Truman Presidential Library and Museum>
- Truman's Presidential Papers,
- President's Secretary's Files(1945-53) (including Dean G. Acheson Papers)
- White House Central Files(1945-53)
- Staff Member and Office Files
- Files Named for Offices: Korean War File, Map Room File, National Security Council Files, Naval Aide to President Files, White House Office of the President's Correspondence Secretary Files, White House Press Release Files, White House Records Office Files
- Oral History Interviews with Acheson
  <Library of Yale University>
- Dean Gooderham Acheson Papers
  <Princeton University Library>

• Dean Acheson Papers.

<MacArthur Memorial Archives and Library>

• MacArthur Papers.

간행 문서

한국 정부 자료

국방군사연구소, 『한국전쟁 상, 중, 하』(서울: 국방군사연구소, 1995~1997),
　http://dl.nanet.go.kr/OpenFlashViewer.do(검색일 2014. 1. 20.).

──, 『한국전쟁피해통계집』(서울: 국방군사연구소, 1996),
　http://dl.nanet.go.kr/OpenFlashViewer.do(검색일 2014. 1. 20).

국방부군사편찬연구소, 『6·25전쟁사』 전11권(서울: 국방부군사편찬연구소, 2003~
　2013).

韓國戰爭硏究所 編, 『韓國戰爭(6.25)關係資料文獻集』(서울: 甲子文化社, 1985).

연세대학교 이승만연구원, 건국 이후 재임기 문서, http://syngmanrhee.yonsei.ac.kr/
　index.php?mid=researcher_pds_menu_7(검색일 2014. 12. 1.) 오영섭 편, 『이승
　만 대통령 재임기 문서목록, 1948~1960』, 전 2권(서울: 연세대학교 출판부, 2010).

The Syngman Rhee Presidential Papers, 연세대학교 학술정보원 우남사료실 소장.

Lew, Young Ick, Sangchul Cha, Francesca Minah Hong, eds, *The Syngman Rhee
　Presidential Papers: A Catalogue* (Seoul: Yonsei University Press, 2005).

Lew, Young Ick and Young Seob Oh, eds., *The Syngman Rhee Correspondence
　in English,* 1904-1948, 8 vols.(Seoul: Institute for Modern Korean Studies, Yonsei
　University, 2009).

미국 정부 자료

Central Intelligence Agency, *Organizational History of the National Security
　Council during the Truman and Eisenhower Administration*(Washington
　D.C.: CIA, 1988).

Department of State, *Foreign Relations of the United States,* 1945년판부터~1953
　년까지(Washington D.C.: Government Printing Office).

──, *American Foreign Policy 1950-1955, Basic Documents, vol. Ⅱ* (Washington D.C.:
　Government Printing Office, 1957).

U.S. Senate, *Military Situation in the Far East,* pt. Ⅰ, 82nd Congress, 1st Session,
　1951(Washington D.C.: Government Printing Office, 1951).

United States Congress. Senate. Committee on Foreign Relations, *Reviews of the World Situation: 1949-1950. Historical Series: Hearings before the United States Senate Committee on Foreign Relations, Eighty-First Congress, First Session and Eighty-First Congress, Second Session*(Washington DC, U.S. Government Printing Office, 1974).

University Publications of America, *NSC Index to the Documents of the National Security Council* (Bethesda, MD: University Publications of America, 1994).

소련 정부 자료

외무부, 『옐친문서』(정식 명칭 『러시아연방 대통령 문서보관소와 러시아 외무부 외교정책 문서보관소로부터 김영삼 대한민국 대통령에게 1994. 6. 2 전달된 1949~1953년 한국전쟁에 관한 기본 문헌록』, 100건 및 동 보충 문헌록, 116건), 외교사료관 소장- 일명 외무부, 《한국전쟁관련 소련 극비외교문서》, 4권 (서울: 외무부, 1994)로도 불리며 외무부, 『한국전쟁 관련 러시아 외교문서』(요약본)도 있음.

박종효 편역, 『러시아연방 외무성 대한정책 자료』, 2권(서울: 선인, 2010).

세종연구소 편, 『소련의 한반도관계 자료집: 1986~1991』(서울: 세종연구소, 1991).

국사편찬위원회 편, 『쉬띄꼬프일기』(과천: 국사편찬위원회, 2004).

(Woodrow Wilson International Center for Scholars, Cold War International History Project & International History Declassified Digital Archive), http://digitalarchive.wilsoncenter.org/search-results/6/%5B%5D(검색일 2014. 1. 12).

• Accessions to the Digital Archive, http://wilsoncenter.org/article/accessions-to-the-digital-archive(검색일 2014. 1. 20).

• CWIHP Digital Archives(Cold War International History Project): China in the Cold War, Cold War in Asia, Cold War Origins, Economic Cold War, End of the Cold War, Korean War, North Korea in the Cold War, Sino-Soviet Relations, Sino-Soviet Split, Soviet Foreign Policy, http://legacy.wilsoncenter.org/coldwarfiles/ (검색일 2014. 1. 20).

• CWIHP Publication Indexes

• CWIHP Bulletin

• CWIHP Working Paper Series

• CWIHP e-Dossier Series

• CWIHP Document Readers

• CWIHP Book Series

중국 정부 자료

중국인민해방군 군사과학원 군사역사연구부 편, 한국전략문제연구소 역, 『중공군의 한국전쟁사: 항미원조전사』(서울: 세경사, 1991).

(Woodrow Wilson International Center for Scholars)

- Digital Archive: International History Declassified, http://digitalarchive.wilsoncenter.org/search-results/1/%5B%5D(검색일 2014. 1. 20).
- *Cold War History, Timeline,* http://digitalarchive.wilsoncenter.org/theme/cold-war-history (검색일 2014. 1. 20).
- *China and the Korean War.* http://digitalarchive.wilsoncenter.org/collection/188/china-and-the-korean-war(검색일 2014. 1. 20).
- *China-North Korea Relations,* http://digitalarchive.wilsoncenter.org/collection/115/china-north-korea-relations.
- *Chinese Foreign Policy,* http://digitalarchive.wilsoncenter.org/collections(검색일 2014. 1. 20).

(Collections)

- Zhang, Shu Guang and Jian Chen, eds. *Chinese Communist Foreign Policy and the Cold War in Asia: New Documentary Evidence, 1944-1950*(Chicago: Imprint Publications, 1996).
- Documents on the Sino-Soviet Alliance and the Korean War in Goncharov, Sergei, John Lewis and Litai Xue, *Uncertain Partners : Stalin, Mao, and the Korean War*(Stanford, California: Stanford University Press, 1993), Appendix, pp. 230~291.

〈2차 자료〉

자서전, 회고록, 연설문, 일기, 서한문

Acheson, Dean, *A Democrat Looks at His Party*(New York: Harper & Brothers, 1955).

——, *Power and Diplomacy* (Cambridge, Mass.: Harvard University Press, 1958).

——, *Sketches from Life of Men I Have Known* (New York: Harper & Brothers, 1959).

——, *Morning and Noon: A Memoir* (Boston: Houghton Mifflin Company, 1965).

——, *Present at the Creation: My Years in the State Department* (New York: Norton

& Company. 1969).

——, *The Korean War* (New York: Norton & Company, 1969/1971).

——, "The President and The Secretary of State" in Price, Don K., ed., *The Secretary of State* (Englewood Cliffs, N.J.: Prentice-Hall, Inc., 1960), pp. 27~50.

——, "Responsibility for Decision of Foreign Policy," *Yale Review,* Autumn 1954,

——, "Morality, Moralism, and Diplomacy," *Yale Review,* 47(1958), pp. 481~493.

——, *United States Policy toward Asia: Address by Dean Acheson* (Far Eastern Series)(United States Department Publication, 1950).

——, *The Peace the World Wants: Address by Secretary of State Dean Acheson before the United Nations General Assembly on September 20* (Department of State Publication, 1950).

——, *American Policy toward China: Statement before a Joint Senate Committee June 4, 1951* (Department of State Publication, 1951).

——, *Problem of Peace in Korea* (Department of State Publication, 1952).

Bohlen, Charles E., *Witness to History, 1929-1969*(London, Weidenfeld and Nicolson, 1973).

Byrnes, James F., *Speaking Frankly* (New York: Norton, 1947).

Churchill, Winston S., *The Second World War, Vol. II : The Grand Alliance, Vol. IV : The Hinge of Fate, Vol. V : Closing the Ring* (Boston: Houghton Mifflin, 1951).

——, *The Second World War, Vol. VI: Triumph and Tragedy* (Boston: Houghton Mifflin Company, 1953).

Clark, Mark W. *From the Danube to the Yalu* (New York: Harper and Brothers. 1954).

Collins, J. Lawton, *War in Peace Time : The History and Lessons of Korea*(Boston: Houghton Mifflin Company, 1969).

Ferrell, Robert H., ed., *The Autobiography of Harry S. Truman* (Boulder. CO: Colorado Associated University Press, 1980).

——, ed., *Off the Record: The Private Papers of Harry S. Truman* (New York, Harper and Row, 1980/1989).

Geselbracht, Ray and David C. Acheson, *Affection & Trust: The Personal Correspondence of Harry S. Truman and Dean Acheson 1953-1971*(New York: Knopf, 2010).

Johnson, E. A. J., *American Imperialism in the Image of Peer Gynt: Memoirs of a Professor-Bureaucrat* (Minneapolis: University of Minnesota Press, 1971).

Kennan, George F., *Memoirs, 1925-1950* (Boston: Little, Brown and Company, 1967).

——, *Memoirs, 1950-1963* (Boston: Little, Brown and Company, 1972).

Khrushchev, Nikitia, with Introduction, Commentary and Notes by Edward Crankshaw, *Khrushchev Remembers* (Boston: Little Brown, 1970).

Kissinger, Henry, *White House Years* (Boston: Little, Brown and Company, 1979).

——, *Diplomacy* (New York: Simon and Schuster, 1994).

——, *On China* (New York: The Penguin Press, 2011).

Lie, Trigve, *In the Cause of Peace: Seven Years with the United Nations* (New York: Macmillan, 1954).

MacArthur, Douglas A., *Reminiscence* (New York: McGraw Hill, 1964).

——, *A Soldier Speaks: Public Papers and Speeches of General of the Army Douglas MacArthur* (New York: Frederick A. Praeger, 1965).

Nitze, Paul H., *From Hiroshima to Glasnost* (New York: Grove Weidenfeld, 1989).

——, *Tension between Oppositions: Reflections on the Practice and Theory of Politics* (New York: Charles Scribner's Sons, 1993).

Reston, James, *Deadline: A Memoir* (New York: Random House, 1991).

Ridgway, Matthew B., *The Korean War* (New York: Doubleday & Co., 1967).

Truman, Harry S,, *Memoirs, I, 1945: Year of the Decision* (Old Saybrook, CT: Konecky & Konecky, 1955).

——, Harry S., *Memoirs, II, 1946-52: Years of Trial and Hope* (New York: Smithmark Publishers, 1955).

전기류

Beisner, Robert L. *Dean Acheson: A Life in the Cold War* (New York: Oxford University Press, 2006).

Brinkley, Douglas. Dean Acheson: *The Cold War Years, 1953-71* (New Haven: Yale University Press, 1992).

——, ed. *Dean Acheson and the Making of U.S. Foreign Policy* (New York: St. Martin's Press, 1993).

Bundy, McGeorge, ed. *The Pattern of Responsibility* (Clifton: Augustus M. Kelley Publisher, 1972).

Chace, James. Acheson: *The Secretary of State Who Created the American World*

(New York: Simon & Schuster, 1998).

Ferrell, Robert H., *Harry S. Truman: A Life*(Newton, CT: American Political Biography Press, 1994/2008).

Gaddis, John Lewis, *George Kennan: An American Life*(New York: Penguin Press, 2011).

Isaacson, Walter, and Evan Thomas. *The Wise Men: Six Friends and the World They Made* (New York: Simon and Schuster, 1997).

McCullough, David, *Truman*(New York: Simon & Schuster, 1992).

McGlothlen, Ronald L., *Controlling the Waves: Dean Acheson and U.S. Foreign Policy in Asia* (New York: Norton & Company, 1993).

McLellan, David S., *Dean Acheson: The State Department Years*(New York: Dodd. Mead & Company, 1976)

McMahon, Robert J., *Dean Acheson and the Creation of An American World Order*(Washington D.C.: Potomac Books, 2009).

McNay, John T., *Acheson and Empire: The British Accent in American Foreign Policy* (Columbia, MO: University of Missouri Press, 2001).

Oliver, Robert T., *Syngman Rhee: The Man Behind the Myth*(Cornwell, N.Y.: The Cornwell Press, Inc., 1954/1955).

——, *Syngman Rhee and American Involvement in Korea, 1942-1960: A Personal Narrative*(Seoul: Panmun Book Company Ltd., 1978).

Pogue, Forrest C., *George C. Marshall, Vol. 4: Statesman 1945-1959*(New York: Random House Value Publishing, 1992).

Price, Don K., ed., *The Secretary of State,* The American Assembly (Englewood Cliffs, N.J.: Prentice-Hall, Inc., 1960).

Province, Charles M., *General Walton H. Walker: Forgotten Hero-The Man Who Saved Korea*(Create Space Independent Publishing Platform, 2008).

Rosenthal, Joel H., *Righteous Realists: Political Realism, Responsible Power, and American Culture in the Nuclear Age*(Louisiana State University Press, 1991).

Smith, Gaddis, *Dean Acheson*(New York: Cooper Square Publishers, Inc., 1972).

Stupak, Ronald J., *The Shaping of Foreign Policy: The Role of Secretary of State as Seen by Dean Acheson*(Gonic, NH: Odyssey Press, 1969).

Whitney, Courtney, *MacArthur: His Rendevous with the History*(Westport, Conn.: Greenwood Press, Publishers, 1955).

Willoughby, Charles A. and John Chamberlin, *MacArthur, 1941-1951*(New York:

McGraw-Hill Book Company, Inc., 1954).

트루먼, 애치슨, 맥아더 관련 논문

Beisner, Robert L. "Patterns of Peril: Dean Acheson Joins the Cold Warriors, 1945~46," *Diplomatic History*, 1996, Vol. 20, No. 3: pp. 321~355.

Brooks, David, "Missing Dean Acheson," *New York Times*, 2008. 8. 1.

Frazier, Robert, "Acheson and the Formulation of the Truman Doctrine," *Journal of Modern Greek Studies*, 1999, Vol. 17, No. 2: pp. 229~251, http://proxy-net.snu.ac.kr/f84be5/_Lib_Proxy_L_Url/muse.jhu.edu/journals/journal_of_modern_greek_study(검색일 2014. 1. 20.).

Hopkins, Michael F., "Waging a Limited War: Harry Truman, Dean Acheson, and the Korean War, 1950-1953" in Mary Kathryn Barbier and Richard V. Damms, eds, *Culture, Power, and Security: New Directions in the History of National and International Security*(New Castle, U.K.: Cambridge Scholars Publishing, 2012), pp. 132~145.

─── , "Dean Acheson and the Place of Korea in American Foreign and Security Policy, 1945-1950," 『미국학』, 35권 2호(2012. 11), pp. 89~117.

Kagan, Robert, "How Dean Acheson Won the Cold War: Statesmanship, Morality, and Foreign Policy," *Weekly Standard*, 1998. 9. 14.

─── , "A U.S. Foreign Policy That Needs Realism And Pragmatism," *Washington Post*, 2011. 4. 29.

McGlothlen, Ronald L., "Acheson, Economics, and the American Commitment in Korea, 1947-1950," *Pacific Historical Review*, Vol. 58, No. 1(1989. 2), pp. 23~54.

McLellan, David S. "Dean Acheson and the Korean War," *Political Science Quarterly*, Vol. 83, No. 1 (Mar., 1968), pp. 16~39.

─── , "The Operational Code Approach to the Study of Political Leaders: Dean Acheson's Philosophical and Instrumental Belief," *Canadian Journal of Political Science*, Vol. 4. No. 1, Mar. 1971, pp. 52~75.

Perlmutter, Oscar William. "Acheson and the Diplomacy of World War II," *The Western Political Quarterly*, Vol. 14, No. 4 (Dec., 1961), pp. 896~911.

─── , "The 'Neo-Realism' of Dean Acheson," *The Review of Politics*, Vol. 26, No. 1 (Jan., 1964), pp. 100~123.

Reston, James, "The Dean," *New York Times*, 1971. 10. 17.

일반 저서

국방부 전사편찬위원회,『미국합동참모본부사 한국전쟁』상·하 권(서울: 국방부 전사편찬위원회, 1991).

김경일, 홍명기 역,『중국의 한국전쟁 참전 기원』(서울: 논형, 2005).

김계동,『한반도의 분단과 전쟁』(서울: 서울대학교출판부, 2000/2001).

김영호,『한국전쟁의 기원과 전개과정』(서울: 성신여자대학교 출판부, 2006).

김영호 외,『6·25전쟁의 재인식-새로운 자료, 새로운 인식』(서울: 기파랑, 2010).

김준봉,『한국전쟁의 진실』상, 하 2권(서울: 이담, 2010).

김철범,『한국전쟁과 미국』(서울: 평민사, 1990).

김학준,『한국전쟁-원인·과정·휴전·영향』(제4수정 증보판)(서울: 박영사, 2010).

바자노프, 에프게니·나딸리아 바자노바, 김광린 역,『소련의 자료로 본 한국전쟁의 전말』(서울: 열림, 1998).

박명림,『한국전쟁의 발발과 기원』Ⅰ, Ⅱ(서울: 나남, 1996).

——,『한국 1950 전쟁과 평화』(서울: 나남, 2002).

서대숙, 서주석 역,『북한의 지도자 김일성』(서울: 청계연구소, 1989).

션즈화, 최만원 역,『마오쩌뚱, 스탈린과 조선전쟁』(서울: 선인, 2010).

쑤이, 데이빗 저, 한국전략문제연구소 역,『중국의 6·25전쟁 참전』(서울: 한국전략문제연구소, 2011).

와다 하루끼, 서동만 역,『한국전쟁』(서울: 창작과 비평사, 1999/2003).

커밍스, 브루스, 김자동 역,『한국전쟁의 기원』(서울: 일월서각, 1986/2001).

하영선,『한국전쟁의 새로운 접근: 전통주의와 수정주의를 넘어서』(서울: 나남, 1990).

허드슨, 밸러리, 신욱희 외 역,『외교정책론』(서울: 을유문화사, 2009).

홍학지, 홍인표 역,『중국이 본 한국전쟁』(서울: 한국학술정보, 2008).

沈志華,『毛澤東·斯大林與朝鮮戰爭, 第3版』(廣州; 廣東人民出版社, 2013).

Appleman, Roy, *South to the Naktong, North to the Yalu*(Washington D.C.: Office of the Chief of Military History, 1961).

Bynander, Fredrik and Stefano Guzzini, eds, *Rethinking Foreign Policy*(London: Routledge, 2013).

Chen Jian, *China's Road to the Korean War: The Making of Sino-American Confrontation* (New York: Columbia University Press, 1994).

Condit, Kenneth W., *History of the Joint Chiefs of Staff-The Joint Chiefs of Staff and National Policy, Volume Ⅱ: 1947-1949*(Washington D.C.: Office of Joint History, Office of the Chairman of the Joint Chiefs of Staff, 1996).

Cumings, Bruce, *The Origins of the Korean War, Vol. I, Liberation and the Emergence of Separate Regimes, 1945-1947*(Seoul: Yuksabipyungsa, 1981/2002).

——, *The Origins of the Korean War, Vol. II, The Roaring of the Cataract, 1947-1950* (Seoul: Yuksabipyungsa, 1990/2002).

——, *The Korean War: A History*(New York: Modern Library, 2010).

Dallin, David J., *Soviet Foreign Policy after Stalin*(Philadelphis: Lippincott, 1961).

Donovan, Robert, *Tumultuous Years: The Presidency of Harry S. Truman 1949-1953*(Columbia, MO: University of Missouri, 1996).

Dougherty, James E., & Robert L. Pfaltzgraff, Jr., *American Foreign Policy: FDR to Reagan*(New York: Harper and Row, 1986).

Etzold, Thomas H., and John Lewis Gaddis eds, *Containment: Documents on American Policy and Strategy 1945-1950*(New York: Columbia University Press, 1978).

Foot, Rosemary, *The Wrong War: American Policy and the Dimensions of the Korean Conflict, 1950-1953*(Ithacha, N.Y.: Cornell University Press, 1985).

——, *A Substitute for Victory: The Politics of Peacemaking at the Korean Armistice Talks* (Ithacha, N.Y.: Cornell University Press, 1990).

Gaddis, John Lewis, *The Long Peace: Inquiries into the History of the Cold War*(New York: Oxford University Press, 1987).

——, *The United States and the End of the Cold War : Implications, Reconsiderations, Provocations*(New York: Oxford University Press, 1994).

——, *We Now Know: Rethinking Cold War History*(Oxford: Clarendom Press, 1997).

——, *The United States and the Origins of the Cold War, 1941-1947*, revised ed.(New York: Columbia University Press; 2000).

——, *The Cold War : A New History*(New York: Penguin, 2005).

——, *Strategies of Containment: A Critical Appraisal of American National Security Policy during the Cold War*, revised and expanded ed.(New York: Oxford University Press, 2005).

Gallichio, Marc S., *The Cold War Begins in Asia: American East Asian Policy and the Fall of Japanese Empire*(New York: Columbia University Press, 1988).

George, Alexander I.. *Bridging the Gap between Theory and Practice*(Washington D.C.: U.S. Institute for Peace Press, 1993).

George, Alexander I., and Richard Smoke, *Deterrence in American Foreign Policy: Theory and Practice*(New York: Columbia University Press, 1974).

Goldstein, Judith and Robert O. Keohane, eds, *Ideas and Foreign Policy: Beliefs, Institutions, and Political Change*(Ithaca: Cornell University Press, 1993).

Goncharov, Sergei, John Lewis and Litai Xue, *Uncertain Partners : Stalin, Mao, and the Korean War*(Stanford, California: Stanford University Press, 1993).

Halberstam, David, *The Coldest Winter : America and the Korean War*(New York: Hyperion, 2007).

Hasegawa, Tsuyoshi, ed., *The Cold War in East Asia: 1945~1991*(Woodrow Wilson Center Press with Stanford University Press, 2011).

Hastings, Max, *The Korean War*(London: Michael Joseph Ltd., 1987).

Haynes, John E. and Harvey Klehr, *Early Cold War Spies*(Cambridge University Press, 2006).

Hermes, Walters G., *Truce Tent and Fighting Front*: U.S. Army in the Korean War(Washington D.C.: Office of the Chief of Military History, United States Army, 1966/1992).

Herring, George C., *From Colony to Super Power: U.S. Foreign Relations since 1776*(New York: Oxford University Press, 2008).

Higgins, Marguerite, *War in Korea: The Report of a Woman Combat Correspondent* (Garden City, NY: Doubleday & Co. Inc.: 1951).

Isaacson, Walter & Evan Thomas, *The Wise Men: Six Friends and the World They Made*(New York: Simon and Schuster, 1986).

James, D. Clayton, with Anne Sharp Wells, *Refighting the Last War: Command and Crisis in Korea, 1950-1953*(New York: The Free Press, 1993).

Jervis, Robert, *Perception and Misperception in International Politics*(Princeton: Princeton University Press, 1976).

Kaufman, Burton, *The Korean War: Challengers in Crisis, Credibility, and Command*(New York: Knopf, 1986).

Kissinger, Henry, *Diplomacy*(New York: Simon and Schuster, 1994).

——, *On China*(New York: The Penguin Press, 2011).

Kolko, Joyce & Gabriel Kolko, *The Limits of Power: The World and United States Foreign Policy, 1945-1954*(New York: Harper and Row, 1972).

Leffler, Melvyn P., *A Preponderance of Power: National Security, the Truman Administration, and the Cold War*(Chicago: Stanford University Press, 1993).

Mastny, Vojtech, ed., *Power and Policy in Transition*(Westport, CT: Greenwood Press, 1984).

Matray, James I., *The Reluctant Crusade: American Foreign Policy in Korea, 1941-1950* (University of Hawaii Press, 1985).

McCann, David R., and Barry S., Strauss, eds, *War and Democracy: A Comparative Study of the Korean War and the Peloponnesian War* (New York: M. E. Sharpe, Inc., 2001).

McCauley, Martin, *Russia, America and the Cold War*, 2nd ed.((London: Pearson Education, 2004).

——, *Origins of the Cold War, 1941-1949*, revised 3rd ed.(London: Pearson Education, 2008).

Meador, Daniel J. and James Monroe, eds, *The Korean War in Retrospect: Lessons for the Future* (New York: University Press of America, Inc., 1998).

Messer, Robert L., *The End of an Alliance: James F. Byrnes, Roosevelt, Truman, and the Origin of the Cold War* (Chaper Hill: The North Carolina University Press, 1982.

Millett, Allan R. *The War for Korea, 1945-1950: A House Burning* (Lawrence, Kansas: University Press of Kansas, 2005).

——, *The War for Korea, 1950-1951: They Came from the North* (Lawrence, Kansas: University Press of Kansas, 2010).

Milliken, Jennifer, *The Social Construction of the Korean War: Conflict and Its Possibilities* (Manchester, U.K.: Manchester University Press, 2001).

Miscamble, Wilson D. S. C., *George F. Kennan and the Making of American Foreign Policy, 1949-1950* (New York: Princeton University Press, 1992).

Morgenthau, Hans, *In Defense of National Interest* (New York: Alfred A. Knopf, 1951).

——, *Politics Among Nations: The Struggle For Power and Peace*, 5th ed., rev.(New York: Alfred A. Knopf, 1948/1978).

——, revised by Kenneth Thompson, *Politics Among Nations: The Struggle For Power and Peace*, 6th ed.(New York: Alfred A. Knopf, 1948/1985).

Nagai, Yonosuke & Akira Iriye, eds., *The Origins of The Cold War in Asia* (New York: Coumbia University Press, 1977).

Offner, Arnold A., *Another Such Victory: President Truman and the Cold War.* (Stanford University Press, 2002).

Oh, Bonnie B.C., ed., *Korea under the American Military Government, 1945-1948* (Praeger, 2002).

Paige, Glenn D., *The Korean Decision, June 24-30, 1950* (New York: The Free Press, 1968).

Pearlman, Michael D., *Truman and MacArthur: Policy, Politics, and Hunger for Honor and Renown*(Bloomington, IN: Indiana University Press, 2008).

Rees, David, *Korea: The Limited War*(New York: Natraj Publishers, 1964).

Rosenthal, Joel H., *Righteous Realists: Political Realism, Responsible Power, And American Culture In The Nuclear Age*(Baton Rouge, La: Louisiana State University Press, 1991).

Ross, Steven T., *American War Plans 1945-1950: Strategy for Defeating the Soviet Union* ((London: Frank Cass, 1996).

Sawyer, Robert K., *Military Advisors in Korea: KMAG in Peace and War*(Washington D.C.: Government Printing Office, 1962).

Schnabel, James F., *United States Army in the Korean War: Policy and Directions: The First Year*(Washington, D.C.: Office of the Chief of Military History, United States Army, 1972).

Schnabel, James F. and Robert J. Watson, *History of the Joint Chiefs of Staff-The Joint Chiefs of Staff and National Policy, Volume III, 1950-1951: The Korean War, Part One* (Washington, D.C.: Office of Joint History, Office of the Chairman of the Joint Chiefs of Staff, 1986/1998).

——, *History of the Joint Chiefs of Staff-The Joint Chiefs of Staff and National Policy, Volume III: 1951-1953, The Korean War, Part Two*(Wilmington DE, Michael Glazier Inc., 1979).

Shen Zhihua, trans. by Neil Silver, *Mao, Stalin, and the Korean War: Trilateral Communist Relations in the 1950's*(London: Routledge, 2012).

Stewart Richard W.(General Editor), *American Military History Vol. II, The United States Army in a Global Era, 1917-2008*, 2nd ed.(Washington, D.C: Center of Military History, United States Army, 2010).

Stone, I. F., *The Hidden History of the Korean War*(New York: Monthly Review Press, 1952).

Stueck, William Whitney, Jr., *The Road to Confrontation : American Policy toward China and Korea, 1947-1950*(University of North Carolina Press, 1981).

——, *The Wedemeyer Mission : American Politics and Foreign Policy during the Cold War*(University of Georgia Press, 1984).

——, *The Korean War : An International History*(New Jersey: Princeton University Press, 1995).

——, ed. *The Korean War in World History*(University Press of Kentucky, 2001).

———, *Rethinking the Korean War: A New Diplomatic and Strategic History*(New Jersey: Princeton University Press, 2002).

Thompson, Nicholas, *The Hawk and the Dove: Paul Nitze, George Kennan, and the History of the Cold War*(New York: Henry Holt and Company, 2009).

Thornton, Richard C., *Odd Man Out: Truman, Stalin, Mao, and the Origins of the Korean War*(Washington, D.C.: Brassy's, 2000).

Tsou, Tang, *America's Failure in China*(Chicago: University of Chicago Press, 1963).

Tzui, C. W. David, *Chinese Military Intervention in the Korean War*, Ph. D. dissertation, University of Oxford Press, 1998.

Ulam, Adam B., *Expansion and Coexistence: The History of Soviet Foreign Policy, 1917-1967*(New York: Praeger Publishers, 1968).

Wada, Haruki, *The Korean War: An International History*(Lanham, MD: Rowman & Littlefield, 2014).

Whelan, Richard, *Drawing The Line: The Korean War, 1950-1953*(Boston: Little, Brown and Company, 1990).

Yergin, Daniel, *Shattered Peace : The Origins of the Cold War and the National Security State*(New York: Houghton Mifflin. 1977).

Zhang, Shu Guang, *Mao's Military Romanticism: China and the Korean War, 1950-1953* (St, Lawrence, KS: University Press of Kansas, 1995).

일반 논문

김동길, "한국전쟁 초기 중국군 조기파병을 둘러싼 스탈린, 마오쩌둥, 김일성의 동상이몽," 『한국과 국제정치』(경남대학교 극동문제연구소), 제30권, 제2호(2014년 여름, 통권 85호), pp. 45~77.

박태균, "6·25전쟁 발발의 원인에 대한 재고찰-오인 오식의 문제를 통한접근," 『군사연구』(2010. 12. 30, 제130집), http://www.army.mil.kr/gunsa_research/pdf/130.pdf

션즈화, "극동에서 소련의 전략적 이익보장: 한국전쟁의 기원과 스탈린의 정책결정 동기," 『한국과 국제정치』(경남대학교 극동문제연구소), 제30권, 제 2호(2014년 여름, 통권 85호), pp. 1~44.

신욱희, "중국의 한국전쟁 참전: 중국 대북정책의 역사적 형성과 지속," 『한국과 국제정치』(경남대학교 극동문제연구소), 제30권, 제2호(2014년 여름, 통권 85호), pp 79~107.

Åslund, Anders, "Russia's Road from Communism," *Daedalus*, Vol. 121, No

2(Spring, 1992), pp. 77~95.

Bandow, Doug, "The Role and Responsibilities of the United States in the Korean War: Critical Foreign Policy Decisions by the Truman and Eisenhower Administrations," *International Journal of Korean Studies*, Vol. 14, No 2(Fall/Winter, 2010), pp. 71~99.

Farrar, Peter N., "Britain' s Proposal for a Buffer Zone South of the Yalu in November 1950: Was It a Neglected Opportunity to End the Fighting in Korea?," *Journal of Contemporary History*, Vol. 18, No. 2(1989. 4), pp. 327~351.

Gaddis, John Lewis, "Korea in American Politics, Strategy, and Diplomacy, 1945-50" in Yonosuke Nagai & Akira Iriye, eds., *The Origins of The Cold War in Asia*(New York: Columbia University Press, 1977), pp 277~298.

George, Alexander, "The Operational Code: A Neglected Approach to the Study of Political Leaders and Decision-Makers," *International Studies Quarterly*, Vol 13, No. 2, June 1969.

Huth, Paul K., "Extended Deterrence and the Outbreak of War," *American Political Science Review*, Vol. 82, No. 2(1988. 7), pp. 423~443.

——, and Bruce Russett, "What Makes Deterrence Work?; Cases from 1900 to 1980," *World Politics*, Vol. 36, No. 4(1984. 7).

Kissinger, Henry A., "The Age of Kennan," *The New York Times*, Sunday Book Review, 2011. 10. 10.

Kuklick, Bruce, "History as a Way of Learning," *American Quarterly*, Vol. 22, No 3(Autumn, 1970), pp. 609~628.

Legro, Jeffrey W., "Whence American Internationalism," *Internationa Organization*, Spring, 2000, Vol. 54, No. 2, pp. 253~289.

Matray, James I., "Civil War of a Sort: The International Origins of the Korean Conflict" in Daniel J. Meador and James Monroe, eds, *The Korean War in Retrospect: Lessons for the Future*(New York: University Press of America, Inc., 1998), pp. 3~42.

——, "Dean Acheson' s Press Club Speech Reexamined," *Journal of Conflict Studies*, Vol. 22, Issue 1, 2002, http://journals.hil.unb.ca/index.php/jcs/article/view/366/578 (검색일 2014. 1. 20).

——, "Fighting the Problem: George C. Marshall and Korea" in Charles F. Brower, ed., *George Marshall: Servant of the American Nation*(New York: Palgrave Macmillan, 2011), pp. 79~115.

Merrill, Dennis. "The Truman Doctrine: Containing Communism and Modernity," *Presidential Studies Quarterly* Vol. 36, No. 1, 2006: pp. 27~37.

Morgenthau, Hans J., "The Mainsprings of American Foreign Policy: The National Interest versus Moral Abstractions," *American Political Science Review*, Vol. XLIV, No. 4(1950), pp. 833~854.

——, "The Containment Policy and the Rationale of the Alliance System" in Stephen D. Kertesz ed., *American Diplomacy in a New Era*(Notre Dame University Press, 1961), pp. 63~82.

Orme, John, "The Good Theory and Bad Practice of Deterrence in Korea," Daniel J. Meador and James Monroe, eds, *The Korean War in Retrospect*(New York: University Press of America, 1998), pp. 65~87.

Stueck, William W., "The United States and the Origins of the Korean War: The Failure of Deterrence," *International Journal of Korean Studies*, Vol. 16, No 2(Fall/Winter, 2010), pp. 1~18.

Weathersby, Kathryn, "The Soviet Role in the Early Phase of the Korean War: New Documentary Evidence," *Journal of American-East Asian Relations* Vol. 2, No.4(Winter, 1993), pp. 425~458.

——, "Soviet Aims in Korea and the Origins of the Korean War, 1945-1950: New Evidence from Russian Archives," *Cold War International History Project(CWIHP)*, Working Paper No. 8, November 1993, Woodrow Wilson International Center for Scholars(WWICS), pp 1~37.

——, "To Attack, or Not Attack?: Stalin, Kim Il Sung, and the Prelude to War, Korea, 1949-50," *CWIHP Bulletin No. 5*(Spring, 1995), WWICS, pp. 1, 2~9.

——, "New Documents on the Korean War: Introduction and Translation-New Evidence on Korean War," *CWIHP Bulletin*, Nos. 6~7, Winter, 1995/1996, WWICS, pp. 30~119.

——, "Stalin, Mao, and the End of the Korean War," Odd Arne Westad, ed., *Brothers in Arms: The Rise and Fall of the Sino-Soviet Alliance 1945-1963*(Washington, D.C.: Woodrow Wilson Center Press, 1998) pp 90~116.

——, "Should We Fear This?: Stalin and the Danger of War with America," *CWIHP Working Paper* No 39, 2002, WWICS, pp 1~27.

——, "The Soviet Role in the Korean War: The State of Historical Knowledge" in William Stueck, ed, *Korean War in World History*(Lexington: The University Press of Kentucky, 2004), pp 61~92.

찾아보기

485

지은이 남시욱(南時旭)

경북 의성 출생, 서울대 문리대 정치학과 졸업. 서울대 대학원 정치
외교학부 졸업 석사 박사, 독일 베를린 소재 국제신문연구소(IIJ)
수료, 동아일보 수습 1기생 입사, 사회부 정치부 기자, 동경특파원
정치부장 편집국장 논설실장 상무이사, 한국신문방송편집인협회
회장, 문화일보사 사장, 대통령자문 통일고문, 고려대학교 석좌
교수, 세종대학교 석좌교수

수상 동아대상(논설), 서울언론인클럽 칼럼상, 위암 장지연상(신문
부문), 중앙언론문화상(신문부문), 서울시문화상(언론부문), 홍성현
언론상 특별상, 임승준 자유언론상, 인촌상(언론부문), 서울대학교
언론인대상 수상

주요 저서 《항변의 계절》, 《체험적 기자론》, 《인터넷시대의 취재와
보도》, 《한국보수세력 연구》, 《한국진보세력 연구》

6·25 전쟁과 미국

초판 인쇄 2015년 5월 25일
초판 발행 2015년 6월 5일
2쇄 발행 2015년 7월 20일
3쇄 발행 2015년 12월 10일
4쇄 발행 2019년 8월 15일

지은이 남시욱
발행인 신동설
발행처 청미디어
신고번호 제313-2010-190호
주 소 서울시 동대문구 천호대로 83길 61, 5층(화성빌딩)

전 화 02-496-0155
팩 스 02-496-0156
이메일 sds1557@hanmail.net

잘못된 책은 교환하여 드립니다.
본 도서를 이용한 드라마, 영화, E-book 등 상업에 관련된 행위는
출판사의 허락을 받으시기 바랍니다. (010-8843-7899)

정가 : 25,000원
ISBN 978-89-92166-87-4 03900